W0393707

Freiburg und Kolonialismus: Gestern? Heute!

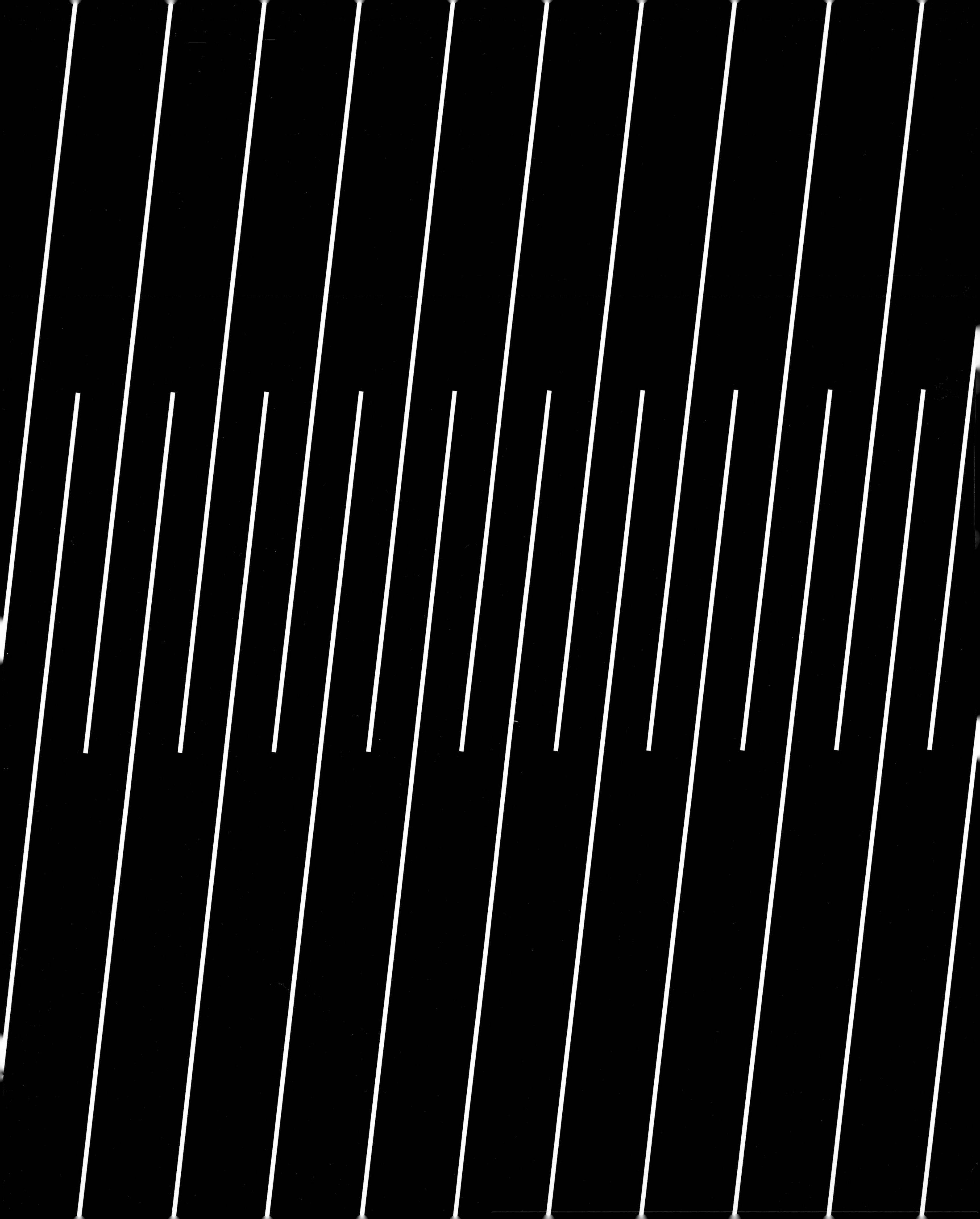

Freiburg und Kolonialismus: Gestern? Heute!

Für die Städtischen Museen Freiburg
herausgegeben von Beatrix Hoffmann-Ihde

SANDSTEIN

3 Expansion und Krieg

4 Konsum und Ausbeutung

7 Let's decolonize our world

Anhang

Deutsches Reich mit deutschen Kolonialgebieten, 1914

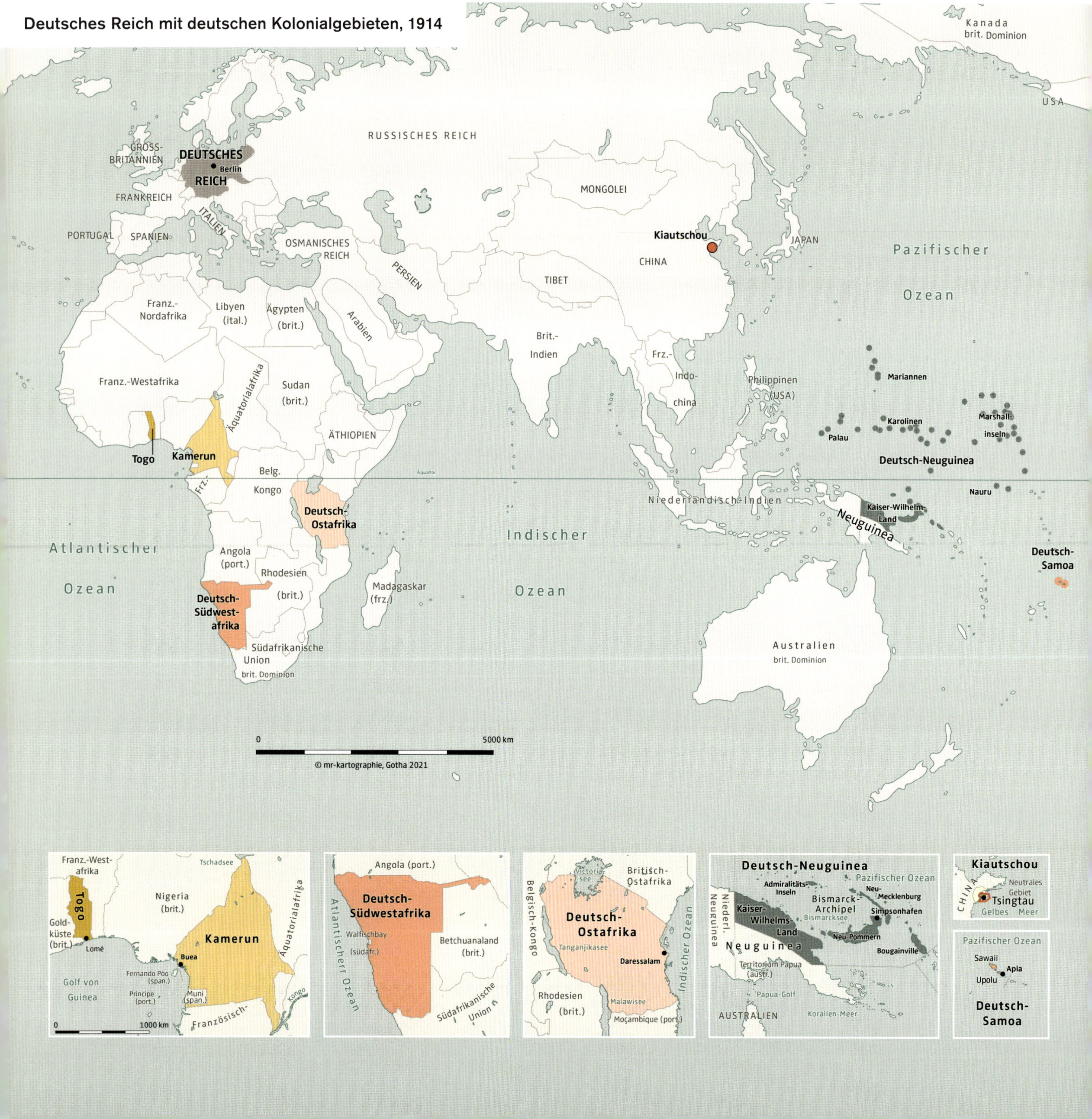

Vorwort

Der Umgang mit dem kolonialen Erbe wird in Deutschland seit einigen Jahren intensiv diskutiert. Deswegen war es für die Städtischen Museen Freiburg jetzt an der Zeit, das Thema Kolonialismus in einer großen kulturgeschichtlichen Ausstellung aufzuarbeiten. So wie in den Jahren 2016/17 die Ausstellung »Nationalsozialismus in Freiburg« ein wichtiger Baustein auf dem Weg zur Gründung eines Dokumentationszentrums Nationalsozialismus gewesen ist, so wird hoffentlich die jetzige Ausstellung »Freiburg und Kolonialismus: Gestern? Heute!« eine ähnliche stadtgesellschaftliche Wirkung entfalten – aber vielleicht auch weit über Freiburgs Grenzen hinaus als ein Versuch wahrgenommen, sich kritisch mit diesem Aspekt deutscher Geschichte auseinanderzusetzen. In Freiburg waren die städtischen Sammlungen von Anfang an universell angelegt. Dazu zählten immer Zeugnisse der Weltkulturen. Deswegen gehört die Ethnologische Sammlung in Freiburg zu den bedeutendsten ihrer Art im kommunalen Besitz.

Schon lange stand die Geschichte dieser Sammlung im Fokus der Museumsarbeit. Bereits 1995 wurde unter der Leitung der damaligen Direktorin des Adelhausermuseums für Völkerkunde, Eva Gerhards, mit dem Begleitbuch »Als Freiburg die Welt entdeckte. 100 Jahre Museum für Völkerkunde« die problematische Herkunft einiger Teile der Sammlung thematisiert. Vor zwei Jahren stand mit der Ausstellung »Ausgepackt! 125 Jahre Geschichten(n) im Museum Natur und Mensch«, das aus dem Museum für Natur- und Völkerkunde hervorgegangen ist, erneut die Geschichte des heutigen Museums im Vordergrund. Der Katalog dieser Ausstellung von Tina Brüderlin, Stefanie Schien und Silke Stoll setzte hier neue Maßstäbe. Schon seit vielen Jahren gibt es in Freiburg aber auch eine engagierte Debatte über koloniale Strukturen und deren Ursachen. Die Bildungsinitiative freiburg-postkolonial.de war in Freiburg bereits aktiv, als an anderen Orten Deutschlands diese Aufarbeitung der eigenen Geschichte noch lange kein Thema war. Im Kontext der Arbeit von freiburg-postkolonial entstanden bereits einige wegweisende historische Forschungen; Bernd-Stefan Grewe, Markus Himmelsbach, Johannes Theissen und Heiko Wegmann seien hier als wichtige Autoren genannt.

Entstanden ist diese Ausstellung als eine Gemeinschaftsproduktion des Museums Natur und Mensch und des Augustinermuseums. Kritisch begleitet wurde die Vorbereitung durch den wissenschaftlichen Beirat, dem unser herzlicher Dank gilt. Wegen der Corona-Pandemie konnte allerdings nicht so oft getagt werden, wie das ursprünglich geplant war. Die wissenschaftliche Leitung dieses Ausstellungsprojekts lag in den Händen von Beatrix Hoffmann-Ihde, verantwortlich für das Ausstellungsmanagement war Mirja Straub. Intensiv wurde im Rahmen der Vorbereitung diskutiert, wie partizipative Elemente in die Ausstellung integriert werden können, und durch das konsequente Engagement der wissenschaftlichen Projektleiterin ist es gelungen, in die Ausstellung verschiedene partizipative Formate einzubinden, auch im Rahmen einer engen Zusammenarbeit mit verschiedenen Kooperationspartner_innen in Namibia. Ein Ergebnis dieser partizipativen Kooperation sind die »Blank Spaces«, Freiräume, die für die Gestaltung von externen Akteur_innen reserviert waren, um ihre Perspektive auf das Thema der Ausstellung, die Aufarbeitung des Kolonialismus und seiner Folgen einzubringen. Allen Mitwirkenden sei dafür sehr herzlich gedankt.

Der Ausstellungsaufbau und die Vorbereitung waren diesmal sehr herausfordernd, nicht nur, weil so viele unterschiedliche Objekte gezeigt werden, sondern weil ebenso immer wieder die Frage diskutiert werden musste, ob man ein bestimmtes Zeugnis der kolonialen Vergangenheit überhaupt zeigen darf. Diese Frage hat sich das Ausstellungsteam nicht leicht gemacht. Mitgeholfen bei der Bearbeitung dieser Frage hat das Team des Designbüros pingundpong in Zusammenarbeit mit Alexander Poetzsch Architekten in Dresden. Dank richtet sich an das Aufbauteam in Freiburg mit den Werkstätten unter Ansgar Brandstätter, den Restauratorinnen und Restauratoren. Hier ist vor allem Kai Miethe zu erwähnen, der die Lichtplanung koordinierte. Ein so umfassendes Ausstellungsprojekt ist wie immer Teamwork, alle Mitarbeitenden der Städtischen Museen haben hier wieder Großes geleistet. Nun bleibt zu hoffen, dass die Ausstellung Diskussionen in der Stadtgesellschaft anregt und dieses Kapitel der Geschichte kritisch beleuchtet. Für die Museen werden die Debatten weitergehen, denn im Nachgang dieser Ausstellung wird sich auch der Diskurs über die Provenienz der Objekte und zu möglichen Restitutionen fortsetzen. Weitere Provenienzforschung und die möglichst vollständige Digitalisierung der Bestände der Ethnologischen Sammlung sollen für diesen Prozess die notwendige Transparenz schaffen.

Tilmann von Stockhausen

1/7

Freiburg und Kolonialismus

Einleitung

Beatrix Hoffmann-Ihde

Was hat Freiburg mit dem Kolonialismus zu tun? Dies ist eine Frage, die während der Vorbereitung dieser Ausstellung oft im Raum stand. »Sehr viel«, war darauf eine Antwort, und »wenig Spektakuläres«, denn Freiburg war kein »key player« weder des europäischen noch des deutschen Kolonialismus, aber Teil einer Gesellschaft, die den Kolonialismus getragen, gestützt und letztlich maßgeblich ermöglicht hat. Freiburgs Bevölkerung unterstützte das koloniale Projekt auf der Ebene einzelner Personen durch aktive militärische, ökonomische oder wissenschaftliche Beteiligung, vor allem aber war es die gesamte Stadtbevölkerung, die in unterschiedlichsten Zusammenhängen durch ihren Alltag, den Konsum von Waren, Bildern und Gedankengut mit dem Kolonialismus verflochten war.

Diese mit dem Kolonialismus verwobenen Facetten des Alltags, die weit in das persönliche Leben der Menschen reichten, sind das Spannende am Ausstellungsprojekt »Freiburg und Kolonialismus: Gestern? Heute!«. Sie machen deutlich, dass – unabhängig vom persönlichen Engagement – sich der oder die Einzelne auf der Seite der Gesellschaft, die Kolonialismus ausübte, diesem ebenso wenig entziehen konnte wie diejenigen in den kolonial unterdrückten Bevölkerungen. Eine solche Durchdringung der jeweiligen Gesellschaften bedeutet gleichzeitig, dass vom Kolonialismus geprägte Strukturen, aber auch Vorstellungen und Haltungen auf beiden Seiten tief in das kollektive Bewusstsein eindrangen, in nächste Generationen vererbt wurden und bis in die Gegenwart nachwirken. Die Ausstellung zeigt daher nicht nur aus historischer Perspektive, auf welche Weise die Freiburger Stadtgesellschaft mit dem Kolonialismus verflochten war, sondern ebenso, wie diese Verflechtungen bis in die Gegenwart fortwirken. Sie belegt, dass wir umgeben sind von Spuren der Kolonialzeit (vgl. von Poser & Baumann 2016: 15). Nicht nur die deutsche Gesellschaft, ob in Freiburg oder andernorts, ist von diesen Spuren umgeben, sondern auch – oder sogar vor allem – die Gesellschaften, die kolonial unterdrückt worden sind. Dies und damit die gemeinsame Geschichte verbindet uns heute mit diesen Gesellschaften. Die Ausstellung und der Katalog sind daher eine Einladung, sich in Bezug auf die Stadt Freiburg und ihr Umland sowie mit Blick auf die deutsche Gesellschaft insgesamt kritisch mit der Geschichte und den Folgen des europäischen, vor allem aber des deutschen Kolonialismus auseinanderzusetzen.

Was nun ist Kolonialismus eigentlich? Nach historisch-politischen Definitionen, wie sie etwa Jürgen Osterhammel und Jan Jansen geben, ist »Kolonialismus eine Herrschaftsbeziehung zwischen Kollektiven, bei welcher die fundamentalen Entscheidungen über die Lebensführung der Kolonisierten durch eine kulturell andersartige und kaum anpassungswillige Minderheit von Kolonialherren unter vorrangiger Berücksichtigung externer Interessen getroffen und tatsächlich durchgesetzt werden« (2017: 20). Kolonialismus, so Bernd-Stefan Grewe (2018: 20), lässt sich aber ebenso als »kulturelles Phänomen und als eine mentale Struktur« beschreiben, welche er als nicht abgeschlossen sieht. So verstanden, äußert sich Kolonialismus zum Beispiel auch heute noch als *weißes*, westliches Überlegenheitsgefühl gegenüber allem, was vom Eigenen, als dem normativ Gesetzten, abweicht. Nach diesem Verständnis ist der Kolonialismus auch heute nicht beendet und hat maßgeblichen Einfluss auf das Verhältnis zwischen dem Globalen Süden, zu dem ehemals kolonial unterdrückte Staaten und Gesellschaften gehören, und dem Globalen Norden, zu dem die ehemaligen Kolonialmächte gehören. Das Begriffspaar Globaler Süden – Globaler Norden ist der Versuch, eine wertfreie, nichthierarchische und damit auch dekoloniale Bezeichnung für die Länder zu finden, die bis zum Ende des Kalten Krieges als »Dritte Welt« und seither als »Entwicklungs- oder Schwellenländer« bezeichnet wurden. Da die Mehrheit dieser Länder nach den geltenden geografischen Kategorien südlich der sogenannten Industrienationen liegt, wo sich jedoch auch Australien oder Neuseeland befinden, verweist die Großschreibung von »Global« auf die postkoloniale Bedeutung des Begriffspaars hin (s. a. Holzhäuser-Ruprecht u. a. in diesem Band).

Der europäische Kolonialismus der Neuzeit, wie ihn Osterhammel und Jansen fassen, setzt im frühen 15. Jahrhundert (1402/03) mit der sukzessiven Unterwerfung der Kanarischen Inseln unter die Herrschaft des kastilischen Königshauses ein. Eine wesentliche Voraussetzung dafür war die Entwicklung leichtgängiger Schiffe, der Karavellen, die gute Eigenschaften vor dem Wind aufwiesen (Kat. 1). Dieser Schiffstyp und der Zwischenstopp auf den inzwischen kolonialisierten Kanarischen Inseln ermöglichten Ende des 15. Jahrhunderts erstmals die sichere Überquerung des Atlantiks in beide Richtungen und im Anschluss daran die koloniale Besitzergreifung beider Amerikas. Diese erfolgte zunächst durch Spanien und Portugal, bald beteiligten sich auch die Niederlande, Großbritannien und Frankreich an der kolonialen Eroberung des Doppelkontinents. Deutsche waren an der kolonialen Aneignung der Amerikas und der Ausbeutung seiner Bewohner_innen ebenfalls aktiv beteiligt, wie etwa Hans Staden (1525–1576) oder Ulrich Schmidl (1510–1580/81) und in größerem Stil die Welser, ein Augsburger Handelshaus, das Karl V. Geld für seinen Kampf um die Kaiserkrone geliehen hatte. Zum Ausgleich für die Schulden erhielten die Welser 1528 das heutige Venezuela als Lehen und beuteten das Land und seine Menschen 30 Jahre lang aus. Sowohl Schuldknechtschaft als auch Versklavung waren die Methoden, welche Agenten des Handelshauses, wie Ambrosius Ehinger (vor 1500–1533) und Nikolaus Federmann (1506–1542), anwandten, um die indigene Bevölkerung zur Arbeit zu zwingen (Arráiz Lucca 2013: 20 ff.). Zudem brachten sie etwa 4 000 versklavte Afrikaner_innen nach Venezuela.

Die koloniale Unterwerfung außereuropäischer Gebiete im Namen von Herrschern, Handelskompanien oder auch auf Initiative Einzelner beschränkte sich jedoch nicht nur auf die Amerikas, sondern erstreckte sich – beginnend mit Goa auf dem indischen Subkontinent im Jahr 1505 – nach und nach fast über den gesamten Globus. Auch daran hatten Deutsche teil, wie zum Beispiel Friedrich Wilhelm von Brandenburg, der »Große Kurfürst« (1620–1688). Um sich am Handel mit den Kolonien zu beteiligen, gründete er 1682 die Brandenburgisch-Afrikanische Compagnie (BAC) und ließ Niederlassungen in der Karibik und an der westafrikanischen Goldküste, wie Großfriedrichsburg im heutigen Ghana, errichten (von der Heyden 2002). Mit diesen Niederlassungen als Basis importierte er begehrte Luxusgüter direkt aus den Kolonien für den Verkauf an Adelshöfe und beteiligte sich an einem merkantilistischen Welthandel, der auch als atlantischer Dreieckshandel bezeichnet wird (Reinhard 1985). Mittlerweile ist dieser Begriff, der die Grundzüge der Aktivitäten europäischer Handelskompanien plastisch umreißt, umstritten, weil er die Komplexität des Geschehens auf die Bewegung eines Dreiecks zwischen Europa, Afrika und Amerika reduziert. Im Zentrum des Verkehrs stand die Verschleppung afrikanischer Menschen in die von Europäer_innen eroberten Kolonialgebiete durch Handelskompanien. Deren Schiffe brachten Feuerwaffen, Alkohol, Metallbarren, Tuche, Glasperlen und andere Manufakturwaren an die westafrikanischen Küsten. Dort tauschten sie diese gegen versklavte Menschen, die anschließend nach Süd- und Nordamerika oder in die Karibik verschleppt und auf Sklavenmärkten für die Arbeit auf den Plantagen oder in den Haushalten ihrer Besitzer und Verwalter verkauft wurden. Aus den Kolonien kehrten die Schiffe mit Genussmitteln wie Zucker, Kakao und Kaffee nach Europa zurück.[1]

Neben einer aktiven Beteiligung waren viele Deutsche, auch aus der Schwarzwaldregion, passiv am europäischen Kolonialismus beteiligt, indem sie ökonomisch von ihm profitierten. So wurden etwa Schiffe für den Transport zwischen Europa und den Kolonialgebieten aus Holz gebaut, das aus dem Schwarzwald kam (Kat. 6 & 7). Die Stämme, zumeist von besonders hoch gewachsenen Tannen, wurden zu sogenannten Holländerflößen zusammengebunden und über

Bäche und Flüsse an den Rhein und auf diesem dann in die Niederlande geflößt (Scheifele 1988; 1995).

Während keiner der kleinen deutschen Staaten politisch und wirtschaftlich in der Lage war, sich auf Dauer erfolgreich am europäischen Kolonialismus zu beteiligen, veränderte die Reichsgründung 1871 diese Bedingungen grundlegend. Nun gab es einen Nationalstaat, der in politischer, militärischer und ökonomischer Hinsicht stark genug war, um sich als Kolonialmacht zu etablieren. Dies forderten vor allem wirtschaftliche Akteure, die sogleich begannen, sich in Eigenregie Gebiete kolonial anzueignen, um dann von der deutschen Reichsregierung deren »Schutz« einzufordern. So arbeiteten Kaufleute, wie etwa der bis dahin eher erfolglose Tabakhändler Adolf Lüderitz (1834–1886) aus Bremen, gezielt darauf hin, in Afrika eine Kolonie zu gründen. Lüderitz beauftragte Heinrich Vogelsang (1862–1914), für ihn an der afrikanischen Südwestküste Land zu erwerben, um dort eine Kolonie zu errichten. Vogelsang schloss 1883 mit dem Nama-Kaptein Josef Frederiks II. (?–1893), dem damaligen Chief der !Aman-Nama von Bethanie, im heutigen Südnamibia nahe Lüderitz gelegen, einen betrügerischen Vertrag über den Kauf eines Küstenstreifens in der Bucht von Angra Pequena ab. Dabei wurde der Nama-Kaptein absichtlich im falschen Glauben über die dem Vertrag zugrunde gelegten Maßeinheiten gelassen: Statt der englischen Meile (etwa 1,6 km), die ihm bekannt war, handelte es sich um die deutsche Meile (etwa 7,5 km). Damit hatte Kaptein Josef Frederiks II. ein weit größeres Landstück verkauft als von ihm beabsichtigt. Als es dann wenig später zu ersten Auseinandersetzungen mit der lokalen Bevölkerung kam, forderte Adolf Lüderitz – zusammen mit anderen deutschen Kolonialakteuren – von der deutschen Reichsregierung militärischen Schutz für die angeeigneten Gebiete.

Die eigenmächtigen Aktivitäten deutscher Kolonialakteure in Afrika strahlten nach Europa aus und bedrohten den Frieden. Daher lud Reichskanzler Otto von Bismarck (1815–1898), entgegen seiner bisherigen Zurückweisung kolonialer Ambitionen, Ende 1884 Vertreter der europäischen Kolonialmächte zu Beratungen nach Berlin ein. Im Ergebnis der sogenannten Berliner Afrika-Konferenz, die bis Februar 1885 dauerte, wurde der afrikanische Kontinent ohne jegliche Beteiligung von Vertreter_innen der betroffenen Gesellschaften den Machtinteressen der beteiligten europäischen Staaten entsprechend aufgeteilt (Kat. 17). Dies war auf politischer Ebene der Einstieg des Deutschen Reiches in den europäischen Kolonialismus und Imperialismus. Als sogenannte Schutzgebiete, denn angeblich ging es »nur« um den »Schutz deutscher Wirtschaftsinteressen«, wurden 1884/85 zunächst Deutsch-Südwestafrika (DSW), Togo sowie Kamerun deklariert. Der Begriff »Schutzgebiet« verschleierte dabei, dass es um weit mehr als nur die Wahrung wirtschaftlicher Interessen in diesen Gebieten ging. Bis 1900 kamen Deutsch-Ostafrika (heutiges Ruanda, Burundi und Tansania – ohne Sansibar) sowie weitere Gebiete in Ozeanien hinzu, darunter Deutsch-Neuguinea und mehrere Inseln des Bismarck-Archipels (heute Papua-Neuguinea), die Marshallinseln, Salomonen, Karolinen, Deutsch-Samoa, Palau und die nördlichen Marianen sowie das chinesische Pachtgebiet Kiautschou, welches entgegen der Vertragslage vom Deutschen Kaiserreich zum »Schutzgebiet« erklärt wurde.

Auf die kolonialen Aneignungen des Deutschen Reiches und die damit einhergehenden imperialistischen Einflussnahmen reagierten die lokalen Bevölkerungen mit Widerstand. Es kam zu vielen kleineren und drei großen Kolonialkriegen gegen die deutschen Invasoren. 1899/1900 richtete sich der chinesische Yihetuan yungdong (»Bewegung der Verbände für Gerechtigkeit und Harmonie«) gegen imperialistische Einflussnahmen. Seine brutale Niederschlagung durch eine Allianz von acht Staaten – Frankreich, Großbritannien, Deutschland, USA, Russland, Japan, Italien, Österreich-Ungarn, zunächst unter britischer, später deutscher Führung – wird in der Geschichtsschreibung als »Boxerkrieg« bezeichnet.

In Deutsch-Südwestafrika, wo den betrügerischen Landraub mittlerweile einwandernde Siedler_innen fortsetzten, riss der Widerstand gegen die deutschen Invasoren nicht ab. Ende 1893 wurde der im nordbadischen Strümpfelbrunn geborene Theodor Leutwein (1849–1921) nach Deutsch-Südwestafrika gesandt, um den Widerstand der lokalen Bevölkerungen, vor allem der OvaHerero- und Nama-Gruppen, gegen die deutsche Fremdherrschaft zu brechen. Leutwein hatte in Freiburg zunächst Jura studiert, dort aber bald zum Militär mit dem Ziel einer Offizierslaufbahn gewechselt. Im Jahr 1895 wurde er Kommandeur der »Kaiserlichen Schutztruppe« in Deutsch-Südwestafrika und drei Jahre später auch Gouverneur des »Schutzgebiets«. Er schloss mit einigen OvaHerero-Chiefs und Nama-Kapteins Friedensverträge, darunter mit Samuel Maharero (1856–1923) und Hendrik Witbooi (um 1830/1834–1905). Jedoch herrschte nie wirklich Frieden in diesem »Schutzgebiet«, denn die lokalen Bevölkerungen in Deutsch-Südwestafrika wehrten sich gegen die Eindringlinge und deren Landraub. Eine Rinderpest, die etwa 70 Prozent des Viehbestands der Nama und OvaHerero, der ihre Lebensgrundlage darstellte, vernichtete, und eine Heuschreckenplage, welche die Ernten ruinierte, verschärften die Situation, sodass es 1904 zum Krieg der OvaHerero gegen die deutsche Fremdherrschaft kam, an dem sich bald auch Nama-Gruppen beteiligten. Die Erfolge, welche die OvaHerero anfangs gegen die »Schutztruppen« errangen, führten dazu, dass Leutwein als deren Kommandeur durch Lothar von Trotha (1848–1920) abgelöst wurde. Von Trotha führte den Krieg gegen die OvaHerero und Nama erklärtermaßen mit äußerster Grausamkeit und Brutalität. Er mündete in den ersten von Deutschen verübten Genozid des 20. Jahrhunderts (s. a. Kap. 3). Leutwein, der bald auch das Amt des Gouverneurs an von Trotha abgeben musste, kehrte enttäuscht nach Deutschland zurück, ließ sich in Überlingen nieder und starb in Freiburg, wo sich bis heute sein Grab auf dem Hauptfriedhof befindet.

Auf der militärischen Ebene ist Freiburg vielfach mit dem deutschen Kolonialismus verknüpft (vgl. Wegmann 2018 a: 62 ff.). Mehrere Offiziere, die sich zu den »Schutztruppen« verpflichteten, hatten biografische Verbindungen nach Freiburg: Sie waren in der Stadt geboren oder aufgewachsen, wie etwa Wilhelm Winterer (1879–1969), der Sohn des berühmten und langjährigen Oberbürgermeisters Otto Winterer (1846–1915), der als Offizier in Deutsch-Ostafrika war (Dürrenberger 1995: 93 f.). Andere ließen sich nach ihrem Einsatz bei den »Schutztruppen« in der Stadt nieder, wie etwa Max Knecht (1874–1954) (Wegmann 2019). Er trug weit über das politische Ende des deutschen Kolonialismus hinaus koloniales Gedankengut in die Freiburger Stadtgesellschaft. Dieses prokoloniale Engagement erreichte 1935 in der von Knecht maßgeblich organisierten »Reichskolonialtagung« seinen Höhepunkt (vgl. Wegmann Kap. 6.1; 2019: 439 ff.). Die enge Verflechtung Freiburgs mit der kolonialen Expansion spiegelt sich auch in den Sammlungen des heutigen Museums für Natur und Mensch wider. Das 1895 gegründete Museum für Natur- und Völkerkunde erhielt etliche Sammlungen und Gegenstände von Angehörigen der sogenannten Schutztruppen, meist von Offizieren. Jedoch kamen nicht nur Offiziere der »Schutztruppen« aus Freiburg und Umgebung, sondern auch einfache Soldaten. Vielleicht war es, wie Wegmann schreibt, das »prokoloniale patriotische Klima« in der Stadt, das manchen dazu animierte, sich für den Dienst in dieser Einheit zu melden (2018 a: 30). Darüber hinaus gab es ökonomische Anreize, wie etwa die Aussicht auf eine Übernahme in den Staatsdienst, die junge Männer zu den kolonialen Truppen führten.[2]

Wie Grewe et al. in ihrer 2018 publizierten Studie »Freiburg und der Kolonialismus« herausarbeiten konnten, war die Freiburger Stadtgesellschaft über viele Bereiche ihres Alltagslebens mit dem deutschen Kolonialismus verflochten: Produkte kolonialer Ausbeutung, wie etwa Kaffee, Tee, Kakao, Palmölprodukte oder Südfrüchte, wurden Bestandteil des Alltagskonsums. Ebenso fanden aus Elfenbein oder Kautschuk gefertigte Gegenstände und Baumwollkleidung Eingang in die materielle Alltagskultur. Über die Presse, die Kirchen und durch den Besuch von Freizeitveranstaltungen, wie Vorträgen, Filmen oder sogenannten Völkerschauen, wirkten koloniale Ideen und Bilder mit den unterschiedlichsten Inhalten und aus verschiedenen Kontexten auf das Bewusstsein der Bevölkerung. Das Museum für Natur- und Völkerkunde profitierte nicht nur von Kolonialakteuren und deren Beiträgen zum Aufbau der Sammlungen, sondern trug selbst auch koloniales Gedankengut in die Stadtgesellschaft. Die Ausstellungen basierten auf dem Narrativ der vermeintlichen Überlegenheit gegenüber den kolonial unterdrückten Bevölkerungen, aus dem ein zivilisatorischer Missionsauftrag abgeleitet wurde. Dieser diente unter anderem als Rechtfertigung des Kolonialismus (Kat. 244 & 245).

Als größte Bildungsinstitution war die Freiburger Universität auf vielfältige Weise in das koloniale Projekt eingebunden. Etliche ihrer Gelehrten waren in der Kolonialbewegung aktiv, das heißt Mitglied in einem oder mehreren prokolonialen Vereinen (vgl. Wegmann 2018 a: 67 f.). Bei außereuropäischen Forschungsunternehmungen profitierten sie oftmals von kolonialen Infrastrukturen, die ihre Arbeit erleichterten oder sogar erst ermöglichten. Zugleich verbreiteten Professoren und Dozenten im Rahmen ihres Lehrauftrags oder auch durch Vorlesungsreihen für ein städtisches Bildungspublikum koloniale Inhalte. So gab es 1909 eine Vorlesungsreihe an der Universität, an der sich neun Vertreter verschiedener Disziplinen beteiligten, um über »Die Deutschen Kolonien« zu referieren (Wegmann 2018 a: 68). In der Person Eugen Fischer (1874–1967), der an der Universität Freiburg Medizin studierte und sich 1900 für Anatomie und Anthropologie habilitierte, wird die Verflechtung der Universität mit dem Kolonialismus besonders greifbar. Er betreute als Kustos die anthropologische Sammlung der Universität. Sie wurde zum Ausgangspunkt seiner rassenhygienischen Forschungen, die er bei den Rehobother »Bastern« im damaligen Südwestafrika, fortsetzte. Fischer wurde 1927 Leiter des Berliner Kaiser-Wilhelm-Instituts und machte im Nationalsozialismus Karriere (vgl. Neisen 2016: 192 f.).

Nach dem politischen Ende des deutschen Kolonialismus, mit Ende des Ersten Weltkriegs und festgelegt durch den Versailler Vertrag von 1919, entstand, wie an vielen Orten des Deutschen Reiches, auch in Freiburg eine kolonialrevisionistische Bewegung. Prokoloniale Akteure lehnten die Regelungen des Versailler Vertrags ab, welche die deutschen Kolonien als Mandatsgebiete unter die Vorherrschaft anderer Staaten, wie Großbritannien, Frankreich und die USA, stellten. Mit einschlägiger Propaganda richteten sie sich gegen den »Verlust« der Kolonialgebiete und versuchten auch in Freiburg, die Bevölkerung in diesem Sinne zu beeinflussen. Greifbar wird dies in den Aktivitäten prokolonialer Vereine, insbesondere des Vereins ehemaliger Kolonialkrieger und Kolonialdeutscher in Freiburg, der ab 1926 eine Vielzahl von Vortrags- und anderen Propagandaveranstaltungen organsierte.[3] Diese waren inhaltlich bestimmt von der Verherrlichung der deutschen Kolonialzeit und Forderungen zur Rückgabe der Kolonialgebiete, verknüpft mit einem ideologischen Narrativ, welches Deutschlands »Bedarf an Kolonien« proklamierte. Staatliche und ideologische Unterstützung fand die kolonialrevisionistische Bewegung ab 1933 im Nationalsozialismus. Dies wird in Freiburg besonders an zwei medialen Ereignissen deutlich: der »Marine-

und Kolonialwoche« 1933 und der »Reichskolonialtagung« 1935, die von einer dreiwöchigen Kolonialausstellung begleitet wurde.

Die Phase prokolonialer Propaganda endete 1945 mit dem Ende des Zweiten Weltkriegs und damit des Nationalsozialismus. Mit der Dekolonisierung des Globalen Südens bei gleichzeitigem Fortbestehen asymmetrischer Machtbeziehungen zum Globalen Norden wuchs auch in Freiburg der Wille vieler Menschen, sich für gerechtere Beziehungen eines globalen Miteinanders einzusetzen. Mit einem praktischen Ansatz, nämlich Konsumgewohnheiten zu verändern, engagiert sich der 1976 gegründete Süd-Nord-Laden in Freiburg für einen Wandel. Organisationen, wie das 1968 gegründete informationszentrum 3. welt (iz3w), leisten hingegen Aufklärungs- und Informationsarbeit. Spätestens ab den 1980er Jahren setzen sich fortschrittliche Akteur_innen in Freiburg, wie Mitarbeiter_innen des damaligen Adelhausermuseums für Natur- und Völkerkunde (Freiburg) oder des iz3w auch mit dem Kolonialismus und seinen Folgen kritisch auseinander. Ein wichtiges Ergebnis davon war die Ausstellung »Als Freiburg die Welt entdeckte« anlässlich des 100-jährigen Jubiläums des Museums für Natur- und Völkerkunde. Mit der Vorbereitung dieser Ausstellung begann die Untersuchung der kolonialen Verflechtungen des Sammlungsbestands, die bis heute anhält und derzeit durch zwei Projekte, die Digitalisierung der Afrika-Sammlung und eine Provenienzforschung zur Sammlung Brandeis, vorangetrieben wird (Kat. 203–205).

Im Jahr 2015 gab der Freiburger Gemeinderat eine wissenschaftliche Studie in Auftrag, um die Aufarbeitung der kolonialen Verflechtungen der Stadt zu unterstützen. Deren Ergebnisse wurden 2018 publiziert (Grewe u. a.). Zusammen mit dem Katalog zur Jubiläumsausstellung von 1995 (Gerhards 1995) bildet diese Studie die Basis der Ausstellung »Freiburg und Kolonialismus: Gestern? Heute!«. Während sich die Studie auf den Zeitraum von 1871, der Gründung des Deutschen Reiches, bis 1945 beschränkt, greift die Ausstellung darüber hinaus. Von einem Verständnis des Kolonialismus ausgehend, das diesen auch als Mentalität mit einer enormen Langzeitwirkung versteht, reichen ihre Themen bis in die Gegenwart. Hier stehen besonders die Fragen nach der gesellschaftlichen Verantwortung für die deutsche Geschichte des Kolonialismus im Vordergrund sowie nach den globalen Folgen des Kolonialismus, der sich in asymmetrischen Machtbeziehungen zwischen Globalem Süden und Globalem Norden fortschreibt.

Die Ausstellung ist ein weiterer Schritt zur Aufarbeitung der Geschichte Freiburgs und seiner kolonialen Verflechtungen. Darüber hinaus trägt sie dazu bei, das in der deutschen Gesellschaft immer noch vorherrschende Schweigen über die Verbrechen der Kolonialzeit zu beenden, welches kritische Historiker wie Reinhard Kössler, Henning Melber oder Jürgen Zimmerer als »koloniale Amnesie« anprangern (Zimmerer 2004; Kössler 2015: 64; Kössler & Melber 2018). Sie reagierten damit nicht nur auf Diskurse zur deutschen Geschichte, welche die Kolonialzeit bis in die jüngste Vergangenheit nahezu ausblendeten, sondern auch auf Äußerungen politischer Repräsentant_innen, etwa die von Hans-Christian Ströbele, welcher meinte, »dass Deutschland das Glück hatte, sehr früh aus der Kolonialisierung gewaltsam herausgetrieben worden zu sein«. So könne es »eine Rolle übernehmen, die unbelastet ist und die deshalb eine Vorreiterrolle sein kann« (zit. nach Zimmerer 2004). Wenngleich sich in der jüngsten Vergangenheit ein kollektives Bewusstsein entwickelte, das die Notwendigkeit zur Aufarbeitung der deutschen Kolonialgeschichte anerkennt, und derartige Äußerungen mittlerweile undenkbar scheinen, liegen sie doch nur wenige Jahre zurück.

1 Vgl. www.bpb.de/themen/kolonialismus-imperialismus/postkolonialismus-und-globalgeschichte/242213/transatlantischer-sklavenhandel-und-dreieckshandel/ (21. 4. 2022).
2 Mündliche Information H.-W. L. über den Großvater, Juni 2020.
3 Vgl. www.freiburg-postkolonial.de/Seiten/presse.htm (21. 4. 2022).

Schreibkonvention

Groß-/Kleinschreibung: Um zu kennzeichnen, wenn sich SCHWARZ nicht auf eine »Farbe«, sondern einen Identitätsbegriff bezieht, werden in diesem Band Versalien genutzt. Analog wird *weiß* klein und kursiv geschrieben.

Gendern: wenn sich ein Begriff entweder nur auf Frauen oder Männer bezieht, dann wird auf das Gendern verzichtet (z. B. katholische Priester).

Zweisprachigkeit: Einige unserer Kooperationspartner_innen haben ihre Textbeiträge auf Englisch verfasst. Auf Wunsch der Autor_innen sind einige dieser Texte hier im Original zusammen mit einer deutschen Übersetzung wiedergegeben.

Was hat die beliebte Schwarzwaldmetropole mit dem Kolonialismus zu tun, was haben wir damit zu tun, und wie wirkt er auf Gesellschaften, die von ihm betroffen waren? Diesen Fragen gehen die Ausstellung und der Katalog nach. Sie zeigen, dass und wie wir hier im Globalen Norden ökonomisch, politisch und kulturell von den Strukturen der Unterdrückung und Ausbeutung profitieren, die durch den Kolonialismus geschaffen wurden. Das Beispiel Freiburgs veranschaulicht, dass diese Herrschaftsform von Angehörigen aller Bevölkerungsschichten getragen wurde. Ihre Unterstützung wurzelte in einem Überlegenheitsgefühl, insbesondere gegenüber nicht-europäischen Menschen und deren physischen oder kulturellen Eigenschaften. Diese abwertende Haltung ist die Basis für Rassismus, der wirkmächtigsten Ideologie des Kolonialismus. Als solche diente er als Rechtfertigung für die Gewalt gegenüber außereuropäischen Bevölkerungen, deren Ausbeutung sowie die damit einhergehende Zerstörung ihrer ökonomischen und sozialen Lebensgrundlagen. Da der Rassismus tief im kollektiven Bewusstsein verankert ist, wirkt er bis heute in unserer Gesellschaft weiter und kann nur durch eine aktive Auseinandersetzung aufgelöst werden.

BHI/AZ

1

Karavelle

Maler: Joaquim Melo

16. Jh.: Lissabon/Portugal, Wandgemälde: Reproduktion, Convento da Madre de Deus

Provenienz: aus dem Buch von José Maria Martínez-Hidalgo, Las Naves de Colon, Barcelona 1969

Der europäische Kolonialismus der Neuzeit begann Anfang des 15. Jahrhunderts mit der Inbesitznahme der Kanarischen Inseln. Die französischen Adligen Jean IV. de Béthencourt (1362–1425) und Gadifer de la Salle (1355–1422) nahmen 1402/03 auf Basis eines Vertrags mit dem damaligen Herrscher Lanzarotes, König Luis de Guadafía (1378–?), die Insel in Besitz. Es war der Beginn der kolonialen Besitzergreifung der Kanarischen Inseln für das kastilische Königshaus. Im Laufe des Jahrhunderts wurden die übrigen Inseln gegen den Widerstand der lokalen Bevölkerung unter kastilische Herrschaft gebracht. Eine Voraussetzung für diese Eroberungen waren schnelle Schiffe, wie die Karavelle. Dank der guten Eigenschaften, die dieser Schiffstyp vor dem Wind zeigt, und der Möglichkeit, sich auf den Kanarischen Inseln zu versorgen, wurde Ende des 15. Jahrhunderts die Atlantiküberfahrt bis in die Karibik und zu den beiden Amerikas möglich. BHI

2

Trinkschale

Künstler_in: unbekannt

Ende 19. Jh.: Venezuela, Kalebassenfrucht (*Crescentia cujete*), Museum Natur und Mensch, Städtische Museen Freiburg, Inv. III/0549

Provenienz: 1902 erworben vom Museum Altona. Über die Erwerbungsumstände davor, insbesondere vor Ort ist nichts bekannt.

Kaiser Karl V. verpfändete 1528 dem Augsburger Handelshaus der Welser das heutige Venezuela als Lehen. Damit wollte er seine Schulden abtragen, die er als spanischer König Karl I. im Kampf um den Kaisertitel bei diesem Handelshaus aufgenommen hatte.

Im Namen der Welser wurden das Land und seine Menschen 30 Jahre lang rücksichtslos ausgebeutet. Federführend waren dabei Ambrosius Ehinger, auch Dalfinger genannt (1500–1533), und Nikolaus Federmann (1506–1542), die beide aus Ulm und Umgebung stammten. Der Vertrag mit dem Kaiser erlaubte ihnen den Import versklavter Menschen aus Afrika und die Ausbeutung der indigenen Bevölkerung Venezuelas, die mit Gewalt zur Arbeit gezwungen oder durch Tauschhandel in Schuldverhältnisse gebracht wurde. Beliebte Tauschartikel waren Glasperlen, aus denen Frauen Schamschurze fertigten, wie sie auf der Unterseite der Trinkschale dargestellt sind. BHI

3

Manille

Produzent_in: unbekannt

15.–20. Jh.: Westafrika (heutiges Ghana/Togo/Benin/Nigeria), Metall/Kupfer, Museum Natur und Mensch, Städtische Museen Freiburg, Inv. I/2438

Provenienz: 1976 erworben von privat

Mit dem Ziel der wirtschaftlichen Ausbeutung von außereuropäischen Kolonialgebieten wurden im 17. Jahrhundert in Großbritannien, den Niederlanden, Frankreich, Dänemark, Portugal und verschiedenen deutschen Staaten Handelskompanien gegründet. Sie dominierten im 17. und 18. Jahrhundert den Handel zwischen Europa, Westafrika und den Kolonialgebieten in Asien und den Amerikas. Dieser Handel verknüpfte den Export von Manufakturwaren nach Afrika und den Import von Rohstoffen aus den Kolonialgebieten mit der Verschleppung versklavter Menschen in die Kolonialgebiete, wo sie auf Plantagen und in Haushalten der Europäer_innen zur Arbeit gezwungen wurden. Auf westafrikanischen Sklavenmärkten dienten aus Kupfer gefertigte Manillen als Zahlungsmittel, die extra dafür in Europa hergestellt wurden. BHI

4

Usambaraveilchen (*Saintpaulia ionantha*-Hybride)

Foto: Axel Killian, 2022

5

Zeichnung: *Saintpaulia ionantha*

Künstlerin: Reinhild Raistrick

Um 1995: Tansania

Courtesy Reinhild Raistrick

Ende des 19. Jahrhunderts ebnete der deutsche Kolonialbeamte Walter von Saint Paul-Illaire (1860–1940) einer kleinen Blume aus dem bergigen Norden des heutigen Tansania, ehemals »Kaiserliches Schutzgebiet Deutsch-Ostafrika« (DOA), den Weg in die Wohnzimmer des Globalen Nordens. Auf Streifzügen durch die feucht-schattigen Wälder der Usambara-Mountains fielen ihm kleine, blau blühende Blumen auf, die ihn an Veilchen erinnerten. Er schickte ihre Samen nach Europa, wo sie erfolgreich zum Keimen gebracht und gezüchtet wurden.
Heute sind gezüchtete Kulturformen der Usambaraveilchen als Zimmerpflanzen weltweit in diversen Sorten verbreitet, während das Überleben der rund 20 Wildarten stark bedroht ist. Mitte der 1990er Jahre widmete die britische Künstlerin Reinhild Raistrick (* 1940) dem Schutz der Wildformen des Usambaraveilchens ein Dokumentationsprojekt. Mithilfe lokaler Wissensträger spürte sie während eines mehrmonatigen Aufenthalts in den Usambara-Mountains zahlreiche Wildformen auf, um sie in ihren natürlichen Habitiaten zu zeichnen. Für die Künstlerin war es zugleich die Rückkehr in eine Region, in der sie geboren wurde und mit der ihre Familie verbunden ist. Raistricks Großvater, Wilhelm Bokermann (1867–1947), war in Lutindi (westliche Usambara-Mountains) ab 1895 als Missionar der Evangelischen Missionsgesellschaft Deutsch-Ostafrika (EMDOA, die spätere Bethel Mission) tätig. Die Anfänge der EMDOA gehen auf den Kolonialakteur Carl Peters (1856–1918) zurück, der die christliche Mission zur Unterstützung seiner kolonialen Machtpolitik in Ostafrika einsetzen wollte.
Die Errichtung der deutschen Kolonialmacht und die damit einhergehende wirtschaftliche Ausbeutung setzten in den Usambara-Mountains einen irreversiblen Wandel der Landnutzung in Gang. Grund dafür war die Einführung des Kaffeeanbaus auf großen Plantagen, für die mehr und mehr Waldflächen, Lebensraum der Usamabaraveilchen, gerodet wurden. Dieser Prozess hält bis in die Gegenwart an, und möglicherweise sind einige der von Raistrick gezeichneten Arten heute bereits verschwunden.
BHI

6

Karte: »Holländerfloß auf der Murg«

Zeichner: T.A. Lenhart

8.1.1774: Rastatt/Deutschland, Papier, Stadtarchiv Rastatt, K-218

Provenienz: Altbestand

Im 17. Jahrhundert entwickelten sich die Niederlande zu einer führenden Wirtschafts- und Seemacht. Immense Kapitalerträge, unter anderem aus dem Kolonialhandel, setzten einen grundlegenden Umbau des Landes und seiner Wirtschaft in Gang. Für den Ausbau der Städte, die Errichtung von Häusern, Mühlen, Schöpfwerken und den Aufbau einer großen Handels- und Kriegsflotte wurden Unmengen von Holz benötigt, das auch aus dem Schwarzwald kam. Dort wuchsen besonders hohe Tannen, die zu langen Flößen verbunden den Rhein hinabtransportiert wurden. Solche langen Stämme dienten beispielweise als Kiele für Schiffe, die im Kolonialhandel und für den Transport versklavter Menschen eingesetzt wurden. BHI

7

Modell eines Holländerfloßes

Hersteller_in: unbekannt

Um 1963: ohne Ortsangabe, Holz/Textil, Augustinermuseum, Städtische Museen Freiburg, Inv. V 63/001 a

Provenienz: 1963 erworben von privat/Oppenau-Rotenbach

8

Figurengruppe: »Der Handkuss«

Künstler: Johann Joachim Kändler

1737–1740: Staatliche Porzellan-Manufaktur Meissen/ Deutschland, Porzellan, Augustinermuseum, Städtische Museen Freiburg, Inv. 1995/161

Provenienz: 1995 erhalten von Thomas Sommer/Freiburg

Der Große Kurfürst von Brandenburg, Friedrich Wilhelm (1620–1688), wollte sich Ende des 17. Jahrhunderts am Handel mit außereuropäischen Genussmitteln wie Kaffee, Tee und Kakao beteiligen, die sich an europäischen Adelshöfen zunehmender Beliebtheit erfreuten. Er ließ daher 1682 die Brandenburgisch-Afrikanische Compagnie (BAC) gründen. Sie hatte in Emden mit Zugang zur Nordsee ihren europäischen Stützpunkt, mit der Festung Großfriedrichsburg im heutigen Ghana einen von mehreren an der westafrikanischen Küste und auf der Insel St. Tomé einen weiteren Anlaufpunkt in der Karibik. Die BAC beteiligte sich bis zu ihrer Auflösung 1711 am Kolonialhandel und an der Verschleppung versklavter Menschen aus Afrika. BHI

9

Ninsei Chawan: Teeschale

Künstler: Nonomura Ninsei, später Harima Nyūdō Ninsei (? – etwa 1665) oder sein Sohn (nach 1665)

Nach 1657: Awata-Kioto/Japan, Ton, Museum Natur und Mensch, Städtische Museen Freiburg, Inv. V/1464

Provenienz: 1899/1900 erworben von der Kunsthandlung Wagner, Berlin. Über die Erwerbungsumstände davor, insbesondere vor Ort ist nichts bekannt.

Mitte des 18. Jahrhunderts breiteten sich die britischen Handelskompanien global aus. Dabei spielte der Rohstoff Tee eine zentrale Rolle. Weil sich der wichtigste Teeproduzent China, aber auch Japan gegen europäische Einflüssnahme, etwa durch Handel, wehrten, begannen britische Kompanien, neue Anbaugebiete in Indien zu erschließen und auszubeuten. BHI

Bei der Teeschale handelt es sich um ein Werk des japanischen Töpfers und Künstlers Nonomura Ninsei aus der frühen Edo-Zeit (17. Jahrhundert). Ninsei wurde in dem Ort Nonomura in der heutigen Präfektur Kyoto geboren und war für die Verwendung eines Töpferrads wie auch für seine Glasuren berühmt. Seine zentralen Motive waren Blumen und Pflanzen. Alle seine Produkte zeichnete er mit seinem Namen »Ninsei« und hob sich mit diesem Markenzeichen von der Anonymität der Töpfer innen seiner Zeit ab. Ninsei hat viele Genrationen von Künstler_innen beeinflusst und ist oft imitiert worden. Einige seiner Arbeiten gelten in Japan als kulturelles Erbe und sind als Nationalschatz anerkannt.
Die Schale aus der Sammlung des Museums Natur und Mensch fällt nicht nur durch ihre zurückhaltende Farbgebung auf, söndern auch durch ihren Fuß, aus dem an drei Stellen dreieckige Zacken herausgetrennt worden sind. Dieses Stilelement ist der koreanischen Koryo-Keramik entnommen, die Ninsei häufig nachahmte. Das aufgemalte Blatt eines Gingkos ist in der ostasiatischen Kunst ein Zeichen für den Herbst. Eine Besonderheit der Tasse ist, dass neben dem Blatt auch die Frucht des Gingko-Baums abgebildet wurde. Ninsei gab auf diese Weise einen Einblick in dessen verschiedene Ausgestaltungen, was für Europäer_innen des 17. Jahrhunderts wie eine Lektion in unbekannter Flora gewesen sein dürfte. Allerdings ist bisher nicht überliefert, wann genau die Teeschale nach Deutschland kam. Gesichert ist nur, dass sie Anfang des 20. Jahrhunderts über Berlin nach Freiburg gelangte. Dies war eine Zeit, in der sich Gingko-Bäume und ihre Abbildungen in Europa großer Beliebtheit erfreuten. Bis heute stehen im elsässischen Straßburg auf der Place de la République vier Gingko-Bäume, die der japanische Kaiser 1880 dem deutschen Kaiser geschenkt hat. SK/AK/XPY

10

Kompass mit Sonnenuhr

Handwerker_in: unbekannt

1700–1800: ohne Ortsangabe, Messing/Glas/Papier, Augustinermuseum, Städtische Museen Freiburg, Inv. H 23/027

Provenienz: 1923 erhalten von A. Degen, Oberstleutnant/Freiburg

Zuverlässige und handliche Orientierungshilfen, wie etwa der Kompass mit Sonnenuhr und Kartenwerke, waren für europäische Forschende ab Ende des 18. Jahrhunderts wichtige Voraussetzungen, um in das Innere Afrikas vordringen zu können. Mit ihren Expeditionen setzten Forschungsreisende den »Wettlauf um Afrika« in Gang und wurden damit zu Wegbereitern des europäischen Kolonialismus. BHI

11

Ehemaliges »Wirtshaus zu Amerika« in Freiburg-Herdern

Fotograf_in: unbekannt

Um 1912/13: Verlag J. A. Wilhelm, Freiburg/Deutschland, Postkarte, Archiv M. Gallo, Freiburg/Deutschland

Viele Händler, Handwerker und Abenteurer aus deutschen Kleinstaaten beteiligten sich im 18. Jahrhundert an der Ausbeutung durch den europäischen Kolonialismus, indem sie auf eigene Initiative in Kolonialgebiete auswanderten oder sich für eine Tätigkeit dort anwerben ließen. Einer von ihnen war der Freiburger Johann Baptist Messy (1739–1795). Im Alter von 20 Jahren ging er nach Suriname und wurde dort Aufseher auf einer der zahlreichen Zuckerrohrplantagen, auf denen Sklaven ausgebeutet und oft zu Tode gequält wurden. Nach 17 Jahren kehrte er in seine Heimatstadt Freiburg zurück und erwarb 1776 in Herdern, heute ein Freiburger Stadtteil, für 5 000 Gulden ein Gut, auf dem er ein Wohn- und Gasthaus errichtete, das er bis zu seinem Tod als »Wirtshaus zu Amerika« betrieb. BHI

12

Colonia Tovar/Venezuela

Fotograf: JAVI

2021: Colonia Tovar/Venezuela, Courtesy JAVI

Mitte des 19. Jahrhunderts suchten Deutsche der Armut zu entkommen, indem sie ihre Heimatregion verließen, um auszuwandern. Das Hauptziel dieser Migration bildete Nordamerika, aber auch nach Südamerika wanderten viele Deutsche aus, vorzugsweise nach Brasilien, Argentinien und Chile. Im Jahr 1843 verließen rund 350 Menschen aus der Kaiserstuhlregion ihre Heimat, um sich in Venezuela niederzulassen. Im bergigen Norden des Landes gründeten sie den Ort Colonia Tovar, der mit seinen Fachwerkhäusern, der deutschen Alltagssprache im Kaiserstühler Dialekt, der alemannisch-schwäbischen Fastnacht und der traditionellen Küche noch heute an die südbadischen Wurzeln seiner Gründer_innen erinnert. BHI

13

Asafo-Fahne: »Löwe mit Krone, greifartiger Vogel und Sasabonsam«

Künstler_in: unbekannt

1930–1985: Fante/Ghana, Baumwolle, Museum Natur und Mensch, Städtische Museen Freiburg, Inv. I/2633

Provenienz: 1990 erworben von Karl-Heinz Krieg → Seite 43. Über die konkreten Erwerbungsumstände vor Ort ist nichts bekannt.

In der zweiten Hälfte des 19. Jahrhunderts erreichte die koloniale Unterwerfung des afrikanischen Kontinents ihren Höhepunkt. Zu den Eroberungsstrategien zählte neben militärischer Gewalt auch die Manipulation lokaler Bevölkerungsgruppen. Sie wurden häufig gegeneinander ausgespielt, indem eine Gruppe militärisch unterstützt wurde. Dies war auch bei den Fante im heutigen Ghana der Fall, die von Großbritannien gegen ihre verfeindeten Nachbarn, die Ashanti, unterstützt wurden. Davon erzählen die Fahnen der Fante-Kriegergesellschaften. Auf vielen dieser Asafo-Fahnen ist die britische Flagge dargestellt, und auch der Löwe ist eine Metapher für die britische Machtposition an der westafrikanischen Goldküste. Der greifartige Vogel symbolisiert Wachsamkeit – er greift ein Sasabonsam an, einen bösen Waldgeist, der für die Ashanti stehen könnte. BHI

14

Werbung: »E. W. Treupel Groß- u. Klein-Verkauf«

Grafiker_in: unbekannt

1869: Freiburg/Deutschland, Papier, Universitätsbibliothek Freiburg, H 4536/1869

Provenienz: aus dem Anhang »Adressen bemerkenswerter Geschäftshäuser hier und auswärts«, Freiburger Adresskalender für das Jahr 1869

15

Werbung: »Teegeschäft Roser«

Grafiker_in: unbekannt

1890: Freiburg/Deutschland, Papier, Universitätsbibliothek Freiburg, H 4536/1890

Provenienz: Geschäftsempfehlungen im Adressbuch der Stadt Freiburg für das Jahr 1890

Vor Gründung des Deutschen Kaiserreichs 1871 gab es in Freiburg nur wenige Geschäfte, die sogenannte Kolonialwaren verkauften. Dazu zählten zunächst vor allem Kaffee, Tee, Tabak oder Kakao. Während der Zeit des deutschen Kolonialismus stieg der Konsum dieser Genussmittel und anderer Kolonialwaren derart an, dass 1914 im Freiburger Adressbuch 178 Kolonialwarengeschäfte verzeichnet waren. Während die meisten Waren über Händler importiert wurden, gehörte das Teegeschäft Roser zu den wenigen in Freiburg, die eigene Teeplantagen betrieben. BHI

16

Werbung: »Völkerschau im Freiburger Gambrinus-Garten«

Grafiker_in: unbekannt

16.8.1882: Freiburg/Deutschland, Papier, Universitätsbibliothek Freiburg, G 4081

Provenienz: Freiburger Zeitung, 1882

Ende des 19. Jahrhunderts zogen im Deutschen Kaiserreich sogenannte Völkerschauen ein millionenfaches Publikum an. Diese Völkerschauen stellten Menschen aus anderen, oftmals unter europäischer Kolonialherrschaft stehenden Weltregionen unter zooähnlichen Bedingungen zur Schau und gaben vermeintliche Einblicke in deren Alltags- und Ritualleben. Dieses wurde jedoch klischeehaft als Schauspiel dargeboten und reproduzierte europäische Vorstellungen vom »exotischen« Fremden. Der eigentliche Zweck der Völkerschauen war die Selbstvergewisserung des Publikums als zivilisatorisch überlegene Gesellschaft, sie sollten damit der Rechtfertigung des europäischen Kolonialismus dienen. Das Publikum übte sich mit den Besuchen der Völkerschauen in koloniale Sichtweisen und rassistische Haltungen gegenüber Fremden ein. BHI

17

Illustration: »Die westafrikanische Konferenz in Berlin«

Grafiker: Herman Lüders

1884: Berlin/Deutschland, Papier, Staatsbibliothek Berlin, Ac 7218-1884

Provenienz: Die Gartenlaube: Illustrirtes Familienblatt, 1884

Im November 1884 berief der deutsche Reichskanzler Otto von Bismarck (1815–1898) die »Berliner Afrika-Konferenz« ein. An dieser Konferenz nahmen Vertreter aus Belgien, Dänemark, Frankreich, Großbritannien, Italien, Österreich-Ungarn, Portugal, Russland, Schweden-Norwegen, Spanien, den USA und der Niederlande sowie des Osmanischen Reiches teil, um ihre Machtinteressen auf dem afrikanischen Kontinent abzustecken. Dies wurde zur Grundlage für die Aufteilung des afrikanischen Kontinents in von Europäern beherrschte und ausgebeutete Kolonien. Die Konferenz fand ohne jegliche Beteiligung der davon betroffenen Gesellschaften statt – als Andeutung dieser Ungeheuerlichkeit lässt sich die Figur einer dunkelhäutigen Person interpretieren, die Lüders in die linke untere Bildecke platzierte. Die Konferenz gilt als Beginn des deutschen Kolonialismus als Teil der offiziellen Staatspolitik. BHI

18

Gou: Schlagwaffe

Hersteller_in: unbekannt

Ende 19. Jh.: China, Metall/Eisen, Museum Natur und Mensch, Städtische Museen Freiburg, Inv. V/0299

Provenienz: 1900 erhalten von Karl Dürr, Kolonialoffizier/Baden-Baden ⟶ Seite 76. Über die konkreten Erwerbungsumstände vor Ort ist nichts bekannt.

Ende des 19. Jahrhunderts sahen sich Teile der chinesischen Bevölkerung so stark den Einflüssen des europäischen, nordamerikanischen und japanischen Imperialismus ausgeliefert, dass sie sich mit dem Yihetuan yundong dagegen wehrten. Dies führte zum »Boxerkrieg«, an dem sich auch das Deutsche Kaiserreich beteiligte. Hochgerüstet kämpfte eine Allianz der imperialistischen Mächte gegen die kaiserliche Armee Chinas und gegen die Krieger des Yihetuan yundong, die oftmals nur mit traditionellen Hieb-, Stich- und Schlagwaffen ausgerüstet waren. Bei der Verabschiedung des Ostasiatischen Expeditionskorps nach China am 27. Juli 1900 in Bremerhaven hielt Kaiser Wilhelm II. (1856–1941) eine Hetzrede, in deren Schärfe der Genozidbefehl Lothar von Trothas (1848–1920) gegen OvaHerero und Nama bereits anklingt. BHI

Auszug aus der Rede von Kaiser Wilhelm II. an das Ostasiatische Expeditionskorps bei der Verabschiedung nach China, 27. Juli 1900 in Bremerhaven
»Kommt Ihr vor den Feind, so wird derselbe geschlagen! Pardon wird nicht gegeben, Gefangene werden nicht gemacht! Wer Euch in die Hände fällt, sei Euch verfallen! Wie vor tausend Jahren die Hunnen unter ihrem König Etzel sich einen Namen gemacht haben, der sie noch jetzt in Überlieferung und Märchen gewaltig erscheinen lässt, so möge der Name Deutscher in China auf tausend Jahre durch Euch in einer Weise bestätigt werden, dass niemals wieder ein Chinese es wagt, einen Deutschen scheel anzusehen.« (Görtemaker 1996: 357)

19

Figur: Askari

Künstler_in: unbekannt

1875–1903: ehemaliges Deutsch-Ostafrika, Holz/Leder, Museum Natur und Mensch, Städtische Museen Freiburg, Inv. I/0140

Provenienz: 1904 erhalten von Karl Sauer, Kolonialbeamter → Seite 77. Über die konkreten Erwerbungsumstände vor Ort ist nichts bekannt.

Der Widerstand gegen die deutsche Kolonialmacht führte 1904 bis 1908 in Deutsch-Südwestafrika (DSW, heutiges Namibia) und in Deutsch-Ostafrika (DOA, heute Ruanda, Burundi, nördliches Mosambik und Tansania ohne Sansibar) zu zwei großen Kriegen und zahlreichen lokalen Widerstandsereignissen, die auf Seiten der unterdrückten Bevölkerungen viele Menschenleben forderten. Auf Seiten der deutschen Kolonialmacht kämpften jedoch nicht immer nur Deutsche, sondern auch Angehörige der einheimischen Bevölkerungen. Während des Maji-Maji-Krieges (1905–1907) in DOA bestanden die Streitkräfte der kolonialen Besatzungsmacht aus relativ wenigen deutschen Offizieren und Unteroffizieren, vor allem aber aus Askari, afrikanischen Kolonialsoldaten, sowie weiteren Hilfstruppen, die aus der lokalen Bevölkerung rekrutiert wurden. Durch die Kriegshandlungen und Zerstörungen während des Maji-Maji-Krieges starben zwischen 100 000 und 320 000 Menschen, vor allem an Hunger. BHI

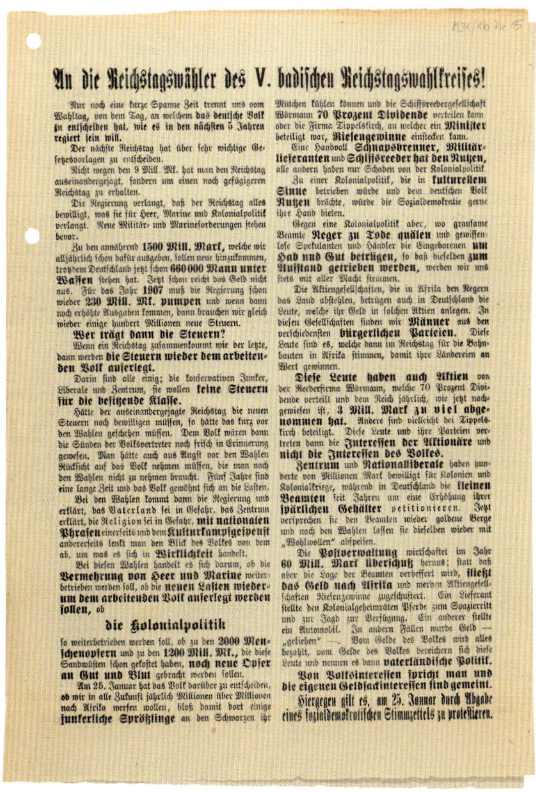

An die Reichstagswähler des V. badischen Reichstagswahlkreises!

Nur noch eine kurze Spanne Zeit trennt uns vom Wahltag, von dem Tag, an welchem **das deutsche Volk zu entscheiden hat, wie es in den nächsten 5 Jahren regiert sein will.**

Der nächste Reichstag hat über sehr wichtige Gesetzesvorlagen zu entscheiden.

Nicht wegen den 9 Mill. Mk. hat man den Reichstag auseinandergejagt, sondern um einen noch gefügigeren Reichstag zu erhalten.

Die Regierung verlangt, daß der Reichstag alles bewilligt, was sie für Heer, Marine und Kolonialpolitik verlangt. Neue Militär- und Marineforderungen stehen bevor.

Zu den annähernd **1500 Mill. Mark,** welche wir alljährlich schon dafür ausgeben, sollen neue hinzukommen, trotzdem Deutschland jetzt schon **660 000 Mann unter Waffen** stehen hat. Jetzt schon reicht das Geld nicht aus. Für das Jahr **1907** muß die Regierung schon wieder **230 Mill. Mk. pumpen** und wenn dann noch erhöhte Ausgaben kommen, dann brauchen wir gleich wieder einige hundert Millionen neue Steuern.

Wer trägt dann die Steuern?

Wenn ein Reichstag zusammenkommt wie der letzte, dann werden **die Steuern wieder dem arbeitenden Volk auferlegt.**

Darin sind alle einig; die konservativen Junker, Liberale und Zentrum, sie wollen **keine Steuern für die besitzende Klasse.**

Hätte der auseinandergejagte Reichstag die neuen Steuern noch bewilligen müssen, so hätte das kurz vor den Wahlen geschehen müssen. Dem Volk wären dann die Sünden der Volksvertreter noch frisch in Erinnerung gewesen. Man hätte auch aus Angst vor den Wahlen Rücksicht auf das Volk nehmen müssen, die man nach den Wahlen nicht zu nehmen braucht. Fünf Jahre sind eine lange Zeit und das Volk gewöhnt sich an die Lasten.

Bei den Wahlen kommt dann die Regierung und erklärt, das Vaterland sei in Gefahr, das Zentrum erklärt, die Religion sei in Gefahr, **mit nationalen Phrasen** einerseits und dem **Kulturkampfgespenst** andererseits lenkt man den Blick des Volkes von dem ab, um was es sich in **Wirklichkeit** handelt.

Bei diesen Wahlen handelt es sich darum, ob die **Vermehrung von Heer und Marine** weiter betrieben werden soll, ob die **neuen Lasten wiederum dem arbeitenden Volk auferlegt werden sollen,** ob

die Kolonialpolitik

so weiterbetrieben werden soll, ob zu den **2000 Menschenopfern** und zu den **1200 Mill. Mk.,** die diese Sandwüsten schon gekostet haben, **noch neue Opfer an Gut und Blut** gebracht werden sollen.

Am 25. Januar hat das Volk darüber zu entscheiden, **ob wir in alle Zukunft jährlich Millionen über Millionen nach Afrika werfen wollen,** bloß damit dort einige **junkerliche Sprößlinge** an den Schwarzen ihr Mütchen kühlen können und die Schiffsreedergesellschaft Wörmann **70 Prozent Dividende** verteilen kann oder die Firma Tippelskirch, an welcher ein **Minister** beteiligt war, **Riesengewinne** einstecken kann.

Eine Handvoll **Schnapsbrenner, Militärlieferanten** und **Schiffsreeder hat den Nutzen,** alle andern haben nur Schaden von der Kolonialpolitik.

Zu einer Kolonialpolitik, die in **kulturellem Sinne** betrieben würde und dem deutschen Volk **Nutzen** brächte, würde die Sozialdemokratie gerne ihre Hand bieten.

Gegen eine Kolonialpolitik aber, wo grausame Beamte **Neger zu Tode quälen** und gewissenlose Spekulanten und Händler die Eingeborenen **um Hab und Gut betrügen,** so daß dieselben **zum Aufstand getrieben werden,** werden wir uns stets mit aller Macht stemmen.

Die Aktiengesellschaften, die in Afrika den Negern das Land abstehlen, betrügen auch in Deutschland die Leute, welche ihr Geld in solchen Aktien anlegen. In diesen Gesellschaften finden wir **Männer** aus den verschiedensten **bürgerlichen Parteien.** Diese Leute sind es, welche dann im Reichstag für die Bahnbauten in Afrika stimmen, damit ihre Ländereien an Wert gewinnen.

Diese Leute haben auch Aktien von der Reederfirma Wörmann, welche 70 Prozent Dividende verteilt und dem Reich jährlich, wie jetzt nachgewiesen ist, **3 Mill. Mark zu viel abgenommen hat.** Andere sind vielleicht bei Tippelskirch beteiligt. Diese Leute und ihre Parteien vertreten dann die **Interessen der Aktionäre** und **nicht die Interessen des Volkes.**

Zentrum und **Nationalliberale** haben hunderte von Millionen Mark bewilligt für Kolonien und Kolonialkriege, während in Deutschland die **kleinen Beamten** seit Jahren um eine Erhöhung ihrer **spärlichen Gehälter** petitionieren. Jetzt versprechen sie den Beamten wieder goldene Berge und nach den Wahlen lassen sie dieselben wieder mit „Wohlwollen" abspeisen.

Die **Postverwaltung** wirtschaftet im Jahr **60 Mill. Mark Überschuß** heraus; statt daß aber die Lage der Beamten verbessert wird, **fließt das Geld nach Afrika** und werden Aktiengesellschaften Riesengewinne zugeschustert. Ein Lieferant stellte den Kolonialgeheimräten Pferde zum Spazierritt und zur Jagd zur Verfügung. Ein anderer stellte ein Automobil. In andern Fällen wurde Geld — „geliehen" —. Vom Gelde des Volkes wird alles bezahlt, vom Gelde des Volkes bereichern sich diese Leute und nennen es dann **vaterländische Politik.**

Von Volksinteressen spricht man und die eigenen Geldsackinteressen sind gemeint.

Hiergegen gilt es, am 25. Januar durch Abgabe eines sozialdemokratischen Stimmzettels zu protestieren.

20

Flugblatt: »An die Reichstagswähler«

Herausgeber: Emil Eichhorn/»Sozialdemokratisches Wahlkomitee«

1907: Freiburg/Deutschland, Papier, Stadtarchiv Freiburg, M 31/1 b Nr. 15

Im Deutschen Reichstag wurde die Kolonialpolitik 1900 bis 1914 vor allem von ihren Befürwortern verhandelt. Doch stand diese Politik zu Beginn des 20. Jahrhunderts zunehmend unter öffentlicher Kritik, hervorgerufen durch Berichte über Gewaltexzesse und Missstände, gegen die sich die lokalen Bevölkerungen wehrten.

Eine Änderung der deutschen Koloniapolitik war jedoch nur durch Neuwahlen möglich, die 1907 stattfanden. Im Vorfeld warb in Freiburg das »Sozialdemokratische Wahlkomitee« für den Kolonialkritiker Ernst Kräuter, der als Kandidat für den Reichstag aufgestellt war. BHI

21

Zeitungskommentar: »Die Verteilung der Beute«

Autor_in: unbekannt

30.6.1919: Freiburg/Deutschland, Papier, Universitätsbibliothek Freiburg, G 4081

Provenienz: Freiburger Zeitung, 1919

Der Friedensvertrag von Versailles beendete 1919 offiziell den Ersten Weltkrieg (1914–1918). Das Vertragswerk sah vor, dass künftig die deutschen Kolonialgebiete als Mandatsgebiete von den Siegermächten verwaltet wurden. Dies war das Ende des deutschen Kolonialismus als politische Herrschaftsform und der Beginn des Kolonialrevisionismus, betrieben von Kolonialbefürworter_innen, welche die Rückgabe der Kolonialgebiete forderten. BHI

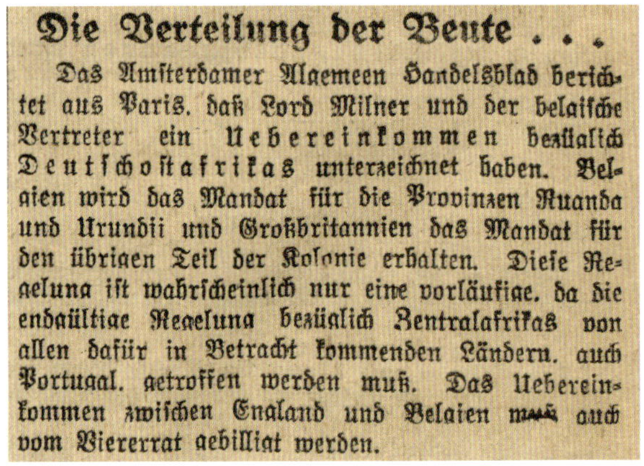

Die Verteilung der Beute . . .

Das Amsterdamer Algemeen Handelsblad berichtet aus Paris, daß Lord Milner und der belgische Vertreter ein Uebereinkommen bezüglich Deutschostafrikas unterzeichnet haben. Belgien wird das Mandat für die Provinzen Ruanda und Urundii und Großbritannien das Mandat für den übrigen Teil der Kolonie erhalten. Diese Regelung ist wahrscheinlich nur eine vorläufige, da die endgültige Regelung bezüglich Zentralafrikas von allen dafür in Betracht kommenden Ländern, auch Portugal, getroffen werden muß. Das Uebereinkommen zwischen England und Belgien muß auch vom Viererrat gebilligt werden.

22

Abzeichen zur Kolonialausstellung Freiburg

Produzent_in: unbekannt

1935: Freiburg/Deutschland, Seide/Baumwolle/Metall, Städtische Museen Freiburg

Provenienz: 1995 aus dem Nachlass von Kurd Schwabe, Kolonialoffizier → Seite 129, dem damaligen Adelhauser Museum übergeben

Auch in Freiburg gab es ab 1919 eine starke prokoloniale Bewegung. Nach 1933 fand sie in den Nationalsozialist_innen neue Verbündete. Der Höhepunkt des Kolonialrevisionismus in Freiburg war die 1935 veranstaltete Bundestagung des Reichskolonialbunds, die von einer dreiwöchigen Kolonialausstellung begleitet wurde. Das Abzeichen in seiner originalen Version schloss anstelle der jetzigen Metallspange mit einem Hakenkreuz ab. Es verwies damit auf die Verbindung zwischen Kolonialrevisionismus und Nationalsozialismus. BHI

23

Parade der französischen Alliierten in Freiburg mit »afrikanischer Truppe«

Fotograf: Hermann Röbcke (1897–1965)

Abgebildete Personen: nicht namentlich bekannt
4.10.1945: Freiburg/Deutschland, Foto Stadtarchiv Freiburg, M 731/51/5A

Provenienz: 1967 aus dem Röbcke-Nachlass erworben von der Stadt Freiburg

Das Ende des Zweiten Weltkriegs 1945 setzte in Deutschland und damit auch in Freiburg einen Schlussstrich unter den öffentlich propagierten Kolonialrevisionismus. Das koloniale Gedankengut aber und hier besonders der Rassismus waren damit nicht beseitigt, sondern hatten im Denken der Bevölkerung Bestand. Dies wurde besonders in Anfeindungen gegen Soldaten aus Nord- und Westafrika deutlich, welche die französischen Alliierten in Südbaden stationierten. Anlässlich eines Besuchs von Charles de Gaulle fand am 4. Oktober 1945 in Freiburg eine Parade statt, an der auch Soldaten aus Afrika teilnahmen. BHI

24

Figur: Gurkha-Soldat

Künstler_in: unbekannt

Um 1905: Kolkata, ehemals Kalkutta/Indien, Ton/Gips/Textil, Museum Natur und Mensch, Städtische Museen Freiburg, Inv. IV/0838

Provenienz: 1905 erworben von Hoteldirektor V. G. Biswas, Kolkata, ehemals Kalkutta/Indien, davor Auftragswerk

Das britische Empire rekrutierte in Nepal sogenannte Gurkha-Soldaten. Sie wurden auch zur Bekämpfung der Unabhängigkeitsbewegungen eingesetzt. Trotzdem gewannen Indien und Pakistan 1947 den Freiheitskampf und wurden politisch unabhängig von Großbritannien. Im Zuge der damit einsetzenden Befreiung vom Kolonialismus erlangten nach und nach fast alle europäischen Kolonialgebiete ihre Unabhängigkeit. Im sogenannten Afrikanischen Jahr 1960 befreiten sich allein 18 afrikanische Staaten von der europäischen Kolonialherrschaft. BHI

25

Geschäftsschild: erster Süd-Nord-Laden Freiburgs

Grafiker_innen: Christa & Franz Doll

1976: Freiburg/Deutschland, Holz/Folie, Leihgabe: Süd-Nord-Forum e.V., Freiburg/Deutschland

Ein Erbe des euopäischen Kolonialismus sind globale Asymmetrien, die sich vor allem in den ökonomischen Beziehungen zeigen. Während der Globale Norden immer reicher wird, werden viele Menschen des Globalen Südens weiterhin ausgebeutet und müssen in prekären Verhältnissen leben. Seit den 1960er Jahren engagieren sich in Europa Menschen für einen Wandel dieser ökonomischen Verhältnisse. Mit der Gründung von sogenannten Süd-Nord-Läden soll der Konsum von Erzeugnissen aus dem Globalen Süden hinterfragt und gerechter gestaltet werden. In Freiburg öffnete 1976 der erste Süd-Nord-Laden als Teil des Süd-Nord-Forum e.V. Dieser Verein wurde aus Protest gegen ein Welthandelssystem gegründet, welches koloniale Strukturen und imperiale Lebensweisen manifestiert. Die Vision des Forums zielt auf eine solidarische Lebensweise. BHI

26

Bronzeplatte mit Hochrelief

Künstler_in: unbekannt

16./17. Jh.: Königreich Benin/Nigeria, Bronze/Gelbguss, Museum Natur und Mensch, Städtische Museen Freiburg, Inv. I/0053

Provenienz: 1904 erworben von Bernhard Adolf Heemke, Händler **⟶ Seite 43.** **Über die konkreten Erwerbungsumstände vor Ort ist nichts bekannt.**

Anfang der 1970er Jahre, kurz nach der Unabhängigkeit, forderte der junge Staat Nigeria erstmals die Rückgabe der Kunstschätze von europäischen Museen, die 1897 nach der Zerstörung des Königreichs Benin von der britischen Armee als Kriegsbeute verschleppt und in Europa verkauft wurden. 2021 kündigte die deutsche Bundesregierung die Rückgabe von Benin-Kunst an. Im Herbst 2021 ebnete der Freiburger Gemeinderat den Weg, um künftige Rückgabeforderungen zu erfüllen. BHI

Die sogenannten Benin-Bronzen wurden im Zuge einer britischen »Strafexpedition« 1897 gegen das Königreich Benin, auf dem Gebiet der heutigen Bundesrepublik Nigeria, erbeutet. Über den Kunsthandel gelangten die »Benin-Bronzen« an Museen und Sammlungen in Europa und Nordamerika.
Die Ethnologische Sammlung des Museums Natur und Mensch verwahrt gegenwärtig zehn »Benin-Bronzen«. Diese kamen durch Ankäufe zwischen 1899 und 1907 in das damalige Museum für Natur- und Völkerkunde der Stadt Freiburg.
Das Königreich Benin, im 1. Jahrtausend n. Chr. begründet, entwickelte sich bis zum 15. Jahrhundert zu einem mächtigen Reich an der östlichen Guineaküste Westafrikas. An seiner Spitze stand ab etwa 1300 n. Chr. der Oba. Als gottähnlich angesehener Vermittler zwischen der irdischen und der jenseitigen Welt übte er starke Macht über sein Volk und die gesamte Region aus. So kontrollierte er auch den Handel mit Rohstoffen, Gewürzen und versklavten Menschen an der Küste und im Inland.
Die Europäer waren anfangs vor allem an Palmöl, Pfeffer und Elfenbein interessiert. Durch die europäische Kolonialisierung der Amerikas und den zunehmenden Einsatz von versklavten Menschen auf den Plantagen in den dortigen Kolonien stieg jedoch bald auch die Nachfrage nach versklavten Menschen.
Das Königreich Benin wurde neben dem Königreich Dahomey, auf dem Gebiet der heutigen Republik Benin, zu einem der Zentren des transatlantischen Sklavenhandels. Im 19. Jahrhundert nahmen die Auseinandersetzungen zwischen dem Königshaus Benin und Großbritannien, das die Kontrolle über die Region und die Handelswege anstrebte, stetig zu. Während der »Strafexpedition« 1897 zerstörten britische Truppen schließlich den Königspalast, plünderten die höfischen Kunstwerke und brachten sie nach Europa. Diese Kunstwerke werden heute zusammenfassend, auch wenn sie aus Elfenbein oder Holz bestehen, als »Benin-Bronzen« bezeichnet. Der Oba wurde ins Exil verbannt. Das Königreich wurde Teil des British Empire. 1914 setzte der englische König Georg V. mit Oba Eweka II die Oba-Dynastie zwar wieder ein, die einstige Macht der Oba und des Königreichs Benin war jedoch für immer vergangen. Noch heute führen Oba den königlichen Hof in Benin-City im Bundesstaat Edo, Nigeria. Seit 2016 regiert Oba Ewuare II, der, wenngleich seine formale Macht begrenzt ist, in Nigeria als einflussreicher Mann gilt.

Die großteils aus Metall bestehenden »Benin-Bronzen« sind sogenannte Gelbgussarbeiten, die im Wachsausschmelzverfahren gefertigt werden. Das hierfür benötigte Metall stammte unter anderem aus dem Handel mit den Europäern. Diese tauschten neben Textilien und anderen Gütern sogenannte Manillen aus Messing oder Kupfer gegen Güter und versklavte Menschen aus Afrika. Diese Manillen, auch Sklavengeld genannt, wurden eingeschmolzen und umgegossen. Besonders bekannte »Benin-Bronzen« sind die Uhumwela (Königsgedenkköpfe) und die Reliefplatten, die einst die Fassaden des Königspalastes zierten und kulturelle Symbole und Szenen abbilden. Es wurden aber ebenso Figuren und Schmuck aus den Manillen gegossen.
Die »Benin-Bronzen« zeugen nicht nur von der einstigen Macht des Königreichs Benin und seines Herrscherhauses. Sie stehen auch für die über Jahrhunderte währenden Handelsbeziehungen zwischen Westafrika und Europa, gleichsam für den Handel mit versklavten Menschen, der Millionen Menschen das Leben, die Heimat und die Freiheit nahm. Der Weg der »Benin-Bronzen« in europäische und nordamerikanische Sammlungen erzählt schließlich auch von den Machtkämpfen zwischen kolonialen Invasoren und lokalen Machthabern sowie einer Praxis des kolonialen Sammelns. Wie die »Benin-Bronzen« der Ethnologischen Sammlung gehandelt wurden und in die Freiburger Sammlungen kamen, konnte anhand der heute im Stadtarchiv verwahrten Korrespondenz zu den »Benin-Bronzen« und Inventarbucheinträgen rekonstruiert werden.
Die Ethnologische Sammlung veröffentlichte 2021 alle Datensätze der von ihr verwahrten »Benin-Bronzen« in der Online-Sammlung der Städtischen Museen Freiburg. Sie fördert den Zugang und die Transparenz zu diesen Objekten zudem durch die Weitergabe der Datensätze, wie zum Beispiel an die Kontaktstelle für Sammlungsgut aus kolonialen Kontexten, die eine Datenbank zu »Benin-Bronzen« in Deutschland führt, oder an das Projekt »Digital Benin«, das eine Datenbank zu »Benin-Bronzen« weltweit anstrebt.
Das Königshaus Benin wie auch die nigerianische Regierung fordern seit Langem die Restitution der geraubten »Benin-Bronzen«. Insbesondere für den Königshof und die Edo sind die »Benin-Bronzen« von größter Bedeutung – als kulturelles Erbe und damit wesentlichem Teil ihrer kulturellen Identität.
Die Rückgabe der »Benin-Bronzen« aus deutschen Museen und Sammlungen der öffentlichen Hand an Nigeria befindet sich aktuell im politischen Aushandlungsprozess. Auch wenn der Weg einer Restitution kein einfacher ist und unter anderem begleitet wird von der Frage, wie und an wen restituiert werden kann, könnten die ersten »Benin-Bronzen« bereits 2022 restituiert werden. NLB

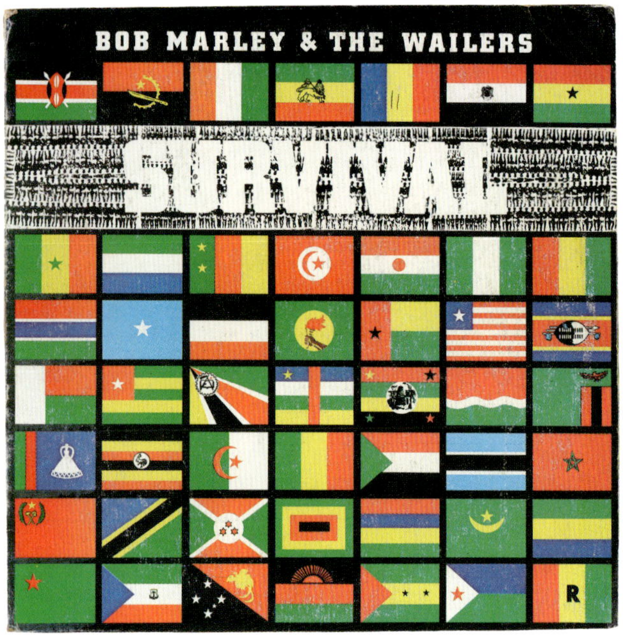

27

Schallplatte: »Survival«

Künstler: Bob Marley and The Wailers

1979: Jamaika, Vinyl/Pappe, Leihgabe: privat, Freiburg/ Deutschland

Provenienz: 2021 im Handel erworben

Als letzter Flächenstaat auf dem afrikanischen Kontinent wurde 1980 Simbabwe politisch von Europa unabhängig. Mit Ausnahme von Ceuta, Melilla und einigen vorgelagerten Inseln ist damit der gesamte Kontinent von der europäischen Herrschaft befreit. Kurz zuvor hatte Bob Marley seine Platte »Survival« mit dem Song »Zimbabwe« veröffentlicht. Die Platte ist eine Hommage an die vielen hauptsächlich afrikanischen Völker und Staaten, die sich bis dahin vom Kolonialismus befreit hatten. Auf den Feierlichkeiten zur Unabhängigkeit Simbabwes sang Marley seinen Song »Zimbabwe«, der dadurch zur inoffiziellen Nationalhymne wurde. BHI

Songtext: »Zimbabwe«

Every man gotta right to decide his own destiny,
And in this judgement there is no partiality.
So arm in arms, with arms, we'll fight this little struggle,
'Cause that's the only way we can overcome our little trouble.

Brother, you're right, you're right,
You're right, you're right, you're so right!
We gon' fight (WE GON' FIGHT), we'll have to fight (WE GON' FIGHT),
We gonna fight (WE GON' FIGHT), fight for our rights!

Natty Dread it in-a (ZIMBABWE);
Set it up in (ZIMBABWE);
Mash it up-a in-a Zimbabwe (ZIMBABWE);
Africans a-liberate (ZIMBABWE), yeah.

No more internal power struggle;
We come together to overcome the little trouble.
Soon we'll find out who is the real revolutionary,
'Cause I don't want my people to be contrary.

And, brother, you're right, you're right,
You're right, you're right, you're so right!
We'll 'ave to fight (WE GON' FIGHT), we gonna fight (WE GON' FIGHT)
We'll ›ave to fight (WE GON' FIGHT), fighting for our rights!

Mash it up in-a (ZIMBABWE);
Natty trash it in-a (ZIMBARWE);
Africans a-liberate Zimbabwe (ZIMBABWE);
I'n'l a-liberate Zimbabwe.

(BROTHER, YOU'RE RIGHT,) you're right,
You're right, you're right, you're so right!
We gon' fight (WE GON' FIGHT), we'll 'ave to fight (WE GON' FIGHT),
We gonna fight (WE GON' FIGHT), fighting for our rights!

To divide and rule could only tear us apart;
In everyman chest, mhm -- there beats a heart.
So soon we'll find out who is the real revolutionaries;
And I don't want my people to be tricked by mercenaries.

Brother, you're right, you're right,
You're right, you're right, you're so right!
We'll 'ave to fight (we gon' fight), we gonna fight (WE GON' FIGHT),
We'll 'ave to fight (WE GON' FIGHT), fighting for our rights!

Natty trash it in-a Zimbabwe (ZIMBABWE);
Mash it up in-a Zimbabwe (ZIMBABWE);
Set it up in-a Zimbabwe (ZIMBABWE);
Africans a-liberate Zimbabwe (ZIMBABWE);
Africans a-liberate Zimbabwe (ZIMBABWE);
Natty dub it in-a Zimbabwe (ZIMBABWE).
Set it up in-a Zimbabwe (ZIMBABWE);
Africans a-liberate Zimbabwe (ZIMBABWE);
Every man got a right to decide his own destiny.

28

»Als Freiburg die Welt entdeckte. 100 Jahre Museum für Völkerkunde«

Grafikerin: Sibylle Blum

1995: Promo Verlag Freiburg, Papier/Pappe, Städtische Museen Freiburg, Bibliotheksbestand

29

Logo: »freiburg-postkolonial.de«

Grafiker: Dieter Kaufmann und Heiko Wegmann

2009: Freiburg, Reproduktion, freiburg-postkolonial.de, Freiburg/Deutschland

Provenienz: Bereitstellung durch freiburg-postkolonial.de

30

Logo: »Dear White People«

Grafiker_in: unbekannt

2018: ohne Ortsangabe, Reproduktion, zusammen leben e. V., Freiburg/Deutschland

Provenienz: Bereitstellung durch zusammen leben e. V., Freiburg/Deutschland

In Freiburg setzten sich ab den 1990er Jahren vor allem junge Menschen zunehmend mit der kolonialen Vergangenheit der Stadt auseinander. Das damalige Museum für Natur- und Völkerkunde stellte 1995 seine kolonialen Verflechtungen in den Mittelpunkt einer Ausstellung zum 100-jährigen Jubiläum und hinterfragte damit kritisch die Sammlungsgeschichte dieser städtischen Institution. 2005 wurde »freiburg-postkolonial.de« im Rahmen des informationszentrums 3. welt (iz3w) als Bildungs- und Forschungsprojekt gegründet. Seither wird Freiburgs Anteil am deutschen Kolonialismus als Teil der Stadtgeschichte erforscht. Seit 2018 veranstaltete der Verein zusammen leben e. V. drei »Dear-White-People«-Symposien, die den alltäglichen Rassismus unserer Gesellschaft thematisierten. Diese jeweils mehrtägigen Veranstaltungen zogen in Freiburg ein wachsendes Publikum an, was auf den Bedarf verweist, sich mit dem Themenfeld kritisch auseinanderzusetzen. BHI

31

Gemälde: »Descubremiento America«

Künstler: Francisco Toaquiza

1996–1997: Chami in der Provinz Cotopaxi/Ecuador, Holz/Tierhaut/Acryl, Museum Natur und Mensch, Städtische Museen Freiburg, Inv. III/4793

Provenienz: 1997 erworben von Manuel Millingalli, Direktor des Centro Artesanal Tigua Chami, Provinz Cotopaxi/Ecuador

Das Gemälde mit dem Titel »Entdeckung Amerikas« zeigt im Vordergrund eine andine Gesellschaft im friedlichen Zusammenleben, während an der Küste bewaffnete Europäer anlanden. 500 Jahre nach der sogenannten Entdeckung der Amerikas protestierten 1992 viele Indigene des Doppelkontinents gegen die Vorbereitung und Durchführung von Jubiläumsfeiern zu diesem Anlass. Sie entlarvten ihn als den Beginn ihrer jahrhundertelangen Ausbeutung und klagten die Gewalt an, die sie und ihre Vorfahr_innen durch Europäer_innen erlitten haben. BHI

32

Mahnmal für die Opfer des Genozids an OvaHerero und Nama

Fotograf: Stéphan Gladieu

Abgebildete Person: Esther Utjiua Muinjangue (OvaHerero Genocide Foundation)
2017: Windhoek/Namibia, Foto, Courtesy ARTCOGALLERY

Provenienz: 2022 Lizenzkauf

Namibische Opferverbände fordern seit vielen Jahren die Anerkennung des Völkermords an den OvaHerero und Nama, der während der deutschen Kolonialherrschaft zwischen 1904 und 1908 verübt wurde. Nach langer Verweigerung übernahm die deutsche Bundesregierung 2021 die Verantwortung für diesen Genozid. BHI

Weltkarte 2022

Hersteller: mr-kartographie

2022: Gotha/Deutschland, Reproduktion, Städtische Museen Freiburg

Provenienz: Erstellung im Auftrag der Städtischen Museen Freiburg

Auch heute gibt es noch außereuropäische Gebiete, die politisch zu Europa zählen. Dazu gehören ganze Territorialgebiete wie Französisch-Guyana im nordöstlichen Südamerika, aber auch kleinere Regionen wie Ceuta und Melilla in Nordafrika, die zu Spanien zählen, oder etliche Inseln in den verschiedenen Ozeanen. Diese politische Zugehörigkeit wird innerhalb der jeweiligen Bevölkerungen unterschiedlich bewertet – während manche darin wirtschaftliche Vorteile sehen, gilt es anderen als europäische Fremdherrschaft. BHI

Frankreich:
»Überseedepartments«: Französisch-Guyana, Mayotte, Guadeloupe, La Réunion, Martinique
»Überseegebietskörperschaften«: Französisch-Polynesien
Niederlande:
»Autonome Länder im niederländischen Königreich«: Aruba, Curacao, Sint Marten
»Besondere Gemeinden«: Bonaire, Sint Eustatius, Saba
Großbritannien:
Falklandinseln, Südgeorgien, Gibraltar
diverse Inseln im Indischen Ozean
Kayman- und Bermuda-Inseln, St. Helena u. a.
Spanien:
Kanarische Inseln, Ceuta, Melilla

2022

Kolonialismus überwinden – Bildung für nachhaltige Entwicklung

Armut, Rassismus, Artensterben, Klimakrise – die Liste der globalen Herausforderungen des 21. Jahrhunderts ist lang. Um diesen Problemen zu begegnen, die eng mit kolonialen und neokolonialen Strukturen verstrickt sind, haben die Vereinten Nationen ein Programm mit 17 Schwerpunkten für die Umsetzung einer nachhaltigen Entwicklung erarbeitet und vertraglich verankert. Die Verfolgung dieser Ziele soll dazu beitragen, eine lebenswerte Zukunft für Mensch und Natur auf unserem Planeten zu ermöglichen. Der Weg dorthin führt über die Vermittlung von Wissen und Werten im Rahmen einer Bildung für nachhaltige Entwicklung (BNE). Vorausschauendes Denken, interdisziplinäres Wissen, autonomes Handeln und Partizipation an gesellschaftlichen Entscheidungsprozessen: All diese Kompetenzen sind entscheidend, um als Weltbürger_in zu agieren und damit auch (neo-)koloniale Strukturen erfolgreich zu überwinden. Museen als generationenübergreifende Diskurs- und Begegnungsräume können und müssen sich dieser Ziele annehmen. Diesen Anspruch vertritt das interdisziplinäre Team der Kultur- und Naturvermittlung der Städtischen Museen Freiburg mit seinen Bildungskonzepten im Rahmen der Ausstellung »Freiburg und Kolonialismus: Gestern? Heute!« PG/AZ

17 Ziele für eine nachhaltige Zukunft auf dieser Erde. Erreichbar sind sie nur durch internationale Kooperation auf Augenhöhe, jenseits neokolonialer Strukturen. https://meine-bne.de/home/expertinnen/kompetenzen (12.5.2022)

Autor_innen: Dennis Gründel, Jasmin Heising, Beatrix Hoffmann-Ihde, Martin Jetter, Lara Nastaly, Laura Otomierczyk, Eliza Rein-Wolf, Jawin Schell, Leonie Storz, Angelina Winkler, Jenny Wybierski u.a.

2020–2022: Freiburg & Offenburg/Deutschland, Filmstill aus dem Interview mit Monika Humpert, 2021

Hochschule Offenburg

Was denken Freiburger_innen über den Kolonialismus? Studierende des Masterstudiengangs »Medien und Kommunikation« an der Hochschule Offenburg haben dazu Freiburger_innen befragt: Auf welche Weise sind sie mit dem Kolonialismus verbunden? Sind sie davon betroffen? Oder profitieren sie? Was denken sie darüber? »Fragen Sie mich beim nächsten Telefonat nach Tee und Fleisch!«, rief uns MH noch nach, bevor wir auflegten. In einem kurzen Moment der Verwirrung fragten wir uns direkt, was wohl die einfachen Lebensmittel Tee und Fleisch mit dem Kolonialismus zu tun haben. Wir, eine Gruppe von vier Studierenden, hatten uns mit der Freiburgerin zu einem weiteren Gespräch zum Thema Kolonialismus verabredet. Frau H. hatte uns bereits im ersten Austausch davon erzählt, wie sie in den 1960er Jahren die Zeit in Kenia erlebte. In einem Land, welches kurz nach der Unabhängigkeit von Großbritannien vor einem Neustart stand. Bevor wir zum ersten Mal mit Frau H. im Videotelefonat sprachen, informierten wir uns über das Land Kenia. Schon nach kurzer Recherche wurde uns bewusst, was für eine komplexe, schwere und reiche Geschichte das ostafrikanische Land auf seinen Schultern trägt. Mit MH als einer Zeitzeugin zu sprechen, welche das Land in einem Umbruch erlebt hat, war daher für uns eine besonders emotionale Erfahrung. Sie erzählte uns, wie sie die Kenianer_innen erlebt und sich mit ihnen angefreundet hat, und von den verschiedenen ethnischen Bevölkerungsgruppen, zwischen denen es politische und gesellschaftliche Spannungen gab. Ein Detail ihrer Erzählungen beeindruckte uns besonders: Sie erwähnte, dass die lokale Bevölkerung für sich selbst Tee und Fleisch meist nur von minderer Qualität kaufen konnte. Dieses scheinbar unerhebliche Detail zeigte uns, dass Kenia kurz nach seiner Unabhängigkeit immer noch tief vom Kolonialismus geprägt war. MJ

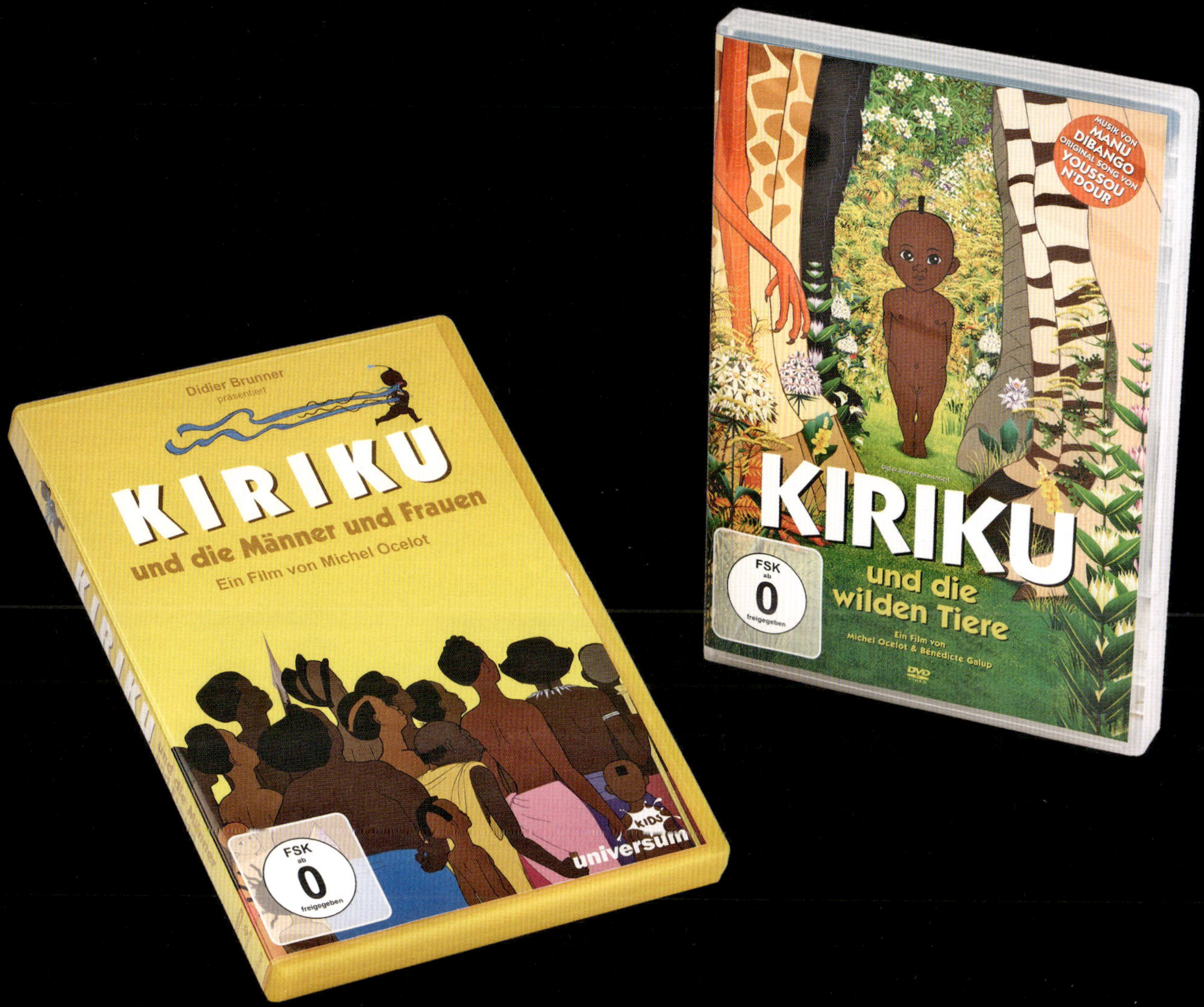

35

Kinderfilm: »Kirikou und die Männer und Frauen«

Filmautor: Michel Ocelot

2005/2015: Frankreich, Kunststoff/Papier, Städtische Museen Freiburg

Provenienz: 2021 im Handel erworben

Antirassistische Bildungsarbeit 2022: Thelma Basil ist gewähltes Mitglied im Migrant_innenbeirat (MB) der Stadt Freiburg und sitzt als »sachkundige Bürgerin« im Ausschuss für Schule und Weiterbildung (ASW). Sie engagiert sich seit vielen Jahren im Freiburger Verein Association des Camerounais de Freiburg et environs (ACAF e.V.).
»Ich bin in Kamerun aufgewachsen und engagiere mich bei ACAF e.V. Indem ich Filme mit dunkelhäutigen Held_innen, wie Kiriku, zeige, möchte ich Kinder mit afrikanischen Wurzeln ermutigen, sich gegen Ausgrenzung und Rassismus zu wehren.«
ThB

Antonie Thawka Brandeis (1868–1945)

wurde am 25. März 1868 in Hamburg als Tochter der sansibarischen Prinzessin Emily Salme, geborene bint Sa'id Al-Sa'id (1844–1924), und des Kaufmanns Rudolph Heinrich Ruete (1839–1870) geboren. Brandeis wuchs in den großbürgerlichen Kreisen ihrer berühmten Mutter auf und verbrachte eine kosmopolitische Jugend zwischen Hamburg, Berlin, Sansibar, London, Jaffa und Beirut. 1898 heiratete sie Eugen Brandeis (1846–1930), mit dem sie im gleichen Jahr nach Jaluit auf die Marshallinseln ging, wo dieser seinen Posten als Kaiserlicher Landeshauptmann antrat. Vor Ort begann sie, Ethnografika zu sammeln, brachte sich selbst das Fotografieren bei und stellte ethnografische Beobachtungen an. Während eines Heimaturlaubs 1901/02 studierte sie Völkerkunde bei Felix von Luschan (1854–1924) in Berlin und ließ sich 1906 in der Stadt nieder. Es folgten eine rege Tätigkeit als Autorin ethnologischer und prokolonialer Schriften, die Beteiligung an zahlreichen Kolonialausstellungen sowie ein jahrzehntelanges Engagement in der kolonialen Frauenbewegung. Nach der Scheidung ihrer Ehe 1913 lebte sie zunächst weiter in Berlin und zog dann nach Hamburg, wo sie sich weiterhin prokolonial engagierte. Sie war unter anderem 1926 an der Gründung der Kolonialen Frauenschule in Rendsburg beteiligt. Antonie Brandeis starb am 24. April 1945 bei einem Luftangriff auf Bad Oldesloe. Aus ihrer Sammlung gelangten 1900/01 zahlreiche ethnografische Gegenstände als Schenkung an das damalige Museum für Natur- und Völkerkunde in Freiburg. Weitere Bestände finden sich in Museen in Hamburg, Berlin, Stuttgart und Cambridge (USA). Die ethnografische Sammlung Brandeis' war von 2020 bis 2022 Gegenstand eines Projekts der Provenienzforschung am Museum Natur und Mensch.

Lotharia Müller (1868–1962)

wurde am 12. August 1868 in Unterweschnegg/Baden, in der Nähe von St. Blasien geboren. 1891 trat sie in Milwaukee, Wisconsin/USA den Schulschwestern des Hl. Franziskus (School Sisters of St. Francis, SSSF) bei. Über die Hintergründe, wie Lotharia Müller aus einem kleinen Schwarzwaldort dorthin gelangte, ist nichts bekannt. Die Wurzeln der 1874 in den USA gegründeten Kongregation liegen jedoch im nordbadischen Schwarzach, wo seit 1859 ein Kinderheim und eine Schule von Ordensschwestern betreut wurden, die sich dem Franziskanerorden zurechneten. Infolge des Kulturkampfs musste diese Kongregation 1871 aufgegeben werden, und einige der Ordensfrauen wanderten 1873 in die USA aus. Dort gründeten sie sich 1874 in New Cassel/Wisconsin neu und hielten den Kontakt in die Heimatregion aufrecht. Denn es folgten ihnen in den nächsten Jahren offenbar weitere Frauen, die ein Leben als Ordensschwester anstrebten.

Von 1895 bis 1901 hielt sich Lotharia Müller in Deutschland auf, wo die Kongregation wieder Fuß zu fassen suchte. Ende 1908 ging sie dann im Auftrag der Kongregation von den USA aus in die Südsee und war vier Jahre lang als Missionarin auf den zu Palau gehörenden Inseln Koror und Babeldaob tätig. Auf Koror arbeitete sie in einer Mädchenschule und auf Babeldaob dann in der neu gegründeten Missionsstation Melegeok. 1913 kehrte Müller in die USA zurück, weil der US-amerikanische Orden aus nationalistischen Gründen von der deutschen Kolonialverwaltung trotz seiner badischen Wurzeln ausgewiesen wurde. Während eines Aufenthalts in Deutschland überließ Müller dem Freiburger Museum 1914 eine Sammlung von ethnografischen Gegenständen und Fotografien, die sie in der Südsee zusammengetragen hatte. Wie sie die Stücke erwarb, ist nicht bekannt. Es existiert jedoch ein Brief an das Mutterhaus, in welchem Müller ethnografische Beobachtungen aus ihrem Umfeld mitteilte. Lotharia Müller verstarb am 6. September 1962 in Campbellsport/Wisconsin.

Adolf Bernhard Heemke (1874–?)

wurde am 8. Oktober 1874 in Geestemünde/Bremerhaven geboren. Über seine Person ist wenig bekannt. Das Freiburger Museum für Natur- und Völkerkunde erwarb 1904 von Heemke insgesamt fünf Gegenstände aus dem Königreich Benin, im heutigen Nigeria gelegen. Es handelt sich dabei um drei Bronzeplatten (16./17. Jahrhundert) und zwei Armreifen. Es ist nicht eindeutig zu klären, ob Heemke die Gegenstände selbst in Westafrika erwarb bzw. sich aneignete oder ob er als Zwischenhändler fungierte. Da sich Heemke 1897 und 1900 jeweils von Hamburg aus nach Afrika einschiffte, wäre es denkbar, dass er sich direkt vor Ort in den Besitz der Gegenstände brachte. Anfang 1897 wurde die Hauptstadt des Königreichs Benin vom britischen Militär zerstört. Im Zuge dessen wurden unzählige Kunstwerke aus der Königshauptstadt geraubt und als Kriegsbeute nach Europa verschleppt, wo sie auf dem Kunstmarkt verkauft wurden. Möglicherweise wurde die Kriegsbeute bereits in westafrikanischen Hafenstädten angeboten, sodass Heemke bereits 1897 die Gelegenheit hatte, Gegenstände aus diesem Raubgut zu erwerben. Andererseits war er – zumindest zeitweilig – auch als Kaufmann für die Hamburger Handelsfirma H. Bey & Co. tätig. Über diese Handelsfirma gelangten ethnografische Gegenstände aus dem Königreich Benin an andere ethnologische Museen, zum Beispiel in Berlin.

Nach derzeitigem Kenntnisstand bewahren auch das Linden-Museum Stuttgart und das MARKK, ehemals Völkerkundemuseum Hamburg, Gegenstände aus dem Königreich Benin auf, die über Adolf Bernhard Heemke in deren Bestand gelangten.

Karl-Heinz Krieg (1934–2012)

wurde am 5. September 1934 in Pforzheim geboren. Nach einer kaufmännischen Lehre und einer Ausbildung zum Diakon und Lehrer für evangelische Religion ging Karl-Heinz Krieg 1960 nach Ghana, wo er bis 1962 für die Basler Mission als Krankenhausverwalter arbeitete. Ab 1963 bereiste Krieg Westafrika für mehr als ein Jahr. Die Reise führte ihn nach Burkina Faso, Ghana, Mali, Nigeria und in die Republik Côte d'Ivoire.

Aus Interesse am Kunsthandwerk begann Krieg schließlich, westafrikanische Kunst zu sammeln und etablierte sich als Kunsthändler. Im Auftrag des Linden-Museums Stuttgart stellte er 1964/65 eine ethnografische Sammlung von Gegenständen der Dogon und Senufo zusammen. Den Entstehungsprozess dieser Sammlung dokumentierte er sorgfältig. Karl-Heinz Krieg war bis zu seinem Tod im Jahr 2012 als Kunsthändler, Kurator und Autor tätig und unternahm jährlich Forschungsreisen nach Westafrika. Diese dienten neben dem Erwerb von Kunst- und Alltagsgegenständen, die er an Museen und Sammler_innen weiterverkaufte, auch der Dokumentation afrikanischer Kunst- und Handwerkstraditionen. Die Ethnologische Sammlung des Museums Natur und Mensch bewahrt über 400 Objekte, die von Karl-Heinz Krieg gesammelt wurden.

IN DEUTSCH
KOLONIA
TÄTIGE
MISSIONSO
UND
GESEL

Basler Mission
Benediktiner_innen
Berliner Missionsgesellschaft
Bethel-Mission
Breklumer Mission
Bremer Mission
Dominikaner_innen
Evangelische Missionsgesellschaft für Deutsch-Ostafrika
Franziskaner_innen
Herz-Jesu-Priester
Hiltruper Mission
Hünfelder Oblaten
Ittameier-Gesellschaft
Kapuziner_innen
Leipziger Missionsgesellschaft

Liebenzeller Mission
Marienberger Oblaten
Nestorianer-Mission
Neuendettelsauer Missionsgesellschaft
Neukirchener Missionsgesellschaft
Neupommern-Mission
Norddeutsche Missionsgesellschaft
Pallotiner
Picpus-Missionare
Redemptoristen
Rheinische Missionsgesellschaft
Salesianer
Schulschwestern des Hl. Franziskus
Spiritaner
Steyler Mission
Trappisten
Weiße Väter

2/7

Mission und Widerstand

Freiburg und christliche Mission

Die christliche Mission war in allen Phasen des europäischen Kolonialismus der Neuzeit eng mit diesem verflochten. Im Kontext der iberischen Kolonialisierung der Amerikas diente die Bekehrung der sogenannten Heid_innen als Rechtfertigung für Unterwerfung und Ausbeutung der einheimischen Bevölkerungen (vgl. Gründer 1982: 82 ff.; 19; Mires 1991). Später bereiteten Missionar_innen der Kolonialisierung außereuropäischer Gebiete oftmals den Weg durch ihre Anwesenheit und Kenntnis lokaler Gegebenheiten, wie etwa im heutigen Namibia – manchmal wurden sie auch instrumentalisiert, um die Kolonialisierung einer Region zu unterstützen und zu stabilisieren. Ein prominentes Beispiel dafür war der Kolonialakteur Carl Peters (1856–1918), auf dessen Betreiben sich in Berlin 1886 die Deutsch-Ostafrikanische Missionsgesellschaft gründete, die sich im Jahr darauf in »Evangelische Missionsgesellschaft für Deutsch-Ostafrika« (EMDOA) umbenannte (Menzel 1986; Gründer 1982: 101).[1]

Die Mission, als Verbreitung des christlichen Glaubens verstanden, entfaltete aufgrund der Verflechtungen und daraus folgenden Wechselseitigkeiten ihre Wirkungen nicht nur unter den lokalen Bevölkerungen der kolonialisierten Missionsgebiete, sondern auch an ihren jeweiligen Ausgangsorten und den dortigen Gesellschaften. Denn die Missionsarbeit an sich und mehr noch ihre »messbaren« Erfolge, wie die Anzahl durchgeführter Taufen oder neu gegründeter Gemeinden, stärkten die Position der Missionsorden und -gesellschaften gegenüber dem deutschen Staat. Dies war insbesondere für die katholischen Missionsorden und -kongregationen von großer Bedeutung, da ihre Existenz durch den »Kulturkampf« stark beeinträchtigt war. Sie nutzten daher das missionarische Engagement in den deutschen Kolonialgebieten, um sich im Deutschen Kaiserreich entweder neu oder wieder zu etablieren (Hölzl 2021: 71; Gründer 1982: 46 ff.; vgl. auch Flatau o. J.: 5).

Bei genauerer Betrachtung stellen sich somit das Themenfeld »christliche Mission und Kolonialismus« als äußerst komplex und das Verhältnis der Akteur_innen und Beteiligten zueinander als ambivalent dar. In Bezug auf die missionierenden Akteur_innen und auf die missionierten Gesellschaften erweist sich je nach innerer oder äußerer Perspektive die Verbreitung des Christentums als zentraler Bestandteil des christlichen Glaubens, begründet im Neuen Testament (Mt 28,19 f. sowie Mk 16,15 f.; Lk 24,47), als integraler Bestandteil kolonialer Inbesitznahme (Gründer 1982: 19) und somit koloniales Phänomen; als Gnade der Erlösung aus dem »Heidentum« und der drohenden Gefahr »ewiger Verdammnis« oder als »kulturelles Instrument des Kolonialismus, das diesem hilft, seinen Machtanspruch gegenüber den Kolonisierten durchzusetzen, indem es sie von ihrer angestammten Kultur entfremdet«, so Klein (2010: 2) unter Bezugnahme auf Frantz Fanon (1981).

Darüber hinaus unterstützten sich christliche Mission und Kolonialismus gegenseitig und profitierten voneinander (Graichen & Gründer 2005: 58 ff.). So gelang es den Missionsgesellschaften und -orden, sich einige Privilegien, wie Zoll- und Steuervergünstigungen oder Vorzugspreise bei Transport und Immobilienkäufen vom Staat oder auch bei Privatunternehmen zu sichern (Gründer 1982: 26 ff., 96). Für den kolonialisierenden Staat hingegen waren die Missionar_innen nützliche Repräsentant_innen seiner Macht, die zudem erziehend und mentalitätsbildend auf die kolonialisierten Bevölkerungen wirkten.

Doch zugleich waren beide Seiten, missionarische Akteur_innen und das Deutsche Reich immer wieder gezwungen, mit der Verfolgung eigener Interessen gegen die des jeweils anderen zu verstoßen (Klein 2010: 23). Der Diskurs über die Bedeutung christlicher Mission im kolonialen Projekt des Deutschen Reiches und ihre Folgen für die missionierten, aber auch missionierenden Gesellschaft(en) gewann in der jüngeren Vergangenheit an Dynamik (vgl. Kraft u. a. 2010; Habermas & Hölzl 2014; Ratschiller & Weichlein 2016; Hölzl 2021) und aus postkolonialer Perspektive wurde das Wirken einzelner Missionsgesellschaften, wie der Basler Mission, untersucht (Bosza 2019). In Bezug auf die Freiburger Stadtgesellschaft vermitteln Heiko Wegmann (2018 a: 75 ff.) und Johannes Theisen (2018: 81 ff.) einen ersten Überblick über deren Verflechtungen mit der christlichen Mission für den Zeitraum von 1871 bis 1945. Diese Untersuchung nahmen sie getrennt nach den beiden großen Konfessionen, Katholizismus und Protestantismus vor. Demnach waren rund 28 Prozent der Freiburger_innen vor dem Ersten Weltkrieg protestantisch (Wegmann 2018 a: 26) und mit abnehmender Tendenz etwa 70 Prozent katholisch (Theisen 2018: 81). Wie Wegmann und Theisen zeigen, lassen sich für den Untersuchungszeitraum vor allem Aktivitäten evangelischer Missionsvereine, wie etwa »Missions-Teeabende« der Ostasienmission,[2] Vortragsveranstaltungen mit Missionar_innen, von katholischer Seite gelegentliche »Missionspredigten« sowie auf Seiten beider Konfessionen Kollekten und Spendenaktionen für die Mission nachweisen. Bezogen auf den Zeitraum von fast 75 Jahren und die hohe Anzahl von Kirchenmitgliedern, die beide Konfessionen insgesamt stellten, scheint das Engagement für und die Resonanz auf die christliche Mission in den deutschen Kolonialgebieten unter den Freiburger_innen jedoch eher verhalten gewesen zu sein. Dies deckt sich mit Thoralf Kleins Einschätzung, nach der die Missionsbewegung des 19. Jahrhunderts im Wesentlichen von einer Laienminderheit ausging (Klein 2010: 5), die nur punktuell in die Gesellschaft wirken konnte. In Freiburg beispielsweise waren während der deutschen Kolonialzeit weder katholische noch evangelische Protagonist_innen der Mission, also aussendende Missionsorden/-kongregationen oder Missionsgesellschaften ansässig. Damit bliebn der Missionsgedanke vermutlich für die Gläubigen weitgehend abstrakt und das eigentliche Missionswerk räumlich weit entfernt. Dies änderte sich 1927 mit der Einweihung eines Studienhauses, in welchem der Ordensnachwuchs der Herz-Jesu-Priester (Dehonianer, SCJ) seither seine theologische Ausbildung erhält. Seitdem sind in Freiburg angehende katholische Missionare anwesend (Klein 1958: 61 f.). Trotz einer kurzfristig hohen Auslastung des Studienhauses kann jedoch auch hier nicht von einem prägenden Einfluss auf die Stadtbevölkerung ausgegangen werden, zumal unter dem Nationalsozialismus bereits nach wenigen Jahren die Ausbildung de facto zum Erliegen kam und erst nach dem Zweiten Weltkrieg wieder aufgenommen werden konnte.

Auch die Wirkung der völkerkundlichen Ausstellung, welche 1912 von der Basler Mission im damaligen Evangelischen Gemeindehaus, dem Paulus-Saal an der Dreisamstraße, veranstaltet wurde, dürfte mit Blick auf die Größe der Stadtgesellschaft eher gering gewesen sein. Sie war eine Werbemaßnahme der Basler Mission, die damit auch »kirchenferne und missionskritische« Kreise erreichen wollte (vgl. Ratschiller 2016: 48; 2013: 241 ff.). Die vom Museum der Basler Mission zusammengestellte Wanderausstellung war seit 1908 bereits in 22 verschiedenen Städten der Schweiz und Deutschlands gezeigt worden, darunter in Stuttgart, Karlsruhe, Heilbronn und Braunschweig (Freiburger Zeitung vom 29.9.1912: 1; Arbeitsausschuss völkerkundliche Ausstellung 1912: 2). In Freiburg fand sich offenbar erst 1912 ein Vorbereitungsausschuss zusammen, um die Ausstellung in die Stadt zu holen. Es scheint, als wäre das Interesse am Thema Mission oder an der Arbeit der Basler Mission unter den Freiburger Protestant_innen nicht übermäßig ausgeprägt gewesen, worauf auch der in der »Freiburger Zeitung« veröffentlichte Bericht über die Ausstellungseröffnung hindeutet. Der Stadtpfarrer erhoffte von der Ausstellung »ein tieferes Interesse an der Missionsarbeit, dessen Fehlen fast stets auf den Mangel an Kenntnis dieser […] Riesenarbeit zurückzuführen sei.« (Freiburger Zeitung vom 29.9.1912: 1).[3] Die Präsentation war geografisch geordnet und stellte die vier Regionen vor, in denen die Basler Mission zu dieser Zeit tätig war: Kamerun, China, Indien sowie die sogenannte Goldküste, das heutige Ghana, mit angrenzenden Gebieten in Togo.[4] Die Einladung kündigt für die beiden afrikanischen Gebiete unter anderem für »Kamerun: eine Hütte des Riesenfetischs Dikoki, […]« und für die »Goldküste: eine Hütte und Ausrüstung eines Fetischpriesters, Zaubergeräte […]« an (Arbeitsausschuss völkerkundliche Ausstellung 1912: 3). Es ist nicht bekannt, ob diese expressiven und exotisierten Beschreibungen ein großes Publikum während der vierwöchigen Laufzeit anzogen und ob dieses die Ausstellung tatsächlich als das »größte Ereignis« missionarischer Werbeveranstaltungen wahrnahm, wie Wegmann meint (2018: 77). Denn die Ausstellung war letztlich recht klein und die Stadt Freiburg hatte bereits eine viel größere »völkerkundliche« Ausstellung im Museum für Natur- und Völkerkunde. Darüber hinaus dürfte ein Großteil der mehrheitlich katholischen Bevölkerung einen Besuch im Evangelischen Gemeindehaus, wo die Ausstellung gezeigt wurde, eher nicht in Erwägung gezogen haben.

Das missionsbezogene Spendenwesen, wie es Theisen (2018) und Wegmann (2018 a: 76 f.) beschreiben, war daher vermutlich für den überwiegenden Teil der Freiburger Stadtgesellschaft diejenige religiöse Praxis, durch die sie am stärksten mit der christlichen Mission und deren ambivalenter Beziehung zum Kolonialismus verflochten war. Denn das Spenden von Geld für die Mission war eng mit den religiösen Vorstellungen jeder und jedes Einzelnen verknüpft: Nach protestantischem Verständnis zeigt sich der rechte christliche Glaube in Werken, etwa dem Teilen von Besitz. Und nach katholischem Verständnis ist die Rettung Anderer eng mit dem eigenen Heil verknüpft. Wie gelegentlich für andere Kollekten auch, stellte der Papst für Missionsspenden manchmal einen Erlass aller Sündenstrafen in Aussicht. Eine besondere Ausprägung erlangte das Spendenwesen im Kontext des Kindheit-Jesu-Vereins, der die Einnahmen der Mitgliedsbeiträge für die weltweite Unterstützung nichtchristlicher Kinder nutzte. Im 19. Jahrhundert unterhielt der 1846 von Auguste von Sartorius (1830–1895) gegründete Verein unter anderem in China Waisenhäuser (vgl. Theisen 2018: 88). Nach dem Zweiten Weltkrieg wurde der Verein in das päpstliche Kindermissionswerk »Die Sternsinger« umgewandelt (Kat. 58), welches seit 1959 im Rahmen der »Aktion Dreikönigssingen« Geld für Kinder in Not sammelt. Heute ist das Kindermissionswerk ein Hilfsprogramm, das mit den jährlichen Spenden deutscher Gemeinden von rund 30 bis 40 Millionen Euro weltweit Kinder in Not unterstützt. Auch Kinder aus Europa, wie 2021 in der Ukraine, profitierten schon davon.

Eine Sonderform des Spendenwesens des Kindheit-Jesu-Vereins war das Sammeln zur Finanzierung einer Kindertaufe in außereuropäischen Missionsgebieten (Theisen 2018: 88). Die Summe war einheitlich auf 21 (Reichs-)Mark festgesetzt. Den Spender_innen stand frei, für das zu taufende Kind – analog zu den früheren Aufgaben eines oder einer Taufpat_in – auch den Taufnamen auszuwählen und somit eine Art geistige Adoption zu vollziehen (vgl. Theisen 2018: 88). Diese Form der Missionsunterstützung wurde bis weit in das 20. Jahrhundert hinein fortgeführt. Spätestens nach Ende des Zweiten Weltkriegs kamen dafür in Freiburg auch besondere Spardosen zum Einsatz. Es waren rechteckige Kästchen, auf denen eine SCHWARZE Kinderfigur kniete und sich bei Einwurf eines Geldstücks »dankend« verneigte (Kat. 57) – eine Geste der unterwürfigen Ergebenheit, die den kindlichen Spender_innen ein Gefühl der religiösen und letztlich kulturellen Überlegenheit gegenüber Nicht-Christ_innen vermitteln sollte. Erst Ende des 20. Jahrhunderts führte die Einsicht, dass die Gestaltung dieser Spardosen entwürdigend und rassistisch ist, dazu, dass sie nicht mehr an Weihnachtskrippen aufgestellt wurden und aus den Sakristeien und Familienhaushalten verschwanden. Der Gedanke des Teilens mit anderen Kindern ist hingegen auf die Sternsinger(-Aktion) übergegangen.

Missionar_innen

Über Freiburger_innen, die selbst in die Mission gingen, liegen derzeit nur sehr wenige Informationen vor (vgl. Wegmann 2018 a: 80). Für Protestant_innen war die räumlich nächste Anlaufstelle, um in den missionarischen Dienst zu gehen, die Basler Mission. Sie wurde 1815 aus einem pietistischen Geist heraus gegründet und über Missionsvereine anderer, vor allem deutscher Landeskirchen finanziell unterstützt. In Baden war es der 1840 gegründete, später umbenannte Evangelische Verein für äußere Mission (Baden). Ein Großteil der Personen, die in Basel als Missionar ausgebildet wurden, stammte aus Württemberg – die übrigen kamen zumeist aus der Schweiz und aus dem Großherzogtum Baden. Direkt aus Freiburg stammten laut der Brüderkartei des Missionsarchivs insgesamt nur vier Männer und drei Frauen, die für die Basler Mission tätig waren. Deren Geschichte gilt es noch zu erforschen, sodass über ihr mögliches Wirken in der Freiburger Stadtgesellschaft bisher nichts gesagt werden kann.

Ausgehend vom Beispiel des Emmendingers Karl Anton Hirsmüller (1859–1911), der von 1882 bis 1894 Mitglied der Basler Mission war und in dieser Zeit zweimal an die afrikanische Goldküste, das heutige Ghana ausgesandt wurde, lässt sich vermuten, dass über Briefe, Fotos und Erzählungen zumindest im engeren Familienkreis die Missionserfahrungen und damit verknüpfte Perspektiven weitergegeben wurden. Inwieweit Hirsmüller darüber hinaus oder auch nach dem Ausscheiden aus der Basler Mission noch im missionarischen Sinne auf seine Umgebung wirkte, lässt sich nicht beurteilen. Im Familienarchiv haben sich Reiseberichte und die Niederschrift einer Predigt erhalten, die er nach dem Rückzug aus der Mission hielt und in der er auf seine Arbeit an der Goldküste einging (Broll 2002: 41). Darüber hinaus befindet sich im Basler Missionsarchiv eine Akte zu seiner Person, die eine Vorstellung von der Vielschichtigkeit der Motivationen vermittelt, welche Personen wie Hirsmüller in die Mission führte. Die Grundvoraussetzung war zunächst ein pietistisches Erweckungserlebnis, welches bei der Bewerbung um die Aufnahme in die Missionarsausbildung überzeugend dargestellt werden musste (Lienau 2015; Huppenbauer 2017). Denn auf einen Platz der fünfjährigen Ausbildung in Basel kamen mindestens zwei, manchmal auch vier oder mehr Bewerber (Lienau 2015: 46). Viele, so auch Hirsmüller, benötigten mehrere Anläufe, um erfolgreich zu sein. Vor allem fehlte anfangs die Zustimmung des Stiefvaters, zu dem das Verhältnis angespannt war. Vor dem Hintergrund der schwierigen Familienverhältnisse wertete Broll (2002: 34) Hirsmüllers Erweckungserlebnis als Akt der Auflehnung. Es scheint, als wäre die Hinwendung zum »religiösen Individualismus« (Konrad 2001: 457) und in eine persönliche Glaubenswelt zunächst eine innere Flucht aus der angespannten Familiensituation gewesen, die mit der Aufnahme in die Missionarsausbildung in Basel zu einem Ausweg wurde.

Doch auch zur Missionsleitung in Basel war Hirsmüllers Verhältnis nicht konfliktfrei (vgl. Broll 2002: 1, 43, 51, 53). Mehrfach erhielt er aktenkundige Ermahnungen, zum Beispiel im Vorfeld seiner ersten Aussendung nach Afrika. Im Vordergrund sollten das Erlernen der lokalen Sprache zur nachhaltigeren Vermittlung der christlichen Inhalte stehen (Broll 2002: 40, 57) sowie die Erkundung der örtlichen Gegebenheiten seines Einsatzorts Begoro und von dessen Umgebung. Die Kenntnis der Landessprachen, der kulturellen, sozialen und geografischen Gegebenheiten vor Ort war Herrschaftswissen (Wegmann 2018a: 75). Mit der Bereitstellung von solch lokalspezifischem Wissen bereiteten Missionar_innen der Etablierung und Konsolidierung kolonialer Herrschaft den Weg. Kolonialakteur_innen griffen vielfach auf dieses lokale Spezialwissen der Missionar_innen zurück, um politische, militärische oder auch ökonomische Ziele durchzusetzen. Gleichzeitig verwahrten sie sich dagegen, wenn Missionar_innen ausgehend von ihrer Einsicht in lokale und kulturelle Gegebenheiten Sachverhalte anders bewerteten und Kritik an der Kolonialpolitik übten. Hier zeigte sich die Ambivalenz der Beziehung zwischen den politischen und militärischen Säulen des Kolonialismus und christlichen Missionaren in voller Schärfe und manche Kolonialakteur_innen, wie etwa der später in Freiburg ansässige Kolonialoffizier Max Knecht (1874–1954), lehnten die Arbeit der Missionen vollkommen ab (Wegmann 2019: 230; s.a. Kap. 6).

In Bezug auf Freiburger_innen, die in die katholische Mission gingen, liegen weder Zahlen noch Personennamen vor. Aber es gibt mit Peter Salvator Walleser (1874–1946) aus Wieden bei Todtnau und mit der Ordensschwester Lotharia Müller (1868–1962) zwei Personen, von denen wir wissen, dass sie aus der näheren Umgebung Freiburgs stammten und missionarisch in der Südsee tätig waren. Walleser war von 1906 bis 1915 auf den Karolinen und Palauinseln als Missionar tätig. 1912 wurde er vom damaligen Freiburger Erzbischof zum Titularbischof von Tanagra geweiht. In dieser Funktion, also ohne Verantwortung für eine Diözese, wurde er zum 1. Apostolischen Vikar der Inselgruppen von Palau sowie der Marianen und Karolinen bestimmt.[5] Lotharia Müller ist mit der Stadt Freiburg über eine kleine Sammlung ethnografischer Objekte, von denen heute noch etwa 40 erhalten sind, und zehn Fotografien verbunden. Diese erhielt das Museum für Natur- und Völkerkunde 1914 von ihr. Es handelt sich dabei um zwei Mädchen- oder Frauenröcke (Kat. 47), um Matten und Täschchen aus pflanzlichem Material (Kat. 50), um diverse Löffel, Schalen sowie Finger- und Armringe aus Muschel oder Schildpatt, die im Umfeld der Missionen, vermutlich von Missionsschüler_innen für den Verkauf hergestellt wurden. Einer der Fingerringe ist mit einer Intarsie verziert, welche die Inschrift »Salvator« zeigt und sich vermutlich auf den Apostolischen Vikar Salvator Walleser bezieht. Lotharia Müllers Aufenthalt in Freiburg, nahe ihrem Geburtsort, dürfte mit dem damaligen Hauskauf der Ordensoberin, Mutter Alexia (1838–1918), in Verbindung gestanden haben. Sie erwarb am Karlsplatz ein großes Eckhaus, in welchem ein Wohnheim für Studentinnen eingerichtet wurde, das Hildegardis-Stift.[6]

Lotharia Müller stammte aus Niederweschnegg bei St. Blasien und trat 1891 in Milwaukee, Wisconsin/USA den Schulschwestern des Hl. Franziskus (School Sisters of St Francis, SSSF) bei, deren Mutterhaus sich seit 1890 in Milwaukee befand (Brüll 1995: 131ff.). Über die genauen Umstände, wie sie aus dem kleinen Ort im Südschwarzwald den Kontakt zu den Schulschwestern in Wisconsin fand, ist nichts Näheres bekannt. Die Wurzeln der 1874 in den USA gegründeten Kongregation liegen jedoch im nordbadischen Schwarzach, wo seit 1859 ein Kinderheim und eine Schule von Ordensschwestern betreut wurden, die sich dem dritten Orden des Hl. Franziskus zurechneten. Diese Kongregation musste infolge des badischen »Kulturkampfs« 1871 aufgegeben werden und 1873 wanderten drei der Ordensfrauen in die USA aus.[7] In New Cassel, einem späteren Ortsteil von Campbellsport/Wisconsin, erfolgte 1874 eine Neugründung, wobei der Kontakt in die badische Heimatregion bestehen blieb, sodass in den nächsten Jahren von dort weitere Frauen folgten.[8] Über Müllers Motivation, sich dieser Kongregation anzuschließen, ist nichts bekannt. Unwahrscheinlich ist jedoch, dass die äußere Mission, also die sogenannte Bekehrung von »Heid_innen« in Überseeregionen, dabei im Vordergrund stand. Denn das hauptsächliche Wirkungsfeld der Schulschwestern war die Beschulung von Kindern und Jugendlichen in sozialen Brennpunktregionen, zu denen die Missionsgebiete in Übersee nicht gezählt wurden. Dennoch ging Lotharia Müller 1908 im Auftrag des Ordens in die Südsee und arbeitete ab 1909 als Lehrerin auf der zur Palaugruppe gehörenden Insel Melegeok. Später wechselte sie in die neu gegründete Missionsstation auf der Insel Babeldaob und kehrte 1913, als der US-amerikanische Orden die deutsche Kolonie verlassen musste, wieder in die USA zurück. Wie es zu diesem Übersee-Einsatz der Schulschwestern des Hl. Franziskus kam, ist nicht genau bekannt. Jedoch könnte er durch das 1907 in Luxemburg gegründete europäische Mutterhaus der Kongregation zustande gekommen sein. Denn andere Franziskanerinnen, die im luxemburgischen Limpertsberg ansässig waren, sandten bereits seit 1906 Ordensschwestern in die Südsee (Brüll 1995: 131).

Der Aufbau und Betrieb von Schulen, oft mit angeschlossenen Internaten, gehörte für Missionsorden und -gesellschaften neben den Gottesdiensten und der Katechese zu den zentralen Wirkungsfeldern. Es wurden nicht nur christliche Glaubensvorstellungen vermittelt, sondern auch die Ziele der sogenannten »Zivilisierungsmission« umgesetzt und die Kinder nach westlich-europäischen oder gar explizit deutschen Wert- und Moralvorstellungen erzogen und zu Untertanen des deutschen Kaisers geformt. Durch die Beschulung von Kindern, die dafür zumeist auf den Missionsstationen in Internaten und somit von ihren Familien getrennt leben mussten, konnte die Verbindung zu den traditionellen Wurzeln ihrer Herkunftskulturen wirkungsvoll gekappt werden, was als Voraussetzung für eine erfolgreiche Missionierung der Bevölkerung angesehen wurde (vgl. Hezel SJ 2001; Brüll 1995: 131). Auch hier zeigt sich deutlich die enge Verflechtung der christlichen Mission mit dem Kolonialismus. Der deutsche Staat überließ das Feld der Schulbildung fast ausnahmslos missionarischen Akteur_innen. So wurden 1911 in Deutsch-Ostafrika 92 Prozent der Schulen von Missionar_innen und nur etwa acht Prozent von der Regierung betrieben (Owzar 2007: 236).

Fazit

In Bezug auf die Verflechtungen der Freiburger Stadtgesellschaft mit der christlichen Mission während der Zeit des deutschen Kolonialismus und danach ist das Wissen immer noch gering. Daraus folgt auch, dass noch weniger über die Menschen bekannt ist, die im Kontext der christlichen Mission Freiburger_innen begegneten. Eine Untersuchung dieser Verflechtungsgeschichte bis zur Mitte des 20. Jahrhunderts steht noch immer aus.

Die Verbreitung des Christentums, also christliche Mission wird auch heute von Deutschland aus fortgesetzt. Doch verlagerte sich nach dem 2. Weltkrieg bei vielen Akteur_innen der Fokus. Dies gilt auch für das Freiburger Studienhaus der Herz-Jesu-Priester (Dehonianer) und heute werden dort angehende Missionare aus den ehemaligen und aktuellen Missionsgebieten ausgebildet. Derzeit, also 2022, leben und studieren im Ausbildungshaus in der Freiburger Okenstraße unter anderem junge Männer aus Kamerun.[9] In Kamerun lag das erste Missionsgebiet, in welchem die Dehonianer 1912 für das Deutsche Reich tätig werden durften, während sie die Genehmigung zur Niederlassung in Deutschland selbst erst 1917, nach der Aufhebung der Jesuitengesetze, erhielten (vgl. Flatau o. J.: 5).

Doch absolvieren die angehenden Missionare im Kloster in der Freiburger Okenstraße heute nicht nur eine theologische Ausbildung, sondern arbeiten zudem in der örtlichen Krankenhausseelsorge und verstehen dies als missionarisches Wirken in der deutschen Gesellschaft. Dieser Gedanke einer »umgekehrten« Mission liegt auch der Arbeit des Vereins Color Esperanza mit seinem Revers-Programm »VAMOS!« zugrunde (vgl. Kap. 7).

1 URL: www.bethel-historisch.de/index.php?article_id=30 (8.5.2022).
2 URL: www.freiburg-postkolonial.de/Seiten/paulussaal.htm (8.5.2022).
3 URL: http://fz.ub.uni- http://fz.ub.uni-freiburg.de/show/fz.cgi?cmd=showday&day=29r1&year=1912&month=09&project=3 (8.5.2022).
4 1920 kam mit Borneo noch ein weiteres Missionsgebiet hinzu (Bosza 2019: 5).
5 URL: www.leo-bw.de/detail/-/Detail/details/PERSON/kgl_biographien/1012370089/Walleser+Peter+Salvator (8.5.2022).
6 URL: www.franziska-hoell-schule.de/media/franziska_h__ll_1.pdf (8.5.2022).
7 Ebd.
8 URL: www.sssf.org/SSSF/Get-To-Know-Us/History.htm (8.5.2022).
9 URL: www.scj.de/haeuser/freiburg/unsere-gemeinschaft (8.5.2022).

Mit der Bibel in der Hand und dem Wort Gottes im Mund unterstützten christliche Missionar_innen die koloniale Unterdrückung. Häufig bereiteten sie ihr sogar den Weg. Mit der Verbreitung des Christentums wurden europäische Wertvorstellungen an lokale Bevölkerungen vermittelt – das sollte die Herrschaft über sie erleichtern. Weil sich die Lebensweise und Normen lokaler Gesellschaften von den westlichen unterscheiden, wurde die christliche Mission oftmals mit deren »Zivilisierung« begründet. Viele Menschen übernahmen zwar die neue Religion, manche verknüpften sie aber mit ihren bisherigen Traditionen und bewahrten diese so für die Zukunft. Auch aus Freiburg und Baden gingen junge Frauen und Männer als Missionar_innen in außereuropäische Regionen. Unterstützt wurde dies mit Geld, das die Kirche bei Gläubigen im Deutschen Reich sammelte. Somit waren auch hiesige Christ_innen fernab der Einsatzgebiete indirekt an der Mission beteiligt. Zum Sammeln des Geldes dienten besondere Spendenkästchen, die in vielen Kirchen standen.

BHI/AZ

36

Neues Testament in chinesischer Sprache

Verlag: Deutsche Bibelgesellschaft

2021: Stuttgart/Deutschland, Papier, Städtische Museen Freiburg

Provenienz: 2021 im Handel erworben

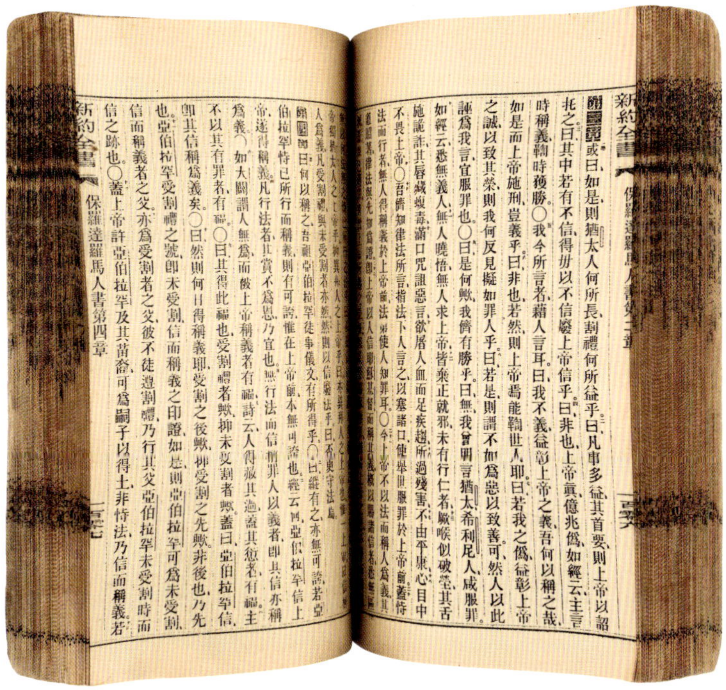

37

Neues Testament in chinesischer Sprache

1864: Hongkong/China, Papier, Museum Natur und Mensch, Städtische Museen Freiburg, Inv. V/1826

Provenienz: ohne Angabe

Bibelübersetzung

Eine Voraussetzung für die christliche Mission ist die Übersetzung der Heiligen Schrift, also der Bibel oder zumindest wichtiger Teile, wie den Evangelien des Neuen Testaments, in eine der lokalen Sprachen des jeweiligen Missionsgebiets. Besonders bei Sprachen mit relativ wenigen Sprecher_innen war dies oftmals deren erste Verschriftlichung. Durch den Übersetzungsprozess wurden manchen Worten neue Bedeutungen zugewiesen, um westliche Vorstellungen und Ideen vermitteln zu können. Dieser extern initiierte Sprachwandel trägt Züge einer Kolonialisierung der Sprache. BHI

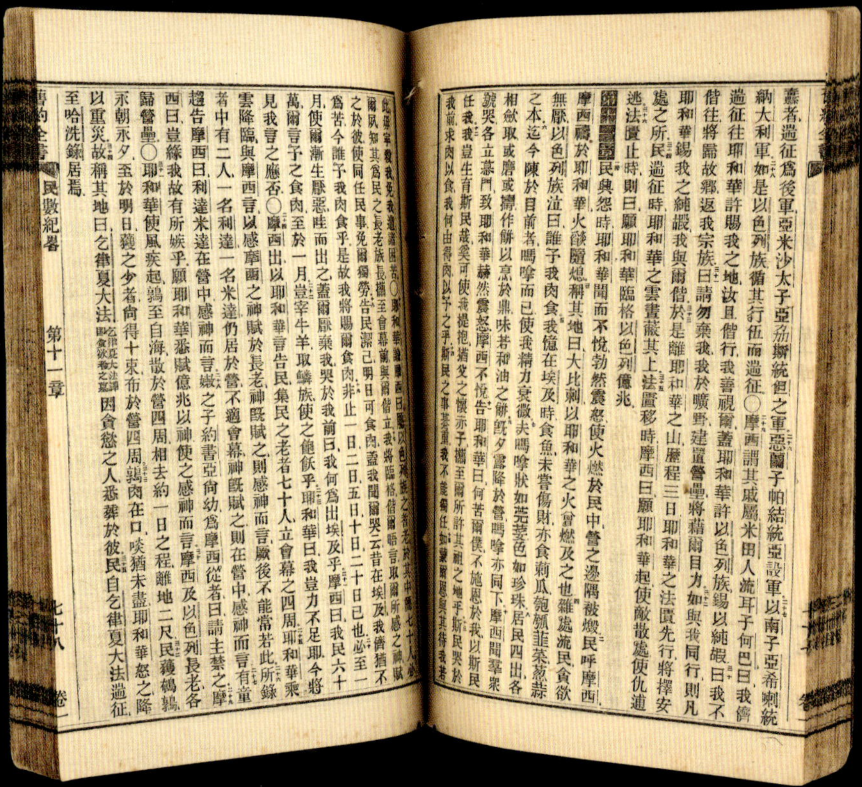

38

Altes Testament in chinesischer Sprache

1858: Shanghai/China, Papier, Museum Natur und Mensch, Städtische Museen Freiburg, Inv. V/1827

Provenienz: ohne Angabe

Mission als Wegbereiterin des Kolonialismus

Oft stellten christliche Missionar_innen von europäischer Seite den ersten Kontakt zu lokalen Bevölkerungen in außereuropäischen Regionen her. Ihnen folgten oftmals Händler_innen und nicht selten auch das Militär. Im 19. Jahrhundert bahnten christliche Missionar_innen in China der europäischen Einflussnahme und teilweisen Kolonialisierung den Weg. Zwar hatte es auch in den vorangegangenen Jahrhunderten Missionsversuche in China gegeben, doch blieben koloniale Eroberungen zunächst aus.
Ende des 19. Jahrhunderts empfanden viele Chines_innen das Christentum als Gefahr für den Zusammenhalt ihrer Gesellschaft und es entstand der Yihetuan yungdong, die Bewegung der Gruppe für Gerechtigkeit und Harmonie. Diese »Boxerbewegung«, wie sie im Deutschen genannt wird, richtete sich gegen den zunehmenden westlichen Einfluss und das Christentum. Die Niederschlagung der Bewegung wird in der deutschen Geschichtsschreibung als »Boxerkrieg« (1899–1901) bezeichnet. Danach begann das Deutsche Kaiserreich, entgegen der Vertragslage mit China, das Pachtgebiet »Kiautschou« (Jiaozhou) als Musterkolonie aufzubauen. BHI

Bibel in chinesischer Sprache

Die erste vollständige Bibelübersetzung in die chinesische Sprache hatte der schottische Pastor Robert Morrison 1823 angefertigt. Damit war jedoch das große Projekt der Übersetzung nicht abgeschlossen, sondern erst eingeleitet worden. Der Grund hierfür lag nicht nur in einem Wettbewerb zwischen den beiden christlichen Religionen, sondern auch in Auseinandersetzungen um die richtige Wortwahl und Nuancierungen des Textes. Es stellten sich Kernfragen nach der Anpassung des christlichen Glaubens an die chinesische Sprache sowie einer Veränderung der chinesischen Sprache durch eine unübliche Verwendung bestehender oder die Schaffung neuer Wörter. Stets lag die Hoheit der Übersetzung in den Händen protestantischer Missionare. Die in der Tradition der Jesuitenmission stehenden Katholik_innen strebten stärker danach, nicht die Bibel selbst, sondern einige ihrer elementaren Passagen und erklärende Schriften, wie die Zehn Gebote, die Bergpredigt, Katechismen und Darstellungen über das Leben Christi, ins Chinesische zu übertragen.
Im August 1843 fand in Hongkong ein protestantisches Missionarstreffen statt, das sich mit der Neubearbeitung der chinesischen Bibelübersetzung befasste. Um eine revidierte Fassung des Neuen Testaments zu schaffen, wurden fünf lokale Komitees gebildet, in denen auch chinesische Gelehrte mitarbeiteten. Diese Arbeit war im Juli 1850 abgeschlossen. Wenig später wurde mit einer Überarbeitung des Alten Testaments begonnen. Bei der Übersetzung der gesamten Bibel, die 1856 durch die finanzielle Unterstützung der Bibelgesellschaft veröffentlicht werden konnte, handelte es sich um die erste Übersetzung, die nicht durch einen klassischen literarischen Stil gekennzeichnet war. SK

39

Kalender in chinesischer Schrift mit christlichen Texten

Verlag: ohne Angabe

1888: ohne Ortsangabe, Papier, Museum Natur und Mensch, Städtische Museen Freiburg, Inv. V/1828

Provenienz: seit 1904 Dauerleihgabe der Universität Freiburg

Chinesischer Kirchenkalender

Dieser Kalender für religiöse Praktiken ist für das Jahr 1888 für chinesische katholische Christ_innen angefertigt worden, vermutlich in einer Missionsdruckerei. Seine Texte sind in einer Mischung von sehr alten, konfuzianisch geprägten chinesischen Schriftzeichen und regionalem Dialekt geschrieben worden. Sie enthalten Bibelübersetzungen sowie Anweisungen für religiöse Andachten und für alltägliches Verhalten, um den Gläubigen den Weg zur Glückseligkeit aufzuzeigen. So sollen etwa die Zehn Gebote eingehalten werden, um die Verheißungen der Acht Seligpreisungen zu empfangen.
Der Kalender folgt der christlichen Zeitrechnung, die sich fundamental von der des kaiserlichen China unterschied. Nach der chinesischen Tradition wurden die Jahre in einem über 60 Jahre laufenden Zyklus zusammengefasst, der sich mit den europäischen Jahrhunderten vergleichen lässt. Er entstand unter anderem aus einer Kombination der fünf Element: Holz, Feuer, Erde, Metall und Wasser mit den zwölf Tierkreiszeichen und blieb von Dynastiewechseln unberührt. Erst nach dem Ende der Qing-Dynastie im Jahr 1912 ist der chinesische durch den gregorianischen Kalender ersetzt worden. Chinesische Christ_innen, die im 19. Jahrhundert nach einem christlichen Kalender und dessen Fest- und Feiertagen lebten, fielen dadurch aus ihrem kulturellen Kontext. SK

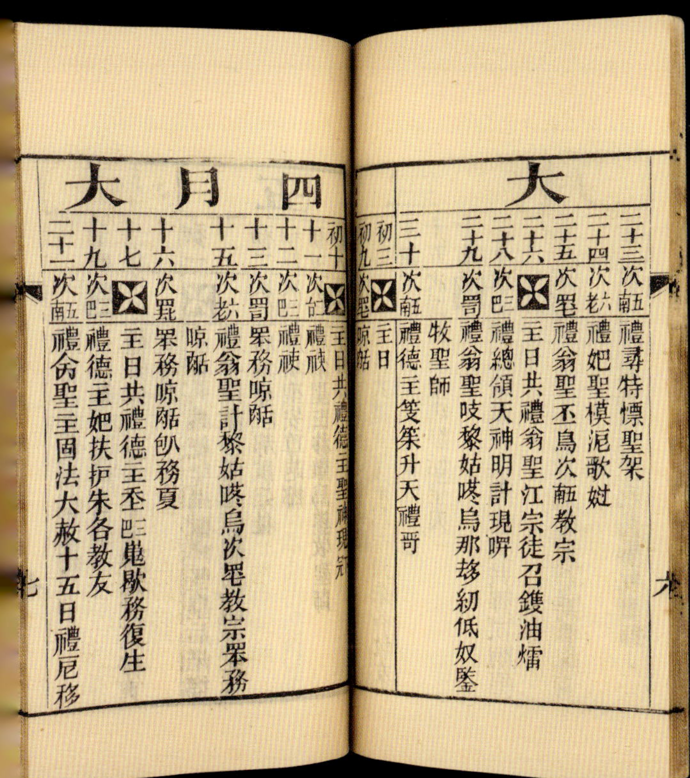

Pfeife

Hersteller_in: unbekannt

Ohne Jahr: Ostasien, Bambus/Keramik/Metall, Museum Natur und Mensch, Städtische Museen Freiburg, Inv. V/0102

Provenienz: ohne Angabe

Pfeifenköpfe

Hersteller_in: unbekannt

Vor 1899: Ostasien, Ton, Museum Natur und Mensch, Städtische Museen Freiburg, Inv. V/0106

Provenienz: 1899 erhalten von Karl Dürr, Kolonialoffizier/Baden-Baden, → Seite 76. Über die konkreten Erwerbungsumstände vor Ort ist nichts bekannt.

Lampe

Hersteller_in: unbekannt

Vor 1899: Ostasien, Metall/Messing, Museum Natur und Mensch, Städtische Museen Freiburg, Inv. V/0107 a

Provenienz: 1899 erhalten von Karl Dürr, Kolonialoffizier/Baden-Baden, → Seite 76. Über die konkreten Erwerbungsumstände vor Ort ist nichts bekannt.

Pinzette

Hersteller_in: unbekannt

Vor 1899: Ostasien, Holz/Eisen, Museum Natur und Mensch, Städtische Museen Freiburg, Inv. V/0107 b

Provenienz: 1899 erhalten von Karl Dürr, Kolonialoffizier/Baden-Baden, → Seite 76. Über die konkreten Erwerbungsumstände vor Ort ist nichts bekannt.

Löffel

Hersteller_in: unbekannt

Vor 1899: Ostasien, Eisen, Museum Natur und Mensch, Städtische Museen Freiburg, Inv. V/0107 c

Provenienz: 1899 erhalten von Karl Dürr, Kolonialoffizier/Baden-Baden, → Seite 76. Über die konkreten Erwerbungsumstände vor Ort ist nichts bekannt.

Kratzer

Hersteller_in: unbekannt

Vor 1899: Ostasien, Metall/Eisen, Museum Natur und Mensch, Städtische Museen Freiburg, Inv. V/0107d

Provenienz: 1899 erhalten von Karl Dürr, Kolonialoffizier/Baden-Baden, → Seite 76. Über die konkreten Erwerbungsumstände vor Ort ist nichts bekannt.

Kupferkessel

Hersteller_in: unbekannt

Vor 1899: Ostasien, Metall/Kupfer, Museum Natur und Mensch, Städtische Museen Freiburg, Inv. V/0108

Provenienz: 1899 erhalten von Karl Dürr, Kolonialoffizier/Baden-Baden, → Seite 76. Über die konkreten Erwerbungsumstände vor Ort ist nichts bekannt.

Vor 1899: Ostasien, Bambus, Museum Natur und Mensch, Städtische Museen Freiburg, Inv. V/0110

Provenienz: 1899 erhalten von Karl Dürr, Kolonialoffizier/Baden-Baden, → Seite 76. Über die konkreten Erwerbungsumstände vor Ort ist nichts bekannt.

Missionierung als Zivilisierungsprogramm

Der Opiumgenuss unter der chinesischen Bevölkerung galt aus westlicher Sicht als Laster und Ausdruck mangelnder »Zivilisiertheit«. Mithilfe der christlichen Mission, die sich zugleich als »Zivilisierungsmission« verstand, sollte dieses Übel überwunden werden – ein scheinheiliger Vorwand. Denn in China war der übermäßige Opiumkonsum die Folge zweier Kriege, mit denen Großbritannien Mitte des 19. Jahrhunderts die Öffnung des Landes für die Opiumeinfuhr erzwang. Der Yihetuan yungdong (1899–1901) richtete sich daher auch gegen die Folgen dieser beiden Opiumkriege, unter denen die chinesische Gesellschaft immer noch litt. BHI

Opiumbesteck

Seit dem 18. Jahrhundert importierte die britische Ostindien-Kompanie Opium von Indien nach China. Dort ist es von Teilen der Bevölkerung nicht nur zur Entspannung geraucht worden, sondern auch, um den Hunger einzudämmen. Um 1830 gab es in China bei etwa 300 Millionen Menschen rund zwei Millionen Opiumsüchtige. Das vom chinesischen Kaiser avisierte Opiumverbot war Anlass der beiden Opiumkriege von 1840 bis 1842 und von 1856 bis 1860. Nach den chinesischen Niederlagen in diesen Kriegen stieg der Opiumkonsum.
Entsprechend entwickelte sich in China eine Rauchkultur mit festgelegten Gerätschaften und Ritualen. Wichtigster Gegenstand war die Opiumpfeife, deren Hohlkörper häufig – so auch bei dem Set aus der Sammlung des Museums Natur und Mensch – aus Bambus gearbeitet war. Je nach der sozialen Zugehörigkeit der Pfeifenbesitzer_innen konnte sie auch noch ins Auge fallende dekorative Elemente haben. Die auf die Pfeife gesetzten Köpfe sind aus anderen Materialien hergestellt worden, so etwa aus Ton, Porzellan oder Jade. Auch sie gaben Auskunft über den Status des oder der Rauchenden. Die Vorbereitung auf das Opiumrauchen hingegen vollzog sich unabhängig von der gesellschaftlichen Schicht nach einem immer gleichen Prozedere: Mit feinen Werkzeugen, die üblicherweise in einem kleinen Bambusbehälter verstaut waren, wurde ein Opiumkörnchen in einer Schale gelöst, um dann in einem feuerfesten Löffel über der Opiumlampe erhitzt zu werden. Die Lampe war so gebaut, dass sie eine bestimmte Wärmemenge konstant weiterleiten konnte. War das Körnchen zu einem dickflüssigen Tropfen geschmolzen, drückte es der oder die Rauchende mit einer Nadel in die schmale Öffnung des Pfeifenkopfs.
Anschließend war es erforderlich, sich auf die Seite zu legen, da der Pfeifenkopf über die Flamme der Opiumlampe gehalten werden musste. Ein wichtiger Teil des Rituals war, das Opium in Gemeinschaft mit anderen einzunehmen, weshalb vor allem ab dem 19. Jahrhundert konzessionierte oder aber illegale sogenannte Opiumhöhlen zu Orten des Konsums wurden. SK

41

Hut

Hersteller_in: unbekannt

Ende 19./Anf. 20. Jh.: China, Pflanzenmaterial/Seide, Museum Natur und Mensch, Städtische Museen Freiburg, Inv. IV/2257

Provenienz: 1964 erhalten von Octavia Kraehe aus dem Nachlass ihres Mannes Konrad Kraehe, Kolonialoffizier, **→ Seite 76.** **Über die konkreten Erwerbungsumstände vor Ort ist nichts bekannt.**

Auf Mission folgt Krieg

Der Hut stammt aus dem Nachlass von Generalleutnant Konrad Kraehe (1868–1943), der 1900, während des »Boxerkriegs«, in China war. Darüber hinaus ist über Kraehes Leben wenig bekannt, so auch nicht, wie er in den Besitz der etwa 84 chinesischen Gegenstände kam, die das heutige Museum Natur und Mensch aus dem Nachlass seiner Witwe erhielt und heute verwahrt. BHI

42

Evangelische Kirche in Qingdao

Hersteller_in: unbekannt

Um 2017: Qingdao/VR China, ehemals Tsingtau/Kiautschou, Nord-China, Keramik/Textil/Kork, Leihgabe: privat, Müllheim/Deutschland

Provenienz: erworben in Qingdao, 2017/VR China

Evangelische Kirche in Qingdao (Tsingtau)

Diese Schmuckkachel, ein Reisesouvenir aus Qingdao, dem ehemaligen Verwaltungszentrum des deutschen Pachtgebiets Jiaozhou (ehemaliges Kiautschou), zeigt die 1910 eingeweihte Christuskirche.

Nachdem das Deutsche Kaiserreich 1898 von China einen Pachtvertrag für dieses Gebiet erzwungen hatte und der »Boxerkrieg« beendet war, begann der Ausbau des Gebiets als Kolonie. Repräsentative Gebäude im europäischen Stil, wie die evangelische Kirche, sollten die kolonialen Machtverhältnisse sichtbar machen. BHI

43

Vier kleine Mädchen in Kleidchen

Fotograf_in und abgebildete Personen nicht namentlich bekannt

1909–1913: Föderierte Staaten von Mikronesien, ehemals Palau, Foto, Museum Natur und Mensch, Städtische Museen Freiburg, Inv. XHF/II/0057

Provenienz: 1914 erhalten von Lotharia Müller, Ordensschwester, → Seite 42. Über die konkreten Erwerbungsumstände vor Ort ist nichts bekannt.

Mädchenschulen auf Palau

Auf Palau standen die Mädchen im Fokus der christlichen Erziehung. Sie wurden daher in gesonderten Internaten untergebracht, um sie den Traditionen ihrer Vorfahr_innen zu entfremden, die in den Augen der Missionar_innen als unmoralisch galten. Ein besonderer Stein des Anstoßes waren für die Missionar_innen voreheliche sexuelle Kontakte, die zwischen den jeweiligen Paaren keine weitergehenden Verpflichtungen begründeten. StS/BHI

44

Kinder und Erwachsene vor Missionsschule

Fotograf_in und abgebildete Personen nicht namentlich bekannt

Ohne Jahr: Föderierte Staaten von Mikronesien, ehemals Palau, Postkarte, Museum Natur und Mensch, Städtische Museen Freiburg, Inv. XHF/II/0053

Missionsschulen

Die Bildungsarbeit, vor allem der Schulbetrieb, war ein zentrales Wirkungsfeld christlicher Mission in den deutschen Kolonialgebieten. Hier zeigte sich besonders deutlich die enge Verflechtung von Kolonialismus und Mission: Durch den christlichen Schulunterricht wurden Kinder dem Einfluss ihrer Eltern und deren Wertesystemen entzogen. Sie erhielten eine Prägung nach westlich-europäischen und christlichen Vorstellungen. Dies implizierte, dass sie zu »guten Untertan_innen« erzogen werden konnten, ein »Versprechen«, mit dem christliche Missionsorden und -gesellschaften ihre Missionstätigkeit dem deutschen Staat anpriesen. Dieser nahm das Angebot an und so wurde ein erheblicher Teil der Schulen, in Togo waren dies zum Beispiel im Jahr 1911 92 Prozent, von Missionsgesellschaften oder -orden betrieben. BHI

45

Drei Kinder in einer Versandkiste sitzend

Fotograf_in und abgebildete Personen nicht namentlich bekannt

1904–1919: Föderierte Staaten von Mikronesien, ehemals Karolinen, Postkarte, Museum Natur und Mensch, Städtische Museen Freiburg, Inv. XHF/II/0055

Provenienz: Postkarte der Kapuziner-Mission auf den Karolinen; ohne weitere Angaben zur Provenienz

Werbung für die Mission

Bis zum Ende der deutschen Kolonialzeit finanzierten sich deutsche Missionsgesellschaften und die wenigen Missionsorden, die von Deutschland aus tätig waren, zu großen Teilen aus Spenden. Die unterschiedlichsten Werbemaßnahmen sollten katholische und evangelische Christ_innen zum Spenden bewegen. Neben Gottesdiensten, Predigten und Sonderkollekten waren dies auch Unterhaltungsveranstaltungen, auf denen zum Beispiel einschlägige Bücher und Postkarten verkauft wurden. Letztere waren ein verbreitetes Werbemittel, das von den Missionsgesellschaften und -orden mit vielen verschiedenen Motiven in Umlauf gebracht wurde, um die Bereitschaft zur Unterstützung der »Heidenmission« zu fördern. Besonders Fotos mit hilflos in die Kamera blickenden und dürftig bekleideten Kindern sollten die Spendenfreudigkeit anspornen. BHI

46

Missionssenior Johann Flierl

Fotograf_in: unbekannt
Verlag: Freimund-Verlag Neuendettelsau
Abgebildete Personen: Johann Flierl, sein Enkel Helmut und Sakiano, Sohn des Heilgehilfen von Heldsbach

1929: Heldsbach/Papua-Neuguinea, ehemals Deutsch-Neuguinea, Foto, Museum Natur und Mensch, Städtische Museen Freiburg, Inv. XHF/II/0102

Provenienz: aus Serie von Sammelbildern der Neuendettelsauer Mission, heute Mission EineWelt, vermutlich um 1936 zum 50-jährigen Jubiläum der Neuguinea-Mission herausgegeben. Die Serie war Bestandteil vieler Familienarchive.

Mission in Deutsch-Neuguinea

Ein weiteres Werbemittel, das auch noch nach Ende der deutschen Kolonialzeit eingesetzt wurde, waren sogenannte Sammelbilder, wie die Serie, die zum 50-jährigen Jubiläum der Neuguinea-Mission von der Neuendettelsauer Mission, heute Mission EineWelt, 1936 herausgegeben wurde. Dieses Sammelbild zeigt Johann Flierl (1858–1947), der 1886 als erster evangelischer Missionar kurz nach der Erklärung zum deutschen »Schutzgebiet« nach Deutsch-Neuguinea ging und dort mehrere Missionsstationen für die Neuendettelsauer Mission gründete. BHI

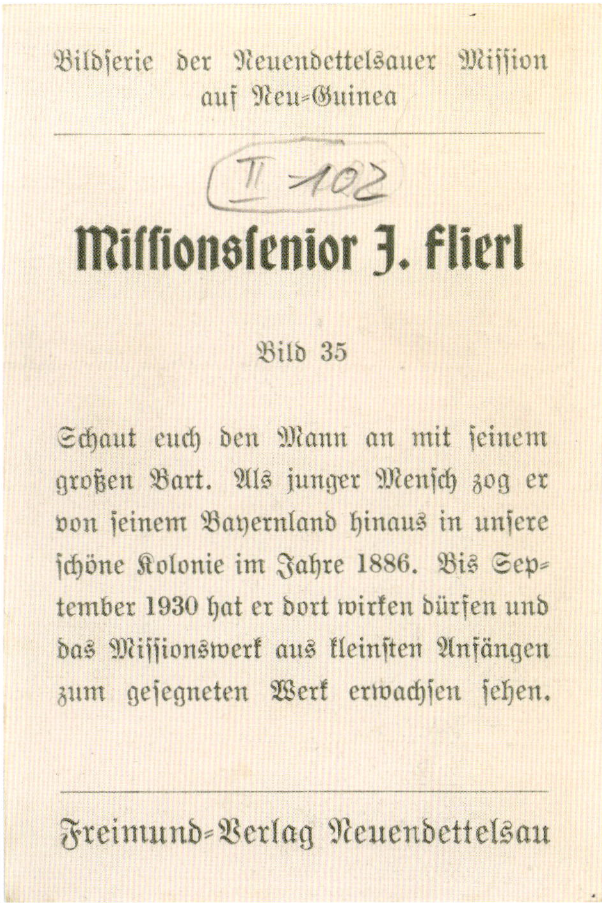

Bildserie der Neuendettelsauer Mission auf Neu-Guinea

II-102

Missionsenior J. Flierl

Bild 35

Schaut euch den Mann an mit seinem großen Bart. Als junger Mensch zog er von seinem Bayernland hinaus in unsere schöne Kolonie im Jahre 1886. Bis September 1930 hat er dort wirken dürfen und das Missionswerk aus kleinsten Anfängen zum gesegneten Werk erwachsen sehen.

Freimund-Verlag Neuendettelsau

47

Frauenrock

Hersteller_in: unbekannt

Um 1913: Föderierte Staaten von Mikronesien, ehemals Palau, Rindenbast, Museum Natur und Mensch, Städtische Museen Freiburg, Inv. II/0710

Provenienz: 1914 erhalten von Lotharia Müller, Ordensschwester, → Seite 42. Über die konkreten Erwerbungsumstände vor Ort ist nichts bekannt.

48

MERIBLUS: Frauenbluse

Hersteller_in: unbekannt

Ohne Jahr: Papua-Neuguinea, Baumwolle/Leinen, Museum Natur und Mensch, Städtische Museen Freiburg, Inv. II/2466

Provenienz: 2008 erhalten von Erika Künstel, Villingen-Schwenningen/Deutschland.

49

Nach europäischem Vorbild gefertigter Kinderanzug

Hersteller_in: unbekannt

1899–1920: Papua-Neuguinea, ehemals Deutsch-Neuguinea, Rindenbast, teilweise gefärbt, Leihgabe: Mission EineWelt, Inv. 2816, 2817

Provenienz: von Christian Keysser (?) erworben auf der Missionsstation Sattelberg/Papua-Neuguinea. Über die konkreten Erwerbungsumstände vor Ort ist nichts bekannt.

Kleidung

Die Frauen auf Palau stellten ihre Röcke bis zur Einflussnahme durch christliche Missionare aus dem Rindenbast von Malvengewächsen wie beispielsweise Hibiskus her. Dafür wurden zwei Schürzen miteinander verknotet, die aber nach europäischen Maßstäben den weiblichen Körper nur unzureichend verhüllten. Daher führten Missionar_innen einen westlich geprägten Kleidungsstil ein, zu dem für Frauen und ältere Mädchen die MERIBLUS gehörte – Männer hingegen sollten Hemd und Hose tragen, um ihren Körper zu bedecken. Damit gingen die Unterdrückung und Verdrängung lokaler Traditionen einher, die durch europäische Vorstellungen ersetzt wurden. StS/BHI

50

Tasche

Hersteller_in: unbekannt

Vor 1914: Föderierte Staaten von Mikronesien, ehemals Palau, Palmblatt mit europäischem Farbstoff gefärbt, Museum Natur und Mensch, Städtische Museen Freiburg, Inv. II/1634

Provenienz: 1914 erworben von Lotharia Müller, Ordensschwester, → Seite 42. Über die konkreten Erwerbungsumstände vor Ort ist nichts bekannt.

Handarbeit

Die Anfertigung von kleinen Taschen und anderen Handarbeiten gehörte zum Unterrichtsprogramm der Missionsschulen. Dies diente der Disziplinierung und Vorbereitung auf die Arbeit im kolonialen Ausbeutungssystem, wofür die Missionsgesellschaften und -orden staatliche Mittel vom Deutschen Kaiserreich erhielten. BHI

51

Fingerring mit Intarsien

Hersteller_in: unbekannt

Um 1913: Föderierte Staaten von Mikronesien, ehemals Palau, Holz/Schildplatt, Museum Natur und Mensch, Städtische Museen Freiburg, Inv. II/0723.01

Provenienz: 1914 erhalten von Lotharia Müller, Ordensschwester, → Seite 42. Über die konkreten Erwerbungsumstände vor Ort ist nichts bekannt.

Ein Missionar aus dem Hochschwarzwald

Der Fingerring aus Schildpatt trägt den Schriftzug »P. Salvator«. Er könnte auf Peter Salvator Walleser (1874–1946) aus Wieden verweisen. Dieser war als Missionar des Kapuzinerordens von 1906 bis 1915 auf den Inseln der Karolinen und Marianen und ab 1912 dort sowie auf den Palauinseln als Titularbischof von Tanagra 1. Apostolischer Vikar. Die Bischofsweihe erfolgte durch den Freiburger Erzbischof. Der Ring wurde vermutlich auf einer Missionsstation von Palau hergestellt, denn er gehörte zu den Gegenständen, welche 1914 die Missionsschwester Lotharia Müller (1868–1962) nach Ende ihrer Missionstätigkeit auf Palau dem Museum für Natur- und Völkerkunde Freiburg übergab. BHI

52

Mädchen im weißen Kleid

Fotograf_in und abgebildete Person nicht namentlich bekannt

Vor 1914: Föderierte Staaten von Mikronesien, ehemals Palau, Foto, Museum Natur und Mensch, Städtische Museen Freiburg, Inv. XHF/II/0059

Provenienz: 1914 erhalten von Lotharia Müller, Ordensschwester, → Seite 42. Über die konkreten Erwerbungsumstände vor Ort ist nichts bekannt.

Weiße Missionskleidung

In der christlichen Symbolik steht Weiß für Reinheit und den Neubeginn des Lebens, etwa nach der Taufe als »neuer« Mensch. Auf Fotografien aus missionarischen Kontexten sind sehr oft Angehörige der lokalen Bevölkerung in dunkler Kleidung abgebildet, während Missionar_innen helle oder sogar weiße Kleidung tragen. Diese Farbwahl basierte jedoch nicht nur auf dem Selbstverständnis als Christ_innen, sondern damit inszenierten sich *weiße* Missionar_innen als »Zivilisierte« gegenüber der lokalen Bevölkerung, die durch die christliche Missionsarbeit ebenfalls »zivilisiert« werden sollten. Somit symbolisiert das weiße Kleid des Mädchens, das vermutlich in erster Linie als Taufkleid anzusprechen ist, zugleich ein Stadium auf dem Weg zur sogenannten Zivilisierung nach europäischem Vorbild. BHI

53

»Hausarbeit«

Fotograf_in und abgebildete Personen namentlich nicht bekannt
Verlag: Freimund-Verlag Neuendettelsau

Um 1934: Heldsbach (?)/Papua-Neuguinea, ehemals Deutsch-Neuguinea, Sammelbild, Museum Natur und Mensch, Städtische Museen Freiburg, Inv. XHF/II/0114

Provenienz: aus Serie von Sammelbildern der Neuendettelsauer Mission, heute Mission EineWelt, vermutlich um 1936 zum 50-jährigen Jubiläum der Neuguinea-Mission herausgegeben. Die Serie war Bestandteil vieler Familienarchive.

Hausarbeit

Wer auf der Missionsstation lebte, lernte nicht nur die Grundlagen des christlichen Glaubens kennen und wurde im Lesen und Schreiben geschult. Auch Hausarbeiten wie Kochen und Putzen gehörten zum Lernprogramm. Mit all diesen Lehrtätigkeiten setzten Missionar_innen ihr »Zivilisierungsprogramm« um, mit dem sie die christliche Mission in außereuropäischen Regionen rechtfertigten. BHI

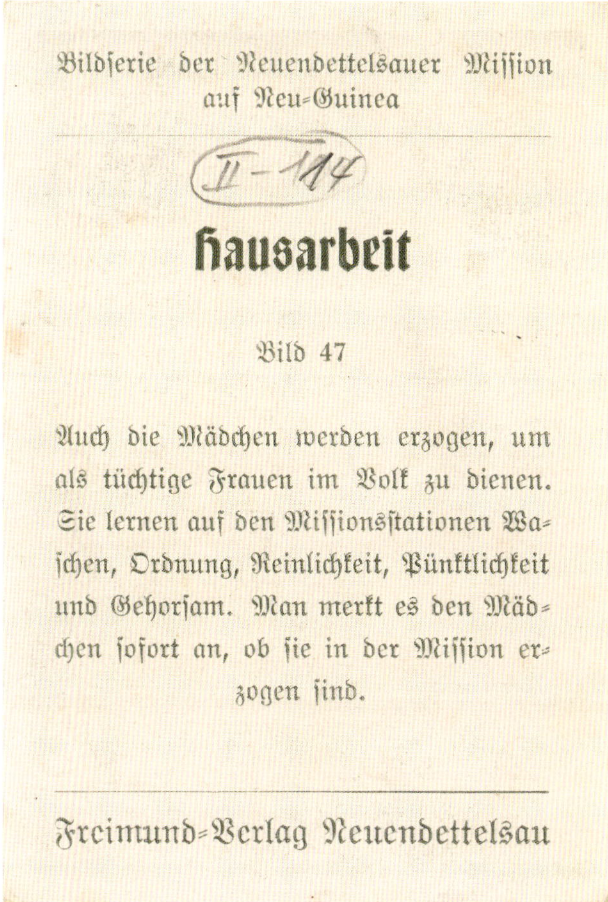
Bildserie der Neuendettelsauer Mission auf Neu-Guinea

II-114

Hausarbeit

Bild 47

Auch die Mädchen werden erzogen, um als tüchtige Frauen im Volk zu dienen. Sie lernen auf den Missionsstationen Waschen, Ordnung, Reinlichkeit, Pünktlichkeit und Gehorsam. Man merkt es den Mädchen sofort an, ob sie in der Mission erzogen sind.

Freimund-Verlag Neuendettelsau

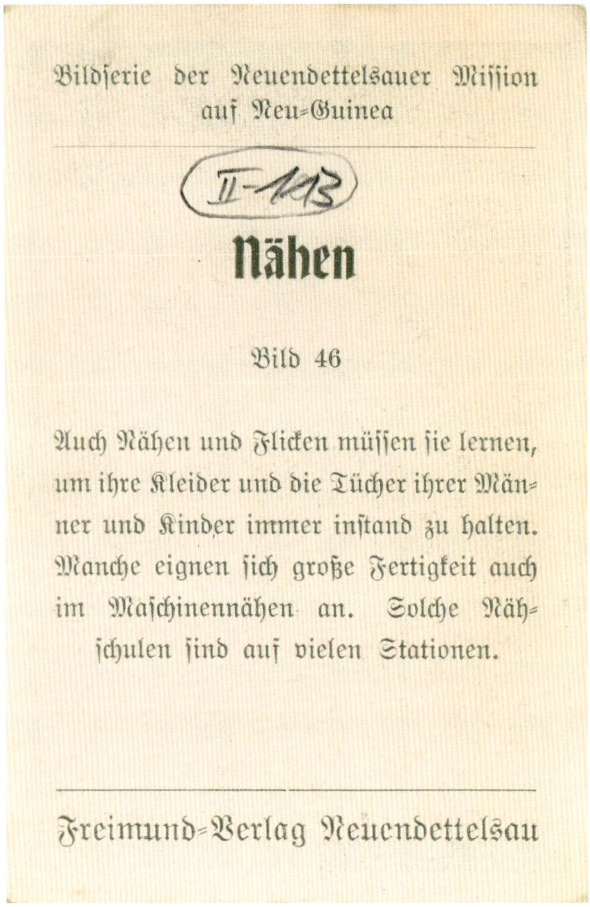
Bildserie der Neuendettelsauer Mission auf Neu-Guinea

II-113

Nähen

Bild 46

Auch Nähen und Flicken müssen sie lernen, um ihre Kleider und die Tücher ihrer Männer und Kinder immer instand zu halten. Manche eignen sich große Fertigkeit auch im Maschinennähen an. Solche Nähschulen sind auf vielen Stationen.

Freimund-Verlag Neuendettelsau

54

»Unsere Nähschule«

Fotograf_in: unbekannt
Verlag: Freimund-Verlag Neuendettelsau
Abgebildete Personen: in der Mitte Tabea Neumeyer mit ihren Töchtern Gisela und Erika, die übrigen sind nicht namentlich bekannt

Um 1933: Heldsbach (?)/Papua-Neuguinea, ehemals Deutsch-Neuguinea, Sammelbild, Museum Natur und Mensch, Städtische Museen Freiburg, Inv. XHF/II/0113

Provenienz: aus Serie von Sammelbildern der Neuendettelsauer Mission, heute Mission EineWelt, vermutlich um 1936 zum 50-jährigen Jubiläum der Neuguinea-Mission herausgegeben. Die Serie war Bestandteil vieler Familienarchive.

Nähschule

In den Missionsstationen wurden auch handwerkliche Techniken wie das Nähen vermittelt. Damit sollten Christ_innen aus den lokalen Gesellschaften ihre Kleidung nach europäischem Vorbild selbst herstellen können. Auf den evangelischen Missionsstationen gaben oftmals die Ehefrauen der Missionare den Nähunterricht, an dem wiederum zumeist Frauen teilnahmen. Sie erlernten dabei auch den Umgang mit der Nähmaschine. Das Foto zeigt Tabea Neumeyer (1902–1986) an einem Schneidertisch mit mehreren Frauen aus der lokalen Bevölkerung von Neuguinea, deren Namen jedoch bisher nicht recherchiert werden konnten. Auf der rechten Bildseite stehen die beiden Töchter von Tabea Neumeyer. BHI/HLE

55

Kelch und Hostienschale

Künstler_in: unbekannt

2. Hälfte 20. Jh.: Kamerun (?), Holz, Leihgabe: Kloster der Herz-Jesu-Priester, Freiburg/Deutschland

Provenienz: Geschenk an das Kloster der Herz-Jesu-Priester, Freiburg/Deutschland

Herz-Jesu-Priester in Freiburg

Die katholischen Herz-Jesu-Priester missionierten von 1912 bis 1915 in Kamerun. Heute kommen junge Männer aus aller Welt nach Freiburg, um im Kloster der Herz-Jesu-Priester zu leben und zu lernen. Sie werden dort in das Ordensleben eingeführt und für die Mission in ihren Heimatländern ausgebildet. Gleichzeitig verstehen sie sich gegenüber der Freiburger Stadtgesellschaft auch als Missionare, denn sie sind unter anderem in der Krankenhausseelsorge tätig. BHI

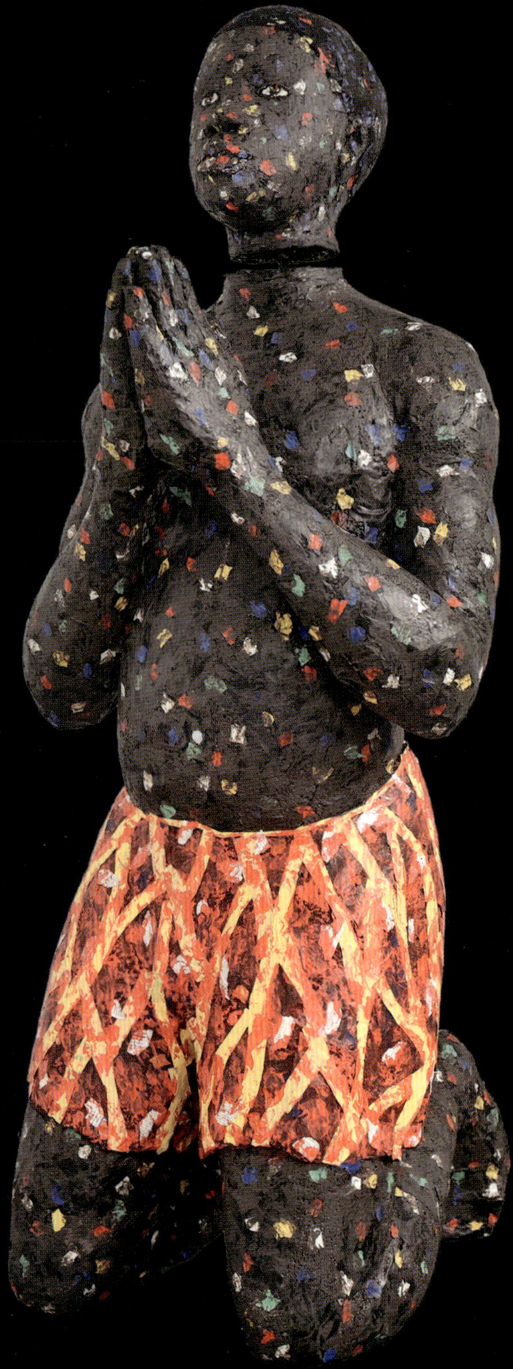

56

»Body of Evidence«

Künstler: Emeka Udemba, Kirchzarten/Deutschland & Nigeria

2022: Kirchzarten/Deutschland, gemischte Medien, Leihgabe des Künstlers

Provenienz: erworben im Auftrag der Städtischen Museen Freiburg

Im Westen wird Afrika oft in unterschiedlichem Maße mit großer Sorge betrachtet. Der Kontinent wird mit tragischen Berichten von Katastrophen und Konflikten dargestellt; als ein Gebilde, das im Vergleich zur sogenannten entwickelten Welt verarmt bleibt.
Einige dieser Behauptungen treffen zwar zu, aber es scheint, dass die sich heute rasch verändernden politischen, wirtschaftlichen und sozialen Bedingungen in Afrika bewusst ignoriert oder kaum beachtet werden.
Dieser Geisteszustand im Westen spiegelt sich in den sogenannten »Nickneger«-Spendenboxen für Afrika wider, die vor nicht allzu langer Zeit in einigen Kirchen in Deutschland zu finden waren. Die »Negerle«, die SCHWARZEN knienden Figuren auf diesen Spendenbüchsen, neigen ihre Köpfe in Dankbarkeit, wenn eine Münze eingeworfen wird.
Die Skulptur »The Body of Evidence« ist ein von den »Nickneger«-Figuren inspiriertes Selbstporträt. Das Werk hinterfragt nicht nur Vorurteile gegenüber farbigen Menschen, sondern reflektiert auch einige Embleme des Kolonialismus und die transhistorischen Symbole und Institutionen der Macht.
Die an der Skulptur angebrachten Sensoren machen die Ausstellungsbesucher_innen automatisch zu aktiven Teilnehmenden an dieser kreativen Intervention. Ob freiwillig oder unfreiwillig, die Bewegungen der Besuchenden im Ausstellungsraum veranlassen den Kopf, sich wiederholt zu neigen. Indem sie die historische Realität mit den heutigen Erfahrungen verbindet, erforscht diese Arbeit die Schnittmenge zwischen dem Politischen, dem Ökonomischen und dem Ästhetischen.
EU

Emeka Udemba

Emeka Udemba ist ein bildender Künstler mit nigerianischen Wurzeln. Er lebt und arbeitet in der Nähe von Freiburg. Das mobile Bildungsprojekt »Molue Mobile Museum of Contempory Art« (MMMoCA) führt ihn in einem Museumsbus regelmäßig nach Westafrika. Dort bringt er Kunst, die seiner Auffassung nach nicht elitär sein darf, in abgelegene Regionen und in die Slums der Großstädte. Udemba war unter anderem an der documenta 11 in Lagos und der Dak'Art Biennale in Dakar beteiligt.

57

Missionsspardose

Hersteller_in: unbekannt

Um 1960: ohne Ortsangabe, Pappmaché/Holz/Gips, Leihgabe: privat, Ehrenkirchen/Deutschland

Provenienz: erworben über katholische Pfarrgemeinde Ehrenstetten/Deutschland

Spenden für die Mission

Missionsspardosen kamen in Deutschland Ende des 19. Jahrhunderts in Gebrauch und standen noch bis in die 1980er Jahre zur Weihnachtszeit in vielen Kirchen vor den Krippen. Daran erinnern sich auch manche Freiburger_innen noch. Auf den Sammeldosen kniet eine SCHWARZE Figur in Missionskleidung. Sie nickt unterwürfig mit dem Kopf, sobald eine Münze eingeworfen wird und verkörpert damit für die Betrachter_innen visuell erfahrbar das hierarchische Verhältnis zwischen christlicher Mission und nicht-christlichen Gesellschaften in außereuropäischen Missionsgebieten. Mit dem gesammelten Geld konnte die Taufe eines »Heidenkindes« bezahlt werden – 21 Mark waren dafür notwendig. Durch die Bezahlung einer solchen Taufe konnten die Spender_innen den Taufnamen aussuchen – nach biblischem Verständnis (z. B. Gen. 1) ist die Namensgebung der Inbegriff eines Herrschaftsanspruchs, der gegenüber dem oder der Benannten zum Ausdruck kommt. Somit sind die Missionsspardosen ein Symbol für die enge Verflechtung von Mission und Kolonialismus.
In Vorbereitung auf die Ausstellung setzte sich der in Freiburg lebende Künstler Emeka Udemba mit den Missionsspardosen kritisch auseinander und schuf die Skulptur »Body of Evidence«.
BHI

58

Drei Sternsinger-Gewänder

Hersteller_in: unbekannt

Vor 2021: ohne Ortsangabe, Baumwolle/Kunstfaser, Leihgabe: Römisch-Katholische Kirchengemeinde Freiburg Mitte, Freiburg/ Deutschland

Provenienz: um 2020 im Handel erworben

Sternsinger

Das Sternsingen ist eine Aktion der Katholischen Kirche. Als Heilige Drei Könige der biblischen Weihnachtsgeschichte verkleidet, ziehen jedes Jahr bis zum 6. Januar Kinder von Haus zu Haus und erbitten mit ihrem Gesang Spenden für andere Kinder. Dabei ist der Missionsgedanke mit dem der Nothilfe verknüpft und auch Kinder in Europa werden mit dem Geld aus diesen Aktionen unterstützt. BHI

Kampf um Selbstbestimmung

Die großen »Entdeckungsfahrten« der Europäer waren im wesentlichen ökonomisch motiviert – Edelmetalle und Luxusgüter wie Tee, Kaffee, Kakao und Seide, die in den teils prosperierenden Kulturen zu holen waren, erweckten das Interesse von privaten Handelsgesellschaften und königlichen Höfen.

Mindestens ebenso wichtig war jedoch die Vorstellung, durch die Bekehrung von »Heid_innen« zum Christentum einer von Gott gelenkten Mission zu folgen. Nach Asien und Lateinamerika wurde der afrikanische Kontinent das Ziel der christlichen Missionierung, die einherging mit Sklaverei und kultureller Deprivation: Die kolonisierten lokalen Bevölkerungen wurden unter Anwendung physischer wie psychischer Gewalt gezwungen, den fremden Glauben anzunehmen, und somit der geistigen Grundlagen ihrer Kultur beraubt. Dies führte allerdings auch zu Widerstand: Die meisten Anführer der afrikanischen Unabhängigkeitsbewegung kamen sogar von Missionsschulen.

Die Langzeitfolgen sind bis heute zu erkennen an der Ungleichheit im globalen wie nationalen Maßstab: Die Nachfahr_innen dieser Kulturen haben bis heute weniger Zugang zu Bildung und damit zu besser bezahlten Arbeitsplätzen, sind stärker betroffen von Armut und Krankheit. Kritik und Widerstand äußern sich in zeitgenössischen Formen: Zivilgesellschaftliche Organisationen werden gegründet, Rapper_innen machen auf Diskriminierung und Gewalt aufmerksam, Protestbewegungen wie Black Lives Matter oder die bereits in den 1980er Jahren gegründete Initiative Schwarzer Menschen in Deutschland (ISD) fordern in allen Bereichen der Gesellschaft das Recht von People of Colour auf Selbstbestimmung und Gleichbehandlung ein. Den privilegierten Mitgliedern der *weißen* Mehrheitsgesellschaften eröffnet dies die Möglichkeit, Empathie zu entwickeln und andere Wertvorstellungen und Traditionen kennenzulernen. SCHWARZE Wissenschaftler_innen und Schriftsteller_innen treten mit ihren Erfahrungen in die Öffentlichkeit, sodass die immer noch existierende Ungleichheit in unser Bewusstsein rückt. AZ

BLACK
LIVES
MATTER

Abb. 2.4. Logo Black Lives Matter (Black Lives Matter organization, 2015)

59

Medizinflasche aus Kürbis

Hersteller_in: unbekannt

1880–1903: Shambala/Usambara-Berge/Tansania, ehemals Deutsch-Ostafrika, Kalebasse/pflanzliches Material, Museum Natur und Mensch, Städtische Museen Freiburg, Inv. I/0979

Provenienz: 1904 Tausch mit Museum Basel; davor laut Inventarbuch »einem Zauber-Doktor abgenommen« und von der Trappisten-Mission St. Peter/West-Usambara an das Museum Basel gegeben

60

Tasche mit »Orakelfläschchen«

Hersteller_in: unbekannt

Nach 1905: Haussa (?)/Nigeria, vermutlich aber Togo, Leder/Glas, Museum Natur und Mensch, Städtische Museen Freiburg, Inv. I/2398

Provenienz: 1974 erhalten von Rolf Heinrich Julius Schick; Erbstück von Karl Heinrich Leonhard Schick → Seite 264. Über die konkreten Erwerbungsumstände vor Ort ist nichts bekannt.

Die Bewahrung religiöser Traditionen

Lokale Bevölkerungen widersetzten sich nicht selten den christlichen Missionsversuchen. Traditionelle Heiler_innen spielten dabei eine wichtige Rolle, denn sie pflegten mit ihrem Wirken die religiösen Traditionen der lokalen Bevölkerungen. Die Medizinflasche stammt von einem Heiler der Shambala, einer von mehreren lokalen Gruppen, die im Norden des heutigen Tansania (ehemals Deutsch-Ostafrika) leben. Trappisten-Missionare entwendeten sie mit dem Ziel, die traditionelle Heilkunst zu unterbinden. Sie galt als Quelle des Widerstands gegen christliche Missionsversuche.

Die Tasche enthält zahlreiche »Orakelfläschchen«, die in Westafrika der Ausübung traditioneller Religionen dienten. Ein Fläschchen enthält Chinin. BHI

61

»Alphabet« der Schumom-Schrift

Urheber: Njoya Ibrahim (? –1933), Sultan von Bamum

Um 1907: Bamum/Kamerun, Papier, Archiv der Basler Mission, BMA, E-10.001,02b, 1907

Provenienz: Martin Göhring (1871–1959), Missionar der Basler Mission, um 1907. Über die konkreten Erwerbungsumstände vor Ort ist nichts bekannt.

Schumom-Schrift

Die Verschriftlichung von lokalen Sprachen ist nicht nur eine Methode zur Verbreitung des Christentums, sondern sie war ebenso Quelle des Widerstands: gegen die christliche Mission und gegen den europäischen Kolonialismus insgesamt. Denn in den lokalen Sprachen konnten auch traditionelle Vorstellungen niedergeschrieben und verbreitet werden. Njoya Ibrahim, Sultan von Bamum, ging sogar noch einen Schritt weiter und entwickelte über viele Jahre hinweg eine gänzlich eigene Schrift. Dies war ein Akt des Widerstands gegen das Drängen christlicher Missionare, weil er in Reaktion auf ihr Werben eine eigene Religion entwickelte und sie mithilfe der von ihm und weiteren Unterstützern entwickelten Schumom-Schrift verbreitete. BHI

62

Weibliche Figur

Hersteller_in: unbekannt

1880–1903: Makonde/Südtansania & Nordmosambik, ehemals Deutsch-Ostafrika, Holz, Museum Natur und Mensch, Städtische Museen Freiburg, Inv. I/0126

Provenienz: 1904 erhalten von Karl Sauer, Kolonialbeamter, → Seite 77. Über die konkreten Erwerbungsumstände vor Ort ist nichts bekannt.

Unter dem Deckmantel des Kreuzes

Die eigenen Glaubensvorstellungen konnten manchmal durch die Verknüpfung mit christlicher Symbolik am Leben erhalten werden. Diese Figur wurde in der Tradition der Ahnenverehrung geschnitzt, zeigt aber auf der Brust ein christliches Kreuz. Die katholische Missionstheologie hat mittlerweile diesen Aspekt für ihre missionarische Tätigkeit aufgegriffen und betreibt diese Praxis aktiv als Form der Inkulturation. Ziel ist es dabei, christliche Aussagen mit traditionellen Vorstellungen der zu missionierenden Gesellschaften zu verknüpfen, um so einen konkreten Lebensbezug für die Gläubigen und ihr kulturelles Umfeld herzustellen. BHI

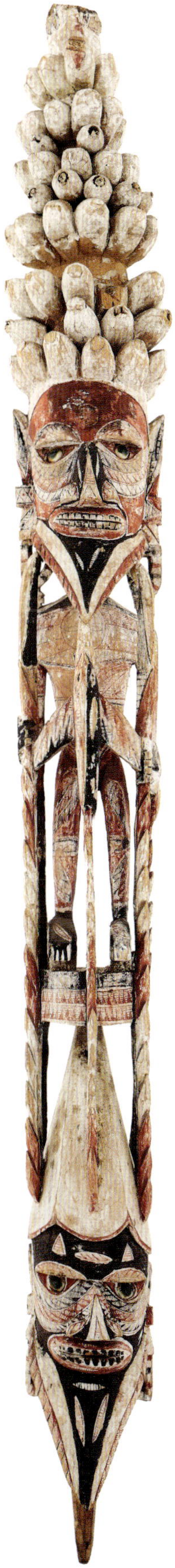

63

Malanggan: Schnitzplastik

Hersteller_in: unbekannt

Ende 19./Anf. 20. Jh.: Norden von Neuirland/Papua-Neuguinea, ehemals Neumecklenburg, Deutsch-Neuguinea, Holz, Museum Natur und Mensch, Städtische Museen Freiburg, Inv. II/0850

Provenienz: 1911 erhalten von Paul Lambert Werber, Kolonialoffizier, → Seite 77. Über die konkreten Erwerbungsumstände vor Ort ist nichts bekannt.

Schnitzerei als Widerstand

In Einzelfällen konnten religiöse Gegenstände eingesetzt werden, um Gesetze der deutschen Kolonialverwaltung zu unterlaufen. Malanggane beispielsweise wurden nicht nur für traditionelle Totenfeiern, sondern auch für den Verkauf an Europäer_innen hergestellt. Mit dem Erlös war es möglich, die Kopfsteuer zu bezahlen und sich von der Zwangsarbeit auf deutschen Plantagen freizukaufen (s. a. Kap. 5). BHI

Karl Dürr (1854–1919)

wurde am 26. Februar 1854 in Rastatt geboren. 1870 begann er in Baden eine militärische Laufbahn und trat später in das 5. Badische Infanterie-Regiment Nr. 113 ein, welches in Freiburg stationiert war. Im Jahr 1898 wurde er Kommandeur des III. See-Bataillons in Tsingtau (heute Qingdao), der damaligen Verwaltungshauptstadt des Pachtgebiets Kiautschou (heute Jiaozhou). Im selben Jahr hatte das Deutsche Kaiserreich von China einen Pachtvertrag für dieses Gebiet erzwungen und wollte es als Musterkolonie ausbauen.

Dürr war in Tsingtau zugleich stellvertretender Gouverneur und blieb dort bis zu seiner Beförderung als Inspektor der Marine-Infanterie im Jahr 1900. Daraufhin verließ er China und ging nach Kiel, seinem neuen Dienstort. 1904 erhielt Dürr das Oberkommando über das Marine-Expeditionskorps, welches im »Kaiserlichen Schutzgebiet Deutsch-Südwestafrika« (DSWA, heutiges Namibia) im OvaHerero- und Nama-Krieg gegen die lokale Bevölkerung eingesetzt wurde. Kurz darauf musste er jedoch DSWA aus gesundheitlichen Gründen wieder verlassen.

Auf die gezielte Anfrage hin stiftete Karl Dürr dem damaligen Museum für Natur- und Völkerkunde Freiburg ethnografische Gegenstände aus China, die vermutlich von der Bevölkerung des damaligen Pachtgebiets Kiautschou stammen. Es ist nicht bekannt, wie er die Gegenstände vor Ort erworben hat. Dafür wurde Dürr in die Stiftertafel des Museums aufgenommen, die sich heute im Eingangsbereich des Museums Natur und Mensch befindet. Dürr verstarb am 6. September 1919 in Baden-Baden.

Konrad Kraehe (1868–1943)

wurde am 15. Mai 1868 in Königsberg geboren und starb am 10. Januar 1943 in Berlin. Er durchlief eine militärische Berufslaufbahn. Konrad Kraehe war während des sogenannten Boxerkriegs (1899–1901) als Kolonialoffizier in China. Darüber hinaus ist jedoch über sein Leben wenig bekannt, so auch nicht, wie er in den Besitz der 84 chinesischen Gegenstände gelangte, die aus dem Nachlass seiner Witwe Octavia Kraehe an das heutige Museum Natur und Mensch kamen. Octavia Kraehe starb am 12. Juni 1967 in Freiburg, wo sie seit 1963 gelebt hatte.

Karl Sauer (1872–1917)

wurde am 10. Februar 1872 geboren und wuchs in Whylen bei Lörrach auf. Später lebte er in Offenburg und zog 1891 mit seiner Familie von dort nach Freiburg. Ab 1898 lebte er an verschiedenen Orten des »Kaiserlichen Schutzgebiets Deutsch-Ostafrika« (DOA, heute Ruanda, Burundi, Tansania und Teile von Nordmosambik). In DOA war er als Sekretär beim Kaiserlichen Gouvernement beschäftigt: zunächst in Lindi, dann Bagamoyo, Victoria-Nyanza und in der Bezirksverwaltung von Kondoa-Irangi. In Dar es Salaam, der heutigen Hauptstadt von Tansania, war er als sogenannter Eingeborenen-Richter eingesetzt und schließlich als Distrikts- und Arbeiterkommissar am Bau der Mittellandbahn beteiligt. Seine Ehefrau Marie, geb. Trimmel (1868–?), veröffentlichte basierend auf ihrem gemeinsamen Leben in DOA das Buch »Mabruki, mein kleiner Freund in Afrika. Erinnerung einer Freiburgerin an ihren Aufenthalt in den Kolonien«.

Während der Zeit in DOA war Sauer am Maji-Maji-Krieg (1905–1907) beteiligt, der – wie auch der OvaHerero- und Nama-Krieg im heutigen Namibia – völkermordähnliche Ausmaße erreichte. Eine Tropenkrankheit zwang Karl Sauer 1912, seinen Dienst zu quittieren. Er kehrte kurzzeitig nach Freiburg zurück und lebte dann in Konstanz. Nach Beginn des Ersten Weltkriegs meldete er sich wieder zum Militärdienst. Er starb in einem Lazarett in Heidelberg am 14. März 1917.

Karl Sauer trug in DOA ethnografische und naturkundliche Gegenstände zusammen, die er 1901 dem Freiburger Oberbürgermeister Otto Winterer (1856–1915) kostenlos für das Museum für Natur- und Völkerkunde anbot. Dafür wurde er in die Stiftertafel aufgenommen, die sich heute im Eingangsbereich des Museums Natur und Mensch befindet. Es ist nicht bekannt, unter welchen Umständen Sauer die ethnografischen Gegenstände erwarb, die von den Massai und Djagga, Waswahili und Waseramo stammen.

Paul Lambert Werber (1881–1941)

wurde am 15. Juli 1881 in Rastatt geboren. Er wuchs in Freiburg auf und besuchte dort die Schule, ehe er eine militärische Laufbahn begann. 1902 erhielt er das Offizierspatent der Reichsmarine und war anschließend unter anderem Erster Offizier der S.M.S. Cormoran. In dieser Funktion war er 1910/11 an der brutalen Niederschlagung der antikolonialen Sokeh-Kämpfe auf Ponape (Karolineninseln, heute Teil der Föderierten Staaten von Mikronesien) beteiligt.

Nach Ende des Ersten Weltkriegs wurde er Mitglied des Freikorps Marine-Brigade Erhardt. In den 1920er Jahren betätigte er sich als Kaufmann. Er trat der NSDAP bei und arbeitete für unterschiedliche Rundfunkstandorte, zuletzt als Leiter beim Reichssender in Frankfurt am Main.

Paul Lambert Werber überließ dem damaligen Museum für Natur- und Völkerkunde in Freiburg eine Sammlung ethnografischer Objekte aus der Südsee, die er während seiner Fahrt mit der S.M.S. Cormoran entweder selbst erworben hatte oder für das Museum hatte beschaffen lassen. Unter welchen Umständen dies konkret erfolgte, ist nicht bekannt. Werber starb am 25. Mai 1941.

Duala (1884/85)
Towe (1885)
Damara (1888)
Araber (1888–1890)
Witur (1890)
Witbooi-Nama (1890–1894)
Swartbooi-Nama (1891)
Topnaar (1891)
Bafut (1891–1907)
Chagga (1891/92)
Hehe (1891–1894)
Nyamwezi (1891–1894)
Bakoko (1892–1896)
Dahomey (1893)
Khauas-Nama (1894–1896)
Jaunde (1895/96)
Bondelswart-Nama (1895)
Fransman-Nama (1895)
Towe (1895)
Dagomba (1896)
Ovambanderu (1896)
Orlam (1897)
Swartbooi-Nama (1897/98)
Bondelswart-Nama (1898)
Bethanie-Nama (1898)
Ovambanderu (1899)
Bule (1899)

Bangwa (1899–1901)
Boxerkrieg (1899–1901)
Fulbe (1899–1902)
Süd-Baster (1901)
Nama (1903)
Kavango (1903)
Nama in Maltahöhe (1903)
Anyang (1904)
Nama-Krieg (1904–1908)
OvaHerero-Krieg (1904–1906)
Maji-Maji-Krieg (1905–1907)
Makaa (1906–1910)
Bondelswart (1908/09)
Mau-Widerstand (1908/09)
Odonga (1909)
Kap-Nguni (1910)
Sokeh (1910/11)
Rehobother Baster (1915)

3 / 7

Expansion und Krieg

Die europäische Expansion

Susanne Kuß

Die Geschichte der europäischen Expansion ist in einem Roman umgeschrieben worden: Der Genueser Christoph Kolumbus (um 1451–1506) gelangte im Auftrag der spanischen Krone nicht in die »Neue Welt«, denn seine Konquistadoren unterlagen bereits in der Karibik der einheimischen Bevölkerung. Ein Streit mit seinem Halbbruder Huáscar (um 1500–1533) veranlasste jedoch den Inkaherrscher Atahualpa (um 1500–1533) dazu, nach Osten zu segeln und Europa zu »entdecken«. Er eroberte zunächst Lissabon und ließ den christlichen Gott durch den Sonnengott ersetzen. Mit diesem Grundszenario, das noch manche überraschende Wendung aufweist, entwarf der französische Schriftsteller Laurent Binet 2019 eine alternative Weltgeschichte, die um die Frage kreist, was geschehen wäre, wenn Mittel- und Südamerika nicht von den Spaniern und Portugiesen erobert worden wären, sondern die dortigen Einwohner_innen ihrerseits den Atlantik überquert hätten (Binet 2020).

Die Alternativ-Weltgeschichte ist nicht eine Form der Geschichtsschreibung, sondern eine literarische Richtung. Doch das Gedankenexperiment der Eroberung Europas durch die Inka zeigt, dass es möglich ist, die Geschichte ohne die europäische Expansion zu denken, nicht aber ohne Expansion und Eroberung. Es handelt sich somit um Grundphänomene der Geschichtsschreibung. Expansion ist eng mit Migration und Kolonisierung verbunden und dadurch charakterisiert, dass expandierende Gesellschaften ihr gewohntes Lebensumfeld verlassen und sich in einem neuen Gebiet ansiedeln.

Mit europäischer Expansion wird die Ausdehnung der Herrschaft europäischer Staaten über weite Teile Afrikas, der Amerikas, Asiens, Australiens und Ozeaniens bezeichnet (Wendt 2016). Sie wird im Jahr 1492 angesetzt, als Christoph Kolumbus in der Karibik anlandete, und dauerte bis ins 20. Jahrhundert, als sich zwischen den beiden Weltkriegen der weitaus größte Teil der Erde unter europäischer Herrschaft befand. Ihren Abschluss fand die europäische Expansion mit der nach dem Zweiten Weltkrieg einsetzenden Dekolonisierung, die zur Gründung unabhängiger Staaten vor allem in Asien und auf dem afrikanischen Kontinent und in der Folge zu einer neuen internationalen Ordnung führte (Jansen 2013: 106 f.). Begonnen hatte dieser Prozess freilich schon im 18. und 19. Jahrhundert auf dem amerikanischen Doppelkontinent mit dem Unabhängigkeitskrieg der Vereinigten Staaten (1775–1783) und der Unabhängigkeit der spanischen und portugiesischen Kolonien (1813–1824). Mit der Aufhebung der Kanonisierung der Salzwasser-These, nach der zwischen Metropole und Kolonie immer ein Meer liegen muss, rückten neben der europäischen Expansion in sogenannte Überseegebiete auch entsprechende Bewegungen innerhalb Europas in den Mittelpunkt der Forschung (Nelson 2009: 1). Hierunter fallen die britische Eroberung von Wales, Schottland und Irland sowie die kontinentale deutsche Ausdehnung in die östlichen Provinzen, aber auch die Zurückdrängung der Sámi in den skandinavischen Ländern (Kat. 9).

Expansionen sind oft, wenn auch nicht notwendigerweise, mit militärischer Eroberung verbunden. Ziel einer Eroberung ist es, durch den Einsatz von Soldaten die Hoheit über ein bis dahin fremdes Gebiet langfristig zu sichern und damit den eigenen Machtbereich zu erweitern.[1] Expansive Bewegungen beanspruchen Territorium und die Unterwerfung der dort lebenden einheimischen Bevölkerung. Da nicht immer genau bestimmt werden kann, wann eine Eroberung endet und wann die Konsolidierung von Herrschaft beginnt, können Eroberungs- und Widerstandskrieg nicht unbedingt voneinander getrennt werden. Vielmehr kann die militärische Eroberung in einen permanenten Kriegszustand übergehen, weshalb es möglich ist, zwischen einem primären Eroberungskrieg und sekundären Eroberungskriegen zu unterscheiden. Der Prozess der Inbesitznahme des mittel- und südamerikanischen Festlands, der sich über ein Jahrhundert hinzog, wird als »Conquista« (»Eroberung«) bezeichnet (Huber 2019: 7 ff.). Dabei gelang es den Spaniern im bergigen Gelände von Peru allenfalls ansatzweise, Fuß zu fassen, da von der Bevölkerung ein Guerillakrieg geführt werden konnte. In Deutsch-Südwestafrika wurde vor dem Herero- und Namakrieg von Seiten des deutschen Militärs 1893/94 ein Krieg gegen die Nama geführt, der auch als Eroberungskrieg angesehen werden kann.[2] Der Norden des Landes, in dem die Ovambo lebten, ist hingegen niemals erobert und unter deutsche Herrschaft gestellt worden.

Die Diskussion über die Rechtmäßigkeit einer solchen Eroberung und der Etablierung einer Herrschaft über einheimische Bevölkerungen zieht sich wie ein roter Faden durch die Geschichtsschreibung. In engem Zusammenhang mit der im antiken Rom erstmals entfalteten Idee eines »gerechten Krieges« sah der katholische Rechtsgelehrte Francisco de Vitoria (um 1483–1546) aus Salamanca keine Notwendigkeit für die Anerkennung einer spanischen Weltherrschaft. In drei Fällen erachtete er eine solche Eroberung als ethisch und rechtlich legitim: falls Spanier_innen sich in dem zu erobernden Gebiet nicht frei bewegen und Handel treiben konnten, falls es Missionar_innen nicht erlaubt war, dort ihre christliche Botschaft zu verbreiten oder falls ein einheimischer Herrscher nach europäischem Verständnis inhuman handelte und gegen das Naturrecht verstieß (Wendt 2016: 50).

Hand in Hand mit Wahrnehmungen von Humanität bzw. Inhumanität der jeweils anderen Seite ging eine zweite Diskussion, deren Themen in Europa der Schutz der einheimischen Bevölkerung und die Verhältnismäßigkeit der angewandten militärischen Mittel in einem Eroberungs- bzw. Widerstandskrieg waren. Die Azteken ermordeten ihre Kriegsgefangenen in für europäische Augen »grausamen« Ritualen, hingegen betrachteten sie Soldaten als »unzivilisiert«, die nicht auf den Kampf vorbereitete Dörfer überfielen, Emissäre schlecht behandelten und Hungerstrategien als Kriegsmittel einsetzten (Clendinnen 1993: 267 ff.). Europäische Soldaten, die außerhalb Europas kämpften, sahen sich angesichts der angeblichen »Unzivilisiertheit« ihrer Gegner nicht an den jeweils in Europa geltenden Kodex gebunden. Dies kam noch in der Haager Landkriegsordnung 1899/1907 zum Ausdruck, deren Regeln nur für »gesittete Staaten« und damit nicht für Kriege außerhalb Europas gelten sollten (Kat. 31).[3]

Die militärische Eroberung wird begleitet oder gefolgt von der Ausübung von Herrschaft auf Territorien, die seit der Antike als Kolonien bezeichnet worden sind. Hierbei werden unterschiedliche Kolonietypen unterschieden (Osterhammel & Jansen 2017: 17 f.; Trotha 2004: 51 f.). Im Fall der spanischen Kolonien wie auch der späteren Kronkolonie Britisch-Indien handelte es sich um Beherrschungskolonien, deren Ziel die Ausbeutung der Ressourcen war. Kaufleute und Beamte aus dem Mutterland waren vor Ort, wenn auch in geringer Zahl. Hingegen stützten die Portugies_innen – wie auch im 17. Jahrhundert die Niederländer_innen in Süd- und Ostasien – ihre Herrschaft überwiegend auf sogenannte Stützpunktkolonien. Die Stützpunkte waren nach geo- und handelsstrategischen Kriterien ausgewählt worden, um auf das jeweilige Hinterland politisch Einfluss zu nehmen und es wirtschaftlich zu erschließen. Einheimische Herrscher blieben dabei zumindest formal an der Macht; mit der lokalen Bevölkerung gab es Kooperations- und Kollaborationsabkommen sehr unterschiedlicher Reichweite. Ein Beispiel für eine im 19. Jahrhundert eingerichtete Stützpunktkolonie ist die 1898 vom chinesischen Kaiserreich an Deutschland verpachtete Kolonie Jiaozhou in der chinesischen Provinz Shandong. Der dritte, seit dem 17. Jahrhundert vor allem von den Briten favorisierte Kolonietypus ist die Siedlungskolonie. Siedlungskolonialismus geht davon aus, vermeintlich leere Räume (terra nullius) zu besiedeln, die keiner Staatsgewalt unterstellt und nicht kultiviert waren. In der Regel gewalttätig ablaufende Landaneignungsprozesse durch die Siedler_innen galten deshalb als selbstverständlich. Vor allem in diesen Kolonien wurde die einheimische Bevölkerung selbst als Wirtschaftsfaktor für wertlos befunden und entweder vertrieben oder dezimiert bzw. ausgerottet. Die Siedler_innen traten neben der lokalen Bevölkerung als eigenständige Akteur_innen auf und strebten eine Selbstregierung an. Beispiele hierfür sind Nordamerika und Australien, aber auch das heutige Namibia, das als deutsche Siedlungskolonie geplant war.

Die Geschichte der europäischen Expansion, Eroberung und Herrschaft war über Jahrhunderte hinweg in jeweils sehr unterschiedlicher Art und Intensität durch Kolonialismus oder Imperialismus charakterisiert. Zur Bestimmung des Kolonialismus können zwei wesentliche Merkmale ausgemacht werden, die beide auf der Hierarchie und Kontrolle der kolonisierten Gesellschaft beruhten (Osterhammel & Jansen 2017: 16; Ashcroft u.a. 2005: 45 ff.): zum einen die Ausübung von Herrschaft über eine kulturell fremde Gesellschaft auf einem umgrenzten Territorium, zum anderen die Annahme einer Differenz zwischen Kolonisator und Kolonisierten. Für den indischen Anthropologen Partha Chatterjee macht die Differenz den Kern der Herrschaft im Kolonialismus aus (1993: 16; Cooper 2012: 52). Folglich umfasste Kolonisierung die erzwungene Inkorporierung in einen expansionistischen Staat. Dem kolonisierten Kollektiv wurden Möglichkeiten einer selbstbestimmten Lebensführung genommen, wobei die Herrschaftsausübung typischerweise mit einer angenommenen kulturellen Überlegenheit und dem Gedanken einer zivilisatorischen Mission gerechtfertigt worden ist. Wo genau die Grenzen zwischen Inklusion und Exklusion gezogen wurden, ist eine Variable, die von den Akteur_innen unter Einbeziehung der Kategorien von Territorium, Rasse, Klasse, Sprache und Geschlecht ständig neu verhandelt worden ist.

Die Verknüpfung des Begriffs Kolonialismus mit dem der Herrschaft birgt die Gefahr eines zu engen Verständnisses des Begriffs, der den vielfältigen kolonialen Wirklichkeiten nicht gerecht wird. Es gab nicht »den« Kolonialismus, sondern zeitlich und räumlich jeweils unterschiedliche Konstellationen, die sich nur aus dem Zusammenspiel von regionalen, transnationalen und globalen Entwicklungen erklären lassen. Allerdings eignet sich die Globalisierung nicht in jeder Hinsicht als Meta-Erzählung der Geschichte europäischer Expansion, die selbst isolierte Regionen auf dem afrikanischen Kontinent in eine Globalität miteinbezogen habe. Denn gerade dort lässt sich bereits zu Beginn des 18. Jahrhunderts eine lange Geschichte der Verflechtungen und Beziehungen von Handelsnetzwerken nachweisen. Die kolonialen Eroberungen begrenzten, beschädigten und zerstörten diese Netzwerke. Dies bewog den Afrikawissenschaftler Frederick Cooper, nicht von einer mit dem Kolonialismus Hand in Hand gehenden Globalisierung, als vielmehr von einer Entglobalisierung zu sprechen (Cooper 2012: 183). Anfügen könnte man, dass auf die Entglobalisierung eine Neuglobalisierung folgte, in die sich Einheimische nach den Bedingungen der Kolonisatoren einbringen mussten.

Der Begriff des Kolonialismus umfasst nicht nur vielfältige Herrschaftsverhältnisse in den Kolonialgebieten, sondern ebenso die Beziehungen zwischen Metropole und Kolonie sowie zeitgenössische koloniale Verhältnisse und Denkweisen in Grenz- und Transfergebieten (Osterhammel 1995: 101 ff.; Bitterli 1986: 27 ff.). Auch koloniale Strukturen im postkolonialen Europa firmieren darunter. Kolonialismus ist kein Phänomen, das ausschließlich der Vergangenheit angehört, sondern umfasst zudem den aktuellen Diskurs und die Repräsentation von Rassismus und kolonialen Bewusstseinsstrukturen in allen europäischen Kulturen.

Anders als der Kolonialismus wird der Begriff des Imperialismus zunächst eingesetzt, um die Zeit der europäischen Expansion im 19. und 20. Jahrhunderts zu bezeichnen, als europäische Kolonialmächte die Welt fast vollständig unter sich aufteilten. Imperialismus ist verbunden mit einer Weltpolitik der Nationalstaaten und Prestigegewinn durch Kolonialbesitz. In diesem Sinne hat der amerikanische Historiker Charles Maier das Jahrhundert zwischen 1860 und 1980 als Zeitalter der Territorialität bezeichnet. Dies meint nicht nur die Anerkennung einer Staatsgewalt, sondern die Beherrschung, Herrschaft über Menschen von Menschen durch eine Kontrolle von umgrenzten politischen Gebieten (Lerp 2016: 7 ff.; Jureit 2012: 31 ff.; Maier 2000: 807 ff.). Die das Zeitalter des Imperialismus kennzeichnende Territorialität ging Hand in Hand mit der Expansion von Reichen, Grenzziehungen und -verschiebungen zu Lasten der in den jeweiligen Gebieten lebenden Bevölkerungen. Der »Scramble for Africa«, der zwischen 1881 und dem Ersten Weltkrieg stattfand, ist das bekannteste Beispiel hierfür. Auf der Afrika-Konferenz, die 1884/85 in Berlin stattfand, wurde festgelegt, dass nur jene Macht eine Kolonie erwerben durfte, die auch in der Lage war, ein entsprechendes Territorium zu besetzen.

In dieser Zeit des Hochimperialismus vergrößerten England und Frankreich ihre Imperien um ein Vielfaches. Andere Staaten begannen damit, erstmals ein Imperium aufzubauen. So etwa Deutschland, das nach der Reichsgründung 1871 die Kolonien Deutsch-Südwestafrika, Deutsch-Ostafrika, Kamerun, Togo, Qingdao und einige Inseln in der Südsee erwarb. In ähnlicher Manier sicherten sich auch Italien und Belgien Kolonien, wobei sich die Kolonie Kongo-Freistaat zunächst im Privatbesitz des belgischen Königs Leopold II. (1835–1909) befand.

Unter den Begriff »Imperium« werden jedoch nicht nur neuzeitliche Kolonialreiche, sondern auch antike und mittelalterliche Imperien, wie etwa das Römische Reich oder das Mongolische Weltreich subsumiert. Ein Imperium definiert und reproduziert Unterscheidungen zwischen seinen Kollektiven und ordnet diese der Herrschaftsinstanz in unterschiedlicher Nähe und Distanz zu. Imperialismus ist deshalb eine Herrschaftsform, die nicht ausschließlich auf territorialen Besitz und formelle Herrschaft, sondern auch auf eine Expansion und Kontrolle der Märkte und informelle Herrschaft setzt. Beispiele hierfür sind der von Großbritannien praktizierte Freihandelsimperialismus im 19. Jahrhundert, die amerikanische Kanonenboot-Diplomatie sowie sogenannte ungleiche Verträge, die europäische Mächte unter anderem mit China abschlossen. Versagten jedoch informelle Mittel imperialer Herrschaft, konnte das für bis dahin auf diese Weise kontrollierte Staaten einerseits eine Kolonisierung zur Folge haben, andererseits bedeutete eine Dekolonisierung nicht, dass indirekte Mittel der Einflussnahme einfach aufgegeben worden sind (Cooper 2012: 64; Calhoun

u. a. 2006). So gesehen beinhaltet der Imperialismus ein wesentlich breiteres Spektrum an Macht- und Herrschaftsformen als der Kolonialismus.

Sowohl im Kolonialismus als auch im Imperialismus waren die Herrschaft Ausübenden gezwungen, mit einheimischen Eliten zu kooperieren und neue Kollaborateure heranzuziehen. Es sind solche Verbindungen, welche die unauflösbaren Widersprüche kolonialer wie imperialer Herrschaft aufdecken und ihre Hybridität freilegen. Indem einheimische Landwirtschafts- und Handelspraktiken von Seiten der Kolonisatoren gefördert wurden, weichten zum einen die Markierungen zwischen ihnen und den Kolonisierten auf. Zum anderen aber mussten die Kolonialherren Ausbeutungsmechanismen aufrechterhalten und vertiefen, ohne die lokalen Macht- und Autoritätsstrukturen zu gefährden, die für die Erhaltung ihrer Herrschaft und Ordnung von entscheidender Bedeutung waren. Schließlich wurde das Konkubinat zwischen europäischen Männern und einheimischen Frauen von den kolonialen Behörden in der Regel stillschweigend geduldet, obwohl kulturelle Formen entstanden, welche die avisierten Hierarchien unterminieren konnten (Stoler & Cooper 2010: 37 f.).

Durch die über die Jahrhunderte der europäischen Expansion fortlaufende Ausgrenzung und Unterordnung bestimmter Menschen in einem differenzierten Raum reproduzierten und vertieften sich die Widersprüche kolonialer Herrschaft. Die Geschichte der europäischen Expansion ist eine Geschichte von Macht und Gewalt. Landraub, die Abwertung einheimischer Kulturen, religiöse Zwangskonvertierung, Kontrolle, Massaker und Genozid sind keine spezifischen Merkmale eines Zeitalters oder eines Ortes, sondern ihre bestimmenden Elemente.

1 Manchen Herrschern ist das Wort »Eroberer« dem Herrschernamen beigefügt worden, etwa: Wilhelm I. von England (1027/28–1087), Alfons I. von Portugal (um 1109–1185) und Sultan Mehmed II. (1482–1481) nach der Eroberung von Konstantinopel.

2 Ein Teil dieses Krieges war am 12. April 1893 das Gefecht zu Hornkranz, in dem mindestens 80 afrikanische Zivilist_innen ums Leben kamen. Die in diesem Gefecht u. a. erbeutete Peitsche und die Bibel von Hendrik Witbooi (1834–1905) sind 2019 vom Linden-Museum in Stuttgart an Namibia zurückgegeben worden. Es handelte sich um die erste Restitution von in der Kolonialzeit angeeigneten Objekten.

3 Haager Landkriegsordnung 1899: www.fedlex.admin.ch/eli/cc/23/261_225_251/de (14. 2. 2022).

Freiburg ist auf vielfältige Weise mit Namibia und seiner gewaltvollen Geschichte als ehemaliges »Kaiserliches Schutzgebiet Deutsch-Südwestafrika« verknüpft. Bis 2014 verwahrte die Universität 14 Schädel, die von dortigen Menschen stammen. Das Museum Natur und Mensch beherbergt etwa 200 Alltags- und Wertgegenstände von verschiedenen namibischen Bevölkerungen wie den OvaHerero und Nama auf. Es sind »Geschenke« von Kolonialbeamten, Wissenschaftlern und Militärs an das Museum. Zu den »Schenkenden« zählt der ehemalige Gouverneur von Deutsch-Südwestafrika, Theodor Leutwein (1849–1921), der seinen Ruhestand unter anderem in Freiburg verbrachte. Während seiner Amtszeit begann der OvaHerero- und Nama-Krieg (1904–1908), der sich gegen die deutsche Kolonialherrschaft richtete. Leutweins Nachfolger, Lothar von Trotha (1848–1920), führte diesen Krieg mit grausamer Brutalität in den ersten Genozid, den Deutsche im 20. Jahrhundert verübten. Erst 2021 gestand die deutsche Bundesregierung diesen Völkermord offiziell ein.

BHI/AZ

Fotografische Erzählung

Kuratorin: Aino Ndiwakalunga Moongo

Fotografinnen: Namafu Amutse, Shomwatala Shivute, Isabel Tueumuna Katjavivi, Nicola Brandt

2008–2021: Namibia, Fotos, Städtische Museen Freiburg

Provenienz: erstellt im Auftrag der Städtischen Museen Freiburg

Aino Ndiwakalunga Moongo wurde in Oshakati, einer Ovambo-Stadt im Norden Namibias geboren. Sie ist Kuratorin und Gründungsmitglied des Projekts »Stolen Moments, Namibian Music History Untold«. Es wurde erstmals 2016 im Iwalewahaus der Universität Bayreuth gezeigt und seither in Basel, Berlin, London und Stuttgart.

Deutsche Kolonialspuren im heutigen Namibia

Das 19. Jahrhundert brachte den Kolonialismus und führte zum Völkermord – dies ist im Bewusstsein der Namibier_innen noch immer präsent. Im 20. Jahrhundert, das von schrecklichen Gräueltaten an namibischen Bevölkerungen geprägt war, scheint der koloniale Aspekt in der Erinnerung der Deutschen verblasst zu sein. Die deutsche Einflussnahme in Namibia geht auf Missionare der 1840er Jahre zurück. Sie interpretierten die philosophischen Werke etwa von Kant, Hegel oder Herder als Rechtfertigung von Kolonialismus.
Die Fotografien sind in ihrer Schönheit ambivalent, da sie zugleich in die gewaltvolle Vergangenheit Namibias mit Deutschland zurückführen. Die Auswahl ist als fotografische Erzählung angelegt, mit der namibische Künstlerinnen die heutigen Spuren der deutschen Kolonialgeschichte in Namibia dokumentieren.

Photographic narrative:
German Colonial Traces in Today's Namibia

The 19th century resulted in colonialism and continued with Genocide; this is still prevalent in the mind of the Namibians. In the 20th Century, marred by terrible atrocities; the colonial aspect appears to be distant or faded in the memories of the Germans. The German implication onto Namibia dates from the 1840s missionaries misled by texts of the Kantian, Hegelian, Herderian, and William Carrey's justifying secularisation and colonization.
The ramifications as depicted within these groups of photographs although ambiguously beautiful explore further into Namibia's violent past with Germany. This section is set as a photographic narration. Documented by Namibian artists today's traces of the German colonial history in Namibia. ANM

64

»Altes Amtsgericht«

Fotografin: Namafu Amutse

August 2021: Swakopmund/Namibia, Foto, Städtische Museen Freiburg, Courtesy Namafu Amtuse

Namafu Amutse ist eine junge namibische Künstlerin. Mit ihrer ersten Ausstellung »Bright Eyes Into Afrofuturism« lockte sie kürzlich ein junges, städtisches Publikum der namibischen Hauptstadt Windhoek an. Über ihre Leidenschaft zum Film kam die Künstlerin zur Fotografie.
Das Gebäude wurde 1908 zunächst als Privatschule errichtet. Aufgrund finanzieller Schwierigkeiten wurde es von der Regierung übernommen und als Amtsgericht genutzt. In den 1960er Jahren diente es als Schulinternat. Heute befinden sich darin städtische Büros.

»The Old Local Court«

The building was first constructed in 1908 as a private school, after which, due to a lack of funds, was taken over by the government and requisitioned as a magistrates' court. In the 1960's it offered school dormitories and now houses municipal offices. NA

65

»Der Leuchtturm«

Fotografin: Namafu Amutse

August 2021: Swakopmund/Namibia, Foto, Städtische Museen Freiburg, Courtesy Namafu Amtuse

Gebaut 1902, ist der Leuchtturm eines von Swakopmunds prominenten Wahrzeichen. Heute befindet sich darin unter anderem ein Restaurant.

»The Lighthouse«

Built in 1902, the Lighthouse is one of Swakopmund's most prominent landmarks. It currently also houses a restaurant. NA

66

»Landungsbrücke hinter der Fischfabrik«

Fotografin: Shomwatala Shivute

2021: Lüderitz, !Nami‡Nûs constituency/Namibia, Foto, Städtische Museen Freiburg, Courtesy Shomwatala Shivute

Shomwatala Shivute lebt in Windhoek/Namibia. Sie studierte Bildende Kunst sowie Curatorship, Heritage und Museum Studies. In ihren jüngsten Arbeiten setzte sie sich mit Beziehungsmorden auseinander, die in Namibia stark zugenommen haben. Arbeiten von ihr finden sich in der Staatssammlung von Namibia und in der Tulipamwe-Collection.

Die meisten Grundstücke an der Küste von Lüderitz werden für Fabriken und industrielle Zwecke genutzt. Den Bewohner_innen der kleinen Küstenstadt bleibt nur sehr wenig Raum für Freizeitaktivitäten. Dieses Dock ist eines von vielen, die den besten Blick auf die Bucht bieten und hinter den Fischereifabriken der Stadt liegen. Sie verarbeiten den Fisch, der im Atlantik gefangen wird, und verkaufen ihn hauptsächlich auf dem internationalen Markt. Dies ist ein Überbleibsel der kolonialen Vergangenheit, denn die Stadt wurde nicht für ihre Bewohner_innen gebaut, sondern für die Fischindustrie. Das ist auch heute noch so.

»Dock behind Fishing factory«

Most of the seaside property in Luderitz has been utilized for factories and industrial use. There is very little space for leisure for the habitants of the small coastal town. This dock is one of many that take up the prime view facing the bay, these docks are at the back of all the fishing factories in town that harvest from the rich waters of the Atlantic and process fish to mostly sell to international markets.

This is a remnant of the colonial past, the town was not built for its inhabitants; instead it was developed to extract and it continues to do so today. ShS

67

»Olutenda«

Fotografin: Shomwatala Shivute

2021: !Nami‡Nûs constituency/Namibia, Foto, Städtische Museen Freiburg, Courtesy Shomwatala Shivute

Olutenda bedeutet »Eisenbahn« auf Oshivambo.

Mein Großvater war einer von vielen jungen Namibiern, die durch das koloniale Zwangsarbeitssystem zum Bau der Eisenbahn in Namibia herangezogen wurden. Wie die meisten kolonialen Eisenbahnnetze auf dem Kontinent wurde sie gebaut, um natürliche Ressourcen aus dem Landesinneren an die Küste zu bringen, von wo aus sie in den Norden verschifft wurden, um dort verarbeitet und schließlich wieder an den Kontinent verkauft zu werden.

Die Umgebung, durch die dieses besondere Stück Eisenbahn von und nach Lüderitz führt, ist extrem raues Gelände. Sie befindet sich in der Wüste, die Lüderitz umgibt. Das macht die Instandhaltung dieser Bahnstrecke zu einer konstanten Aufgabe, weil die Wanderdünen, die durch die starken Winde ständig in Bewegung sind, geräumt werden müssen.

»Olutenda«

Olutenda means railway in Oshivambo. My grandfather was one of many young Namibian who were taking through the colonial forced labor system to build the railway in Namibia. A network like most colonial railways networks on the continent it was developed to extract natural resources from the inland to the coast where it was shipped to the west to be processed and eventually resold back to the continent.

The environment that this particular piece of railway runs through to and from Lüderitz is extremely harsh terrain. It is in the desert that surrounds Lüderitz. This makes maintenance of this railway a constant job of clearing the dunes that are in constant motion due to the strong winds in the area. ShS

68

»Jenseits der Brücke«

Fotografin: Isabel Tueumuna Katjavivi

November 2021: B6 in Richtung Hosea Kutako International Airport/Namibia, Foto, Städtische Museen Freiburg, Courtesy Isabel T. Katjavivi

Isabel Tueumuna Katjavivi wurde in den USA geboren und lebt heute in Windhoek/Namibia. Sie studierte Visuelle, Angewandte und Bildende Kunst. Im Jahr 2017 war sie Preisträgerin des »Bank Windhoek Triennial«-Wettbewerbs. Ihre Arbeiten wurden bereits in zahlreichen Einzel- und Gruppenausstellungen gezeigt.
Auf dem Weg zum Flughafen von Windhoek, in Höhe der Kapps-Farm, liegt auf der linken Seite der Straße ein Gedenkort für Chief Kandjii, der im Widerstand gegen die deutsche Kolonialherrschaft starb. Sein Grab befindet sich heute auf Privatgelände, auf der anderen Seite der Straße (Finkenstein-Farm).

»Across the Bridge«

On the way to the airport from Windhoek, towards Kapps farm, on the left-hand side of the road, is a site of remembrance for Chief Kandjii, who died during the resistance to German colonial rule. He is buried on what is now private property on the opposite side of the road (Finkenstein farm). ITK

69

»Hier liegt Tjirama Tjingava«

Fotografin: Isabel Tueumuna Katjavivi

November 2021: Okandjira/Namibia, Foto, Städtische Museen Freiburg, Courtesy Isabel T. Katjavivi

In Okandjira, Ovitoto, liegt der Platz, an dem Teile der namibischen Gesellschaft ihr jährliches Gedenken an den Kampf von Okandjira im April 1904 abhalten.

»Here Lies Tjirama Tjingava«

In Okandjira, Ovitoto, this is where the community holds their annual commemorations of the battle of Okandjira in April 1904. ITK

70

»Oviombo« (Diptychon)

Fotografin: Isabel Tueumuna Katjavivi

November 2021: Otjosazu/Namibia, Foto, Städtische Museen Freiburg, Courtesy Isabel T. Katjavivi

Auf der linken Seite der Straße, wenn man von Otjosazu nach Osten geht, markiert ein Termitenhügel den nahegelegenen Ort, der an den Kampf von Oviombo erinnert. Er ist eine Markierung für die Gräber, die sich heute auf der anderen Seite der Straße, auf dem Privatland der Farm Oviombo-Ost befinden.

»Oviombo« (Diptych)

On the left of the road going East from Otjosazu, a termite mound marks the nearby site of remembrance of the battle of OVIOMBO. It is a marker for the graves that are on what is now private property on the other side of the road (Oviombo-east farm). ITK

71

»Ondoro«

Fotografin: Isabel Tueumuna Katjavivi

November 2021: Okandjira/Namibia, Foto, Städtische Museen Freiburg, Courtesy Isabel T. Katjavivi

Während des Kampfes von Okandjira versammelten sich hier am Fuß des Berges die Frauen und sangen zur Ermutigung, was auf OtjiHerero »Ondoro« heißt.

»Ondoro«

During the battle of Okandjira, the women gathered here, at the fool of the mountain, and chanted encouragement (»Ondoro« in OtjiHerero) to the resistance fighters. ITK

72

»Wer liegt hier?«

Fotografin: Isabel Tueumuna Katjavivi

November 2021: Okandjira/Namibia, Foto, Städtische Museen Freiburg, Courtesy Isabel T. Katjavivi

Anonyme Gräber in der Nähe.

»Who Lies Here?«

Unknown graves nearby. ITK

73

»Omuhona Kaahua«

Fotografin: Isabel Tueumuna Katjavivi

November 2021: Okandjira/Namibia, Foto, Städtische Museen Freiburg, Courtesy Isabel T. Katjavivi

Die Widerstandskämpfer, die von Chief Samuel Maharero und seinem Kommandeur Riarua angeführt wurden, ritten auf Pferden und trafen hier, wo die Straße den Okandjira-Fluss überquert, auf die deutschen Truppen. Nicht weit von dieser Stelle befinden sich gut gepflegte Gräber von deutschen Soldaten, die in diesem Kampf starben.
Der Fluss und die Felsblöcke auf der anderen Seite halfen meinem Vater, sich an die Erzählungen seiner Großtante über den Kampf von Okandjira zu erinnern. Auf seinem weißen Pferd sitzend, führte Chief Samuel Maharero seine Männer von der Front her den Fluss entlang. Omunene Riarua schlug dem Chief vor, dass er zum Selbstschutz zu seiner Gruppe zurückkehren sollte. Chief Samuel Maharero lehnte das ab und sagte »Omuhona Kaahua« – der Chief wird nicht erschossen. Später dann erfüllte er den Wunsch seines Kommandeurs. Mein Vater gab meinem Sohn den Namen »Riarua«, um die Erinnerungen an diesen großartigen Kommandeur am Leben zu halten.

»Omuhona Kaahua«

The resistance fighters, led by Chief Samuel Maharero and his military Commander Riarua, travelled on horses to confront the German forces here, where the road crosses the Okandjira river. Not far from this area are well-kept graves of German soldiers who died in the battle.
The river and the boulders on the other side help my father recall his great aunt's account of the battle of Okandjira. Chief Samuel Maharero led his men from the front, along this river, seated on his white horse. Omunene Riarua suggested to the chief that he should go to the back of the group for his own protection. Chief Samuel Maharero refused and said »Omuhona Kaahua« – the Chief does not get shot! However, he later complied with his commander's request.
My father gave the name »Riarua« to my son to keep the memory of this great Commander alive. ITK

74

»Kurama Jambera Okozomduzu« (Triptychon)

Fotografin: Isabel Tueumuna Katjavivi

November 2021: zwischen Okondjatu und Okakarara/Namibia, Foto, Städtische Museen Freiburg, Courtesy Isabel T. Katjavivi

Dies ist auf der Straße, die verschiedene Ortschaften in der Otjozonzjupa-Region verbindet. Die Zeichen sagen: »Halt an und zeige Deinen Respekt.« Jenseits der Straße ist ein Termitenhügel, der einen Baum umschließt und von Felsbrocken umringt ist. Dies markiert einen Friedhof, wo Widerstandskämpfer bestattet wurden. Der Platz wird wegen des Verkehrs zwischen Okandjatu und Okakarara oft besucht. Leute, die hier entlangkommen, halten an und legen einen Stein auf den Haufen – ein Akt der Erinnerung.

»Kurama Jambera Okozomduzu« (Triptych)

On a road connecting various villages in the Otjozondjupa region. The sign reads: »stop and pay your respects«. Across the road is a termite mound engulfing a tree and surrounded by rocks. This marks the location of a cemetery where resistance fighters were buried. The site is frequently visited due to the amount of traffic between Okondjatu and Okakarara. People stop as they drive by and add a stone at the mound, in an act of remembrance. ITK

75

»Okandjoze« (Diptychon)

Fotografin: Isabel Tueumuna Katjavivi

November 2021: Okandjoze/Namibia, Foto, Städtische Museen Freiburg, Courtesy Isabel T. Katjavivi

Als das Licht am Ende des Tages schwindet, suchen wir einen weiteren Ort des Gedenkens in Okandjoze auf und finden einen weiteren Steinhaufen am Fuße eines Baumes. Wir gedenken derer, die während des Aufstands in dieser Gegend gefallen sind. Auf dem Friedhof der benachbarten Farm befinden sich ihre Gräber und die Gräber ihrer Nachkommen, darunter das der Mutter von Chief Clemens Kapuuo.

»Okandjoze« (Diptych)

As the light fades at the end of the day, we search for another site of remembrance at Okandjoze, and find another pile of stones at the base of a tree. We pay homage to those who fell during the uprising in the area. The cemetery on the adjacent farm holds their graves and the graves of their descendants, including the mother of Chief Clemens Kapuuo. ITK

76

»Das Reiterdenkmal mit Blick zur Christuskirche«

Fotografin: Nicola Brandt

August 2009: Windhoek/Namibia, Foto, Städtische Museen Freiburg, Courtesy Nicola Brandt

Nicola Brandt ist eine namibische Künstlerin. Ihr Werk, das international ausgestellt wurde, kreist um innovative Dokumentations- und Darstellungspraktiken, die sich mit den Themen Erinnerung, Landschaft, Macht und der persönlichen Haltung dazu auseinandersetzen. Brandt lehrte zuletzt als Gastdozentin am Institut für Afrikastudien und am Iwalewahaus der Universität Bayreuth.
Das koloniale Reiterdenkmal, bevor es 2009 entfernt wurde. Es wurde 1912 errichtet. Es diente sowohl als Siegerdenkmal als auch als Gedenkstätte für deutsche Soldaten, die während des Krieges starben, der den OvaHerero- und Nama-Widerstand (1904–1908) beenden sollte, welcher sich gegen die deutsche Kolonialherrschaft richtete. Die Inschrift der Tafel am Denkmal erwähnt mit keinem Wort die OvaHerero, Nama und San, die ihr Leben während des Krieges und durch den Genozid verloren. Das Denkmal stand im Zentrum der Hauptstadt Windhoek, nahe der Alten Feste, einer deutschen Befestigungsanlage aus der Kolonialzeit, auf dem Gelände, wo ein Konzentrationslager für OvaHerero- und Nama-Gefangene lag.

»The Reiterdenkmal with a view to the Christuskirche«

The Reiterdenkmal colonial monument before its removal in 2009. The monument was erected in 1912. It acted both as victory monument and memorial to the German soldiers who died during the war waged to end the Herero and the Nama rebellion against German colonial rule (1904–1908). The inscription on the monument's plaque makes no mention of the OvaHerero, Nama and San/Bushmen who lost their lives during the war and Genocide. The monument was located in the centre of the capital, Windhoek, close to the Alte Feste, a German colonial fort, in the area where a concentration camp was set up for Herero and Nama prisoners. NB

77

»Aus den Augen«

Fotografin: Nicola Brandt

August 2014: Windhoek/Namibia, Foto, Städtische Museen Freiburg, Courtesy Nicola Brandt

Das Reiterdenkmal an seinem neuen Ort im Hof des alten Forts (Alte Feste), unsicher und nur von Metallstangen gehalten. Die Tafel liegt daneben auf dem Boden.

»Out of sight«

The Reiterdenkmal in its final relocated position in the courtyard of the Alte Feste (old fort), precariously supported by metal rods, with its plaque lying on the ground next to it. NB

78

»Das Innere der Erde«

Fotografin: Nicola Brandt

Juli 2014: !Nami‡Nús/Namibia, Foto, Städtische Museen Freiburg, Courtesy Nicola Brandt

Diese Hügel markieren Gräber von Kriegsgefangenen außerhalb von !Nami‡Nús. Nama- und OvaHerero-Gefangene, die auf Shark Island (Haifischinsel) starben oder durch Erschöpfung von den Arbeiten an der Eisenbahn, wurden hier begraben. Die Gräber liegen direkt neben der neu gebauten Bahnlinie und der unbefestigten Straße. Bis 2016 blieben sie anonym und unkenntlich. Ein Denkmal für die hier Gestorbenen wurde inzwischen an diesem Ort errichtet.

»The Earth Inside«

These mounds marks prisoner-of-war graves outside !Nami‡Nûs. Nama and Herero prisoners who died on Shark Island, or from exhaustion working on the railroad, were buried here. The graves lie directly next to the newly developed rail track and dirt road. Until 2016, they remained anonymous and unmarked. A memorial to those who died here has since been erected at the site. NB

79

Ohne Titel

Fotografin: Nicola Brandt

Februar 2013: Scheppmannsdorf/Deutschland, Foto, Städtische Museen Freiburg, Courtesy Nicola Brandt

Die Missionssiedlung Scheppmannsdorf wurde 1845 vom rheinischen Missionar Heinrich Scheppmann gegründet. Deutsche Missionare spielten eine zentrale Rolle in der Geschichte Namibias bis zum Krieg von 1904 bis 1908, dem Krieg der OvaHerero und Nama gegen die deutschen Invasoren.

Untitled

The mission settlement of Scheppmansdorf was founded in 1845 by the Rhenish missionary Heinrich Scheppman. German missionaries played a strong role in the history of Namibia, until the war of 1904 to 1908 between the OvaHerero and Nama and the German colonizers. NB

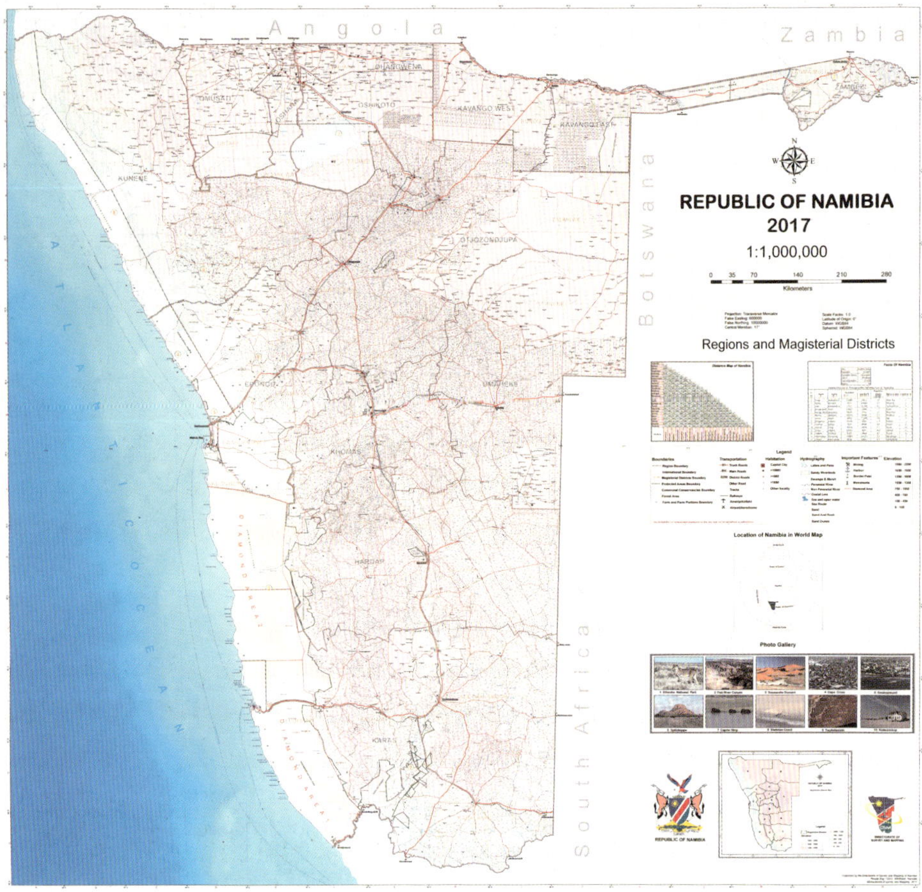

80

Farmkarte Namibia

Verlag: Directorate of Survey and Mapping

2008: Windhoek/Namibia, Papier, Städtische Museen Freiburg

Provenienz: 2021 im Handel erworben

Land(un)gerechtigkeit

Im Auftrag des Bremer Kaufmanns Adolf Lüderitz (1834–1886) schloss Heinrich Vogelsang (1862–1914) 1883 mit dem Nama-Kaptein Josef Fredericks II. (?–1893), dem damaligen Chief der !Aman-Nama von Bethanie, im heutigen Südnamibia nahe Lüderitz gelegen, einen betrügerischen Vertrag über den Kauf eines Küstenstreifens in der Bucht von Angra Pequena ab. Nachdem 1884 Südwestafrika zum »Kaiserlichen Schutzgebiet« erklärt und als Kolonie ausgebaut wurde, setzten deutsche Siedler den Landraub an der lokalen Bevölkerung fort. Als Folge davon befinden sich noch heute rund 70 Prozent des Farmlands im Besitz *weißer* Familien, während sich die lokale Bevölkerung als Lohnarbeitskräfte auf dem Land verdingen muss, das ihren Vorfahren gestohlen wurde. BHI

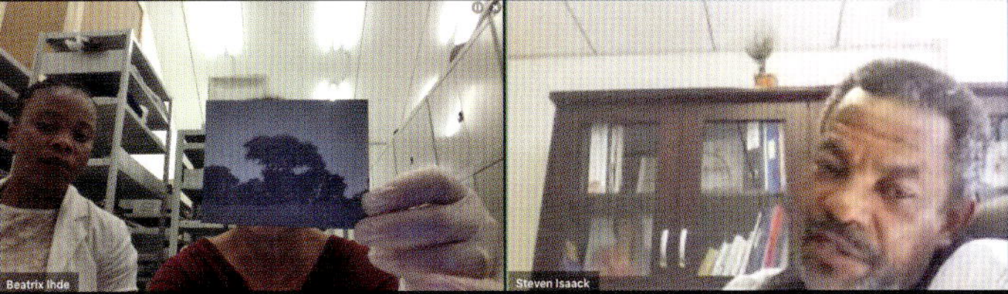

81

Namibia-Workshop in der Ethnologischen Sammlung des Museums Natur und Mensch

Fotograf: Lidong Zhao

Abgebildete Personen: Immanuel Banda Veseevete, Lovisa Tegelela Nampala, Welfriedtine Naobes, Steven Isaack, Golda Ha-Eiros, Emily Mutota, Beatrix Hoffmann-Ihde

2021: Freiburg/Deutschland, Foto, Städtische Museen Freiburg

Provenienz: Fotos im Auftrag der Städtischen Museen Freiburg

Kulturwandel durch deutschen Kolonialismus

Die Ethnologische Sammlung des Museums Natur und Mensch bewahrt viele Fotos sowie rund 200 Alltags-, Wert- und Ritualgegenstände lokaler Bevölkerungsgruppen Namibias auf. Zu einem großen Teil gelangten sie während der deutschen Kolonialzeit in das Freiburger Museum. Im Rahmen von zwei hybrid durchgeführten Workshops, die gleichzeitig in Namibia und im Zentralen Kunstdepot der Stadt Freiburg stattfanden, haben nama-, otjiherero- und oshivambosprachige Namibier_innen Fotos und Gegenstände für die Ausstellung »Freiburg und Kolonialismus: Gestern? Heute!« ausgewählt. Sie wollen mit diesen Objekten von dem kulturellen Wandel ihrer Herkunftsgesellschaften erzählen, der durch den deutschen Kolonialismus in Gang gesetzt wurde. EM/BHI

82

»Hotel Hansa«

Fotograf_in: unbekannt

Ohne Jahr: Namibia, ehemaliges Deutsch-Südwestafrika, Foto, Museum Natur und Mensch, Städtische Museen Freiburg, Inv. Schwabe DSW 0160

Provenienz: Nachlass von Kurd Schwabe, Kolonialoffizier, → Seite 129, 1995 dem damaligen Adelhausermuseum übergeben

Das Foto wurde von einem der Workshop-Teilnehmer ausgesucht, weil im Hintergrund die Aufschrift »Hansa Hotel« zu erkennen ist und es sich entweder um Swakopmund oder Lüderitz handelt, seine Herkunftsregion. BHI

83

Fettdose aus Horn

Künstler_in: unbekannt

1880–1908: Rehoboth (?)/Namibia, ehemals Deutsch-Südwestafrika, Horn/Leder, Museum Natur und Mensch, Städtische Museen Freiburg, Inv. I/0727

Provenienz: 1910 erhalten von Eugen Fischer, Universitätsprofessor/Freiburg, → Seite 264. Über die konkreten Erwerbungsumstände vor Ort ist nichts bekannt.

84

#Ki nas: Tabakdose aus Horn

Künstler_in: unbekannt

1880–1904: Nama/Namibia, ehemals Deutsch-Südwestafrika, Horn/Leder, Museum Natur und Mensch, Städtische Museen Freiburg, Inv. I/2674

Provenienz: 1905 erhalten von H. Behnissen/Freiburg. Über die konkreten Erwerbungsumstände vor Ort ist nichts bekannt.

Während des Workshops stellten zwei der Teilnehmer_innen fest, dass ihre jeweiligen Herkunftsgesellschaften, Nama und OvaHerero, solche Dosen aus dem Horn von Rindern kennen, aber für unterschiedliche Zwecke genutzt haben. Einerseits wurden sie als Tabakdose am Gürtel der Männer getragen und andererseits dienten sie der Aufbewahrung von Fett für die Hautpflege. Der kulturelle Austausch unter den verschiedenen Bevölkerungsgruppen Namibias wurde bis zur Unabhängigkeit 1990 durch die Politik der Apartheid der südafrikanischen Besatzungsmacht unterbunden. Dadurch entstanden Vorurteile, die teilweise bis heute bestehen. Begegnungen und gegenseitiger Austausch, wie auf dem Workshop, sind ein wichtiger Beitrag, um diese Vorurteile abzubauen. BHI

85

Puderdose

Künstler_in: unbekannt

1880–1908: Rehoboth/Namibia, ehemaliges Deutsch-Südwestafrika, Schildkrötenpanzer/Leder, Museum Natur und Mensch, Städtische Museen Freiburg, Inv. I/0774

Provenienz: 1910 erhalten von Eugen Fischer, Universitätsprofessor/Freiburg, → Seite 264. Über die konkreten Erwerbungsumstände vor Ort ist nichts bekannt.

Diese Dose – !Uros in der Nama-Sprache (#Nu-Khoe) – wird für Sâ-ï, also Parfüm, verwendet und ist vor allem bei den Nama-Gemeinschaften in ganz Namibia noch in Gebrauch. Sie dient auch als Schmuck bei wichtigen gesellschaftlichen Anlässen wie Hochzeiten, Kulturfestivals und Gedenkfeiern. Die Frauen verteilten Sâ-ï auf Bettwäsche oder sogar unter der Kleidung, bevor sie diese in der Sonne trockneten. Man verwendete es auch, um Hexerei oder böse Geister abzuwehren. Bei jungen Frauen fand es zudem während der Menstruation Verwendung, um den Blutgeruch zu überdecken. Auch todkranke Patienten wurden damit eingerieben, nachdem man sie gewaschen und angekleidet hatte. SHI

86

Reibstein

Hersteller_in: unbekannt

1880–1908: Rehoboth/Namibia, ehemaliges Deutsch-Südwestafrika, Stein, Museum Natur und Mensch, Städtische Museen Freiburg, Inv. I/0776

Provenienz: 1910 erhalten von Eugen Fischer, Universitätsprofessor/Freiburg, → Seite 264. Über die konkreten Erwerbungsumstände vor Ort ist nichts bekannt.

Der Schildkrötenpanzer (Kat. 85) – in unserer #Nu-khoe-Sprache (Nama-Sprache) heißt er »!Uros« – wurde verwendet, um darin getrocknete und zu Pulver zermahlene Wurzeln, Zweige und Blätter mit angenehmem Duft aufzubewahren. Die Wurzeln, Zweige und Blätter wurden nach dem Mahlen durch ein Tuch gesiebt und in den Schildkrötenpanzer gefüllt. Der Puderpinsel bestand aus einem Stück Fell und diente auch dazu, den !Uros zu verschließen, wenn ihn Frauen bei sich trugen. Das Puder heißt Sâ-ï und wurde dafür verwendet, um es auf Tierhäuten und Decken zu verstreuen.

Während !Uros ein Accessoire ist, war Sâ-ï Teil eines ausgeklügelten Schönheitsprogramms, da es auch eine sehr wichtige Rolle für die #Nu-khoen-Kosmetik spielt. Die Wurzeln, Zweige und Blätter wurden ebenso als Raumduft verwendet. Sie wurden dann auf einem Stein verbrannt und unter einen Korb gelegt, der die Form eines traditionellen Hauses hatte, also wie eine halbierte Kugel geformt ist. Dieser Korb heißt »/i !an« und wird mit Tüchern bedeckt, während der Rauch durch das Haus zieht.

#Nu-khoen-Kosmetik wurde traditionell aus einem roten Stein hergestellt, der »!Nau-i« heißt (Kat. 86) und überwiegend aus Opuwo in der Kunene-Region stammt. Die daraus hergestellte Kosmetik wurde und wird auch heute noch von den meisten Gemeinschaften als Hautschutz gegen die Sonne oder andere raue Klimabedingungen verwendet.

Der rote Stein wurde zunächst zu rotem Pulver zermahlen, dann durch ein spezielles Tuch gesiebt, mit Fett vermischt und in einem Behälter aus Horn aufbewahrt (Kat. 83).

Um das Puder aufzutragen, wurde es mit Fett gemischt. Dieses Fett wurde aus Kuhmilch in einer Kalebasse hergestellt und roch sehr angenehm. !Nau-i hellt außerdem die Haut auf und schützt vor Pickeln sowie Akne. WN

87

Holzschale

Hersteller_in: unbekannt

1880–1908: Ovambo/Namibia, ehemals Deutsch-Südwestafrika, Holz, Museum Natur und Mensch, Städtische Museen Freiburg, Inv. I/2656

Provenienz: 1910 erhalten von Eugen Fischer, Universitätsprofessor/Freiburg, **→ Seite 264.** **Über die konkreten Erwerbungsumstände vor Ort ist nichts bekannt.**

Solche hölzernen Essensschalen wurden in der Vergangenheit häufig von den Ndonga, eine der oshivambosprachigen Gruppen, verwendet. Darin wurden Fleisch und Suppe, frischer oder getrockneter, gekochter Wildspinat sowie die Bohnensuppe Oshigali zubereitet, das Gericht aus beidem zusammen wird Osheelelwa genannt und mit Oshitima, Haferbrei serviert. In vielen Haushalten von Ondonga gibt es solche Etemba. Es werden darin Speisen serviert, besonders bei festlichen Anlässen und wenn Gäste kommen. Infolge des Kolonialismus ging die Verwendung des Etemba jedoch zurück und es werden stattdessen moderne Teller verwendet. LTN

88

Keule

Hersteller_in: unbekannt

Ende 19. Jh./Anf. 20. Jh.: Ovambo/Namibia, ehemaliges Deutsch-Südwestafrika, Holz, Museum Natur und Mensch, Städtische Museen Freiburg, Inv. I/1325

Provenienz: 1902 erworben von Rudolf Bangel. Über die konkreten Erwerbungsumstände vor Ort ist nichts bekannt.

Ondhimbo Yolute Onyege

Die Keulen mit einem kugelförmigen Kopf werden heute nur noch selten genutzt, weil die jetzigen Könige, welche seit mehr als zehn Jahren in Ondonga im Amt sind, sie nicht nutzen. Noch während der Herrschaft von König Shikongo wurden die Keulen von älteren Würdenträgern getragen, da auch der König selbst sie nutzte und an seine Gefolgsleute verschenkte.

Diese Keulen wurden aus Hartholz geschnitzt, zum Beispiel aus Mopane (Coluphospermum mopane), Ongete (Dichrostachys cinerea) oder Omuye (Berchemia discolor). Manche Keulen waren auch aus Rhinozeros-Horn gefertigt und besonders wertvoll. Sie wurden innerhalb der Familien von einer zur nächsten Generation vererbt.

Diese Keulen hatten verschiedene Funktionen. Männer trugen die Keulen zu bestimmten Zeremonien, wie etwa der Einweihung eines Hauses oder zu Trauerfeiern, wo sie die Geister der Verstorbenen vertreiben sollten. Heutzutage tragen die Männer nur noch Gesangsbücher bei sich, wenn sie ein Trauerhaus betreten.

Bei freudigen Anlässen trug man die Keule auf der rechten Schulter und lehnte sie mit Kopf nach oben an einen Pfahl oder eine Wand, wenn man saß. In Trauerhäusern oder beim Eintreiben von Steuern trug man die Keule in der Mitte des Schafts und stellte sie mit dem Kopf auf dem Boden gegen eine Wand. LTN

89

Tabakpfeife

Künstler_in: unbekannt

1880–1908: Rehoboth/Namibia, ehemaliges Deutsch-Südwestafrika, Knochen, Museum Natur und Mensch, Städtische Museen Freiburg, Inv. I/0771

Provenienz: 1910 erhalten von Eugen Fischer, Universitätsprofessor/Freiburg, → Seite 264. Über die konkreten Erwerbungsumstände vor Ort ist nichts bekannt.

Tabakgenuss

Das Tabakrauchen war unter den Ältesten der Nama und Rehobother Baster sowohl bei Männern als auch bei Frauen im Süden Namibias weit verbreitet. Sie verwendeten dafür eine kleine Pfeife. Sie wurde aus Tierknochen hergestellt, oder auch aus Altmetall, alten Patronenhülsen oder einem Holzstück, das an einer Metallbasis für den Tabak befestigt wurde. In meiner Jugend sah man kaum jüngere Erwachsene oder Jugendliche rauchen. Heutzutage ist das Rauchen in vielen Gemeinschaften, sowohl im städtischen als auch ländlichen Raum, zur Norm geworden. SI

90

Ongholo

Künstler_in: unbekannt

1885–1904: Herero, Ovambo/Namibia, ehemaliges Deutsch-Südwestafrika, Horn/Leder/Holz, Museum Natur und Mensch, Städtische Museen Freiburg, Inv. I/1372

Provenienz: 1905 erworben von Franz Joseph Rebay von Ehrenwiesen, Kolonialoffizier/Freiburg, → Seite 128. Über die konkreten Erwerbungsumstände vor Ort ist nichts bekannt.

Horn für Tabakpulver

Üblicherweise wird ein Ongholo zur Herstellung von Marula-Saft verwendet. Die Aawambo, eine der oshivambosprachigen Gruppen, verwenden ein ähnliches Horn mit nur einem Loch zum Zerreiben von Tabak. Es heißt Ethengelo Lyomakaya. Bevor der Tabak zerrieben wird, röstet man ihn auf heißen Kohlen oder über dem Feuer. Dadurch erhält er den notwendigen Geruch von Schnupftabak. Zum Schnupfen wird Tabak in höchster Qualität verwendet, weniger guter dient zum Rauchen. Wenn der Tabak zur Verwendung aufbereitet ist, wird er im Ethengelo mit einem Stock oder mit dem Ende eines Speers zerrieben. LTN

91

Dose für Schnupftabak

Hersteller_in: unbekannt

Ende 19. Jh./Anf. 20. Jh.: Ovambo/Nordnamibia, ehemaliges Deutsch-Südwestafrika, Leder/Holz, Museum Natur und Mensch, Städtische Museen Freiburg, Inv. I/1350

Provenienz: 1905 erworben von August Gerber/Pforzheim. Über die konkreten Erwerbungsumstände vor Ort ist nichts bekannt.

Oofenya (Pl.) werden sowohl aus Holz als auch aus Antilopenhörnern hergestellt, ganz aus Holz sind sie selten. Die meisten Oofenya werden aus Hörnern angefertigt, da diese von vornherein ein Loch haben und ein Ofenya aus Horn haltbarer ist als ein hölzernes. Wenn nötig, wird das Horn in Wirtsasche eingelegt, damit es weich wird, und dann wird es sowohl gerichtet als auch auf die richtige Länge geschnitten und geglättet sowie mit Schnitzereien verziert.

Ovambo-Männer nehmen ihr Schnupftabakhorn überallhin mit, zu Hause und anderswo, und sie tragen es an einem Riemen am Gürtel, um den Hals oder auch am Arm. Meistens haben sie zwei Schnupftabakhörner, ein sichtbares und ein verstecktes: Das erste enthält Schnupftabak von schlechterer Qualität oder ist leer, und das zweite, das sich hinter dem vorderen Tuch befindet, enthält den Schnupftabak von besserer Qualität für den privaten Gebrauch.

Die Gastfreundschaft der Ovambo ist weithin bekannt und erstreckt sich sogar auf die Ofenya. Wenn sich zwei Ovambo treffen und ein Gespräch führen, wird vor allem über die Ofenya gesprochen: »Eta ndi fenye mo« (»Kannst du mir etwas zum Schnupfen geben«), und da eine negative Antwort gegen die Etikette verstoßen würde, wird das sichtbare Ofenya geöffnet, um zu zeigen, ob es Schnupftabak enthält oder nicht. Ist es leer, wird dies mit »Vi li owala« (»Es ist keiner drin«) kommentiert, oder wenn es minderwertigen Tabak enthält, wird ein entsprechender Kommentar abgegeben. Wenn sich Freunde treffen, wird das Ofenya mit dem Tabak besserer Qualität aus seiner Hülle genommen.

Das Schnupfen aus einem gemeinsamen Ofenya ist ebenso wie das Rauchen aus einer gemeinsamen Pfeife ein Zeichen der Versöhnung. Gab es zum Beispiel einen Streit und dieser wird beigelegt, nimmt man am Ende zur Feier der Einigung Schnupftabak oder raucht ihn: »Oohapu dha loloka, omakaya ga nua« (»Der Streit ist beendet, und es wird Tabak ›getrunken‹«). Die Aawambo, eine der oshivambosprachigen Gruppen, verwenden für das Trinken und den Tabakkonsum dasselbe Wort, nämlich »nua«. Die hölzernen Tabakbehälter wurden oft aus dem Holz des Omuwe-Baums hergestellt oder aus dem Horn eines Springbocks, was jedoch schwieriger zu beschaffen war. Kunsthandwerker_innen schnitzten ein Loch in die Mitte des Holzes und verzierten die Außenseite.

Wenn ein Neugeborenes bei der Geburt nicht weinte, wurde ihm Tabak in die Nasenlöcher gesteckt, damit es nieste – ein Zeichen dafür, dass es am Leben war. LTN

92

Miederähnliches Kleidungsstück

Künstler_in: unbekannt

1850–1910: Herero/Namibia, ehemaliges Deutsch-Südwestafrika, Leder/Eisen/Eierschale, Museum Natur und Mensch, Städtische Museen Freiburg, Inv. I/2686

Provenienz: 1900 erhalten von Friedrich Anton Lübbert, Oberstabsarzt/Windhoek, Namibia, → Seite 128. Über die konkreten Erwerbungsumstände vor Ort ist nichts bekannt.

Omutombe

Wie ein Mieder wurden diese Kleidungsstücke getragen, die aus rund geschliffenen Schalen von Straußeneiern gefertigt sind. Die Plättchen sind auf Lederschnüre gezogen, die am Rücken über das Gesäß reichen. Nur wohlhabende Frauen besitzen mehr als eines dieser prestigeträchtigen Omutombe, arme Frauen hingegen oftmals keines. BHI

93

Gürtel

Künstler_in: unbekannt

Ende 19. Jh./Anf. 20. Jh.: Ovambo/Nordnamibia, ehemaliges Deutsch-Südwestafrika, Leder, Museum Natur und Mensch, Städtische Museen Freiburg, Inv. I/1375

Provenienz: 1905 erworben von August Gerber/Pforzheim. Über die konkreten Erwerbungsumstände vor Ort ist nichts bekannt.

Omwiya Wopekoto/Epaya

Diesen Gurt trugen Frauen in der Regel nach der Geburt eines Kindes, um ihren Bauch wieder in die normale Form zu bringen. Einige Frauen trugen ihn sogar bis zum zweiten Lebensjahr des Kindes.

Der Gurt wurde aber auch getragen, um bei harter körperlicher Arbeit die Wirbelsäule zu entlasten und mehr Kraft zu haben. Schwangere trugen ihn manchmal, um zu verhindern, dass sich das Kind im Mutterleib in die falsche Position drehte. Wenn es Komplikationen gab, wurde der Gürtel ebenso eingesetzt, um den Frauen bei der Niederkunft zu helfen. Der Gurt konnte verwendet werden, um der Mutter beim Herauspressen des Babys zu helfen.

Solche speziellen Gurte existieren heute nicht mehr, doch sie wurden durch moderne Gurte ersetzt, die von Frauen genutzt werden, die der traditionellen Kultur folgen. Frauen, die von der westlichen Kultur beeinflusst sind, etwa Christinnen, verwenden solche Gurte nicht mehr.

Für den Heilungsprozess ging eine Frau, die gerade ein Kind geboren hatte, in das Haus ihrer Mutter oder Großmutter, wo sie versorgt wurde. Sie kehrte erst nach sechs Monaten in das Haus ihres Ehemanns zurück. Wie aber konnten die sexuellen Bedürfnisse des Ehemanns in dieser Zeit erfüllt werden? Die Ahnen der Ovambo, die stets einfühlsam urteilten und die meisten Lebenssituationen sehr tiefgreifend betrachteten, führten die Polygamie ein, sodass ein Mann mehr als eine Frau heiraten konnte. Nicht, um »sein Feld zu bestellen«, wie es vor allem aus westlicher Perspektive interpretiert wurde, sondern um auch den Bedürfnissen des Mannes gerecht zu werden, wenn eine seiner Ehefrauen nicht da war. Mehr als eine Frau zu haben, diente außerdem der Verhütung. Denn die Frauen bekamen nicht in kurzen Abständen ein Baby nach dem anderen, wie es in monogamen Ehen häufig zu beobachten ist. Durch den Einfluss des Christentums ist diese sinnvolle Regelung abgeschafft worden. LTN

94

Beinschmuck

Künstler_in: unbekannt

Vor 1900: Herero/Namibia, ehemaliges Deutsch-Südwestafrika, Leder/Eisen, Museum Natur und Mensch, Städtische Museen Freiburg, Inv. I/1811 a, b

Provenienz: 1900 erhalten von Friedrich Anton Lübbert/Windhoek, Namibia, → Seite 128. Über die konkreten Erwerbungsumstände vor Ort ist nichts bekannt.

Ozongoho Zokomarama

Ende des 19. Jahrhunderts trugen OvaHerero-Frauen Beinschmuck, der aus Eisenperlen gefertigt war. Er wurde von deutschen Sammler_innen als »typischer Herero-Schmuck« an Museen vermittelt, die ihn bis heute aufbewahren. Die Umstände des jeweiligen Besitzer_innenwechsels sind jedoch kaum bekannt. Aufgrund des kolonialen Umfelds ist davon auszugehen, dass er nicht unter beiderseits ausgewogenen Bedingungen erfolgte oder sogar im Umfeld von Gewalt. Wie anders wäre es zu verstehen, dass Frauen ihren wertvollsten Besitz an diejenigen veräußerten, die ihnen das Land gestohlen und die Freiheit genommen hatten? BHI

95

Kopfschmuck

Künstler_in: unbekannt

1850–1899: Herero/Namibia, ehemaliges Deutsch-Südwestafrika, Leder/Eisen, Museum Natur und Mensch, Städtische Museen Freiburg, Inv. I/1810 b

Provenienz: 1934 erhalten von Elisabeth Wallau/Freiburg. Über die konkreten Erwerbungsumstände vor Ort ist nichts bekannt.

Ekoli

Im Alter von 16 bis 17 Jahren durchlaufen OvaHerero-Mädchen die Initiationsriten und erlangen damit die Fähigkeit zur Heirat. Zum Zeichen dafür wird ihnen in einer feierlichen Zeremonie ein Ekoli genannter Kopfschmuck aufgesetzt. Die aufwendige Kopfbedeckung hat drei Spitzen. Auf der Rückseite sind Schnüre mit zylindrischen Eisenperlen befestigt, die über den Rücken hängen. IBV

96

Bogen

Hersteller_in: unbekannt

Ende 19. Jh.: Herero (?) oder Ovambo (?)/Namibia, ehemaliges Deutsch-Südwestafrika, Holz/Pflanzenfaser/Leder, Museum Natur und Mensch, Städtische Museen Freiburg, Inv. I/1341

Provenienz: 1900 erhalten von Theodor Leutwein, Gouverneur von und »Schutztruppen«-Kommandeur in Deutsch-Südwestafrika, heutiges Namibia, → Seite 283, in seinem Auftrag zusammengetragen von Fromm, Hauptmann/Omaruru, Namibia. Die konkreten Umstände, unter denen dies erfolgte, sind nicht bekannt.

Uuta

Die Bögen werden aus Palmzweigen hergestellt, wenn sie für Jungen gedacht sind, oder für erwachsene Männer aus dem Holz des Omuhama, einem Baum aus der Familie der Myrobalanen (Terminalia). Sein Holz ist sehr hart und zugleich elastisch. Die Schnur wird aus dem Leder von Kudus, einer Antilopenart, hergestellt, das besonders fest ist. Ein Uuta wird in der linken Hand getragen, in der rechten Hand hingegen meist noch ein Speer oder Stock. Der Uuta begleitet einen Ovambo von frühester Kindheit an. Sobald der Junge seinen Namen erhalten hat, ungefähr im Alter von zwei Monaten, werden ein kleiner Bogen und ein paar Pfeile für ihn angefertigt. Diese führt die Amme oder seine Mutter mit sich, wenn sie den Jungen auf dem Rücken trägt, um zu signalisieren, dass das Baby ein Junge ist. Sobald er laufen kann, trägt er Bogen, Pfeile und einen kleinen Stock selbst. LTN

97

Beinring aus Kupfer

Hersteller_in: unbekannt

Ende 19. Jh./Anf. 20. Jh.: Ovambo/Nordnamibia, ehemaliges Deutsch-Südwestafrika, Metall/Kupfer, Museum Natur und Mensch, Städtische Museen Freiburg, Inv. I/1437

Provenienz: 1905 erworben von August Gerber/Pforzheim. Über die konkreten Erwerbungsumstände vor Ort ist nichts bekannt.

Beinringe aus Kupfer waren wohl ursprünglich Fesseln für versklavte Menschen, dienten aber später nur noch als Schmuck. Ein König verwendete diese Ringe manchmal für Ehefrauen, die zu fliehen versuchten und legte ihnen dann zwei oder gar drei Paar an, damit sie sich nicht schnell bewegen oder laufen konnten. Es wird erzählt, dass einige Königinnen, die schnelle Läuferinnen waren, solche Oongondo um die Beine gelegt wurden, damit sie ordentlich und langsam liefen. Oongondo wurden nur in Ondonga hergestellt, von wo aus man sie an verschiedene lokale Gemeinschaften verkaufte. Der Preis für ein Paar solcher Beinringe betrug ein Rind.

Zum An- und Ablegen wurde der Ring aufgebogen. Nachdem er um das Bein gelegt wurde, wird dieses auf einem Holzblock liegend von einem Schmied geschlossen, der die Naht sorgfältig glatt klopft. Um den Ring abzunehmen, wurde er erst mit einem Eisen- und dann mit einem Holzmeißel geöffnet. LTN

98

OvaHerero-Frauen in traditioneller Lederkleidung

Fotograf_in: unbekannt

Abgebildete Personen: nicht namentlich bekannt

Ohne Jahr: Herero/Namibia, ehemaliges Deutsch-Südwestafrika, Foto, Museum Natur und Mensch, Städtische Museen Freiburg, Inv. Schwabe DSW 0026

Provenienz: 1995 aus dem Nachlass von Kurd Schwabe, Kolonialoffizier/Berlin, → Seite 129, dem damaligen Adelhausermuseum für Natur- und Völkerkunde übergeben

Auf dem Foto sind sechs junge Frauen abgebildet, von denen fünf ein Ekoli tragen. Es zeigt an, dass sie im heiratsfähigen Alter sind. Ausgenommen davon ist das Mädchen auf der rechten Bildseite. Weil die Mädchen ohne Oberbekleidung abgebildet sind und weil nicht rekonstruiert werden kann, unter welchen Umständen das Foto entstand, wurde es in der Ausstellung als sensibles Exponat markiert. Die Meinungen, ob und wie ein solches Foto gezeigt werden sollte, gehen weit auseinander. Beispielhaft wurden zwei Positionen in den Katalog aufgenommen: Eine wurde im Rahmen der Workshops mit den namibischen Projektpartner_innen formuliert (IBV & LTN), eine weitere Position formulierte eine Studierende der Universität Freiburg (TOB). BHI

Alle OvaHerero-Frauen auf diesem Bild, die einen Ekoli auf dem Kopf tragen, haben die weibliche Initiation durchlaufen. Einige von ihnen sind verheiratet, während diejenigen, die jung aussehen, darauf warten, verheiratet zu werden. Das Bild zeigt, wie sich die meisten namibischen Gemeinschaften damals kleideten, und nach Aussage der Ältesten waren die Vergewaltigungsfälle sehr gering, verglichen mit der Zeit, in der die Menschen mit dem modernen Kleidungsstil vertraut wurden. Diese Halbnacktheit, wie Außenstehende sie manchmal nennen, hat Afrikaner_innen selbst nie gestört, wohl aber die Europäer_innen, die begannen, ihren Lebensstil zu vergleichen und die Lebensweise der Afrikaner_innen als rückständig zu bezeichnen. Afrikaner_innen hatten ihre eigene Art, sich selbst und die Situationen, die sie durchlebten, zu identifizieren. IBV/LTN

Nach dem Ende des Nationalsozialismus wurde Rassismus auf gesellschaftspolitischer und soziokultureller Ebene systemisch tabuisiert und de-thematisiert. Es etablierte sich in Deutschland das Narrativ, dass die Gesellschaft den Rassismus überwunden hätte. Dieses Narrativ ist tief in der *weißen* Mehrheitsgesellschaft der Bundesrepublik Deutschland verankert. Dennoch stellt Rassismus eine Konstante dar, welche den Alltag der deutschen Gesellschaft strukturiert.

Entlang körperlicher Markierungen, die in der Vergangenheit erfunden wurden, und rassifizierender Praktiken finden auch heute Prozesse der Abgrenzung statt, die Menschen hierarchisieren, klassifizieren, verdinglichen und entmenschlichen. Vor diesem Hintergrund ist es von Bedeutung, sich der persönlichen *weißen* privilegierten Positioniertheit bewusst zu werden und kritisch feste Glaubensgrundsätze sowie sozial tradierte *weiße* Seh-, Sprach- und Deutungsgewohnheiten kritisch zu hinterfragen und zu »entlernen« (Kelly 2018: 14). Dies gilt auch für die Betrachtung von Fotografien, die in historischer Perspektive die Funktion hatten, »den *weißen* Blick zu manifestieren« (Sow 2019: 325). Fotografien wurden während der Kolonialzeit als vermeintlich dokumentarische und objektive Beweise für das Anderssein des oder der konstruierten Anderen eingesetzt. Europäische exotisierende Imaginationen wurden auf SCHWARZE Körper, insbesondere von SCHWARZEN Frauen, projiziert. Sie dienten der Aushandlung rassifizierender Zuschreibungen und als Objekte der (Wieder-)Herstellung sozialer Hierarchien. Es ist daher kritisch zu hinterfragen, inwiefern selbst im Kontext einer postkolonial informierten musealen Ausstellung die Präsentation solcher Fotografien zu einer Revitalisierung von Rassismen und Sexismen führt. In dem Entscheidungsprozess hinsichtlich der Frage, ob und wie solche Fotografien ausgestellt werden können, müssen die Nachfahr_innen der jeweils abgebildeten Frauen oder die Frauen der heutigen Herkunftsgesellschaften die Entscheidungsmacht haben. TOB

99

Korbteller

Hersteller_in: unbekannt

2021: Windhoek/Namibia, Holz/Pflanzenfaser/Palmblätter, Leihgabe: privat, Freiburg/Deutschland

Provenienz: 2021 erworben in Windhoek/Namibia

Ongalo

Da die oshivambosprachigen Gesellschaften traditionell keine Maschinen zur Mehlherstellung besaßen, wurde das Getreide in einem Holzmörser zermahlen, der auf dem Boden stand. Dafür wurde ein etwa eineinhalb Meter langer Stößel verwendet. Um das Mehl gut und gleichmäßig fein zu zerkleinern, wurde es mehrmals gesiebt. In einem ersten Schritt wurden die Körner nur ein wenig zerstampft, um die Schalen vom Korn zu trennen und auszusieben. Es brauchte einige Übung, um das Sieb so in den Händen zu bewegen, dass die sauberen Körner herausfielen und die Spelzen im Ongalo verblieben. Erst danach konnten die Körner zerstampft werden, was jedoch mehr als einen Durchgang erforderte. Oft wurden sie drei bis vier Mal aus dem Mörser abgefüllt und gesiebt, damit das grobe Mehl durchfiel und das feine Mehl im Ongalo verblieb.
Der Ongalo konnte auch von Männern als Teller für das Oshitima, Perlhirsebrei, verwendet werden, wenn sie mit ihrem Vieh zu entlegenen Viehstationen, auf Jagdausflügen oder langen Reisen unterwegs waren.
In einer polygamen Ehe servierte eine Frau, die ihre Monatsblutung hatte, ihrem Mann den Brei auf einem Ongalo, um ihm anzuzeigen, dass sie in dieser Zeit sexuell nicht verfügbar war.
Ein Baby wurde nach der Geburt ebenfalls auf den Ongalo gelegt, was ihm Glück bringen sollte.
Traditionelle Ärzt_innen halten heute am stärksten an der Verwendung des Ongalo fest. Sie nutzen die Teller, um Kräuter darauf zu legen oder um darauf das Honorar ihrer Patient_innen in Empfang zu nehmen.
Am häufigsten werden Ongalo heute noch verwendet, um Familienmitglieder, die für längere Zeit auf Reisen gehen, zu verabschieden. Auf dem Ongalo wird ihnen zum Abschied Oshitima serviert, was ihnen eine glückliche Reise bringen soll. LTN

100

Korbteller

Hersteller_in: unbekannt

1880–1915: Ovambo (?)/Nordnamibia oder Südangola, ehemaliges Deutsch-Südwestafrika, Holz/Pflanzenfaser/Palmblätter, Museum Natur und Mensch, Städtische Museen Freiburg, Inv. I/1361

Provenienz: ohne Angabe

Elilo

Für die Herstellung eines Elilo oder Ongalo wurden Palmblätter verwendet, die zunächst getrocknet und dann in heißem Wasser eingeweicht wurden. Zum Flechten verwendeten die Frauen, welche solche Körbe in ihrer Freizeit herstellten, Eisennadeln.
Elilo und Ongalo wurden beide in Spiralwulsttechnik hergestellt und unterscheiden sich durch den Rand. Der Ongalo hat im Gegensatz zum Elilo einen hölzernen Rand mit Griffen.
Das Wort Elilo bedeutet »von etwas essen« und verweist auf die Funktion solcher flachen Körbe, die als Teller genutzt wurden.
Auf dem Elilo wurden feste Speisen, wie Fleisch und stichfester Hirsebrei serviert. Traditionell waren diese flachen Körbe schlicht gehalten, da man glaubte, eine Verzierung des Tellers könnte Unglück bringen. Heute ist der Elilo kaum noch in Gebrauch, denn er wurde in den meisten Haushalten durch moderne Teller ersetzt. LTN

101

Dolch

Hersteller_in: unbekannt

Ende 19. Jh./Anf. 20. Jh.: Ovambo, Nkurenkuru/ehemals Kuring Kuru/Nordnamibia, ehemaliges Deutsch-Südwestafrika, Holz/Metall, Museum Natur und Mensch, Städtische Museen Freiburg, Inv. I/2056

Provenienz: 1962 erworben von Hans Offe, Lehrer/Freiburg, davor von ihm 1934/35 in Kuring Kuru am Okavango-Fluss erworben

Omwele

Der Dolch wurde von Ovambo-Männern am Gürtel hängend getragen. Keine andere Waffe konnte so vielseitig eingesetzt werden wie dieser Dolch. Oft besaß ein Mann sogar zwei solcher Dolche: einen großen, den er sichtbar trug, und einen kleineren, den er in ein Tuch gewickelt bei sich hatte. Der Griff des Dolches und die Scheide wurden aus Holz hergestellt, das besonders hart war und zum Beispiel vom Omuadi-Baum stammte. Um zu verhindern, dass das Holz beim Trocknen reißt, wurde es zunächst für einige Tage in Dung gelegt. Die Scheide entstand, indem zunächst ein kleines Loch in das dafür vorgesehene Holzstück gebrannt wurde. Dieses Loch konnte dann mit dem Dolch erweitert werden, bis er vollständig in die Öffnung passte. Die traditionellen Dolche trugen nur Männer. Sie wurden auf der Jagd verwendet, besonders zum Häuten der erlegten Tiere. Der Dolch fand im Alltag vielseitige Verwendung und diente der Verteidigung. LTN

102

Armreif

Hersteller_in: unbekannt

Ende 19. Jh./Anf. 20. Jh.: Ovambo/Nordnamibia, ehemaliges Deutsch-Südwestafrika, Eisen, Museum Natur und Mensch, Städtische Museen Freiburg, Inv. I/1440

Provenienz: 1905 erworben von August Gerber/Pforzheim. Über die konkreten Erwerbungsumstände vor Ort ist nichts bekannt.

Okagondo

Diese Armbänder werden sowohl von Frauen als auch von Männern an beiden Armen getragen, oft je nach Größe auf halber Höhe des Arms nebeneinander. Sie sollen außerdem beim Klatschen während des Gesangs oder beim Tanzen klimpern, wenn kein besseres Instrument zur Verfügung steht. Früher erhielten die Frauen sie von ihren Verlobten. LTN

103

Trinkbecher

Hersteller_in: unbekannt

1870–1899: Ovambo/Namibia, ehemaliges Deutsch-Südwestafrika, Holz, Museum Natur und Mensch, Städtische Museen Freiburg, Inv. I/2707

Provenienz: 1900 erhalten von Theodor Leutwein, Gouverneur von und »Schutztruppen«-Kommandeur in Deutsch-Südwestafrika, heutiges Namibia, → Seite 283, in seinem Auftrag zusammengetragen von Fromm, Hauptmann/Omaruru, Namibia. Die konkreten Umstände, unter denen dies erfolgte, sind nicht bekannt.

Oshitenga

Die Gestalt dieses Trinkbechers geht vermutlich auf europäische Einflüsse zurück. Bei der oshivambosprachigen Bevölkerung Namibias sind sie heute nicht mehr in Gebrauch. BHI

104

Online-Sammlung der Städtischen Museen Freiburg

2022

Screenshot der Online-Sammlung

Digitalisierung schafft Transparenz und Zugänglichkeit

Während des deutschen Kolonialismus in Afrika gelangten erhebliche Mengen an kulturellen Gütern in deutsche Museen und ethnologische Sammlungen. Diese Objekte wechselten ihre Besitzer_innen in einem Kontext, der von Gewalt und ungleichen Machtverhältnissen geprägt war und der auf vielfältige Weise bis in die Gegenwart nachwirkt. Die Gegenstände, die wir heute als »von uns verwahrte Objekte aus kolonialen Kontexten« bezeichnen, haben für die Nachkommen der ehemaligen Besitzer_innen oftmals kulturelle und identitätsstiftende Bedeutung. Zu Recht fordern einige von ihnen, dass unrechtmäßig entwendete und geraubte Kulturgüter zurückgegeben werden müssen. Damit die Nachkommen der Herkunftsgesellschaften konkrete Restitutionsforderungen stellen können, müssen sie zunächst in Erfahrung bringen können, welche Sammlungen und Museen Objekte ihrer Vorfahr_innen verwahren. Aus diesem Grund müssen sammelnde Institutionen die Transparenz und den Zugang ihrer Sammlungen erhöhen.
Ein wichtiger Schritt auf diesem Weg ist daher für die Ethnologische Sammlung des Museums Natur und Mensch die Digitalisierung ihrer Bestände. Dadurch können die Objekt-Datensätze in öffentlichen und weltweit zugänglichen Datenbanken, wie der Online-Sammlung der Städtischen Museen Freiburg, eingesehen werden. Herkunftsgesellschaften, Wissenschaftler_innen, aber auch interessierte Bürger_innen weltweit erhalten damit Zugang zu den Sammlungen, die seit der Schließung des

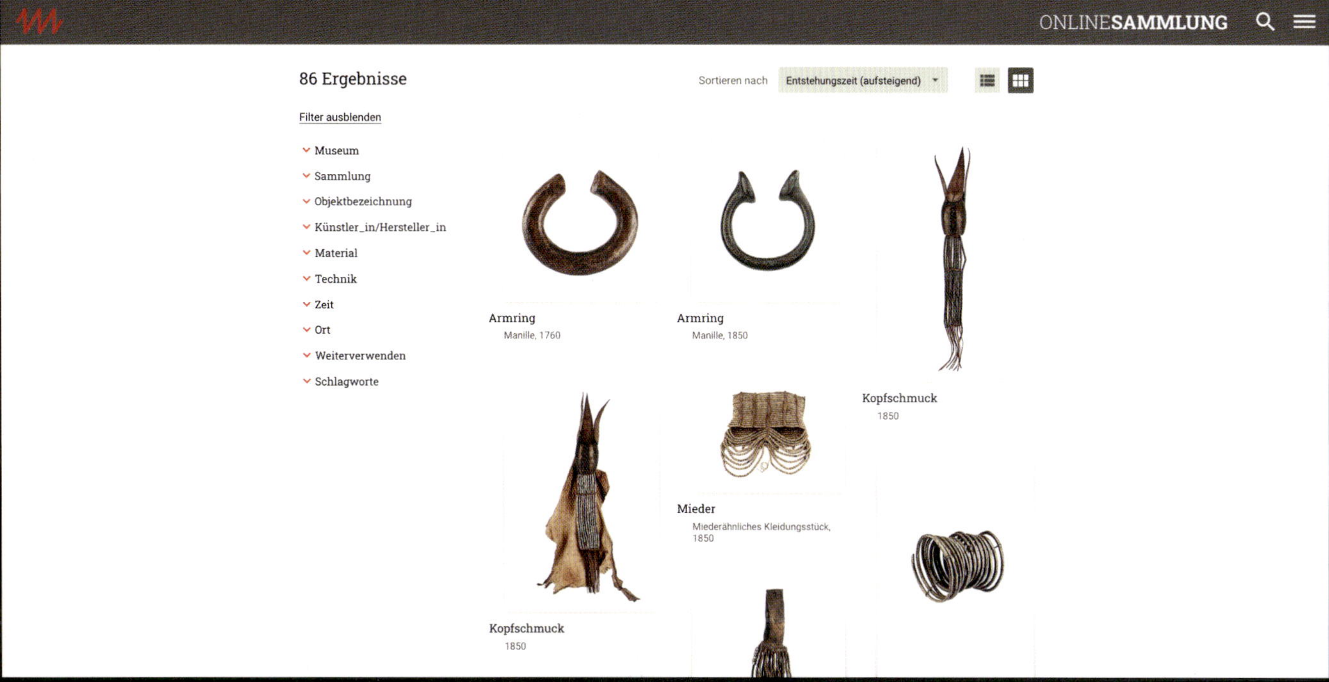

Adelhausermuseums für Natur- und Völkerkunde im Jahr 2006 zudem nur noch partiell in Sonderausstellungen zu sehen sind. Besonders bedeutsam sind nationale und internationale Projekte, die Sammlungsbestände einer bestimmten Region in deutschen oder europäischen Sammlungen und Museen in einer Datenbank zusammenführen. Herkunftsgesellschaften können diese Datenbanken nutzen, um zu erfahren, welche identitätsstiftenden und kulturellen Gegenstände ihrer Vorfahr_innen in Deutschland oder Europa und in welcher Institution verwahrt werden.

Als Beispiel für den umfangreichen und vielschichtigen Digitalisierungsprozess sei hier die Digitalisierung der Afrikasammlung genannt. Mit Projektbeginn am 1. Juli 2019 befand sich der Großteil der etwa 3 500 Inventarnummern umfassenden Sammlung noch in Kartons im Zentralen Kunstdepot der Städtischen Museen Freiburg. Das Auspacken der Objekte, ihre Inaugenscheinnahme und der Abgleich mit den mit ihnen verknüpften Datensätzen in der Museumsdatenbank (IMDAS pro) waren wichtige Arbeitsschritte. Bevor die Objekte einen Standort in einem der Depoträume der Ethnologischen Sammlung erhielten, wurden sie professionell fotografiert, manchmal auch restauratorisch begutachtet, gesichert und gereinigt. Die digitalen Datensätze wurden außerdem um die Informationen erweitert, die seit Aufnahme der Objekte in die Sammlung auf physischen Trägern wie Karteikarten und Inventarbüchern vermerkt wurden. Besonderes Augenmerk lag hier auf den Objekten, die während des deutschen Kolonialismus durch Schenkung, Kauf oder Tausch in die Sammlung eingingen.

Der derzeitige Arbeitsstand lässt detailliertere Aussagen zu einzelnen Konvoluten zu. Aus Namibia beispielsweise werden derzeit etwas mehr als 200 Objekte in der Ethnologischen Sammlung verwahrt. 40 weitere Objekte der Afrikasammlung stammen möglicherweise ebenfalls aus Namibia. Unter diesen insgesamt 240 Objekten befinden sich Schmuck der San, charakteristische Holzgefäße der Ovambo und traditionelle Kleidungsstücke von Frauen der OvaHerero. Etwa 180 dieser Objekte gelangten während des deutschen Kolonialismus auf dem Gebiet des heutigen Namibia nach Freiburg. Die systematische Aufarbeitung und Digitalisierung der Afrikasammlung ermöglichte, bis zum 31. Dezember 2021 etwa die Hälfte dieser Objekte professionell zu fotografieren und für die Veröffentlichung in der Online-Sammlung der Städtischen Museen Freiburg aufzubereiten.

Die Digitalisierung erhöht die Transparenz einer Sammlung signifikant. Sie ermöglicht die Teilhabe und den Dialog mit Herkunftsgesellschaften, eine wissenschaftliche Bearbeitung, partnerschaftliche Provenienzforschung, neue Kontextualisierung sowie Multiperspektivität der Objekte. NLB

105

Samuel Maharero

Fotograf_in: unbekannt

Ohne Jahr: Namibia, ehemaliges Deutsch-Südwestafrika, Foto, Museum Natur und Mensch, Städtische Museen Freiburg, Inv. Schwabe DSW 0204

Provenienz: 1995 aus dem Nachlass von Kurd Schwabe, Kolonialoffizier/Berlin → Seite 129, dem damaligen Adelhausermuseum für Natur- und Völkerkunde übergeben

Samuel Maharero (1856–1923)

Samuel Maharero war seit 1894 Oumuhona, paramount chief der OvaHerero. Diese Position erlangte er mit Unterstützung der deutschen »Schutztruppe« unter Führung von Theodor Leutwein (1849–1921). Als sich ab 1897 die wirtschaftliche Situation der OvaHerero dramatisch verschlechterte und die deutschen Siedler_innen dies schamlos ausnutzten, führte Samuel Maharero sein Volk 1904 in den Krieg gegen die deutsche Kolonialmacht. Bald darauf schlossen sich auch Nama-Gruppen diesem Krieg an. BHI

106

Kamelreiterzug

Fotograf_in: unbekannt

Ohne Jahr: Namibia, ehemaliges Deutsch-Südwestafrika, Foto, Museum Natur und Mensch, Städtische Museen Freiburg, Inv. Schwabe DSW 0011

Provenienz: 1995 aus dem Nachlass von Kurd Schwabe, Kolonialoffizier/Berlin → Seite 129, dem damaligen Adelhausermuseum für Natur- und Völkerkunde übergeben

Theodor Leutwein (1849–1921)

Im Jahr 1867 kam Theodor Leutwein zum Jurastudium nach Freiburg und entschied sich bereits ein Jahr später für eine Militärlaufbahn. Nach verschiedenen Stationen im Militärdienst wurde er 1895 Kommandeur der sogenannten Schutztruppe in Deutsch-Südwestafrika. Dort sollte er den Widerstand der lokalen Bevölkerung gegen die deutsche Besatzungsmacht brechen und schloss unter anderem mit Samuel Maharero einen Friedensvertrag. 1898 wurde Leutwein auch Gouverneur des Kolonialgebiets. Weil Leutwein letztlich mit seiner Politik des »divide et impera« in Deutsch-Südwestafrika scheiterte und 1904 von Lothar von Trotha abgelöst wurde, zog er sich enttäuscht aus dem Kolonialdienst zurück. BHI

107

»Vertragsschluß mit Samuel Maharero in Grootfontein 1895«

Fotograf_in: unbekannt

Abgebildete Personen: v. l.: 1–4 nicht namentlich bekannt, Dr. Hartmann, Theodor Leutwein, Samuel Maharero 1. & 2. v. r.: einer von beiden ist Kajung, der älteste Sohn von Chief Kambazembi; der andere nicht namentlich bekannt

1895: Grootfontein/Nordnamibia, ehemaliges Deutsch-Südwestafrika, Foto, Museum Natur und Mensch, Städtische Museen Freiburg, Inv. Schwabe DSW 0116

Provenienz: 1995 aus dem Nachlass von Kurd Schwabe, Kolonialoffizier/Berlin → Seite 129, dem damaligen Adelhauser-museum für Natur- und Völkerkunde übergeben

108

Hendrik Witbooi im Kreis seiner Familie

Fotograf_in: unbekannt

Abgebildete Personen: Hendrik Witbooi mit nicht namentlich bekannten Angehörigen seiner Familie

Ohne Jahr: Namibia, ehemaliges Deutsch-Südwestafrika, Foto, Museum Natur und Mensch, Städtische Museen Freiburg, Inv. Schwabe DSW 0195

Provenienz: 1995 aus dem Nachlass von Kurd Schwabe, Kolonialoffizier/Berlin → Seite 129, dem damaligen Adelhauser-museum für Natur- und Völkerkunde übergeben

109

Witbooi-Krieger

Fotograf_in: unbekannt

Abgebildete Personen: nicht namentlich bekannt

1896: Namibia, ehemaliges Deutsch-Südwestafrika, Foto, Museum Natur und Mensch, Städtische Museen Freiburg, Inv. Schwabe DSW 0022

Provenienz: 1995 aus dem Nachlass von Kurd Schwabe, Kolonialoffizier/Berlin → Seite 129, dem damaligen Adelhausermuseum für Natur- und Völkerkunde übergeben

Widerstand

Hendrik Witbooi, dessen Nama-Name !Nanseb |Gabemab lautete, wurde um 1830 in Pella, heute Republik Südafrika, geboren. Schon sein Großvater war Anführer, also Kaptein der Witbooi-Nama, die er ab 1855 aus dem damaligen Siedlungsgebiet nach Norden in das heutige Südnamibia führte. Hendrik wurde 1888 sein Nachfolger. Als Kaptein führte er seine Gruppe mehrfach in Kämpfe gegen die OvaHerero und widersetzte sich bis 1894 erfolgreich der deutschen Kolonialmacht. 1893 ließ Curt von François (1852–1931) Hendrik Witboois Wohnort Hoornkrans von der »Schutztruppe« zerstören. Dabei starben viele Bewohner_innen des Ortes, darunter auch Mitglieder aus der Familie Hendrik Witboois. Ihm selbst gelang die Flucht und er versteckte sich in den Naukluft-Bergen (Naauwklofd). Dort schloss er 1894 einen Friedensvertrag mit der deutschen Besatzungsmacht, den er im Herbst 1904 auflöste, als sich die Nama dem Krieg der OvaHerero gegen die deutsche Kolonialmacht anschlossen. BHI

110

Brief Hendrik Witboois an Kurd Schwabe

Autor: Hendrik Witbooi (um 1830/1834–1905)

31.7.1894 (?): Naauwklofd, ehemals Naukluft/Namibia, ehemaliges Deutsch-Südwestafrika, Papier, Museum Natur und Mensch, Städtische Museen Freiburg, Inv. IN/2008/173.08-10

Provenienz: 1995 aus dem Nachlass von Kurd Schwabe, Kolonialoffizier/Berlin → Seite 129, dem damaligen Adelhausermuseum für Natur- und Völkerkunde übergeben

Witbooi-Brief

Hendrik Witbooi, wie auch andere Kriegsführer der lokalen Bevölkerungen, pflegte mit seinen Gegnern, schriftlich Kontakt aufzunehmen. Die Fragmente gehören zu einem Brief, mit dem sich der Nama-Kaptein an den Kolonialoffizier Kurd Schwabe (1866–1920) wandte. Dieser war von 1893 bis 1897 in unterschiedlichen Funktionen bei der »Schutztruppe« in Deutsch-Südwestafrika eingesetzt und beteiligte sich unter anderem am Massaker von Hoornkrans (1893). BHI

Übersetzung der Briefabschrift:

Naauwklofd, 31.7.18 [unleserlich]
Verehrte Edelmänner, Freund, Schwabe Leut[fehlt],
Ich habe Ihre Antwort erhalten und habe gehört, dass dies getan wurde, wie von Ihnen aufgetragen worden war und Sie es wünschen, und dass Sie morgen die [unleserlich] verrichten wollen, und wieder Aufträge an sie übersenden.
Des Weiteren die zweite Meldung, die ich heute Nacht erhalten habe. Ich habe die Nachricht heute Nacht um ungefähr zwei Uhr erhalten, dass Ihre Männer meinen Männern den Zugang zum Trinkwasser verweigern. Sie haben mir gestern beim zweiten Punkt gesagt, dass Major Ihnen die Order gegeben hat, dass Ihre Mannen am Bulopoort stehen werden und dass Ihre Mannen und meinen Mannen auch Wasser trinken. Drittens haben [unleserlich]
Mit freundlichen Grüßen verbleibe ich Ihr Freund und Kaptein
Hendrik Witbooi

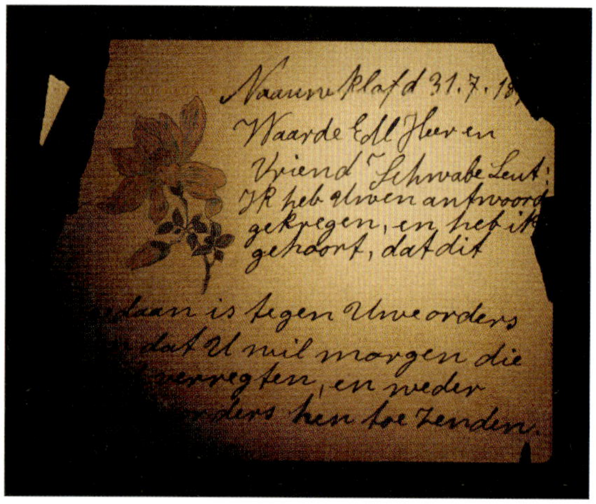
Naauwklofd 31.7.18[illegible]
Waarde Edl Heer en
Vriend Schwabe Leut:
Ik heb alreen antwoord
gekregen, en heb ik
gehoort, dat dit
gedaan is tegen Uwe orders
dat U wil morgen die
verregten, en weder
orders hen toe zenden.

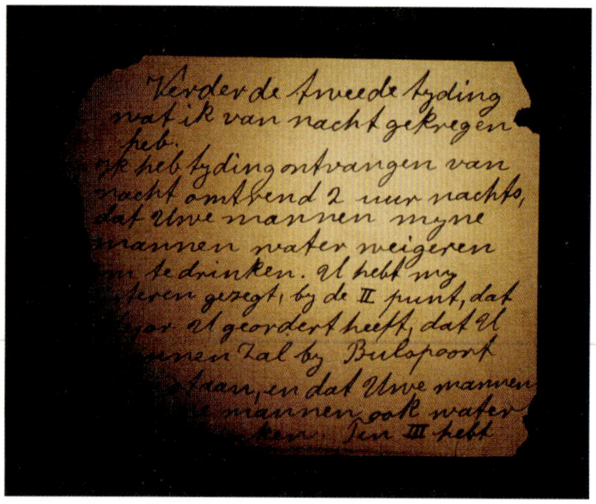
Verder de tweede tyding
wat ik van nacht gekregen
heb.
Ik heb tyding ontvangen van
nacht omtrend 2 uur nachts,
dat Uwe mannen myne
mannen water weigeren
om te drinken. U hebt my
gisteren gezegt, by de II punt, dat
Major U geordert heeft, dat U
mannen zal by Bulopoort
staan, en dat Uwe mannen
mannen ook water
ken. Ten III hebt

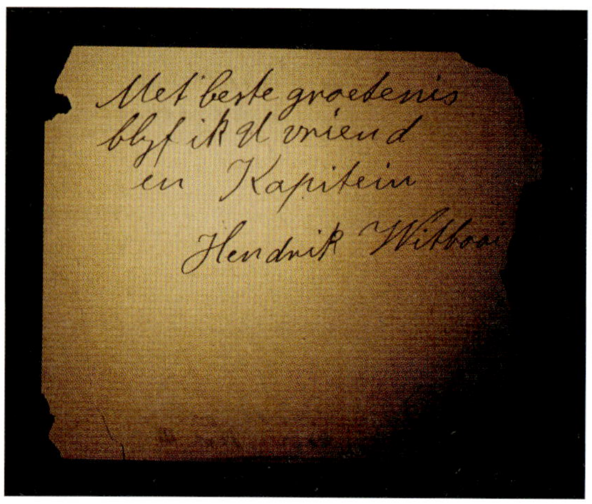
Met beste groetenis
blyf ik U vriend
en Kapitein
Hendrik Witbooi

Kritische Kartografie – Weltbilder auf den Kopf stellen

Zeichnen wir spontan eine Weltkarte, dann liegt Europa in der Regel im Zentrum – hierin offenbart sich buchstäblich unsere eurozentrische Sichtweise. Karten bilden europäische Prädominanz und territoriale Ansprüche ab und prägen als visuelles Kommunikationsmedium bis heute unseren Blick auf die Welt. Sie reduzieren den dreidimensionalen Raum der Erdkugel auf eine zweidimensionale Fläche. Sie projizieren feststehende Vorstellungen von einem »Oben«, dem Norden mit den sogenannten Industrieländern, und einem »Unten«, dem Süden. Damit sind meist bewusste oder unbewusste Werteurteile sowie ungleiche politische Machtverhältnisse verbunden. Durch kritisches Hinterfragen von Karten, ihrer Entstehung und Aussagen, kann Wissen zeitlich und räumlich situiert, seine Beziehung zu Macht untersucht und können Grundlagen unseres Denkens infrage gestellt werden. Denn Europa bildet schon lange nicht mehr der Nabel der Welt. Im Sinne der Bildung für nachhaltige Entwicklung sollen junge Menschen fächerübergreifend zu einer mehrdimensionalen Perspektive befähigt werden, um ein Weltbild zu entwickeln, das Solidarität und Mitverantwortung für die eine, gemeinsame bedrohte Erde in den Mittelpunkt stellt. AZ

Weltkugel mit Kindern (pexels-mikhail-nilov)

111

Bild nach einer Fotovorlage: Wilhelm L. in Namibia

Künstler_in: unbekannt

Abgebildete Person: Wilhelm L.

1904–1907: Namibia, ehemaliges Deutsch Südwestafrika, Glas/Holz/Papier, Leihgabe: privat, Freiburg/Deutschland

Provenienz: Familienerbstück

»Kaiserliche Schutztruppe«

Reichskanzler Otto von Bismarck (1815–1898) nannte die unter koloniale Herrschaft gestellten Überseeterritorien nicht »Kolonien«, sondern beschönigend »Schutzgebiete«. Demzufolge wurden die dort eingesetzten Militäreinheiten »Schutztruppe« genannt. In Deutsch-Südwestafrika bestand diese »Schutztruppe« aus freiwilligen Heeres- und Marinesoldaten, die auch aus dem 5. Badischen Infanterie-Regiment Nr. 113 kamen, das zu dieser Zeit in Freiburg stationiert war. Der Großherzog Friedrich I. von Baden (1826–1907) stellte denen, die sich zur »Kaiserlichen Schutztruppe« meldeten, nach der Rückkehr eine Staatsanstellung in Aussicht, was viele junge Männer aus Freiburg und Umgebung angelockt hat. BHI

112

Lothar von Trotha

Fotograf_in: unbekannt

Abgebildete Personen v. l. n. r.: v. Lettow-Vorbeck, Bayer, Oberleutnant v. Trotha, Trench, Rakette, Gundel (stehend), Generalleutnant v. Trotha (sitzend), Goßler, Nachtigall, v. Reedern, v. Bosse

1904: Keetmanshoop/Namibia, ehemals Deutsch-Südwestafrika, Foto, Bundesarchiv: Bild 183-R27576

Lothar von Trotha (1848–1920)

Bald nach Beginn des Krieges der OvaHerero gegen die deutsche Besatzungsmacht wurde Theodor Leutwein (1849–1921) als »Schutztruppen«-Kommandeur und Gouverneur von Deutsch-Südwestafrika abgelöst, weil er nach Ansicht maßgeblicher Kolonialpolitiker angeblich zu nachsichtig gegenüber der lokalen Bevölkerung gewesen war. Lothar von Trotha hingegen, der an Leutweins Stelle trat, war machthungrig und rücksichtslos. Im Oktober instruierte er die Angehörigen der ihm unterstellten »Schutztruppe«, wie sie mit den OvaHerero und Nama zu verfahren hätten. Dieser sogenannte Genozid-Befehl führte zum Tod von etwa 60 000 OvaHerero und 20 000 Nama und war der erste Genozid, den Deutsche im 20. Jahrhundert verübten.
Erst mehr als 100 Jahre später bekannte sich die deutsche Bundesregierung offiziell zu diesem Völkermord. BHI

113

Blick vom Omuverumue

Fotograf: Godwin Kornes

2008: Namibia, Foto, Courtesy Godwin Kornes

Ovita yOhamakari: Schlacht von Ohamakari

Nach einigen Monaten Krieg gegen die deutschen »Schutztruppen« versammelten sich unter der Führung von Samuel Maharero (1856–1923) Mitte 1904 etwa 60 000 OvaHerero mit ihren Viehherden am Omuverumue (Waterberg-Plateau). Dort versuchten die sogenannten Schutztruppen unter der Führung von Lothar von Trotha (1848–1920), sie einzukesseln. Vielen Widerstandskämpfern gelang die Flucht in die Omaheke-Wüste. Daraufhin ließ von Trotha die Wasserversorgung und Teile der Wüste blockieren, sodass viele Widerstandskämpfer samt ihren Rinderherden verdursteten. Aus Sicht der OvaHerero steht die Schlacht von Omahakari am Anfang der Zerschlagung ihrer Gesellschaft. BHI

114

»Herero Genocide Survivor Narratives«

Projektleiterin: Sarala Krishnamurthy

Abgebildete Personen: Erike Hembapo, Gottlieb Kazombiaze

2018–2021: Namibia, Filmstill, Leihgabe im Rahmen einer Kooperation mit der Namibia University of Science and Technology Windhoek/Namibia

Provenienz: Namibia University of Science and Technology and Carl Schlettwein Foundation

Projekt »Herero Genocide Survivor Narratives«

Sarala Krishnamurthy, Professorin an der Namibia University of Science and Technology in Windhoek, dokumentierte und untersuchte zusammen mit ihrem Forschungsteam Erinnerungen von Angehörigen des Herero-Volkes, die bisher noch nicht systematisch erfasst wurden. Die Jahre von 1904 bis 1908 sind Teil der bewegten Geschichte der namibischen Nation und es gelang dem Forschungsteam, wichtige Aspekte von Ausdauer und Beharrlichkeit als Überlebensstrategien während und nach dem genozidalen Krieg zu entschlüsseln, die nur den direkten Nachkommen der Überlebenden bekannt sind. Das Team bat 25 Nachfahr_innen von Genozid-Überlebenden im Alter von 75 bis 95 Jahren, von ihren Erfahrungen von Brutalität und den daraus folgenden Traumata zu erzählen, sowie über ihre Widerstandsfähigkeit und das Überleben. Die Aufzeichnungen dieser Erzählungen sind ein Beitrag zur Dokumentation des kulturellen Erbes des Herero-Volkes.

Um die Ergebnisse kurz zusammenzufassen: Die Herero-Ältesten sehnen sich nach Frieden und Stabilität, weil sie ein generationenübergreifendes Trauma erlebten. Die meisten Männer äußerten die Meinung, dass die Deutschen ihnen Reparationen und die Rückgabe ihres Landbesitzes schuldeten. Die Frauen hingegen brachen zusammen, als sie über den Völkermord und den Verlust von Menschenleben sprachen. Sie plädierten für Schulen und kostenlose Bildung für ihre Enkel_innen und erklärten, dass das Trauma und der Verlust zahlloser Familienmitglieder eine Generation verlorener Kinder hervorgebracht habe, von denen viele von den Deutschen gezeugt und in der Obhut ihrer Mütter gelassen worden seien. Das Buch »Herero Genocide Survivor Narratives« (Erzählungen von Überlebenden des Herero-Genozids) befasst sich mit der Frage, wie namibische Geschichten erzählt werden können, und ermutigt die Herero im Besonderen und die Namibier_innen im Allgemeinen, ihre eigenen Geschichten zu erzählen.

Nachdem das Sammeln von Erzählungen abgeschlossen ist, wird der nächste Schritt die Identifizierung und Erfassung historischer Orte sein, um sie als Kulturstätten zu schützen und als Erinnerungsorte zu erhalten. SaK

115

Mahnmal für die Genozid-Opfer der OvaHerero und Nama

Künstlerwerkstatt: Mansudae Overseas Project (MOP/Nordkorea)

Fotografin: Heike Becker

2020: Windhoek/Namibia, Foto, Courtesy Heike Becker, 2022

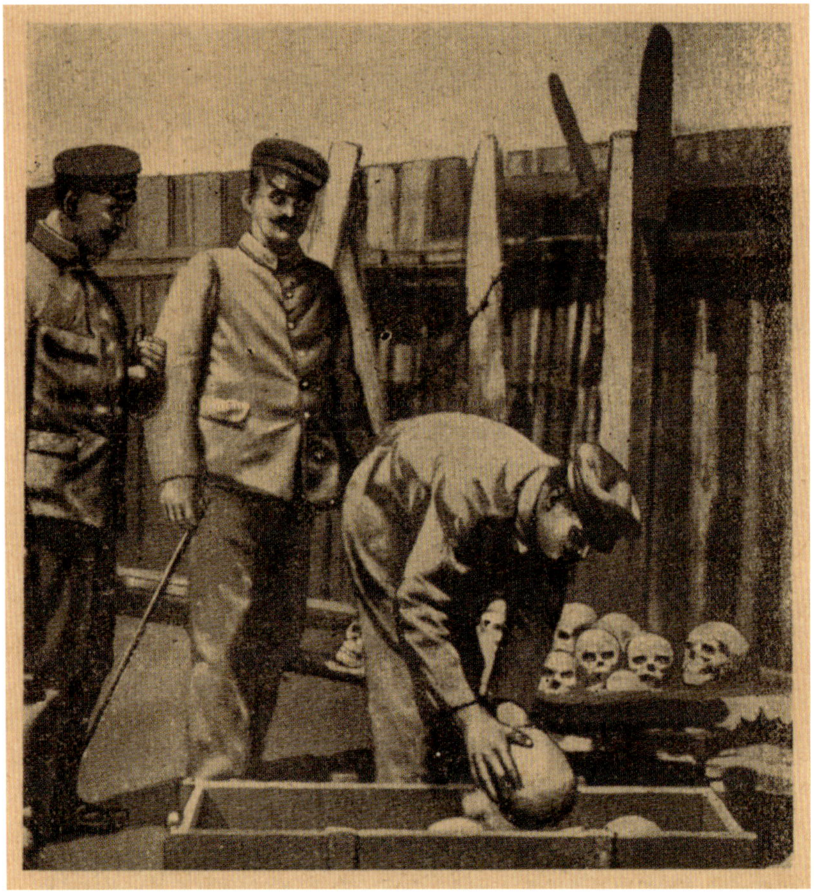

116

»Eine Kiste mit Hereroschädeln […]«

Fotograf_in: unbekannt

1905/06: vermutlich Zollhof in Swakopmund/Namibia, ehemaliges Deutsch-Südwestafrika, retuschiertes Foto, Staatsbibliothek Berlin, Us 3615/95

Provenienz: Walter von Damm: »Meine Kriegserlebnisse in Deutsch-Südwestafrika« ,1907

Konzentrationslager in Deutsch-Südwestafrika

Nama und OvaHerero, die den Krieg überlebten, wurden in Konzentrationslager verbracht. Zum Ende des Krieges gab es viele dieser Lager, auch auf der Haifischinsel in der Lüderitzbucht. Aufgrund von Hunger, Kälte, Krankheit, mangelnder Hygiene und Zwangsarbeit starben die Gefangenen dort zu Hunderten. Nachfahr_innen der Überlebenden, wie Sima Deidre Luipert (vice chairperson der Nama Traditional Leaders Association, NTLA, Genocide Technical Committee), berichten heute, dass Frauen des Lagers immer wieder Schädel verstorbener Mithäftlinge »reinigen« mussten. Mit den Scherben zerbrochener Flaschen trennten sie die Haut vom Knochen. Solche »gereinigten« Schädel wurden anschließend für den Transport nach Deutschland verpackt. BHI

Rückgabezeremonie am 4. März 2014

Fotograf_in: Presseabteilung der Universität

2014: Freiburg/Deutschland, Foto, Courtesy Universität Freiburg

Rückführung von Schädeln nach Namibia

2011 hat die Universität Freiburg ihre Untersuchungen mit einem umfangreichen Bericht abgeschlossen und 14 Schädel, die ungefähr Südwestafrika zugeordnet werden können, an Vertreter_innen verschiedener Herkunftsgesellschaften aus Namibia zurückgegeben. Vorausgegangen waren mehrjährige Kontakte mit der namibischen Botschaft, um sich über die Untersuchungen und die mögliche Existenz von OvaHerero- und Nama-Überresten in der Freiburger anthropologischen Sammlung abzustimmen. Schon 2004 hatte die Universität beschlossen, menschliche Überreste, die aus einem zweifelhaften und unrechtmäßigen Kontext stammen könnten, zurückzugeben. Von den nahezu 200 Schädeln, die aus Afrika stammen sollen, wurden 19 Schädel als relevant für die Untersuchungen einer möglichen namibischen Herkunft ausgewählt. Als Bezugspunkte dienten die Überreste selbst und die ihnen beigefügten Etiketten, Beschriftungen und Inventare. Es wurden verschiedene anthropologische und historische Methoden angewandt, um die Plausibilität der Angaben und die geografische Herkunft der untersuchten Schädel zu überprüfen. Bei 14 Schädeln war die Möglichkeit oder Wahrscheinlichkeit gegeben, dass diese aus dem Bereich von Namibia stammen können. Bei zweien war ein kolonialer Kontext wahrscheinlich, bei zwei weiteren möglich, bei einem konnten keine konkreten Anhaltspunkte festgestellt oder Zuordnungen vorgenommen werden. Die Möglichkeit oder Wahrscheinlichkeit für eine ungerechtfertigte Aneignung menschlicher Überreste im Kontext des Kolonialismus war Grund genug, sich nach einer eingehenden Untersuchung dieser dunklen Vergangenheit, auch der Universität, zu stellen und die menschlichen Überreste zurückzuführen. Damit wurde ein kritischer Beitrag zur Aufarbeitung der von Alexander Ecker angelegten und von Eugen Fischer (1874–1967) ausgebauten anatomisch-anthropologischen Sammlung geleistet, die aus menschlichen Überesten aus Jahrtausenden und aus aller Welt besteht.
Am 4. März 2014 wurden diese Schädel in einer kleinen Übergabefeier einer Delegation aus Namibia im Haus zur Lieben Hand in Freiburg übergeben und nach Windhoek überführt. DS

Franz Joseph Rebay von Ehrenwiesen (1857–1931)

wurde 1857 in Landau am Bodensee geboren. Während seiner Dienstzeit als Militärangehöriger wechselte Rebay von Ehrenwiesen mit der Familie häufiger den Wohnsitz und war von 1902 bis 1905 in Freiburg ansassig. Dem damaligen Museum für Natur- und Völkerkunde schenkte er einige ethnografische Objekte aus dem heutigen Namibia. Es ist nichts darüber bekannt, wie er in den Besitz der Gegenstände gelangte. Seine letzten Lebensjahre verbrachte er nahe Freiburg in Teningen, wo Rebay von Ehrenwiesen am 3. Dezember 1931 starb.

Anton Lübbert (etwa 1859–?)

wurde um 1859 in Schlesien geboren. 1881 immatrikulierte er sich an der Universität Freiburg für das Fach Medizin und schloss das Studium 1883 mit der Promotion ab. Danach war Lübbert als Militärarzt zunächst in Würzburg tätig und wechselte später an die Kaiser-Wilhelm-Akademie in Berlin. Nach einer weiteren Station in Dresden habilitierte er sich 1895 an der Universität Breslau.

Ab dem 1. April 1897 war Lübbert im Kolonialdienst tätig und wurde leitender Mediziner in Windhoek, im damaligen »Kaiserlichen Schutzgebiet Deutsch-Südwestafrika« (DSWA) gelegen (heutiges Namibia). 1902 schied er aus dem Kolonialdienst aus und zog nach Hamburg, wo er als Assistent am Hygienischen Institut arbeitete.

1900 übersandte Lübbert eine Sammlung ethnografischer Objekte an das Museum für Natur- und Völkerkunde Freiburg. Über die Umstände, wie Lübbert die Objekte in DSWA erworben hat, ist nichts bekannt. Den Anstoß zum ethnografischen Sammeln hatte er von Major Theodor Leutwein (1849–1921) erhalten, mit dem er bekannt gewesen war.

Hugo Ficke (1840–1912)

wurde am 17. September 1840 in Hamburg geboren. 1853 zog seine Familie nach Freiburg. Ficke führte in Oberried bei Kirchzarten eine Fabrik, die ihm finanzielle Unabhängigkeit bot. Dies ermöglichte ihm, sich zahlreichen Ehrenämtern und dem Reisen zu widmen. 1863 trat er in die Freimaurerloge »Zur edlen Aussicht« ein. Als Mitglied der Nationalliberalen Partei war er zudem 30 Jahre lang Mitglied des Freiburger Stadtrats und bekleidete ein Stadtratsamt von 1875 bis 1881 sowie von 1887 bis 1911. Ein ihm angebotenes Reichstagsmandat lehnte er jedoch ab. Ficke war auch Präsident der Harmoniegesellschaft Freiburg und in mehreren lokalen Kommissionen tätig. 1883 wurde er Mitglied der Naturforschenden Gesellschaft in Freiburg sowie im Oberbadischen Zweigverein des Deutschen Kolonialvereins. Weiterhin war er Mitglied und Leiter der Commission für die Gründung eines Städtischen Museums für Natur- und Völkerkunde. Nach der Gründung des Museums für Natur- und Völkerkunde 1895 war er einer seiner bedeutendsten Unterstützer und leitete die Institution ehrenamtlich von 1896 bis zu seinem Tod.

Ficke förderte das Museum auf vielfältige Weise, auch materiell. Noch kurz vor seinem Tod hatte er 10 000 Mark für ein städtisches Sammlungsgebäude bereitgestellt. Neben regionalen und überregionalen Gegenständen für die Naturkunde erwarb er auf seinen Weltreisen umfangreiche ethnografische und naturkundliche Sammlungen für das Museum. Die erste Reise führte Ficke im Jahr 1900 nach Ägypten, Palästina, Syrien und Griechenland. Weitere Reisen nach Schweden, Norwegen, Belgien, England und Russland folgten. 1908 brach er zu einer einjährigen Weltreise auf, die ihn wiederum nach Ägypten und von dort nach Japan, China und Korea führte. Seine Erfahrungen schilderte er im Buch »Meine Orientreise in den Jahren 1908 und 1909«. Darin beschrieb er die Reisestationen, die dortigen Bevölkerungen und zählte die jeweiligen Gegenstände auf, die er für das Museum erwarb. Insgesamt brachte er von dieser Reise mehr als 1 300 Objekte mit. Die Universität Freiburg verlieh ihm für sein Engagement die Ehrendoktorwürde. Im Herbst 1912 trat er zusammen mit seiner Frau eine weitere Reise nach Asien an und besuchte Ceylon (heute Sri Lanka), Indien sowie Burma (heute Myanmar), wo er am 15. Dezember 1912 in Rangoon verstarb.

Kurd Schwabe (1866–1920)

wurde am 11. November 1866 im westfälischen Münster geboren. 1866 begann er eine militärische Laufbahn und war von 1893 bis 1897 in unterschiedlichen Funktionen bei der »Kaiserlichen Schutztruppe« in Deutsch-Südwestafrika (DSWA, heutiges Namibia) und dort unter anderem am Massaker von Hoornkrans (1893) sowie an weiteren Kämpfen gegen Nama-Widerstandskämpfer unter der Führung von Hendrik Witbooi (um 1830/1834–1905) beteiligt. Schwabe war zeitweilig Bezirksleiter von Okahandja und Otjimbingwe, heutiges Zentral-Namibia. 1897 kehrte er nach Deutschland zurück und wurde bald darauf nach China gesandt, um dort während des sogenannten Boxerkriegs (1899–1901) gegen die chinesische Bevölkerung zu kämpfen. Ab 1904 reiste Schwabe erneut nach DSWA und war am genozidalen Krieg gegen OvaHerero und Nama beteiligt. Auch nach seinem Ausscheiden aus dem Dienst 1908 blieb er ein Verfechter der deutschen Kolonialherrschaft und war in Kolonialverbänden und als Gründungsmitglied des »Kolonialkriegerdanks« aktiv. Schwabe veröffentlichte mehrere Bücher über die deutschen Kolonialgebiete. Mit dem Beginn des Ersten Weltkriegs wurde er wieder in den Kriegsdienst berufen und war im Osmanischen Reich und Ägypten im Einsatz. Kurd Schwabe starb 1920 in Berlin.

1996 übergab Schwabes Schwiegertochter, die in der Nähe von Freiburg lebt, Teile aus dem Nachlass ihres Schwiegervaters an die Ethnologische Sammlung der Städtischen Museen Freiburg. Darunter befinden sich eine Sammlung von Briefen, die unter anderem Hendrik Witbooi an Kurd Schwabe richtete, außerdem zahlreiche Fotos, Postkarten und weitere Dokumente sowie einige Objekte.

Hanf
Harze
Holz
Horn
Kaffee
Kakao
Kautschuk
Kohle
Kokosfett
Kokosnüsse
Kopra
Kupfererz

Arzneipflanzen
Balata
Bananen
Baumwolle
Diamanten
Eisenerz
Elfenbein
Erdnüsse
Erdöl
Federn
Felle
Gehörne
Gewürze
Gold
Guano
Guttapercha

Leder
Mais
Maniok
Marmor
Melasse
Nilpferdzähne
Palmkerne
Palmöl
Perlmutt
Pflanzen
Phosphat
Reis
Rinderfleisch
Rohrzucker
Rum

Salz
Schildpatt
Seide
Sesam
Sisal
Soda
Tabak
Tee
Vanille
Zitrusfrüchte

4 / 7

Konsum und Ausbeutung

Koloniale Kontinuitäten und imperiale Lebensweise

Sylvia Holzhäuser-Ruprecht, Dagmar Große, Carolin Bersin und Jonas Bauschert

Seit dem 15. Jahrhundert, als die Europäer_innen durch ihre sogenannten Entdeckungsreisen Länder des Globalen Südens in Besitz nahmen, greifen europäische Staaten auf Ressourcen, Rohstoffe und Arbeitskräfte in Lateinamerika, Afrika und Asien zurück.

Der hier verwendete Begriff »Globaler Süden« steht nicht ausschließlich für eine geografische Verortung, sondern verweist zunächst auf eine nicht hierarchische Bezeichnung sogenannter Entwicklungs- und Schwellenländer im Verhältnis und in Beziehung zu sogenannten entwickelten Ländern, dem »Globalen Norden«. Gleichzeitig umfasst der Begriff die unterschiedlichen gesellschaftlichen, politischen und ökonomischen Positionen im globalen System sowie die darin vorhandenen Privilegien und Machtstrukturen: sowohl zwischen Regionen und Ländern als auch innerhalb der verschiedenen Länder (vgl. !ebasa e.V. 2013: 20; glokal e.V. 2013: 8, s.a. Hoffmann-Ihde in diesem Band, S. 10).

Die Ausbeutung von Edelmetallen, Zuckerrohr, Kakao, Tabak, Kaffee, Gewürzen und vielen anderen Ressourcen war von Anfang an äußerst gewinnversprechend. Denn durch die Nutzung dieser Rohstoffe konnten sowohl die wachsende Nachfrage aus Europa befriedigt als auch ganz neue Märkte aufgebaut und neue Produkte hergestellt werden. So plünderten europäische Mächte die Reichtümer anderer Weltregionen, erhoben Besitzansprüche auf Minen und Ländereien und beuteten lokale Bevölkerungen als billige Arbeitskräfte aus. Damit legten die europäischen Länder den Grundstein für einen florierenden Handel und schufen den ersten Weltmarkt nach ihren Bedürfnissen (vgl. Acemoglu & Robinson 2015).

Bei der Ausweitung ihres weltweiten Einflusses wurden die europäischen Staaten zudem von nationalistischer Konkurrenz um Weltreiche angetrieben. Ihre vorrangigen Interessen waren, neben der Schaffung von Siedlungsgebieten für die eigene Bevölkerung, die Erschließung von neuen Rohstoffquellen für die aufblühende Industrie und der Aufbau von Absatzmärkten für deren Fertigprodukte (vgl. Guaffo 2020). »Es handelte sich um ein System der gewaltsamen wirtschaftlichen Ausbeutung, von der Europa profitiert hat und noch immer profitiert«, so Albert Guaffo von der Universität Dschang/Kamerun (2020: 4).

Bis heute sind die Strukturen unverändert: Natürliche Ressourcen werden aus Afrika, Lateinamerika und Asien importiert, hergestellte Produkte in den Globalen Süden exportiert (vgl. Guaffo 2020).

Die Gewalt und Repression, die die Kolonialmächte durch Ausbeutung, Unterwerfung, Versklavung und Ausrottung durchgesetzt haben, legitimierten diese mit unterschiedlichen rassistischen Ideologien. Ziel dieser Ideologien war immer, Menschen, die als fremd, unbekannt, andersdenkend, andersaussehend, andersgekleidet oder anderslebend wahrgenommen oder gelesen wurden, zu Objekten und somit zu sogenannten Anderen zu machen. Dadurch konnten Unterscheidungen und Abgrenzungen zum »Eigenen«, »Heimischen«, vermeintlich »höher Entwickelten« vollzogen und die »Anderen« damit ausgegrenzt werden. Entsprechende Erzählungen waren beispielsweise, dass »Heid_innen« durch die Bekehrung zum christlichen Glauben »gerettet« werden müssten; dass es sich bei den Menschen der unterworfenen Länder um »Wilde« handele, also mehr um Tiere als um Menschen, die »zivilisiert« werden sollten; und letztendlich durch angeblich vorhandene »Rassen« bei Menschen, die die Unterdrücker_innen zu einem Teil einer »*weißen* Rasse« machten, die den anderen überlegen sei und »nicht-*weiße* Rassen entwickeln« müsse (vgl. !ebasa e.V. 2013; glokal e.V. 2013). Die Folgen dieses kolonialen Erbes wirken bis heute fort – sowohl auf der ideologischen als auch auf der ökonomischen Ebene.

Die globalen Ressourcen sind nicht nur beim Zugang, sondern ebenso bei der Nutzung immer noch ungerecht verteilt und spiegeln nach wie vor die Machtverhältnisse wider, die in der kolonialen Eroberung wurzeln. Auch heute noch sind diese von Unterdrückung, Gewalt und Ausbeutung von Bevölkerungen des Globalen Südens durch den Globalen Norden gekennzeichnet. Hinzu kommen Armut, die Zerstörung von Ökosystemen, Mangel an Infrastruktur sowie die Bedrohungen durch den menschengemachten Klimawandel. Nicht zuletzt setzen sie sich in den wirtschaftspolitischen Systemen kolonialer Abhängigkeiten fort.

Noch immer erwirtschaften viele Länder des Globalen Südens ihre Haupteinnahmen mit der Herstellung von Konsumgütern für den Globalen Norden, die dieser zu Niedrigstpreisen abnimmt. So werden wertvolle Mineralien geschürft, wie beispielsweise Coltan für die Smartphone-Herstellung, Bauxit für die Aluminiumproduktion, Zink-Chromerz, Kupfer, Phosphate, Kalium, Salz, Bleigranit, Asbest, Nickel oder Zirkon, um Güter wie Maschinen, Flugzeuge, Computer herzustellen, Kraftwerke mit Kohle oder Uran zu betreiben und das Baugewerbe mit Material zu versorgen. Edle Hölzer, wie Mahagoni und Teakholz, schmücken europäische Häuser und Gärten.

Akteur_innen der Entwicklungszusammenarbeit, wie die Weltbank und der Internationale Währungsfonds (IWF), fordern von den Staaten aus der Gruppe der sogenannten Entwicklungsländer, dass diese sich mit ihrer Landwirtschaft an den Exportmärkten ausrichten und cash crops anbauen, wie Zuckerrohr und Kakao; Mais für Fahrzeugtanks, Ölpalmen für die Kosmetikindustrie und Soja für Tierfutter anstatt Getreide und Früchte (vgl. Herre & Mimkes 2021). Sie setzen damit auf »Entwicklung durch Deviseneinnahmen« anstatt auf Anbau von Nahrungsmitteln und Entwicklungsmöglichkeiten vor Ort, etwa durch eine Stärkung regionaler, solidarischer Wirtschaftskreisläufe.

Da Kleinbäuer_innen, anstatt für die Eigenversorgung und die regionalen Märkte anzubauen, die Märkte des Globalen Nordens bedienen müssen, verschärft sich der Kampf um die knapper werdenden Ackerflächen und das zur Verfügung stehende Wasser. Durch die Exportorientierung der landwirtschaftlichen Produktion müssen immer mehr Nahrungsmittel für die lokale Bevölkerung teuer importiert werden. Viele Kleinbäuer_innen verlieren zudem ihr Land und sind gezwungen, auf den Plantagen der Großgrundbesitzer_innen oder in Fabriken zu arbeiten. Auch dort wird in der Regel für ausländische Märkte produziert (vgl. Zukunftsstiftung Landwirtschaft 2013; Albrecht & Engel 2009).

Die Folge ist, dass Näher_innen in Bangladesch, Kakaobäuer_innen in der Elfenbeinküste, Kaffeepflücker_innen in Peru, Bananenbäuer_innen in Costa Rica oder Minenarbeiter_innen im Kongo oft unter dem Existenzminimum leben. Sie arbeiten bis an die Grenzen des Leistbaren, hungern, schicken ihre Kinder zum Betteln anstatt zur Schule, haben oft keinen Zugang zu sauberem Trinkwasser und auch keinen zu gesundheitlicher Versorgung. Letztlich fehlt ihnen zudem das Geld, um diese überhaupt bezahlen zu können. Knapp 80 Prozent der arbeitenden Bevölkerung in den Ländern des Globalen Südens befindet sich in prekären Beschäftigungsverhältnissen, ohne Vertrag oder soziale Absicherung (vgl. ILO 2017). Hinzu kommt, dass trotz des internationalen Ansatzes »Sicherheit neu denken« (vgl. Initiative Sicherheit neu denken 2019) Waffen aus dem Globalen Norden in viele Länder des Globalen Südens geliefert werden, wo Krieg und Gewalt den Alltag bestimmen. Deshalb ist es wichtiger denn je, kritisch nach den Profiteur_innen der sogenannten Entwicklungszusammenarbeit zu fragen – denn die Begünstigten sind meist europäische und/oder internationale Unternehmen, die beispielsweise große Bauaufträge oder Besitz an Landflächen erhalten haben (vgl. Gouaffo 2020). Doch das lokale Bewusstsein vor Ort wachse und die »[…] europäische Rhetorik übt heute keinen Einfluss mehr auf die selbstbewusst gewordenen ehemaligen ›Untertanen‹ aus« (Gouaffo 2020: 4).

Von den Voraussetzungen her verfügen die Länder des Globalen Südens über ausreichende Ressourcen, um ein nachhaltiges und gutes Leben für die Bevölkerungen zu schaffen. Daher muss es künftig darum gehen, die ökonomischen Strukturen und Rollen des kolonialen Erbes aufzubrechen, um »eine neue Wirtschaftsordnung [herzustellen], die für Afrika echte Zukunftsperspektiven schafft« (Eckert 2020: 3), damit eine Loslösung von den Abhängigkeiten imperialer Produktions- und Lebensweisen des Globalen Nordens möglich wird, wie beispielsweise der Massentierhaltung und den Agrar-Monokulturen. Denn wie das Beispiel der Kakaoproduktion zeigt, bestehen ökonomische Abhängigkeiten und koloniale Machtverhältnisse immer noch weiter. Die Kakaopflanze stammt aus Lateinamerika, wo sie bereits vor der Ankunft der Europäer_innen konsumiert wurde. Während der europäischen Kolonialzeit wurde ihre Frucht zunächst für europäische Eliten angebaut. Erst die Erschließung von westafrikanischen Anbaugebieten durch die Kolonialmächte im 19. Jahrhundert steigerte das Weltmarktangebot derart, dass Kakao zu einem Konsumgut breiter Bevölkerungsschichten des Globalen Nordens werden konnte. Dies bedeutete aber zugleich, dass der Kakao, der auch in afrikanischen Ländern von Kleinbäuer_innen angebaut wird, mehr und mehr auf Plantagen und unter Sklavereiähnlichen Bedingungen produziert wurde. Ende des 19. Jahrhunderts stieg die europäische Kakaonachfrage immens. Während die Briten 1901 noch etwa 1 000 Tonnen Kakao aus Ghana ausfuhren, waren es 1911 bereits 41 000 Tonnen, in den 1920er Jahren 226 000 Tonnen (vgl. INKOTA 2013). Auch heute noch ist Ghanas Wirtschaft stark vom Kakaoexport abhängig und reagiert hochempfindlich auf Preisschwankungen des Weltmarkts. Das Deutsche Kaiserreich begann Ende des 19. Jahrhunderts, Kakao in den eigenen Kolonien anzubauen, etwa in Kamerun (vgl. Schiffer 2013: 24). Die so entstandenen agrarischen Strukturen prägen bis in die Gegenwart die Wirtschaft vieler westafrikanischer Staaten und die unter prekären Bedingungen millionenfach im Kakaosektor arbeitenden Menschen. Ihnen kommt lediglich die Aufgabe der Produktion und des Transports von Kakaobohnen zu, während deren Veredelung – ein wichtiger Teil der Wertschöpfung – seit der europäischen Kolonialzeit im Globalen Norden stattfindet (vgl. INKOTA 2018). Wir sprechen heute nicht mehr von versklavten Menschen, wissen aber sehr wohl von niedrigen Löhnen; von Kleinbauernfamilien, die in Baracken ohne Strom und fließendes Wasser leben müssen; von Kindern, die Baumwolle pflücken, statt zur Schule zu gehen; von Arbeiter_innen, die aufgrund des Einsatzes von Pestiziden erkranken, denen sie durch ihre Feldarbeit ausgesetzt sind. Wir sprechen nicht mehr von Kolonien, auf deren Früchte und Bodenschätze wir Anspruch hätten, nutzen aber dennoch die bestehenden Abhängigkeitsverhältnisse zu unseren Gunsten. Nach wie vor profitieren wir als Konsument_innen in den Wohlstandsgesellschaften des Globalen Nordens davon, dass die Nichteinhaltung von ökologischen und sozialen Standards, die bei uns selbstverständlich sind, an den Produktionsstätten im Globalen Süden die Preise niedrig hält. Dies wird als »imperiale Lebensweise« bezeichnet (Brand & Wissen 2017).

Imperial meint, dass ein dominierendes System über andere Gesellschaftsgruppen, Länder oder ganze Kontinente Macht ausübt, die jeweiligen Verhältnisse prägt sowie die Bedingungen der Beziehungen untereinander bestimmt. Dabei lässt sich erkennen, dass die aktuellen Strukturen des Globalen Nordens eng mit denen des Globalen Südens verwoben sind. So ist die imperiale Lebensweise tief in unserem Alltag verankert und manifestiert sich bei Konsumgütern, Infrastrukturen und Werbestrategien. Sie setzt die aktive Ausbeutung natürlicher Ressourcen und menschlicher Arbeitskraft sowie ein stetiges Wirtschaftswachstum voraus. Diese Ausbeutungsstrukturen werden jedoch größtenteils ausgelagert – vorwiegend von den jeweiligen Zentren in die Peripherien und vom Globalen Norden in den Globalen Süden – und ermöglichen so eine auf Wohlstand bezogene Lebensweise für einen privilegierten Teil unserer Weltgesellschaft, der mehrheitlich im Globalen Norden lebt. Aber auch innerhalb der Gesellschaften des Globalen Nordens manifestieren sich Diskriminierungsstrukturen durch Rassismus, Geschlechterrollen und Klassenzugehörigkeit (vgl. Brand & Wissen 2017) (Abb. S. 157).

Es wird immer deutlicher, dass sich diese Situationen nicht nur auf die Lage der Menschenrechte auswirken, sondern auch immense Ungleichheiten zur Folge haben und letztlich unsere gesamten Lebensgrundlagen – die natürlichen Ressourcen – betreffen. Dies wurde uns sowohl durch das Urteil des Bundesverfassungsgerichts in Bezug auf das deutsche Klimaschutzgesetz (vgl. ZDF 2021) als auch durch den aktuellen »Intergovernmental Panel on Climate Change-Bericht« (IPCC) vom 9. August 2021 (vgl. IPCC 2021) deutlich gemacht. Um die natürlichen Ressourcen für nachfolgende Generationen erhalten zu können, muss sofort – und nicht erst in ein paar Jahren – gehandelt werden. Zur Erfüllung der Generationen- wie der globalen (Klima-)Gerechtigkeit sind weitreichende, auch einschneidende Entscheidungen und Veränderungen erforderlich. Hierzu gehören eine Stärkung der Biodiversität sowie umfassende Emissionsreduzierungen, um schnellstmöglich zu einer Treibhausgas-Neutralität zu kommen.

Lieferketten werden immer komplexer und undurchsichtiger. Sie sind in ihrer weltumspannenden Struktur schwer zu überblicken und zu kontrollieren. Dadurch kommt es immer wieder zu gravierenden Menschenrechtsverletzungen durch Wirtschaftsunternehmen. Die Corona-Pandemie seit 2020 hat dies besonders verdeutlicht. So wurden beispielsweise Textilbestellungen aus Bangladesch und Indien zu Beginn des ersten, nahezu weltweiten Lockdowns 2020 von den Importeur_innen und großen Textilunternehmen ausgesetzt. Durch diese Stornierungen konnten viele Zulieferer_innen ihre Arbeiter_innen nicht mehr bezahlen und mussten diese entlassen. Die fehlende Absicherung vor Ort und die ausgeblendete Verantwortung des Globalen Nordens zeigten, dass hier Veränderungen unbedingt notwendig sind, um Ungerechtigkeiten und Abhängigkeiten abzubauen (vgl. Initiative Lieferkettengesetz 2020).

Doch wie können wir dies verändern, koloniale Strukturen und Kontinuitäten sowie eine manifestierte imperiale Lebensweise abbauen? Wir brauchen eine globale Veränderung hin zu einer »solidarischen Lebensweise« und zu einem »guten Leben« für alle (vgl. ILA-Werkstatt 2019). Dafür müssen wir die globalen Strukturen so transformieren, dass niemand mehr auf Kosten anderer lebt. Es gibt bereits Ansätze, solche Veränderungen herbeizuführen. Der Faire Handel setzt sich beispielsweise seit über 50 Jahren für die Stärkung von Partnerschaften mit Ländern des Globalen Südens ein, ermöglicht existenzsichernde Löhne und die Einhaltung von Menschenrechten. Darüber hinaus ist am 11. Juni 2021 im Bundestag ein Lieferkettengesetz beschlossen worden, das Unternehmen ab 2023 verpflichtet, für den Schutz von Menschenrechten und die Sicherstellung von existenzerhaltenden Löhnen entlang ihrer Lieferketten zu sorgen. Solche Ansätze zur Veränderung müssen weiterverfolgt, ausgebaut und gestärkt werden. Das Nischendasein der Initiativen, die sich dafür engagieren, muss überwunden werden, damit die Handlungsalternativen zahlreicher werden und eine breite Wirkung entfalten können. Wir alle müssen Teil solcher Veränderungsprozesse werden und gemeinsam an der Realisierung einer gerechteren und besseren Welt arbeiten, die in der Lage ist, koloniale Kontinuitäten zu überwinden und eine solidarische, gerechte und nachhaltige Lebensweise für alle – weltweit – zu ermöglichen.

Zwischen 1869 und 1914 stieg in Freiburg die Zahl der Kolonialwarengeschäfte von anfangs zehn auf weit über 100 an. Viele Freiburger_innen gewöhnten sich an den Konsum importierter Güter, wie Kaffee, Kakao und Zitrusfrüchte. Weite Verbreitung fanden in dieser Zeit ebenso Textilien aus Baumwolle, da die einst rare Pflanze nun massenhaft und günstig in den Kolonien auf den Plantagen deutscher Unternehmen wuchs. Auch andere Rohstoffe wurden in das Deutsche Kaiserreich exportiert, was zu einer wirtschaftlichen Blüte führte. Anders war dies in den Kolonialgebieten, wo Armut und Abhängigkeit entstanden. Durch die Plantagenwirtschaft verlor die lokale Bevölkerung ihre Ackerflächen, während ihre Arbeitskraft und die natürlichen Ressourcen für den Export ausgebeutet wurden. In globaler Hinsicht wuchs daraus ein ökonomisches Nord-Süd-Gefälle, das bis heute besteht. Die Rohstoffe vieler Waren, die nicht nur Billigketten heute anbieten, stammen aus ehemals kolonialisierten Ländern.

BHI/AZ

118

Geschäftsschild: »Kolonialwaren Feinkost Josef Eiche«

Hersteller_in: unbekannt

Ohne Jahr: Freiburg/Deutschland, Eisen/Emaille, Leihgabe: privat, Freiburg/Deutschland

Provenienz: Kolonialwarengeschäft Zasiusstrasse, Freiburg

119

Kolonialwarengeschäft Zasius-/ Ecke Scheffelstraße

Fotograf: Georg Röbcke (1863–1941)

1912: Freiburg/Deutschland, Foto, Stadtarchiv Freiburg, M 736 - 6861-12

Provenienz: 1967 aus dem Röbcke-Nachlass von der Stadt Freiburg erworben

120

Rechnung: »Colonialwaaren und Landesproducten Engros«

Grafiker_in: unbekannt

1889: Freiburg/Deutschland, Papier, Leihgabe: Privat, Hamburg/Deutschland

Provenienz: um 2000 erworben auf Freiburger Trödelmarkt

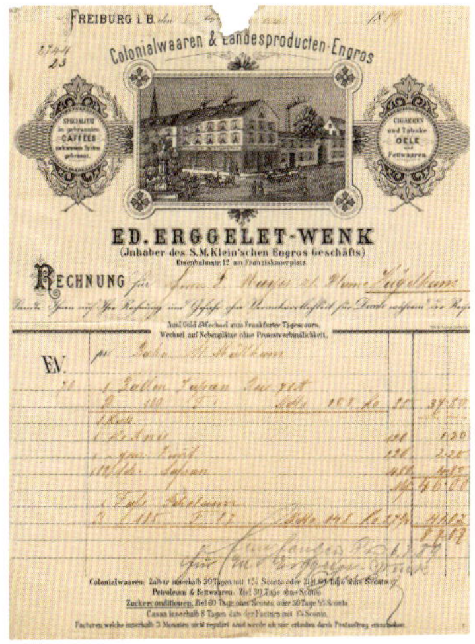
FREIBURG I. B.

Colonialwaaren & Landesproducten-Engros

ED. ERGGELET-WENK

RECHNUNG

121

Rechnung: »Julius Leuteneker. Kolonialwaren«

Grafiker_in: unbekannt

1912: Freiburg/Deutschland, Papier, Leihgabe: privat, Hamburg/Deutschland

Provenienz: um 2000 erworben auf Freiburger Trödelmarkt

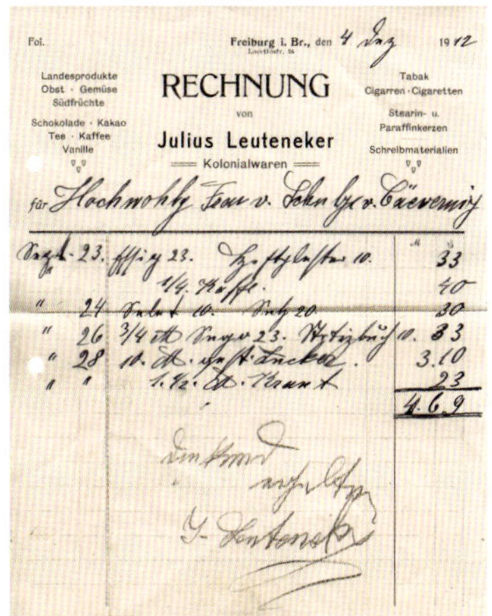
Fol. Freiburg i. Br., den 4 Dez 1912

Landesprodukte · Obst · Gemüse · Südfrüchte · Schokolade · Kakao · Tee · Kaffee · Vanille

RECHNUNG von Julius Leuteneker — Kolonialwaren

Tabak · Cigarren · Cigaretten · Stearin- u. Paraffinkerzen · Schreibmaterialien

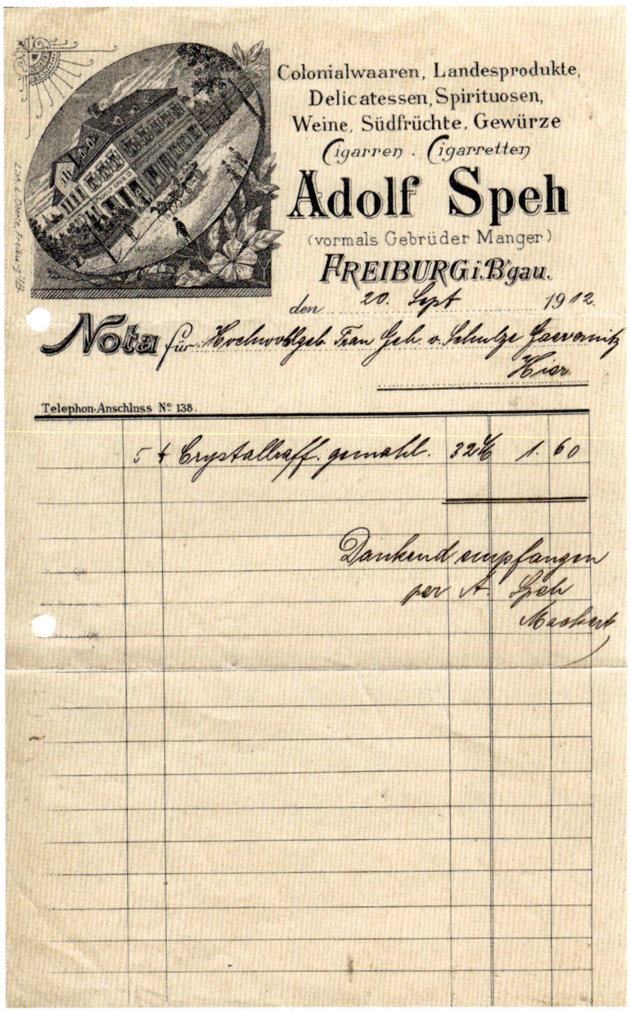
Colonialwaaren, Landesprodukte, Delicatessen, Spirituosen, Weine, Südfrüchte, Gewürze

Cigarren · Cigarretten

Adolf Speh (vormals Gebrüder Manger)

FREIBURG i. B'gau.

den 20. Sept 1912.

Nota für Hochwohlgeb. Frau Geh. v. Schulze Gaevernitz Hier

Telephon-Anschluss № 138.

Dankend empfangen per A. Speh

122

Rechnung: »Adolf Speh. Colonialwaaren«

Grafiker_in: unbekannt

1912: Freiburg/Deutschland, Papier, Leihgabe: privat, Hamburg/Deutschland

Provenienz: um 2000 erworben auf Freiburger Trödelmarkt

Kolonialwaren

Der kostengünstige Zugang zu Rohstoffen für die im 19. Jahrhundert expandierende Industrie, aber auch für den direkten Konsum war ein zentrales Motiv deutscher Akteur_innen, nach eigenen Kolonien zu streben. Rohstoffe aus den Kolonialgebieten und daraus gefertigte Produkte, wie Gewürze, Kaffee, Kakao, Schokolade, Seife, Tabak, Zucker oder Südfrüchte sowie Elfenbein-, Gummi- und Baumwollwaren wurden in Spezial- und Kolonialwarengeschäften verkauft. In Freiburg vervielfachte sich deren Anzahl zwischen 1871 und 1914, was darauf verweist, dass diese Waren zum Bestandteil des alltäglichen Konsums zunehmend breiterer Bevölkerungsschichten wurden. BHI

123

Werbung: »Usambara-Kaffee«

Grafiker_in: unbekannt

21.6.1907: Freiburg/Deutschland, Papier, Universitätsbibliothek Freiburg: G 4081

Provenienz: Freiburger Zeitung, 1907

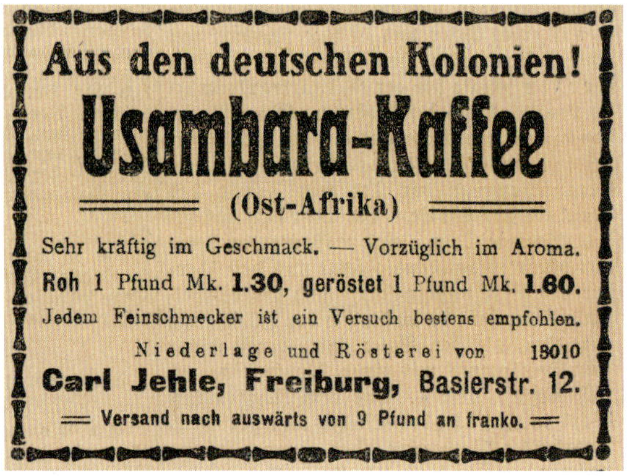

Aus den deutschen Kolonien!

Usambara-Kaffee

(Ost-Afrika)

Sehr kräftig im Geschmack. — Vorzüglich im Aroma.
Roh 1 Pfund Mk. 1.30, geröstet 1 Pfund Mk. 1.60.
Jedem Feinschmecker ist ein Versuch bestens empfohlen.
Niederlage und Rösterei von 18010
Carl Jehle, Freiburg, Baslerstr. 12.
Versand nach auswärts von 9 Pfund an franko.

124

Tee-Peter-Kaffee in Freiburg

Fotograf_in: Beatrix Hoffmann-Ihde

2022: Freiburg/Deutschland

Foto, Courtesy Beatrix Hoffmann-Ihde

125

Werbeschild: »Ruef Kaffee«

Hersteller_in: unbekannt

1910–1920: Freiburg/Deutschland, Metall/Emaille, Augustinermuseum, Städtische Museen Freiburg, Inv. H 89/005

Provenienz: 2007 erworben von privat

Kaffee

Am Beispiel des Kaffees lassen sich Merkmale und Langzeitwirkungen des Kolonialismus sowie die Verflechtungen zwischen Globalem Süden und Globalem Norden aufzeigen, deren asymmetrische Strukturen bis in die Gegenwart fortbestehen. Koloniale Herrschaft initiierte unter lokalen Bevölkerungen komplexe sozioökonomische und kulturelle Wandlungsprozesse, während die kolonialisierenden Gesellschaften von der Ausbeutung profitierten und sich auf Kosten der Unterdrückten als zivilisatorisch überlegen konstruierten.
Im Norden des heutigen Tansanias wurde während der Zeit des deutschen Kolonialismus der Kaffeeanbau eingeführt. Für die dort lebenden Washagga resultierte daraus nicht nur ein Wandel ihrer landwirtschaftlichen Praxis, sondern auch die Entstehung von privatem Landbesitz und damit einhergehend einer ökonomischen Elite, was zu sozialen Konflikten führte.

Für große Teile der deutschen Bevölkerung wurde um die Wende vom 19. zum 20. Jahrhundert aus dem exklusiven Genussmittel Kaffee ein erschwingliches Alltagsgetränk, da der Anbau in von Deutschen beherrschten Kolonialgebieten die Importkosten deutlich senkte. Die während der Zeit des deutschen Kolonialismus rasant wachsende Zahl von Kolonialwarengeschäften, wie das der Familie Peter, führte Kaffee im regulären Sortiment. Darüber hinaus entstanden auch fern der Häfen Kaffeeröstereien, wie Ruef in Freiburg, und wurden zu einem lukrativen Wirtschaftszweig.
Die mit dem Rösten des Kaffees verbundene Wertschöpfung steht exemplarisch für viele Wertschöpfungsprozesse, die im Globalen Norden stattfinden und auf günstig aus dem Globalen Süden importierten Rohstoffen basieren. Durch den europäischen Kolonialismus wurden Strukturen geschaffen, die bis in die Gegenwart bestehen und durch die Ideologie des billigen Konsums aufrechterhalten werden. Die Herstellung von Konsumgerechtigkeit bedarf der Abkehr von dieser Ideologie und der Initiative Vieler. Ein Beispiel ist die Firma Tee-Peter-Kaffee aus Freiburg, deren Ursprung ein 1883 gegründetes Kolonialwarengeschäft ist. Heute engagiert sich die Firma für fairen Handel mit den Produzent_innen durch Direktimport bei guatemaltekischen Kaffeebäuer_innen. BHI

126

Schwarzwälder Schinken: Imitat

Foto: Axel Kilian, 2021

Konsumgüter zu Ramschpreisen

Viele Produkte unseres Alltags sind moderne (Neo-)Kolonialwaren. Denn die koloniale Idee der Ausbeutung von immer neuen Ressourcen – natürlichen und menschlichen – ist noch heute Basis von Produktionsketten. Dabei bleiben die gewinnorientierten und globalen Zusammenhänge für Verbraucher_innen meist unsichtbar. Selbst vermeintlich regionale Produkte, wie der berühmte Schwarzwälder Schinken, sind betroffen. Das darin enthaltene Eiweiß stammt oft aus Futtermitteln, die beispielsweise in Brasilien auf gerodeten Regenwaldflächen produziert werden. PG

127

Handa/Panda: Katangakreuz

Hersteller_in: unbekannt

20. Jh.: Katanga/Kongo, Kupfer, Museum Natur und Mensch, Städtische Museen Freiburg, Inv. I/2515

Provenienz: 1979 erworben von privat

Kreuzförmige Kupferbarren, Handa/Panda oder auch Katangakreuze genannt, dienten in Zentralafrika spätestens seit dem 13. Jahrhundert als Zahlungsmittel. Die Bezeichnung »Katangakreuz« bezieht sich auf die ehemalige Provinz Katanga im Südosten der heutigen Demokratischen Republik Kongo, wo sich große Kupferlagerstätten befinden. Die kreuzförmigen Kupferbarren waren auch an der westafrikanischen Küste ein begehrtes Zahlungsmittel. Daher wurden sie unter anderem beim Sklavenhandel eingesetzt. BHI

128

Bootsmodell der Duala

Künstler_in: unbekannt

1875–1898: Duala/Kamerun, Holz, Museum Natur und Mensch, Städtische Museen Freiburg, Inv. I/0103

Provenienz: 1899 erworben von Johannes Ch. E. Heldt, Kapitän der Woermann-Linie/Hamburg, → Seite 170. Über die konkreten Erwerbungsumstände vor Ort ist nichts bekannt.

Handelshaus Woermann

Das Handelshaus Woermann trieb seit 1837 Handel in Westafrika, ab 1885 übernahm dies eine eigene Schifffahrtslinie, die Woermann-Linie. Zu den wichtigsten Handelsgütern zählten Elfenbein, Kautschuk, Kokos und Bananen, vor allem aber Palmöl. Der Bedarf für die Industrie in Europa war enorm. Bezahlt wurde der Rohstoff mit Manufaktur- und Eisenwaren sowie Waffen und mit billigem Schnaps, der Menschen und Gesellschaften zerstörte. Zu Woermanns wichtigen Handelspartnern zählten seit 1868 die Duala. An der Nordküste von Kamerun beheimatet, kontrollierten sie als Zwischenhändler den Palmölhandel mit den im Inland lebenden Produzent_innen. Nach Errichtung der Kolonialherrschaft versuchten deutsche Akteure, die Duala aus ihrem Wohngebiet zu vertreiben, um die Gewinne am Palmölhandel direkt einzustreichen.
BHI

129

Kolonfigur: kniender Europäer mit Zylinder und Bart

Künstler_in: unbekannt

19. Jh.: Whey-Land/Liberia, Holz, Museum Natur und Mensch, Städtische Museen Freiburg, Inv. I/0033

Provenienz: 1899 erworben von Johannes Ch. E. Heldt, Kapitän der Woermann-Linie/Hamburg, → Seite 170. Über die konkreten Erwerbungsumstände vor Ort ist nichts bekannt.

130

Ahnenfigur mit Perlenschmuck

Künstler_in: unbekannt

19. Jh.: Dahomey oder Yoruba/Westafrika, Holz/Glas/Messing, Museum Natur und Mensch, Städtische Museen Freiburg, Inv. I/0046

Provenienz: 1899 erworben von Johannes Ch. E. Heldt, Kapitän der Woermann-Linie/Hamburg, → Seite 170. Über die konkreten Erwerbungsumstände vor Ort ist nichts bekannt.

und Völkerkunde Freiburg

Fotograf: Georg Röbcke (1863–1941)

Um 1911: Freiburg/Deutschland

Provenienz: ohne Angabe

Wechselwirkung – Wechselblicke

Die koloniale Ausbreitung führte unter anderem bei afrikanischen Lokalbevölkerungen zu einem tiefgreifenden Wandel der Lebensweise. Die oft ungewollte Begegnung mit Europäer_innen verarbeiteten sie auch künstlerisch, etwa in den sogenannten Kolonfiguren.
Einige dieser Figuren gelangten in die Sammlungen europäischer und nordamerikanischer Museen. Dort fanden sie Eingang in die Depots und wurden neben Ahnenfiguren aufbewahrt, die zumeist nackt dargestellt sind.
In Freiburg wurde die Nacktheit der Figuren offenbar immer wieder von Museumsbesucher_innen kritisiert, sie widersprach ihrem Moralempfinden. Das Museum für Natur- und Völkerkunde scheint mit dieser Kritik pragmatisch umgegangen zu sein und bekleidete offenbar kurzerhand nackte Figuren, wie die weibliche Ahnenfigur, die auf einem Foto vom Beginn des 20. Jahrhunderts mit einem Rock versehen ist (Kat. 130).

132

Anteilsschein: »Gesellschaft Nordwest-Kamerun«

Hersteller_in: unbekannt

1899: Berlin/Deutschland, Papier, Städtische Museen Freiburg

Provenienz: 2021 antiquarisch erworben

Handelsgesellschaften

Eines der Hauptziele des deutschen Kolonialismus war die wirtschaftliche Ausbeutung der beherrschten Gebiete. Der Plantagenanbau spielte dabei eine wichtige Rolle und lag in der Hand von Handelsgesellschaften. Viele von ihnen wurden Ende des 19. Jahrhunderts gegründet, darunter die Gesellschaft Nordwest-Kamerun. Deutsche konnten Anteile an diesen Gesellschaften erwerben und waren somit direkt an der Ausbeutung beteiligt.

Koloniale Propaganda, welche die Ausbeutung der lokalen Bevölkerung und die Bereitschaft, diese zu unterstützen, rechtfertigen sollte, durchdrang die Gesellschaft vor allem durch Bilder unterschiedlicher Medien. Sie überdauerte das politische Ende des Kolonialismus, wie das Sammelalbum des Cigarretten Bilderdienstes zeigt (Kat. 135). BHI

„Gesellschaft Nordwest-Kamerun."

Das Grundkapital der Gesellschaft beträgt 4000000 Mark Deutsche Reichswährung, eingetheilt in 10000 Antheile Serie A zu je 400 Mark; ausserdem sind 30000 Antheilscheine Serie B ausgegeben.

Urkunde über einen

Antheilschein

Serie B № 18010.

Der Inhaber dieser Urkunde hat nach den Bestimmungen des Statuts Antheil an dem Vermögen der

„Gesellschaft Nordwest-Kamerun"

für einen Antheilschein Serie B mit allen statutenmässigen Rechten.

BERLIN, den 25. November 1899.

Das Direktorium.

Controlirt:

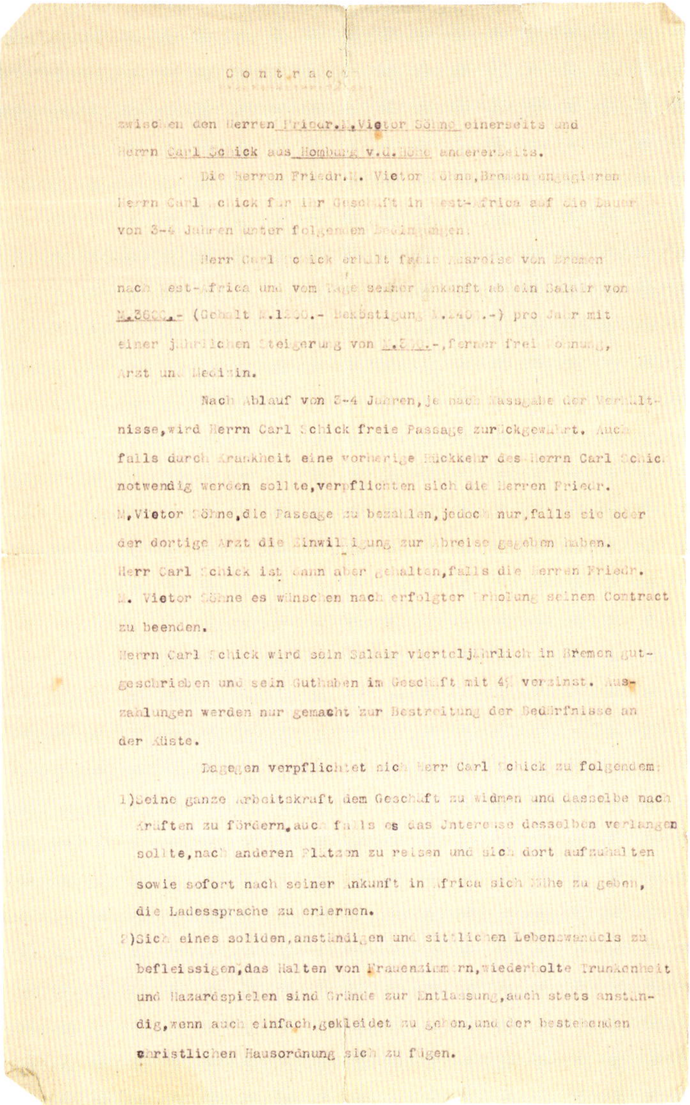

Contract

zwischen den Herren Friedr.M.Vietor Söhne einerseits und
Herrn Carl Schick aus Homburg v.d.Höhe andererseits.

Die Herren Friedr.M. Vietor Söhne,Bremen engagieren
Herrn Carl Schick für ihr Geschäft in West-Africa auf die Dauer
von 3-4 Jahren unter folgenden Bedingungen:

Herr Carl Schick erhält freie Ausreise von Bremen
nach West-Africa und vom Tage seiner Ankunft ab ein Salair von
M.3600.- (Gehalt M.1200.- Beköstigung M.2400.-) pro Jahr mit
einer jährlichen Steigerung von M.500.-,ferner frei Wohnung,
Arzt und Medizin.

Nach Ablauf von 3-4 Jahren,je nach Massgabe der Verhält-
nisse,wird Herrn Carl Schick freie Passage zurückgewährt. Auch
falls durch Krankheit eine vorherige Rückkehr des Herrn Carl Schick
notwendig werden sollte,verpflichten sich die Herren Friedr.
M.Vietor Söhne,die Passage zu bezahlen,jedoch nur,falls sie oder
der dortige Arzt die Einwilligung zur Abreise gegeben haben.
Herr Carl Schick ist dann aber gehalten,falls die Herren Friedr.
M. Vietor Söhne es wünschen nach erfolgter Erholung seinen Contract
zu beenden.
Herrn Carl Schick wird sein Salair vierteljährlich in Bremen gut-
geschrieben und sein Guthaben im Geschäft mit 4% verzinst. Aus-
zahlungen werden nur gemacht zur Bestreitung der Bedürfnisse an
der Küste.

Dagegen verpflichtet sich Herr Carl Schick zu folgendem:
1)Seine ganze Arbeitskraft dem Geschäft zu widmen und dasselbe nach
Kräften zu fördern,auch falls es das Interesse desselben verlangen
sollte,nach anderen Plätzen zu reisen und sich dort aufzuhalten
sowie sofort nach seiner Ankunft in Africa sich Mühe zu geben,
die Ladessprache zu erlernen.
2)Sich eines soliden,anständigen und sittlichen Lebenswandels zu
befleissigen,das Halten von Frauenzimmern,wiederholte Trunkenheit
und Hazardspielen sind Gründe zur Entlassung,auch stets anstän-
dig,wenn auch einfach,gekleidet zu gehen,und der bestehenden
christlichen Hausordnung sich zu fügen.

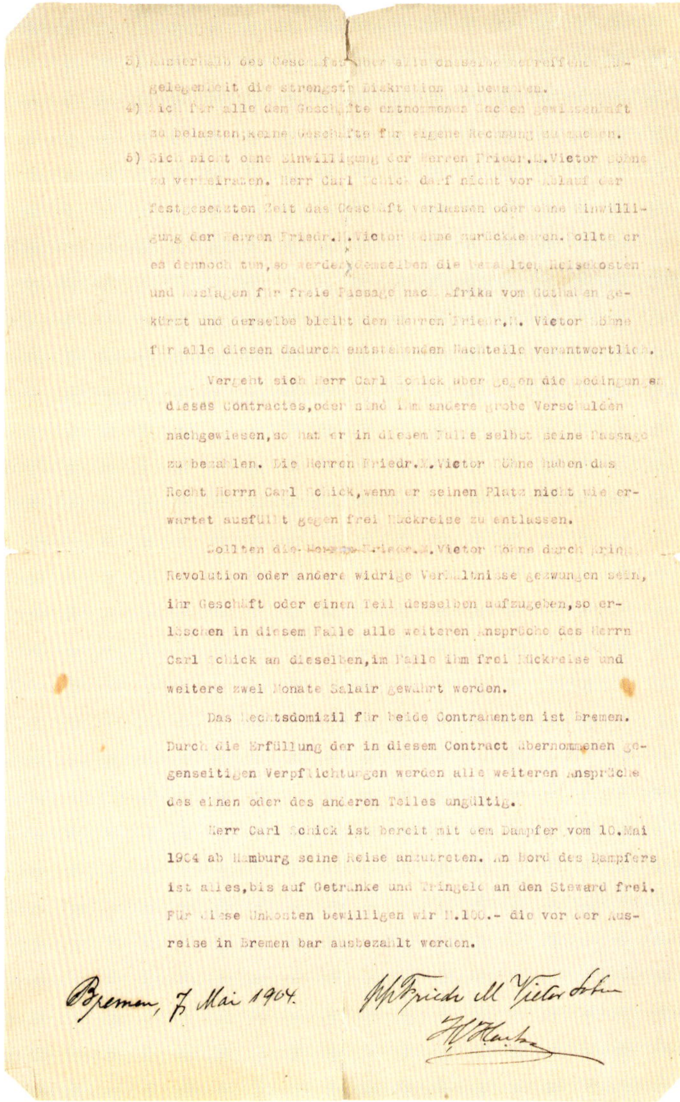

3) Ausserhalb des Geschäftes über alle dasselbe betreffende An-
gelegenheit die strengste Diskretion zu bewahren.
4) Sich für alle dem Geschäfte entnommenen Sachen gewissenhaft
zu belasten;keine Geschäfte für eigene Rechnung zu machen.
5) Sich nicht ohne Einwilligung der Herren Friedr.M.Vietor Söhne
zu verheiraten. Herr Carl Schick darf nicht vor Ablauf der
festgesetzten Zeit das Geschäft verlassen oder ohne Einwilli-
gung der Herren Friedr.M.Victor Söhne zurückkehren. Sollte er
es dennoch tun,so werden demselben die bezahlten Reisekosten
und Auslagen für freie Passage nach Afrika vom Guthaben ge-
kürzt und derselbe bleibt den Herren Friedr.M. Vietor Söhne
für alle diesen dadurch entstehenden Nachteile verantwortlich.

Vergeht sich Herr Carl Schick aber gegen die Bedingungen
dieses Contractes,oder sind ihm andere grobe Verschulden
nachgewiesen,so hat er in diesem Falle selbst seine Passage
zu bezahlen. Die Herren Friedr.M.Victor Söhne haben das
Recht Herrn Carl Schick,wenn er seinen Platz nicht wie er-
wartet ausfüllt gegen frei Rückreise zu entlassen.

Sollten die Herren Friedr.M.Vietor Söhne durch Krieg,
Revolution oder andere widrige Verhältnisse gezwungen sein,
ihr Geschäft oder einen Teil desselben aufzugeben,so er-
löschen in diesem Falle alle weiteren Ansprüche des Herrn
Carl Schick an dieselben,im Falle ihm frei Rückreise und
weitere zwei Monate Salair gewährt werden.

Das Rechtsdomizil für beide Contrahenten ist Bremen.
Durch die Erfüllung der in diesem Contract übernommenen ge-
genseitigen Verpflichtungen werden alle weiteren Ansprüche
des einen oder des anderen Teiles ungültig.

Herr Carl Schick ist bereit mit dem Dampfer vom 10.Mai
1904 ab Hamburg seine Reise anzutreten. An Bord des Dampfers
ist alles,bis auf Getränke und Trinkgeld an den Steward frei.
Für diese Unkosten bewilligen wir M.100.- die vor der Aus-
reise in Bremen bar ausbezahlt werden.

Bremen, 7. Mai 1904.   ppa Friedr. M. Vietor Söhne

133

Arbeitsvertrag für Karl Schick als Faktoreileiter

Aussteller_in: Handelsgesellschaft Friedrich M. Vietor Söhne

7.5.1904: Bremen/Deutschland, Papier, Museum Natur und Mensch, Städtische Museen Freiburg, Archiv

Provenienz: 1974 erhalten von Rolf Heinrich Julius Schick; Nachlass von Karl Heinrich Leonhard Schick → Seite 264

134

Karl Schick, Faktoreileiter von Palime/Togo auf Reisen

Fotograf_in und abgebildete Personen nicht namentlich bekannt, mit Ausnahme von Karl Schick (4.v.l.)

1905: Palime/Togo, Postkarte, Museum Natur und Mensch, Städtische Museen Freiburg, Inv. XHF/I/0075

Provenienz: 1974 erhalten von Rolf Heinrich Julius Schick; Nachlass von Karl Heinrich Leonhard Schick → Seite 264

135

Sammelalbum: »Deutsche Kolonien«

Verlag: Cigaretten Bilderdienst

1936: Dresden/Deutschland, Papier/Pappe, Museum Natur und Mensch, Städtische Museen Freiburg, Bibliothek, Inv. A-b-45

Provenienz: 1981 erhalten von privat/Freiburg

136

»Bei der Feldarbeit«

Fotograf_in und abgebildete Personen nicht namentlich bekannt

Verlag: Freimund-Verlag Neuendettelsau (um 1936)

Um 1933: Plantage Timbulim oder Heldsbach/Papua Neuguinea, ehemals Deutsch-Neuguinea, Pappe, Museum Natur und Mensch, Städtische Museen Freiburg, Inv. XHF/II/0109

Provenienz: aus einer Serie von Sammelbildern der Neuendettelsauer Mission (heute Mission EineWelt), vermutlich um 1936 zum 50-jährigen Jubiläum der Neuguinea-Mission herausgegeben. Die Serie war Bestandteil vieler Familienarchive.

Plantagenarbeit

Zu den häufigsten Anbaupflanzen der während des Kolonialismus angelegten Plantagen zählten Baumwolle, Bananen, Kokos- und Ölpalmen, Kakaobäume, Kaffeesträucher und Sisal. Nicht nur Handelsgesellschaften, auch Privatpersonen und Missionsgesellschaften betrieben Plantagen, um wirtschaftlichen Gewinn daraus zu ziehen.
Für die lokalen Bevölkerungen waren die Plantagen einerseits Orte konkreter Ausbeutung und andererseits eine Existenzbedrohung ihrer Gesellschaften. Denn sie entstanden oft auf Ländereien, die zuvor gemeinschaftlich bewirtschaftet worden waren.
Deutsche Handelsgesellschaften organisierten die Plantagenarbeit über Faktoreien, die von angestellten Mitarbeitern betrieben wurden. Karl Schick (1881–1953) war Leiter einer Niederlassung von Friedrich M. Vietor Söhne in Palime/Togo. Für ihn war diese Tätigkeit eine Chance zum wirtschaftlichen und damit sozialen Aufstieg, den er auf Kosten der vom Kolonialismus betroffenen Gesellschaften, das heißt durch die Organisation ihrer Unterdrückung und Ausbeutung erlangte. BHI

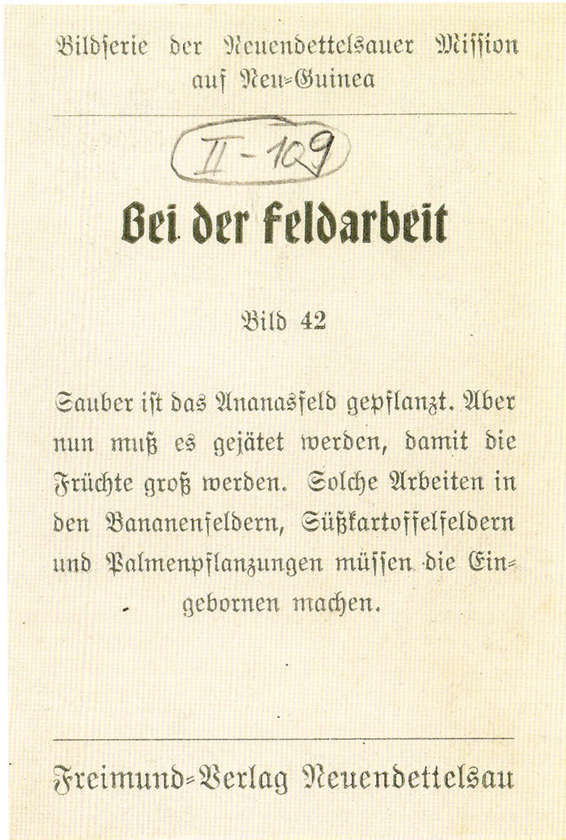
Bildserie der Neuendettelsauer Mission auf Neu-Guinea

II - 109

Bei der Feldarbeit

Bild 42

Sauber ist das Ananasfeld gepflanzt. Aber nun muß es gejätet werden, damit die Früchte groß werden. Solche Arbeiten in den Bananenfeldern, Süßkartoffelfeldern und Palmenpflanzungen müssen die Eingebornen machen.

Freimund-Verlag Neuendettelsau

137

Samenstand von Baumwolle (*Gossypium*)

2021: Freiburg/Deutschland, Samenstand der Baumwolle, Leihgabe: privat, Freiburg/Deutschland

Provenienz: 2021 im Handel erworben

138

Baumwoll-Muster

Hersteller: Baumwoll-Export Gesellschaft MISSR

Um 1920: Alexandria/Ägypten, Rohbaumwolle/Papier, Städtische Museen Freiburg

Provenienz: 2021 erhalten von Martin Rist, aus dem Nachlass seines Großvaters Fritz Rist (1892–?)

139

Werbung: »Togolano Unterkleider«

Grafiker: U. Levi

1907/1914: ohne Ortsangabe, Papier, Staatsgalerie Stuttgart, III C 1

Provenienz: Trikotweberei Liebmann & Levi, Hechingen/ Deutschland

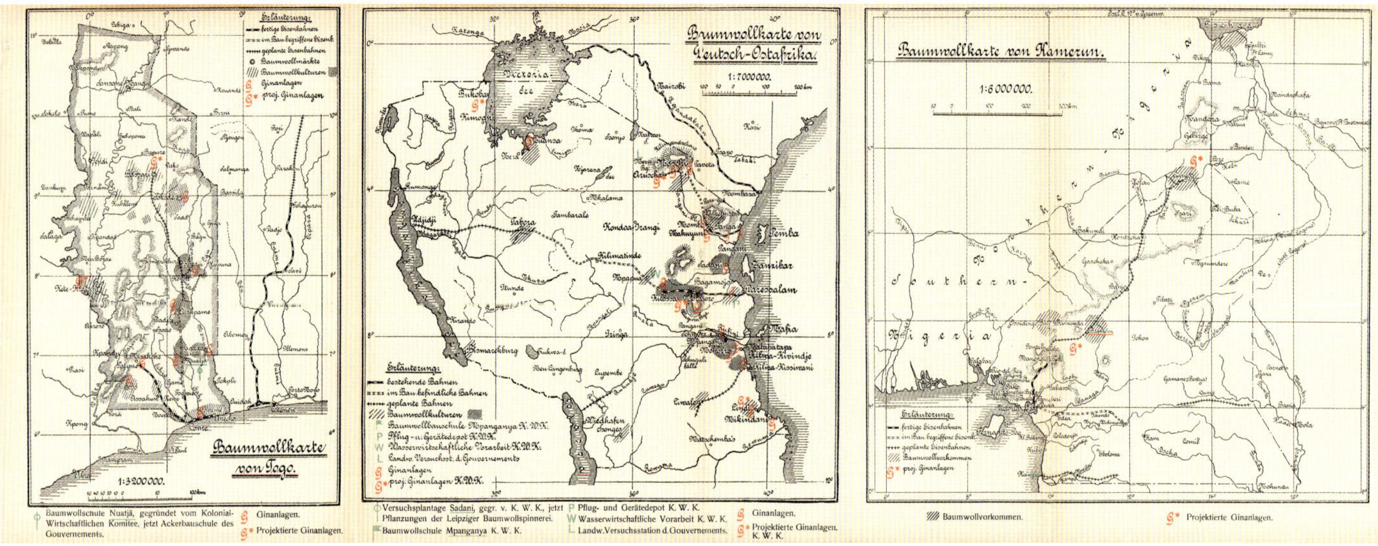

140

»Deutsch-Koloniale Baumwoll-Unternehmungen«

Autor: Karl Supf (1855–1915)

1911: Berlin/Deutschland, Papier/Pappe, Städtische Museen Freiburg

Provenienz: »Beihefte zum Tropenpflanzer, Organ des Kolonial-Wirtschaftlichen Komitees, Wissenschaftliche und praktische Abhandlungen über tropische Landwirtschaft, 1911«, 2021 antiquarisch erworben

Der Baumwollbedarf

Im Deutschen Kaiserreich wuchs der Bedarf an Rohbaumwolle seit Reichsgründung rasant und Baumwollkleidung entwickelte sich von einem Luxusgut zur Massenware. Der Reichskanzler Otto von Bismarck (1815–1898) begründete das Kolonialengagement des Deutschen Kaiserreichs, dem er lange Zeit ablehnend gegenüberstand, auf der Berliner Afrika-Konferenz unter anderem mit dem günstigen Zugang zu Baumwolle: »Wenn wir […] mit der gleichen Intelligenz, wie die Amerikaner ihre Baumwolle pflanzen und bearbeiten, in Gegenden wie Neuguinea oder Kamerun […] Baumwolle züchten können, die wir nicht mehr von Ausländern, sondern von deutschen überseeischen Besitzern kaufen würden, so wäre das ein Vorteil für unser Nationalvermögen« (Bückendorf 1997: 190). Schließlich sollte der enorme Rohstoffbedarf durch den Anbau auf Plantagen in Togo, Kamerun und Ostafrika gedeckt werden. Ab 1900 förderte das Kolonial-Wirtschaftliche Komitee (KWK), in welchem Freiburg ab 1909 Mitglied war, planmäßige Versuche zum großflächigen und ertragreichen Baumwollanbau. Die Ergebnisse wurden vergleichend ausgewertet und veröffentlicht, um die Erträge zu steigern. BHI

141

Freiburger Weißwarengeschäft mit der alten Universität im Hintergrund

Fotograf: Fritz Hase (1853–1906)

1895: Franziskanerplatz in Freiburg/Deutschland, Foto, Augustinermuseum, Städtische Museen Freiburg, Inv. d-1022

Provenienz: fotografiert im Auftrag der Stadt Freiburg

142

Büstenhalter

Hersteller_in: unbekannt

1920–1930er Jahre: ohne Ortsangabe, Baumwolle, Augustinermuseum, Städtische Museen Freiburg, Inv. 13159

Provenienz: 1932 erhalten von Freiherr von Geiling/Freiburg

143

Unterrock oder Mädchenkleid

Hersteller_in: unbekannt

1920–1930er Jahre: ohne Ortsangabe, Baumwolle, Augustinermuseum, Städtische Museen Freiburg, Inv. 2004/018

Provenienz: ohne Angabe

Weißwäsche

Der Aufschwung der deutschen Baumwollindustrie wurde durch den Zugang zu günstigen Rohstoffen vorangetrieben. Dies spürten die Menschen im Alltag, denn das Angebot von Baumwollkleidung wuchs beständig. Damit stieg auch die Anzahl von Geschäften, in denen sie verkauft wurden. In Freiburg gab es 1870 zwei solcher Geschäfte, 1905 waren es 22. Aus Baumwolle wurden nicht mehr nur Gewänder für besondere Anlässe hergestellt, sondern auch Alltagskleidung, hier vor allem Unterwäsche. Zunehmend wurde sie für alle Bevölkerungsschichten erschwinglich. BHI

144

Textilien aus Baumwolle

Hersteller_in: unbekannt

2000–2015: ohne Ortsangabe, Baumwolle, Leihgabe: privat, Freiburg/Deutschland

Provenienz: 2000–2015 im Handel erworben

Fast Fashion

Baumwollkleidung kommt heute von der Rohstoffproduktion bis zur Fertigstellung überwiegend aus Ländern des Globalen Südens. Damit hiesige Geschäfte die oft jährlich wechselnden Modekollektionen zu Billigstpreisen anbieten können, werden sie unter ausbeuterischen Bedingungen hergestellt, unter denen im Globalen Süden Menschen, aber auch die Umwelt leiden. BHI

Nachhaltig handeln statt ausbeuten

Ob beim Einkauf von Kleidung, Elektrogeräten oder Lebensmitteln: Koloniale und neokoloniale Strukturen begegnen uns in unserem westlichen Konsumalltag täglich. So komplex und verschleiert die globalen Ausbeutungsketten auch sein mögen: Das Grundprinzip ist so einfach wie durchschaubar. Mit dem Ziel günstiger Preise und einer stetigen Steigerung des Konsums wird die Ausbeutung immer neuer Ressourcen – sozial wie natürlich – vorangetrieben. An der Supermarktkasse bringt dies jeden von uns täglich in einen Zielkonflikt: günstiger Einkauf versus Nachhaltigkeit. Bildung für nachhaltige Entwicklung (BNE) setzt hier an: Wir müssen unsere Handlungsstrategien reflektieren und uns und andere dazu motivieren, vorausschauender zu denken und zu handeln. PG

Einst koloniale Luxusgüter, heute billige Massenprodukte. Es liegt an uns allen, unser Konsumverhalten im Sinne der Nachhaltigkeit zu überdenken.

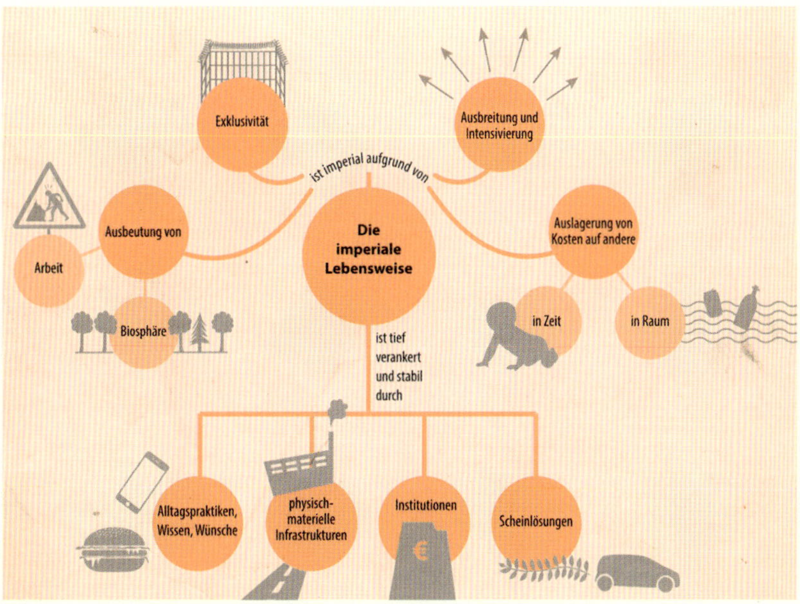

»Imperiale Lebensweisen« Grafik von © Sarah Heuzeroth (2017)

145

Erlegter Elefant mit Jäger

Fotograf: Max Weiß

1907/08: Ruanda, ehemals Deutsch-Ostafrika, Foto, Universitätsbibliothek Frankfurt/M., 3317_2014_0956_0061 [015-1234-12]

Provenienz: Bildbestand der Deutschen Kolonialgesellschaft

146

Elefantenjagd: Stoßzähne und Füße

Fotograf_in und abgebildete Personen nicht namentlich bekannt

Ohne Jahr: ehemals Deutsch-Ostafrika, Foto, Universitätsbibliothek Frankfurt/M., 6263_3051_3425_0006 [023-0263-05]

Provenienz: Bildbestand der Deutschen Kolonialgesellschaft

Elfenbeingier

In der Jagd nach Elfenbein spiegelte sich die Ausbeutung des afrikanischen Kontinents in seiner Gesamtheit wider. Während der Hochphase des Kolonialismus wurden die Tiere zu Hunderttausenden erbarmungslos und brutal abgeschlachtet. Darin drückten sich die Fantasien kolonialer Allmacht aus und die Gier nach dem »weißen Gold«. BHI

147

Karawane beim Elfenbeintransport

Fotograf: Woeckner

Abgebildete Personen: nicht namentlich bekannt

1909–1912: ehemals Deutsch-Ostafrika, Foto, Universitätsbibliothek Frankfurt/M., 7245_2012_1911_0028 [0171-1999-21]

Provenienz: Bildbestand der Deutschen Kolonialgesellschaft

148

Verschiffung von Elfenbein

Fotograf_in und abgebildete Personen nicht namentlich bekannt

Ohne Jahr: Kongo, Foto, Universitätsbibliothek Frankfurt/M., 6264_3951_3535_0051 [0128-5000-39]

Provenienz: Bildbestand der Deutschen Kolonialgesellschaft

Elfenbeinjagd

Lokale Jäger und Träger wurden gezwungen, sich am massenhaften Töten der Elefanten und am Elfenbeinraub zu beteiligen. Die Voraussetzung dafür waren Feuerwaffen mit hoher Reichweite. Damit konnten die wehrlosen Tiere aus sicherer Entfernung erschossen werden. Einheimische Trägerkarawanen transportierten dann das Elfenbein aus dem Inland an die afrikanischen Küsten, von wo es nach Europa verschifft wurde. BHI

149

Gürtel mit Patronentasche für Großwildjagd

Hersteller_in: unbekannt

1904–1912: Togo, Leder/Metall, Museum Natur und Mensch, Städtische Museen Freiburg, Inv. I/2399

Provenienz: 1974 erhalten von Heinrich Schick, aus dem Nachlass von Karl Schick, Faktoreileiter —> Seite 264. Über die konkreten Erwerbungsumstände vor Ort ist nichts bekannt.

150

Elefantenfuß als Schirmständer

Hersteller_in: unbekannt

1905–1907: ehemals Deutsch-Ostafrika, Leder/Elfenbein/Metall, Leihgabe: privat, Ulm/Deutschland

Provenienz: Familienerbstück aus dem Nachlass von Max Knecht (1874–1954), Kolonialoffizier/Freiburg. Über die konkreten Erwerbungsumstände vor Ort ist nichts bekannt.

151

Montierte Elefantenstoßzähne

Hersteller_in: unbekannt

Vor 1908: ehemals Deutsch-Ostafrika, Elfenbein/Holz, Leihgabe: privat, Ulm/Deutschland

Provenienz: Familienerbstück aus dem Nachlass von Max Knecht (1874–1954), Kolonialoffizier/Freiburg. Über die konkreten Erwerbungsumstände vor Ort ist nichts bekannt.

Großwildjagd

Heute ist die Großwildjagd ein fragwürdiges, aber dennoch prestigeträchtiges Vergnügen. In der Großwildjagd zeigen sich ungleiche Machtverhältnisse zwischen Menschen und Natur, die als Parallele für die ausbeuterischen Beziehungen des europäischen Kolonialismus verstanden werden können. Ausgestopfte Tiere oder einzelne Körperteile wie Schädel, Gehörne oder auch Füße sollen oftmals den Jagderfolg belegen und werden dann auch heute noch gern als häuslicher Schmuck präsentiert. So auch im Haus von Max Knecht (1874–1954), der sich nach seinem Einsatz als Offizier der sogenannten Schutztruppe in Deutsch-Ostafrika in Freiburg niederließ und der sein Haus mit zahlreichen Jagdtrophäen ausgestattet hatte. Manche Freiburger_innen erinnern sich an das Treppenhaus, wo dicht gedrängt diverse Ethnografika, hauptsächlich Waffen, und Gehörne aus Afrika hingen. Ein Freiburger entsinnt sich: »Als Kind war ich häufig in der Villa Günterstalstraße 68, denn die Familie Knecht, die dort wohnte, war ›Kundschaft‹ in der elterlichen Bäckerei am Annaplatz und so brachte ich immer wieder Lieferungen dorthin. Im Treppenhaus fanden sich zahlreiche Erinnerungsstücke aus der Kolonialzeit des einstigen Hausherrn. Besonders fasziniert hatte mich immer der Elefantenfuß als Schirmständer, der auf dem Treppenabsatz stand.« (PK) BHI

152

Elefantenstoßzahn mit Halterung

Hersteller_in: unbekannt

1902–1914: Togo/Afrika, Elfenbein/Metall, Museum Natur und Mensch, Städtische Museen Freiburg, Inv. I/2396 a, b

Provenienz: 1974 erhalten von Heinrich Schick, aus dem Nachlass von Karl Schick, Faktoreileiter → Seite 264. Über die konkreten Erwerbungsumstände vor Ort ist nichts bekannt.

153

Nambrose: Signalhorn

Hersteller_in: unbekannt

1850–1877: Mangbetu/Kongo, Elfenbein, Museum Natur und Mensch, Städtische Museen Freiburg, Inv. I/0717

Provenienz: seit 1904 Dauerleihgabe Universität Freiburg, davor erhalten von C. Friedrich Rosset & C. Wilhelm Rosset/Freiburg, vor 1878 → Seite 171. Über die konkreten Erwerbungsumstände vor Ort ist nichts bekannt.

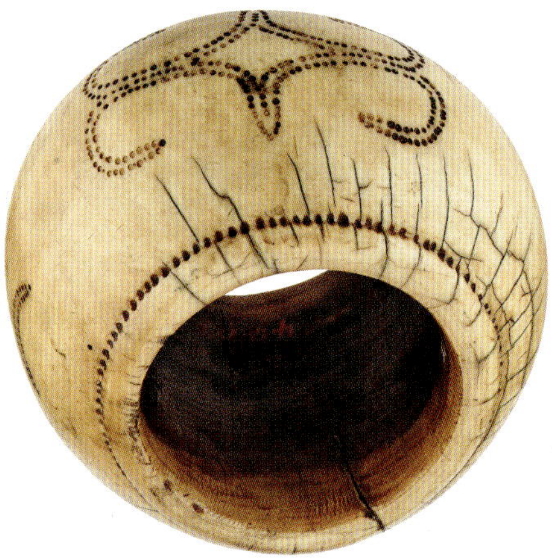

154

Armreif

Künstler_in: unbekannt

Um 1900: Aruwimi-Region/Kongo, Elfenbein, Museum Natur und Mensch, Städtische Museen Freiburg, Inv. I/1273

Provenienz: 1907 erworben von Jean Renier Louis Exteers (1861–?), Ethnografika-Händler/Brüssel

Elfenbein

Seit Jahrtausenden gilt Elfenbein als kostbarer Rohstoff. Es dient der Herstellung von persönlichem und religiösem Schmuck sowie von Prestigegenständen. Als Handelsgut verband Elfenbein über Jahrhunderte den afrikanischen und asiatischen mit dem europäischen Kontinent, weil es dort bei vielen Herrschenden hochbegehrt war.
In vielen Gesellschaften hatte Elfenbein auch eine besondere symbolische Bedeutung. In Afrika dienten Elfenbeintrompeten vielfach als Signal- und Ritualinstrumente, die bei höfischen Zeremonien geblasen wurden. Das Nambrose-Signalhorn mit dem typischen Querloch stammt aus der Sammlung der Freiburger Brüder Carl Friedrich Rosset (1842–1878) und Carl Wilhelm Rosset (1851–1923), die sie nach der Rückkehr von ihrer Reise nilaufwärts (1876) der Universität Freiburg schenkten. BHI

155

Werbung: »Elfenbeinwaren«

Grafiker_in: unbekannt

17.11.1905: Freiburg/Deutschland, Papier, Universitätsbibliothek Freiburg, G 4081

Provenienz: Freiburger Zeitung, 1905

Räumungs-Ausverkauf.

Wegen Aufgabe meines Lagers in echten

Elfenbeinwaren

für Toilette und Schmuck

gewähre 15 u. 20% Rabatt

auf meine ohnehin billigen alten Preise, trotzdem das Rohmaterial ganz bedeutend im Preise gestiegen ist. 5256

Alfred Sieber,

Drechsler und Graveur, Unterlinden 4.

Schnitzereien, gedrehte, wie alle façonnierten Arbeiten, werden nach wie vor in tadelloser fachmännischer Arbeit billigst ausgeführt.

156

Kreuzanhänger

Künstler_in: unbekannt

Anf. 20. Jh.: Afrika, Elfenbein, Leihgabe: privat, Freiburg/Deutschland

Provenienz: Familienerbstück

157

Garnwirtel

Hersteller_in: unbekannt

Ohne Jahr: ohne Ortsangabe, Elfenbein, Augustinermuseum, Städtische Museen Freiburg, Inv. H31/0172

Provenienz: ohne Angabe

Elfenbein als günstiger Rohstoff

Die rücksichtslose Jagd auf Elefanten führte Ende des 19. Jahrhunderts auf den Märkten des Globalen Nordens zu einem Überangebot von Elfenbein. Die Industrie entdeckte es als günstigen Rohstoff, um daraus Alltagsgegenstände herzustellen. Knöpfe, Griffe, Schmuck und sogar Spulen für Nähgarn wurden aus Elfenbein hergestellt, die manchmal regelrecht verramscht wurden. Der Freiburger Händler Alfred Sieber bot 1905 bei einem Räumungsverkauf »Elfenbeinwaren für Toilette und Schmuck« zu Rabattpreisen an. BHI

158

Souvenir: Elefantenfuß als Dose

Hersteller_in: unbekannt

Vor 2021: ohne Ortsangabe, Elfenbein/Leder/Metall, Hauptzollamt Lörrach

Provenienz: illegale Einfuhr, beschlagnahmt vom deutschen Zoll

159

Elfenbein-Souvenirs: Schachfiguren, Brieföffner, Marienfigur und Rasierer

Hersteller_in: unbekannt

Vor 2021: ohne Ortsangabe, Elfenbein, Hauptzollamt Lörrach

Provenienz: illegale Einfuhr, beschlagnahmt vom deutschen Zoll

Illegales Elfenbein

Ende des 19. Jahrhunderts erreichte die Elfenbeinausbeutung in den afrikanischen Kolonialgebieten ihren Höhepunkt. Zu dieser Zeit wurden jährlich etwa 80 000 Elefanten getötet, sodass sie vom Aussterben bedroht waren. Seit Unterzeichnung des Washingtoner Artenschutzabkommens von 1975 sind Elefanten streng geschützt. Ihr Bestand hat sich seither stabilisiert. Dennoch ist ihr Überleben weiterhin gefährdet, weil der weltweite Handel mit dem »weißen Gold« fortbesteht. Der deutsche Zoll stellt jährlich illegal eingeführtes Elfenbein im Gepäck von Reisenden sicher. BHI

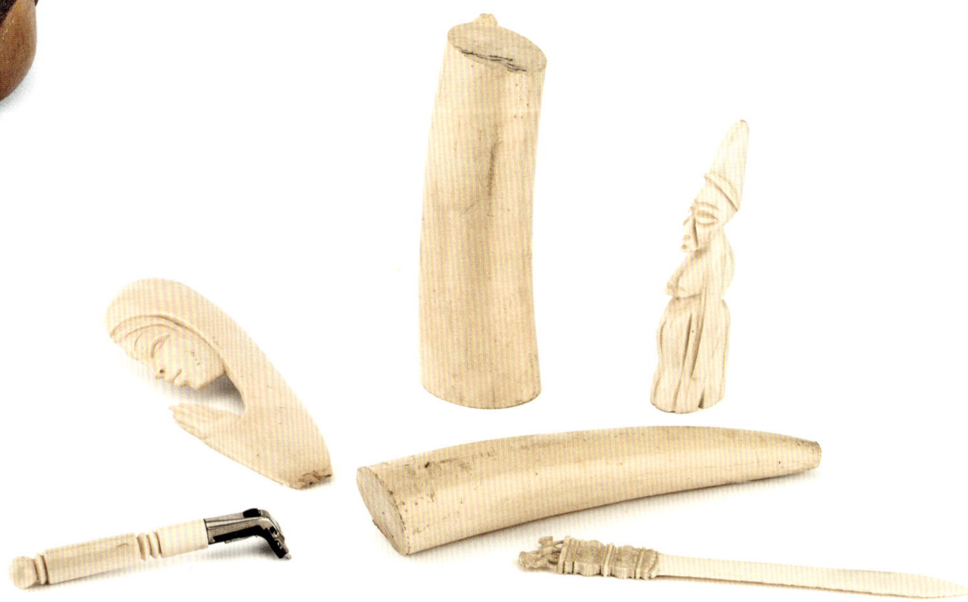

160

Koralle (gefärbt), Dornschwanzagame, Schlangenschnaps

Hersteller_in: unbekannt

2000–2021: ohne Ortsangabe, Material: geschützte Tiere, Hauptzollamt Lörrach

Provenienz: illegale Einfuhr, beschlagnahmt vom deutschen Zoll

161

Uhrenbänder aus Krokoleder, Schuhe aus Pythonleder und aus Krokoleder, Tasche aus Schlangenleder

Hersteller_in: unbekannt

2000–2021: ohne Ortsangabe, geschützte Tiere, Hauptzollamt Lörrach

Provenienz: illegale Einfuhr, beschlagnahmt vom deutschen Zoll

Ausverkauf der Natur

Was aussieht wie geschmacklose »Mitbringsel« aus der Kolonialzeit, sind Objekte, die der deutsche Zoll tagtäglich beschlagnahmt.
Seit der Zeit des Kolonialismus wächst der unerlaubte Handel mit Wildtieren jährlich an. Internationale Schutzabkommen konnten diesen illegalen Ausverkauf der Natur bisher nicht stoppen. Die fatale Folge ist das größte Artensterben seit dem Ende der Dinosaurier. Derzeit sind weit über eine Million Tierarten vom Aussterben bedroht. Dieser Verlust von Artenvielfalt ist unwiederbringlich. Wir zerstören so die Grundlage einer funktionierenden Natur und damit auch die Lebensgrundlage für uns Menschen. PG

162

Standpräparat: Marabu

Leptoptilos crumeniferus

Präparator_in: unbekannt

Ohne Angabe zu Jahr und Ort, Feder/Haut, Museum Natur und Mensch, Städtische Museen Freiburg, Inv. NM02 1967/0003

Provenienz: 1967 erworben

Vogelfeder und Vogelschutz

Neben Straußen- und Marabufedern aus Afrika waren besonders die Federn zahlreicher Paradiesvogel-Arten auf dem europäischen Modemarkt begehrt. Paradiesvögel leben in Neuguinea und auf den umliegenden Inseln. Die Jagd auf ihre Federn war während der deutschen Kolonialzeit ein lukratives Nebengeschäft und wohl auch Zeitvertreib für Siedler, Pflanzer und Kolonialbeamte. Um die Tiere vor Konsumgier und vor dem Aussterben zu schützen, verabschiedete der Deutsche Reichstag 1914 ein Vogelschutzgesetz. Es verbot die Jagd auf Paradiesvögel im damaligen Deutsch-Neuguinea. BHI

163

Standpräparat: kleiner Paradiesvogel

Paradisaea minor

Präparator: vermutlich G. Schmider/Basel

Vor 1898: Papua-Neuguinea, ehemals Deutsch-Neuguinea, Feder/Haut, Museum Natur und Mensch, Städtische Museen Freiburg, Inv. NM02 0230

Provenienz: 1898 vermutlich nur der Balg erworben von Robert Beirer, Lagerassistent/Sipplingen, → Seite 170. Über die konkreten Erwerbungsumstände vor Ort ist nichts bekannt.

164

Werbung »Grosses Lager in Straussfedern u. Marabu«

Grafiker_in: unbekannt

2.12.1910: Freiburg/Deutschland, Papier, Universitätsbibliothek Freiburg, G 4081

Provenienz: Freiburger Zeitung, 1910

165

Damenhut mit Straußenfedern

Hersteller_in: unbekannt

Um 1910: ohne Ortsangabe, Feder/Stroh/Spitze/Seide, Deutsches Historisches Museum, KTe 67/88

Provenienz: 1967 erworben von privat, Arnstadt/Deutschland

Mit fremden Federn geschmückt

Die Verwendung von Vogelfedern als Schmuck für Damenmode erreichte zwischen 1875 und dem Ersten Weltkrieg ihren Höhepunkt: Federn zierten festliche Damenmode, wurden auf Hüten drapiert oder zu Federboas verarbeitet und über die Schulter getragen.
Die Federn und daraus gefertigte Accessoires wurden in Spezialgeschäften angeboten. Auch in Freiburg bot ein Geschäft Schmuckfedern von außereuropäischen Vögeln an. BHI

Robert Wilhelm Beirer (1866–1961)

wurde am 7. Juni 1866 in Sipplingen am Bodensee als Sohn eines Bauern geboren. Im Alter von 18 Jahren begann er in Kiel eine Ausbildung zum Matrosen. Von 1886 bis 1898 war Beirer im Dienst der Kaiserlichen Marine an zahlreichen Auslandsfahrten beteiligt und längere Zeit in »Kaiser-Wilhelmsland«, einem Teil des damaligen Deutsch-Neuguinea (heute Teil von Papua-Neuguinea) stationiert. Diesen Aufenthalt nutzte er, um ethnografische und naturkundliche Gegenstände zu sammeln, die nach Einschätzung eines damaligen Gutachters bemerkenswert waren. Beirer gelangte an manche Gegenstände offenbar im Tausch gegen europäische Eisenwaren, für andere wiederum ist nicht bekannt, wie er sie erwarb. Die Sammlung verkaufte Beirer 1898 dem Museum für Natur- und Völkerkunde durch Vermittlung seines Freundes Rudolf Schellinger, der in Staufen nahe Freiburg lebte.

Ab 1898 war Beirer als Marinetaucher am Hafenausbau von Swakopmund, im damaligen »Kaiserlichen Schutzgebiet Deutsch-Südwestafrika« (DSWA, heutiges Namibia) beteiligt und absolvierte im Anschluss eine Ausbildung zum Leuchtturmwärter. In dieser Funktion war er von 1903 bis 1913 in Swakopmund und kurzzeitig in Angra Pequena tätig. Während eines Heimataufenthalts in Sipplingen begann der Erste Weltkrieg und Beirer kehrte nicht mehr nach DSWA zurück. Stattdessen ließ er sich mit seiner Familie in Konstanz nieder, wo er am 10. Oktober 1961 starb.

Johannes Christian Eiler Heldt (1858–1925)

wurde am 16. September 1858 in Apenrade/Dänemark geboren. Um 1890 zog Heldt mit seiner Familie nach Hamburg. Dort arbeitete er als Kapitän bei der Woermann-Linie. Diese Schifffahrtsgesellschaft importierte aus Afrika vorrangig Elfenbein, Kautschuk und Früchte von Ölpalmen. Nach Afrika wurden hingegen Alkohol, Waffen und andere industriell gefertigte Massenwaren exportiert. Die Schiffe der Woermann-Linie fungierten zudem als Postzusteller und transportierten Passagiere. Bis 1900 war die Deutsche Siedlungs-Gesellschaft für Südwestafrika wichtigste Auftraggeberin der Woermann-Linie. Später trat als Vertragspartnerin auch die Kolonialabteilung des Auswärtigen Amtes in Erscheinung. Nach seiner Tätigkeit als Kapitän arbeitete Heldt als Reedereiinspektor. In den Jahren zwischen 1899 und 1903 erwarb das Freiburger Museum für Natur- und Völkerkunde über 300 Objekte von Kapitän Heldt, der sie wahrscheinlich während der Liegezeiten in den afrikanischen Hafenstädten zusammengetragen hatte. Näheres über die Erwerbungsumstände ist jedoch nicht bekannt. Heldt starb am 13. April 1925 in Hamburg.

Carl Friedrich Rosset (1842–1878)

wurde 14. November 1842 in Freiburg als Sohn des Kaufmanns und Ratsherrn Dominik Nepomuk Rosset (1811–1880) geboren. Er lebte seit 1869 in Ägypten, wo er als Kaufmann und Diplomat arbeitete. 1875 wurde Rosset zum Vizekonsul des Deutschen Kaiserreichs und ab 1877 zusätzlich zum Vizekonsul Großbritanniens ernannt. Gemeinsam mit seinem jüngeren Bruder Carl Wilhelm Rosset (1851–1923), der sich seit 1873 im Sudan aufhielt, fuhr er 1876 den Blauen Nil hinauf. Dabei sammelten die beiden Brüder auch Ethnografika, die sie später größtenteils der Universität Freiburg schenkten.

Im Juli 1878 wurde Carl Friedrich Rosset Generalgouverneur im Dienste Ägyptens in der kurz zuvor von Ägypten annektierten Provinz Darfur im westlichen Sudan. Nur wenige Monate nach seiner Ankunft in El-Faschir (heute Sudan), seiner neuen Residenz, im November 1878 starb Carl Friedrich Rosset. Im letzten Brief an die Familie in Freiburg beklagte er den unzureichenden Zugang zu Trinkwasser und den kräftezehrenden Krieg gegen die lokale Bevölkerung, die sich gegen die ägyptische Eroberung wehrte. Ob Carl Friedrich Rosset an der Ruhr (Dysenterie) starb oder, wie manche Zeitzeug_innen vermuteten, vergiftet wurde, ist bis heute unklar. Das Museum Natur und Mensch verwahrt etwa 80 ethnografische Gegenstände als Dauerleihgabe der Universität Freiburg, die von den Brüdern Rosset gesammelt wurden.

Carl Wilhelm Rosset (1851–1923)

wurde am 24. April 1851 in Freiburg als Sohn des Kaufmanns und Ratsherrn Dominik Nepomuk Rosset (1811–1880) geboren. Rosset hielt sich zwischen 1873 und 1876 im Sudan auf. Gemeinsam mit seinem älteren Bruder Carl Friedrich Rosset (1842–1878), der seit 1869 in Ägypten lebte, fuhr er 1876 den Blauen Nil hinauf. Dabei sammelten die beiden Brüder auch Ethnografika, die sie später größtenteils der Universität Freiburg schenkten.

1880 trat Carl Wilhelm Rosset zusammen mit dem Ethnologen Emil Riebeck (1853–1885) und dem Forscher Friedrich Mook (1844–1880) die »Riebecksche Expedition« an. Die drei Reisenden gelangten über Südrussland, Kaukasien und Kleinasien nach Palästina, wo Mook im Jordan ertrank. Über die Arabische Wüste kam die Expedition auf die Insel Sokotra, die heute zur Republik Jemen zählt. Von dort setzten sie die Reise nach Indien, Ceylon, Assam, Burma, Thailand und Java fort. Nach drei Jahren kehrten Rosset und Riebeck mit fast 3 000 Ethnografika nach Deutschland zurück. Diese übergaben sie dem Königlichen Museum für Völkerkunde Berlin (heute: Ethnologisches Museum Berlin), wie auch weitere, die Rosset in den Jahren 1887/88 in Kambodscha, Vietnam und auf den Malediven sammelte. Auf der Weltausstellung in Chicago (1893) zeigte Rosset einen Teil seiner Ethnografika und hielt Vorträge über seine Reisen.

Das Museum Natur und Mensch verwahrt etwa 80 ethnografische Gegenstände als Dauerleihgabe der Universität Freiburg, die von den Brüdern Rosset gesammelt wurden.

Carl Wilhelm Rosset starb am 18. Juni 1923 in Duderstadt bei Göttingen.

Birkenfeige
(tropisches Asien, Taiwan, Australien)
Bogenhanf
(westliches Afrika)
Calamondin-Orange
(China)
Christusdorn
(Madagaskar, Komoren)
Clivie
(südliches Afrika)
Duftpelargonie
(südliches Afrika)
Erbsen am Band
(südliches Afrika)
Glücksbambus
(westliches Afrika)
Glücksfeder
(östliches & südliches Afrika)
Goldfruchtpalme
(Madagaskar)
Goldranke
(Mo'orea, Südpazifik)

Grünlilie
(südliches Afrika)

Gummibaum
(Nepal, Malaiischer Archipel)

Kamelie
(China, Korea, Japan, Taiwan)

Kapländische Zimmerlinde
(südliches Afrika)

Lebende Steine
(südliches Afrika)

Leuchterblume
(südöstliches & südliches Afrika)

Nestfarn
(östliches Afrika, Asien, Ozeanien)

Pfennigbaum
(südöstliches & südliches Afrika)

Usambaraveilchen
(östliches Afrika)

Zierspargel
(südöstliches & südliches Afrika)

Zyperngras
(östliches & südliches Afrika)

5/7

Wissenschaft und Aneignung

Zur Aufarbeitung der Bestände aus kolonialen Kontexten der Ethnologischen Sammlung des Museums Natur und Mensch

Seit einigen Jahren hat die Diskussion um ethnologische Museen und die Forderung nach einer Aufarbeitung der kolonialen Kontexte des von ihnen bewahrten materiellen und immateriellen Kulturerbes aus aller Welt eine große Öffentlichkeit gewonnen. Ethnologische Museen sind damit in den Fokus der aktuellen politischen und gesellschaftlichen Auseinandersetzung mit der deutschen Kolonialgeschichte gerückt. Aktuelle Restitutionen von Objekten aus Museumssammlungen, wie zum Beispiel die Rückgabe zweier »Benin-Bronzen« aus dem Königreich Benin/Nigeria aus der Sammlung des Ethnologischen Museums Berlin, die die zwischen Deutschland und Nigeria am 1. Juli 2022 unterzeichnete Gemeinsamen Erklärung über die Rückgabe von Benin-Objekten aus deutschen Museen begleitete und auch die Rückführung der Peitsche und Bibel des Nama-Anführers Hendrik Witbooi (um 1830/1834–1905) aus dem Linden-Museum in Stuttgart nach Namibia in 2019, zeigen dabei auf, in welch überaus politischem Zusammenhang Fragen zu Besitzansprüchen, kolonialer und neokolonialer Aneignung, Legitimation, Verantwortung und Aushandlungen in Bezug auf Kulturerbe kontextualisiert sind. Zudem wird deutlich, dass Objekten als Bedeutungsträgern eine zentrale Rolle für internationale und nationale Akteur_innen unter anderem im Bezug zu politischen Aushandlungen zukommen kann.[1] Zwar fokussieren sich die öffentlichen Diskurse um die Aufarbeitung kolonialer Museumsbestände meist auf Sammlungen in großen Institutionen – wie den Landesmuseen –, jedoch sind auch kommunale Häuser, wie das Museum Natur und Mensch in Freiburg, seit Jahren mit der Thematik der Provenienzforschung und Aufarbeitung des kolonialen Erbes der Sammlungen befasst.

Die Ethnologische Sammlung des Museums Natur und Mensch umfasst heute über 20 000 Alltags- und Ritualobjekte sowie Kunstwerke aus Asien, Ozeanien, den Amerikas, Afrika und Altägypten. Schätzungsweise die Hälfte dieses Bestands ist in den Jahren zwischen der Gründung des Museums für Natur- und Völkerkunde im Jahr 1895 und der ersten Magazinierung der Ethnologischen Sammlung in den 1920er Jahren zusammengetragen worden, davon sind rund 2 000 Objekte eine Dauerleihgabe der Universität Freiburg, die diese 1904 dem Museum übergab. Das Ziel von Hugo Ficke (1840–1912) und Ernst Grosse (1862–1927), den maßgeblichen Gründungsvätern dieses interdisziplinären städtischen Museums, war es, für das Sachgebiet der Völkerkunde eine Lehrsammlung in Freiburg aufzubauen, die – anders als die Studiensammlungen der großen Museen, wie zum Beispiel dem Königlichen Museum für Völkerkunde Berlin (heute Ethnologisches Museum) – nicht den Anspruch der Vollständigkeit erfüllen und auch nicht dem Interesse der Fachgelehrten dienen sollte. Vielmehr sollte sie, so Grosse, dem Freiburger »allgemeinen Publikum dienen, indem sie diesem eine klare Anschauung von den unterschiedlichen Grundzügen der hauptsächlichen Culturformen vermittelt«

Tina Brüderlin

(1901: 9 f.). Zur Methode des Sammelns schlug Grosse vor, »dass man unter fremden Völkern lebende, bekannte Personen, namentlich Stadtkinder, beauftragt, in ihren Gebieten für das Museum zu sammeln« (ebd). In den ersten Jahren des Bestehens des neuen Museums aktivierten die Gründerväter jedoch nicht nur im Ausland lebende »Stadtkinder«, also Personen, die mit Freiburg verbunden waren, sondern bauten zusätzlich sehr erfolgreich nationale und internationale Netzwerke zu Händlern, anderen Museen, Missionar_innen, Wissenschaftlern und Kolonialbeamten auf. Deren Verkäufe und Schenkungen an das Museum oder auch Tauschaktionen mit ihnen bildeten die Grundlage für eine rasche Sammlungserweiterung. Das Freiburger Museum für Natur- und Völkerkunde war weit vernetzt und die Korrespondenz in den Archivakten zeugt von den intensiven Bemühungen Fickes und Grosses. Es gelang ihnen trotz eingeschränkter finanzieller und personeller Mittel, eine qualitativ anspruchsvolle, weltweite Sammlung aufzubauen, deren Präsentation im Museum »nicht einer müßigen Schaulust sondern dem Bedürfniss [sic!] nach Belehrung« der lokalen Besucher_innen dienen sollte (Grosse 1901: 10). Viele der für Freiburg engagierten Sammler_innen und Händler waren auch für andere Museen in Deutschland, Europa und Nordamerika aktiv. Sie waren am Handel mit Ethnografika beteiligt, der Anfang des 20. Jahrhunderts, unter anderem durch die koloniale Expansion, Hochkonjunktur hatte. Diese historische Verbindung der ethnologischen Bestände in Deutschland (und darüber hinaus) über das Netzwerk der Sammler_innen zeigt auf, wie essenziell es für eine vollumfängliche Aufarbeitung der kolonialzeitlichen Machtbeziehungen und ihrer Auswirkungen ist, dass auch kleinere Museen intensiv Provenienzforschung betreiben und zukünftig noch mehr institutionsübergreifende Projekte, insbesondere gemeinsam mit Partner_innen aus Herkunftsgesellschaften, entwickeln.

Die provenienzfokussierte Bearbeitung der Sammlungen ist jedoch kein rezentes Themenfeld der ethnologischen Museumsarbeit in Freiburg, sondern prägt diese seit Jahrzehnten: Schon 1995 wurde erstmals eine umfassende historische Aufarbeitung der Ethnologischen Sammlung unter der Leitung der damaligen Direktorin Dr. Eva Gehards zum 100-jährigen Jubiläum des Museums mit dem Titel »Als Freiburg die Welt entdeckte. 100 Jahre Museum für Völkerkunde« veröffentlicht (1995). In dieser Publikation untersuchten die Autor_innen koloniale Hintergründe der Sammlungen und leisteten einen wichtigen Beitrag zur kritischen Überprüfung kolonialer Verflechtungen ethnologischer Sammlungen in Deutschland. Dieser Vorstoß zur Provenienzforschung des damaligen Adelhausermuseums für Völkerkunde war eine Pionierleistung und seiner Zeit weit voraus, denn es dauerte weitere 17 Jahre, bis das Thema der Verbindung der Stadt Freiburg mit dem Kolonialismus wieder in die Öffentlichkeit rückte und vom Gemeinderat zur lokalpolitischen Obliegenheit erklärt wurde. Im November 2012 erging an die Stadt Freiburg ein interfraktioneller Antrag, der den »Umgang der Stadt Freiburg mit der deutschen Kolonialgeschichte« erfragte. Er war der Auftakt einer intensiveren lokalen Auseinandersetzung mit dem Thema »Freiburg und Kolonialismus«. Dieser führte unter anderem zum Auftrag an die Städtischen Museen Freiburg, das Thema in einer interdisziplinären Sonderausstellung für die Öffentlichkeit aufzuarbeiten und zu vermitteln (vgl. Grewe u. a. 2018). Dieser Antrag war für die Ethnologische Sammlung dahingehend ausschlaggebend, da in ihm auch das Museum Natur und Mensch um eine Stellungnahme bezüglich seiner Rolle in der Aufarbeitung und öffentlichen Vermittlung kolonialer Zusammenhänge der Sammlungen gebeten wurde. Zudem wurde der Umgang mit der Ehrentafel, die sich im Eingang des Museums befindet, diskutiert. Auf ihr sind Personen wie Theodor Leutwein und Eugen Brandeis als Stifter genannt.[2] Dass die Stadt Freiburg das Thema der kolonialen Aufarbeitung, auch in Bezug auf die Freiburger Museumsbestände, als Anliegen formulierte, eröffnete der Ethnologischen Sammlung die Möglichkeit, in den Folgejahren den Arbeitsbereich der Provenienzforschung und Digitalisierung auszuweiten. Damit diese Arbeitsfelder zu nachhaltigen Ergebnissen führen können, ist es unabdingbar, diese als reguläre Bestandteil der Museumsarbeit zu verstetigen. Dies erfordert eine langfristige und abgesicherte Finanzierung, bei der projektbezogene Drittmittel nur eine Ergänzung sein können. Eine erste Drittmittelförderung zur gezielten Provenienzforschung erhielt die Ethnologische Sammlung im Jahr 2020 über das Deutsche Zentrum Kulturgutverluste im Förderbereich »Kultur- und Sammlungsgut aus kolonialen Kontexten« zur Aufarbeitung der Ozeaniensammlung von Antonie und Eugen Brandeis. Inhalt und erste Ergebnisse dieses Forschungsprojekts fließen in die beiden Sonderausstellungen »Freiburg und Kolonialismus: Gestern? Heute!« (Juni 2022 bis Juni 2023) und »Handle with care. Sensible Objekte der Ethnologischen Sammlung« (Juni 2022 bis Januar 2023) ein und können auf der Webseite[3] des Museums eingesehen werden. Zudem förderte das Ministerium für Wissenschaft, Kunst und Forschung des Landes Baden-Württemberg im Jahr 2021 die Digitalisierung der Afrikasammlung mit dem Ziel, Bestände aus kolonialen Kontexten in der Online-Sammlung der Städtischen Museen digital zugänglich machen zu können. Die entsprechende Pressemitteilung ist online einsehbar.[4]

In diesem Sinne versteht es die Ethnologische Sammlung des Museums Natur und Mensch als ihre Verpflichtung, die Bestände aktiv auf problematische Provenienzen zu untersuchen, sie weiterhin durch Digitalisierung und Online-Stellung, zum Beispiel auf der Online-Sammlung der Städtischen Museen Freiburg,[5] global zugänglich und transparent zu machen und durch die Ausweitung der Zusammenarbeit mit Vertreter_innen der Urhebergesellschaften neue Wege für eine zukunftsweisende Museumsarbeit zu entwickeln.[6] Die Städtischen Museen Freiburg formulierten hierzu im Oktober 2021 eine Gemeinderatsvorlage zum »Umgang und Verfahren zu Provenienzforschung und Restitution musealer Bestände« mit dem Anspruch der Sensibilisierung für den Ausbau der Sammlungsaufarbeitung, besonders der Provenienzforschung und Digitalisierung vor allem der Bestände aus kolonialen Kontexten in der Ethnologischen Sammlung. Zugleich bekannte sich die Stadt Freiburg als Trägerin des Museums zu einer offenen Haltung gegenüber zukünftigen Restitutionsanliegen.[7] Dieser Vorlage stimmte der Gemeinderat zu. Sie ist das Resultat des Engagements der Freiburger Museen, hier besonders der Ethnologischen Sammlung, ihre städtischen Träger_innen sowie die Bürger_innen Freiburgs für ihre Verantwortung gegenüber dem kolonialen Erbe der Stadt zu sensibilisieren. Absicht ist, dass die kommunale Sammlung der Stadt Freiburg sich der Aufarbeitung ihres kolonialen Erbes mit all ihren Wirkungen verpflichten sollte und diese auch entsprechend prioritär gefördert werden muss. Durch Provenienzforschung zu Sammlungsgut aus kolonialen Kontexten werden nicht nur weitere Erkenntnisse über die historische Verflechtung der Stadt Freiburg in das globale System der kolonialen Machtbeziehungen gewonnen. Das Ziel ist auch, durch kooperative Projekte mit Vertreter_innen der Urhebergesellschaften, die die in der Obhut der Stadt Freiburg befindlichen Objekte schufen, besaßen und nutzten, neue Wege des Umgangs mit dem Erbe der Sammlungen aus kolonialen Kontexten zu gestalten.

1 Siehe www.lindenmuseum.de/sehen/rueckblick/witbooi-objekte (27.4.2022).
2 Die Inhalte der erarbeiteten Medienstation, die seit 2015 die Stiftertafel begleitet, können auf der Webseite des Museums Natur und Mensch eingesehen werden: www.freiburg.de/pb/1023148.html (27.4.2022).
3 URL: www.freiburg.de/pb/1576576.html (27.4.2022).
4 Vgl. https://mwk.baden-wuerttemberg.de/de/service/presse-und-oeffentlichkeitsarbeit/pressemitteilung/pid/koloniales-erbe-land-unterstuetzt-kommunale-museen-bei-aufarbeitung (27.4.2022).
5 Vgl. https://onlinesammlung.freiburg.de/de?term= (27.4.2022).
6 Weblink zu den Beständen der Ethnologischen Sammlung auf der Online-Sammlung STM: https://onlinesammlung.freiburg.de/index.php/de/search?term=ethnologische%20sammlung (27.4.2022).
7 Einzusehen unter: https://ris.freiburg.de/vorlagen_details.php?vid=4630507100186 (Stand: 12/2021, 27.4.2022).

Das Streben nach Aneignung von Fremdem verbindet Wissenschaft und Kolonialismus eng miteinander. Das zeigt sich auch in Freiburg, etwa am Beispiel der Universität und des Museums für Natur- und Völkerkunde. Nach dessen Gründung 1895 erhielt es einen Großteil seiner Objekte von Personen, die in den deutschen Kolonien aktiv waren. Heute ist davon auszugehen, dass unter diesen Gegenständen auch solche sind, die unter Anwendung von Gewalt ihren Besitzer_innen entwendet wurden. Daher wird nun ihre Herkunftsgeschichte aufgearbeitet, um sie gegebenenfalls an ihre rechtmäßigen Eigentümer_innen zurückzugeben. Wissenschaftler der Freiburger Universität – allen voran der Anthropologe Eugen Fischer (1874–1967) – nutzten koloniale Infrastrukturen für ihre Forschung. Mit ihren Ergebnissen stützten sie wiederum das System des Kolonialismus: So arbeitete Fischer nach einer Reise in das damalige »Schutzgebiet« Deutsch-Südwestafrika seine menschenverachtende Rassentheorie aus und machte damit im Nationalsozialismus Karriere.

BHI

166

Versuchsplantage mit Sisal in Tansania

Fotograf: Kraemer

Ohne Jahr: Tansania, ehemals Deutsch-Ostafrika, Foto, Universitätsbibliothek Frankfurt/M., 032-1501-081

Provenienz: Bildbestand der Deutschen Kolonialgesellschaft

167

Wardscher Kasten

Hersteller_in: unbekannt

Ohne Jahr: Berlin/Deutschland, Holz/Glas, Botanischer Garten und Botanisches Museum Berlin, Freie Universität Berlin, B 89000

Kolonialer Pflanzentransfer

Wardsche Kästen waren wichtige Ausstattungsstücke für die Realisierung von Pflanzenzuchtprogrammen. Sie dienten dem Transport von Nutz- oder Zierpflanzen zwischen dem Deutschen Kaiserreich und den Kolonialgebieten. Der Königliche Botanische Garten zu Berlin, wo auch Gärtner für die deutschen Kolonialgebiete ausgebildet wurden, war für den kolonialwirtschaftlichen Austausch mit Jungpflanzen und Setzlingen verantwortlich.

Der erfolgreiche Transport lebender Pflanzen auf dem Seeweg war schwierig, da die Pflanzen während der langen Schiffsreisen mit ausreichend Licht, Süßwasser sowie einem stabilen Klima versorgt werden mussten. Um diese Herausforderung zu meistern, wurde schließlich der Wardsche Kasten eingesetzt. Er wurde bereits um 1835 vom britischen Arzt Nathaniel Bagshaw Ward (1791–1868) entwickelt.

Wardsche Kästen funktionieren wie mobile Gewächshäuser und waren bis zum Beginn der Luftfahrt gebräuchlich. SSt/BHI

168

Herbarbogen leg. W. Belck: Teufelskralle

Harpagophytum procumbens (Burch.) DC. ex Meisn.

1885: Station Kaokoveld/Namibia, ehemals Deutsch-Südwestafrika, Papier/Pflanzenmaterial, Herbarium Haussknecht Jena, JE00029140

Provenienz: 17.3.1885 gesammelt von Waldemar Belck (1862–1932)

Botanische Aneignung

Durch sorgfältiges Trocknen und Pressen können Pflanzenteile dauerhaft haltbar gemacht, gut gelagert und leicht transportiert werden. Das Sammeln solcher getrockneten Pflanzenbelege und die Anlage von Herbarien sind eine wichtige Voraussetzung, um die natürliche Umwelt wissenschaftlich zu vermessen. Im Kontext des Kolonialismus war das Botanisieren eine Praxis der lokalen Wissensaneignung und steht für den kolonialen Zugriff auf die natürliche Umwelt. Ziel ist neben Artenkenntnis auch die Erfassung von wirtschaftlichem Nutzen. SSt/BHI

169

Nasspräparat: Kaffeefrüchte

Coffea sp.

Ohne Jahr: Kamerun, Glas/Formalin/Kaffeefrüchte, Museum Natur und Mensch, Städtische Museen Freiburg, Inv. NM07 0351

Provenienz: vermutlich erworben von der Berliner Lehrmittelhandlung Linnaea

Kaffeefrüchte

Dieses Nasspräparat wurde als Schau- und Lehrobjekt für Schulen und Museen hergestellt, vermutlich von der Berliner Lehrmittelhandlung Linnaea. Kaffee wurde während der deutschen Kolonialzeit in verschiedenen Regionen, darunter in Kamerun und Deutsch-Ostafrika angebaut. Die Wissensvermittlung über solche wichtigen »Kolonialpflanzen« wurde durch Nasspräparate einfach und wirkungsvoll unterstützt. PG

170

»Schlank mit Hoodia«

Autorin: Monika Braun

2007: Neuer Umschau Buchverlag, Papier/Pappe, Städtische Museen Freiburg

Provenienz: 2021 antiquarisch erworben

171

Heilmittel bei Gelenkschmerzen: Teufelskralle

Hersteller: Dr. Loges & Co. GmbH

2021: Winsen (Luhe)/Deutschland, Medikament/Papier/ Kunststoff, Städtische Museen Freiburg

Provenienz: 2021 im Handel erworben

172

Umckaloabo mit dem Wirkstoff der Kapland-Pelargonie

Hersteller: ISO-Arzneimittel

2021: Ettlingen/Deutschland, Glas/Papier/Wirkstoff der Kapland-Pelargonie, Städtische Museen Freiburg

Provenienz: 2021 im Handel erworben

Biopiraterie

Hoodia (*Hoodia gordonii*), Kapland-Pelargonie (*Pelargonium sidoides*) und Teufelskralle (*Harpagophytum procumbens*) sind im südwestlichen Afrika beheimatet. Die dort lebenden Menschen kennen und nutzen die Heilwirkung dieser Pflanzen bereits seit sehr langer Zeit. Heute werden die Wirkstoffe dieser Pflanzen zur Herstellung von medizinischen Präparaten für die Gewichtskontrolle (Hoodia) oder gegen Gelenkschmerzen (Teufelskralle) und als Beruhigungsmittel bei Hustenreiz verwendet. Das Wissen über die Wirkstoffe eignete sich die Pharmaindustrie des Globalen Nordens begünstigt durch asymmetrische Machtverhältnisse infolge des europäischen Kolonialismus an. Diese Aneignung erfolgte vielfach und betrifft das Wissen über zahlreiche Pflanzen und Tiere weltweit. Die Pharmaindustrie nutzt es für die Herstellung patentierter Medikamente und Gesundheitspräparate, was ihr riesige Gewinne bringt, an denen aber die ursprünglichen Wissensträger_innen nicht beteiligt werden. Dies wird als Biopiraterie bezeichnet und ist eine neokoloniale Praxis, von der lokale Bevölkerungen immer wieder betroffen sind. Internationale Abkommen, wie zum Beispiel die Biodiversitätskonvention (Convention on Biological Diversity; CBD) und das Nagoya-Protokoll sollen lokale Gesellschaften besser vor dieser neokolonialen Ausbeutung schützen. BHI

173

Japanischer Hausaltar in Palisander und Gold

Künstler_in: unbekannt

18. Jh. (?): Japan, Rosenholz/Gold/Lack, Museum Natur und Mensch, Städtische Museen Freiburg, Inv. V/0994

Provenienz: 1909 erhalten von Hugo Ficke, Museumsleiter/Freiburg, zuvor von ihm 1908/09 in Japan unter nicht näher bekannten Umständen erworben, → Seite 129

Erwerbungsreisen für das Museum

Hugo Ficke (1840–1912) erwarb den kleinen buddhistischen Hausaltar (Zushi) auf seiner vorletzten Fernreise, die ihn über Ägypten, Ceylon (Sri Lanka), Java, Singapur und China nach Japan und schließlich Korea führte. Auf dieser Reise erwarb er für das Museum für Natur- und Völkerkunde rund 1 300 Gegenstände, die insgesamt 67 Kisten füllten. In seinem Buch »Meine Orientreise in den Jahren 1908 und 1909« gibt Ficke seine Reiseeindrücke wieder und geht dabei auf die wichtigsten Erwerbungen an den jeweiligen Aufenthaltsorten ein. So schreibt er zu diesem Altar »Japanischer Hausaltar in Polysander [sic!] und Gold mit Einrichtung. In der Mitte Amida«. Gemeint ist einer der in Japan populärsten Buddhas, Amida nyorai. BHI

174

Hugo Ficke (1840–1912)

Fotograf_in: unbekannt

1912: ohne Ortsangabe, Foto, Stadtarchiv Freiburg, C 3/88/06

175

Auszug: »Promemoria betreffend: Die Gründung einer Städtischen Sammlung für Natur- und Völkerkunde«

Verfasser: Adolf Fritze

19.1.1895: Freiburg/Deutschland, Papier, Stadtarchiv Freiburg, C3/241/1

Gründung und Aufbau des Museums
für Natur- und Völkerkunde

Das Museum für Natur und Völkerkunde, die Vorgängerinstitution des heutigen Museums Natur und Mensch, wurde 1895 auf Betreiben engagierter Freiburger_innen als erstes städtisches Museum Freiburgs gegründet. Nach einer Phase der Konzeption und des Sammelns öffnete es schließlich 1899 seine Türen für die Öffentlichkeit. Wie vielerorts zu dieser Zeit war das Museum als eine öffentliche Bildungsstätte erdacht worden, in der der Stadtgesellschaft systematisch und anschaulich verschiedene Kulturen der Welt vermittelt werden sollten.
Um die jüngst gegründeten Sammlungen zu vergrößern, stützte sich Hugo Ficke (1840–1912), ehrenamtlicher Leiter des Museums, neben Ankaufen wiederholt auf Zeitungsaufrufe sowie auf Anfragen an Personen, die sich in den deutschen Kolonialgebieten oder anderen kolonialen Kontexten aufhielten. Diese Personen, die häufig aus Freiburg bzw. der Region stammten oder der Stadt anderweitig verbunden waren, wurden gezielt angesprochen und um ethnografische wie auch naturkundliche Sammlungen gebeten. Durch öffentliche Ehrungen für Schenkungen, unter anderem in Form von Zeitungsartikeln, Büsten und Ehrentafeln in den Räumlichkeiten des Museums, wurden besondere Anreize hierfür geschaffen. Die Sammler_innen, und damit indirekt auch das Museum und die Stadt Freiburg, profitierten dabei von der globalen kolonialen Erschließung und Expansion. Dies umfasste beispielweise die Nutzung kolonialer Infrastrukturen, um an entfernte Orte zu reisen, die teils ausgeprägten Abhängigkeitsverhältnisse und Machtungleichheiten bei der Erwerbung von Objekten bis hin zum Einsatz von Druck und Gewalt bei deren Aneignung. Gestützt auf das Netzwerk an Sammelnden, mehrte das Museum binnen weniger Jahre seine Bestände in einem solchen Ausmaß, dass immer wieder Umzüge in neue Ausstellungs- und Lagerräume notwendig waren. Ein Erbe, mit dem sich das Museum Natur und Mensch heute kritisch ausein-

Nr. 1014

Promemoria

betreffend: die Gründung einer

„Städtischen Sammlung für Natur- und Völker-Kunde."

Stadt und Universität Freiburg sind in immer zunehmendem Aufschwung begriffen, unter den Universitäten Deutschlands nimmt Freiburg, was Anzahl der Studierenden betrifft, bereits die fünfte Stelle ein. Auch der Fremdenverkehr wird von Jahr zu Jahr lebhafter und immer größer wird die Zahl der sich dauernd in Freiburg niederlassenden Familien. Diesen Verhältnissen, sowie dem Namen der Stadt Freiburg wäre es entsprechend, wenn sich hier auch ein Museum für Natur- und Völkerkunde befände. Zwar besitzt die Universität eine Anzahl derartiger Sammlungen, indess sind dies Lehrsammlungen, die sich, ihrem Zwecke entsprechend, in verhältnißmäßig engen Schranken halten und halten müssen, außerdem verhindert die räumliche Entfernung der einzelnen Institute von einander die Schaffung einer das Ganze der Natur- und Völker-Kunde zusammenfassenden Sammlung.

Diesem Mangel würde abgeholfen durch Gründung einer „Städtischen Sammlung für Natur- und Völkerkunde", welche zu umfassen hätte die Gebiete

1.) der Zoologie
2.) der Botanik
3.) der Mineralogie und Geologie
4.) der Ethnographie.

Vielleicht würde es möglich sein, das bereits bestehende Museum für Ethnographie und Urgeschichte im Laufe der Zeit mit den projectierten Städtischen Sammlungen zu vereinigen. Diese neuen zu gründenden Sammlungen sollten eine weitere Sehenswürdigkeit Freiburgs, ein Mittel zur Belehrung und Anregung des Publikums, ein weiteres Anlockungs-Mittel für die studierende Jugend werden, in Freiburg zu studieren.

Was den Inhalt der Sammlung betrifft, so

Ozeanier.
Melanesier von Neu-Guinea
und dem Bismarck-Archipel.
STÄDT. SAMMLUNGEN FREIBURG I. Br.
PHOT. u. VERLAG G. RÖBCKE, FREIBURG i. Br.

176

Historischer Ozeanienschrank des Museums für Natur- und Völkerkunde Freiburg

Fotograf: Georg Röbcke (1863–1941)

1911–1920: Museum für Natur- und Völkerkunde, Freiburg/Deutschland, Foto, Stadtarchiv Freiburg, M 737/Slg. 6921

Ozeanienvitrine: Sammelwut und koloniale Wissenspräsentation

Eng befüllt, mit nicht weniger als 48 Gegenständen aus Ozeanien stand der Vitrinenschrank als einer von vielen zwischen 1911 und 1920 in der Dauerausstellung des Museums für Natur- und Völkerkunde. Die Masken, Skulpturen, Schilde, Äxte und Waffen, die auf dem Foto zu sehen sind, stammen allesamt aus Gebieten, die zur Wende vom 19. zum 20. Jahrhundert unter deutscher Kolonialherrschaft standen oder in denen Deutsche sich kolonialwirtschaftlich betätigten. So kam der Inhalt des Schranks vor allem durch Käufe von Mitarbeiter_innen von Kolonialfirmen, Kapitänen und Händlern ans Museum, obwohl sich darunter auch Dublettentäusche mit anderen Museen, Dauerleihnahmen von der Universität Freiburg und Schenkungen eines Kolonialbeamten finden.
Grob nach Objekttyp sortiert, verwiesen Schilder im Schrank lediglich auf die regionale Herkunft der Objekte, ohne Hinweise auf die Hersteller_innen, ihre Nutzung oder auch die Sammler_innen. Weder ihre Bedeutung noch ihre Historizität oder die ihrer Hersteller_innen standen im Fokus. Die Gegenstände fungierten vielmehr als abstrakte und zeitlose Stellvertreter für die kolonialisierten Gebiete und ihre Bevölkerung. Der Schrank war Teil einer gesamthaften Ausstellungskonzeption, die ein evolutionistisches Kulturverständnis vermitteln sollte: Die einzelnen Gesellschaften fungierten als Beispiele für hierarchisch geordnete und aufsteigende »Kulturstufen«. Diese Anordnung untermauerte rassistische und auch koloniale Ideologien. Ernst Grosse (1862–1927), Ethnologe, Ostasienwissenschaftler und Berater für die Völkerkundliche Sammlung, hatte in einem Plan für die selbige auch das besondere Interesse an der Verortung und Vermittlung der kolonialisierten Gruppen in den deutschen Kolonialgebieten innerhalb dieser Stufenordnung hervorgehoben. Die Ausstellung und damit das Museum fungierten in diesem Sinne als Orte kolonialer Wissensrepräsentation und -produktion. StS

177

Tanzmaske

Hersteller_in: unbekannt

Ende 19. Jh.: Neuirland/Papua-Neuguinea, ehemals Neumecklenburg/Deutsch-Neuguinea, Holz/Bastfaser/Kalk/Rindenbast, Museum Natur und Mensch, Städtische Museen Freiburg, Inv. II/0346

Provenienz: 1896 erworben von Otto Strasser, Kaufmann/Bühl, → Seite 221. Über die konkreten Erwerbungsumstände vor Ort ist nichts bekannt.

178

Tanzmaske

Hersteller_in: unbekannt

Um 1900: südliches Papua-Neuguinea, ehemals Britisch-Neuguinea, Bastfaser/Holz, Museum Natur und Mensch, Städtische Museen Freiburg, Inv. II/0349

Provenienz: erworben von Adolf Karl Heinrich Kluckauf, 1902. Über die Erwerbungsumstände davor, insbesondere vor Ort ist nichts bekannt.

179

Tanzmaske

Hersteller_in: unbekannt

Ende 19. Jh.: Duke-of-York-Insel/Papua-Neuguinea, ehemals Neulauenburg, Deutsch-Neuguinea, Holz, Museum Natur und Mensch, Städtische Museen Freiburg, Inv. II/0348

Provenienz: 1896 erworben von Otto Strasser, Kaufmann/Bühl, → Seite 221. Über die konkreten Erwerbungsumstände vor Ort ist nichts bekannt.

180

Tanzmaske

Hersteller_in: unbekannt

Ende 19. Jh.: Duke-of-York-Insel/Papua-Neuguinea, ehemals Neulauenburg, Deutsch-Neuguinea, Holz/Pflanzenfaser, Museum Natur und Mensch, Städtische Museen Freiburg, Inv. II/0347

Provenienz: 1896 erworben von Otto Strasser, Kaufmann/Bühl, → Seite 221. Über die konkreten Erwerbungsumstände vor Ort ist nichts bekannt.

181

Tanzmaske

Hersteller_in: unbekannt

Ende 19. Jh.: Nordostküste Papua-Neuguinea, ehemals Deutsch-Neuguinea, Holz, Museum Natur und Mensch, Städtische Museen Freiburg, Inv. II/0351

Provenienz: erworben vom Völkerkundemuseum Frankfurt/M., 1907. Über die Erwerbungsumstände davor, insbesondere vor Ort ist nichts bekannt.

182

Tanzmaske

Hersteller_in: unbekannt

Um 1900: Neuirland/Papua-Neuguinea, ehemals Neumecklenburg/Deutsch-Neuguinea, Holz, Museum Natur und Mensch, Städtische Museen Freiburg, Inv. II/0332

Provenienz: seit 1904 Dauerleihgabe der Universität Freiburg, davor von unbekannt erworben

183

Tanzmaske

Hersteller_in: unbekannt

Ohne Jahr: Nordostküste Papua-Neuguinea, ehemals Deutsch-Neuguinea, Bananenhanf/Holz, Museum Natur und Mensch, Städtische Museen Freiburg, Inv. II/0350

Provenienz: 1912 Ankauf von Arthur Speyer I, Ethnografika- und Naturalienhändler, → Seite 221. Über die Erwerbungsumstände davor, insbesondere vor Ort ist nichts bekannt.

Ethnografika-Handel

Die ökonomische Ausbeutung durch die Ausfuhr von Rohstoffen oder Dingen, die günstig erworben wurden und durch Weiterverkauf oder -verarbeitung eine hohe Gewinnspanne versprachen, gehörte zu den Hauptmotiven des europäischen Kolonialismus. Dieses Prinzip erstreckte sich auch auf den Handel mit Ethnografika. Ende des 19. und zu Beginn des 20. Jahrhunderts entstanden zahlreiche auf diese Gegenstände spezialisierte Handelsunternehmen, wie die Hamburger Firmen Umlauff und Konietzko. Mit dem politischen Ende des deutschen Kolonialismus gestaltete sich jedoch der direkte Zugang zu diesem Handelsgut als schwierig.

Daher suchten manche Händler nach Ende des Ersten Weltkriegs nach neuen Quellen für ihr Handelsgut und fokussierten sich auf Museen. Dazu gehörte Arthur Speyer I (1858–1923), der in den 1920er Jahren einen lukrativen Handel mit Ethnografika etablierte, die er zu einem erheblichen Teil von Museen erhielt, die sie als sogenannte Dubletten günstig abgaben. Speyer verkaufte sie dann gewinnbringend an andere Museen weiter, ohne dabei seine Quelle preiszugeben. Dies erschwert die Recherchen zur Provenienz von Sammlungsgegenständen, die von Speyer erworben wurden, erheblich. BHI

184

Malanggan: geschnitzter Vogel- oder Echsenkopf

Hersteller_in: unbekannt

Ende 19. Jh.: Neuirland/Papua-Neuguinea, ehemals Neumecklenburg/Deutsch-Neuguinea, Holz/Bast, Museum Natur und Mensch, Städtische Museen Freiburg, Inv. II/0142

Provenienz: 1896 erworben von Otto Strasser, Kaufmann/Bühl, → Seite221. Über die konkreten Erwerbungsumstände vor Ort ist nichts bekannt.

185

Malanggan: Nashornvogel

Hersteller_in: unbekannt

Ende 19. Jh.: Neuirland/Papua-Neuguinea, ehemals Neumecklenburg/Deutsch-Neuguinea, Holz/Muschel, Museum Natur und Mensch, Städtische Museen Freiburg, Inv. II/0143

Provenienz: 1896 erworben von Otto Strasser, Kaufmann/Bühl, → Seite 221. Über die konkreten Erwerbungsumstände vor Ort ist nichts bekannt.

186

Malanggan: Maske

Hersteller_in: unbekannt

Ende 19. Jh.: Neuirland/Papua-Neuguinea, ehemals Neumecklenburg/Deutsch-Neuguinea, Muschel/pflanzliches Material/Holz, Museum Natur und Mensch, Städtische Museen Freiburg, Inv. II/0336

Provenienz: 1898 erworben von Robert Beirer, Lagerassistent/Sipplingen, → Seite 170. Über die konkreten Erwerbungsumstände vor Ort ist nichts bekannt.

187

Malanggan: geschnitzter Kakadu-Kopf

Hersteller_in: unbekannt

Ende 19. Jh.: Neuirland/Papua-Neuguinea, ehemals Neumecklenburg/Deutsch-Neuguinea, Holz, Museum Natur und Mensch, Städtische Museen Freiburg, Inv. II/0357

Provenienz: 1898 erworben von Robert Beirer, Lagerassistent/Sipplingen, → Seite 170. Über die konkreten Erwerbungsumstände vor Ort ist nichts bekannt.

188

Malanggan: Schnitzfigur

Hersteller_in: unbekannt

Ohne Jahr: ohne Ortsangabe, Holz, Museum Natur und Mensch, Städtische Museen Freiburg, Inv. II/0358

Provenienz: ohne Angabe

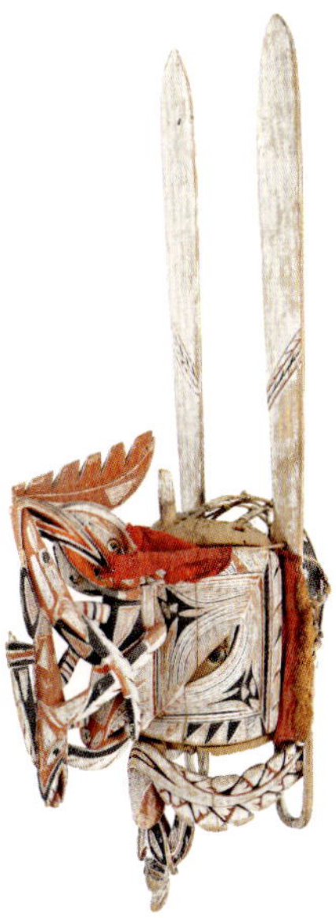

189

Malanggan: Schnitzerei eines Fisches

Hersteller_in: unbekannt

Ende 19. Jh.: Neuirland/Papua-Neuguinea, ehemals Neumecklenburg/Deutsch-Neuguinea, Holz, Museum Natur und Mensch, Städtische Museen Freiburg, Inv. II/0370

Provenienz: 1898 erworben von Robert Beirer, Lagerassistent/Sipplingen 1898 → Seite 170. Über die konkreten Erwerbungsumstände vor Ort ist nichts bekannt.

190

Malanggan: Schnitzerei eines Vogels

Hersteller_in: unbekannt

Ende 19. Jh.: Neuirland/Papua-Neuguinea, ehemals Neumecklenburg/Deutsch-Neuguinea, Holz, Museum Natur und Mensch, Städtische Museen Freiburg, Inv. II/0371

Provenienz: 1898 erworben von Robert Beirer, Lagerassistent/Sipplingen, → Seite 170. Über die konkreten Erwerbungsumstände vor Ort ist nichts bekannt.

Koloniale Verflechtungen und Widerstand

Objekte aus Ozeanien, die aus der Zeit der deutschen Kolonialherrschaft stammen, enthalten Informationen zur Lebenswelt der Einheimischen, aber auch das Narrativ der Auseinandersetzung mit und den Widerstand gegen die gewaltsam aufgedrängte Kolonialherrschaft.
Malanggane, geschnitzte Bildwerke von der Insel Neuirland – bis 1914 unter dem Namen »Neumecklenburg« Teil der deutschen Kolonie Deutsch-Neuguinea –, sind in deutschen Museen in auffällig großer Zahl vorhanden. Das hängt sowohl mit ihrer Bedeutung als auch mit der kolonialen Verflechtung der Bildwerke zusammen.

Malanggane werden zum Abschluss langjähriger Trauerzeremonien präsentiert und dann dem Verfall preisgegeben. Die verstorbene Person wird damit aus der Gemeinschaft entlassen. Die Ikonografie der Schnitzereien zeigt ihre Lebensgeschichte, ihre Clanzugehörigkeit und ihre Einbindung in die Gesellschaft. Auf der Freiburger Bildsäule erscheinen zwei Personen, die eine auf dem Kopf der anderen stehend, eine Fisch- oder Vogelfigur in den Händen, die die Clanzugehörigkeit symbolisiert. Augen aus Deckeln der Turboschnecke erwecken das Bild zum Leben. Das Verschwinden des Bildwerks durch Verfall bezeichnet das Ende des Lebens der verstorbenen Person in der Gemeinschaft. Gleichwertig mit dem Verrottenlassen der Malanggan-Schnitzwerke galt der Verkauf an Europäer_innen.
In Neuirland erforderte die Plantagenwirtschaft der Deutschen dringend Arbeitskräfte, die zunächst mit Gewalt rekrutiert wurden. Ab 1907 sollten die Einheimischen über die Einführung einer Kopfsteuer indirekt zur Lohnarbeit gezwungen werden. Doch diese konnten sich durch den Verkauf von Malanggan-Schnitzereien, die durch die Nachfrage der Museen in Deutschland immer begehrter wurden, dem Druck entziehen. Ethnografika wurden mitunter speziell für den Verkauf hergestellt, sowohl in Neuirland als auch in anderen Regionen Neuguineas. Dennoch blieben die Zwangsrekrutierungen und die brutalen Arbeitsbedingungen auf den Plantagen im kollektiven Gedächtnis bis heute bestehen. MB

191

Malanggan/Tatanua: Maske mit Kopfraupe

Hersteller_in: unbekannt

Ende 19. Jh: Neuirland/Papua-Neuguinea, ehemals Neumecklenburg/Deutsch-Neuguinea, Bastfaser/Baumwolle/Muschel, Museum Natur und Mensch, Städtische Museen Freiburg, Inv. II/0343

Provenienz: 1898 erworben von Robert Beirer, Lagerassistent/Sipplingen, → Seite 170. Über die konkreten Erwerbungsumstände vor Ort ist nichts bekannt.

Tatanua-Maske

Dieser Maskentyp wird ebenfalls in den Malanggan-Zeremonien verwendet. Im Gegensatz zu anderen Malanggan-Objekten werden Tatanua-Masken jedoch nicht dem Verfall preisgegeben, sondern aufbewahrt und wiederverwendet. Die beeindruckenden Gesichter, die elaborierten Bemalungen, der grimmige Blick sollen Ausdruck männlicher Attribute sein, der Raupenkamm gibt eine Männerfrisur wieder. Die Masken werden getanzt, das heißt von einem Tänzer zu einem Kostüm aus Blättern getragen. Diese Tänze sind im Unterschied zu anderen Teilen des Malanggan-Rituals allen zugänglich. Sie waren vor der Missionierung durchaus humorvoll und erotisch konnotiert, durch die christlichen Moralvorstellungen wurden diese Eigenschaften abgelegt. MB

192

Bootszier: Bugfigur

Hersteller_in: unbekannt

Um 1900: Salomon-Inseln, Holz/Schnecken/Perlmutt, Museum Natur und Mensch, Städtische Museen Freiburg, Inv. II/0361

Provenienz: 1906 erworben von Jäckel. Über die Personen und die konkreten Erwerbungsumstände vor Ort ist nichts bekannt.

193

Bootszier

Hersteller_in: unbekannt

1890er Jahre: Manus Islands/Papua-Neuguinea, ehemals Admiralitätsinseln/Deutsch-Neuguinea, Holz/Schneckengehäuse, Museum Natur und Mensch, Städtische Museen Freiburg, Inv. II/0360

Provenienz: 1907 erworben von Rudolph Plähn aus dem Nachlass von Wilhelm Lebahn, Kolonialoffizier, → Seite 220. Über die konkreten Erwerbungsumstände vor Ort ist nichts bekannt.

194

Bootszier

Hersteller_in: unbekannt

1890er Jahre: Manus-Inseln/Papua-Neuguinea, ehemals Admiralitätsinseln/Deutsch-Neuguinea, Holz, Museum Natur und Mensch, Städtische Museen Freiburg, Inv. II/0362

Provenienz: 1907 erworben von Rudolph Plähn aus dem Nachlass von Wilhelm Lebahn, Kolonialoffizier, → Seite 220. Über die konkreten Erwerbungsumstände vor Ort ist nichts bekannt.

Bootszier von den Salomoninseln

Als eines der älteren und seltenen Objekte in deutschen Museen demonstriert diese Figur die sich verändernden Machtverhältnisse im Pazifik. Sie diente bis zum Beginn des 20. Jahrhunderts als Bugfigur für große Boote, die speziell für Kopfjagdzüge der Salomoninsulaner hergestellt wurden, und präsentiert die Stärke und Kampfbereitschaft der Bootsbesatzung. Die Kolonialbesatzungen verboten die Kopfjagd und die dazu gehörenden Kunstwerke verschwanden.
Die Salomoninseln gehörten ab 1899 zum britischen Protektorat, nur das nördliche Bougainville war Teil des deutschen Kolonialreichs. Die Inseln Choiselle und Isabelle tauschte das Deutsche Reich mit den Briten gegen Westsamoa. Bis heute ist diese koloniale Aufteilung spürbar: die Solomon Islands sind seit 1976 unabhängig, Bougainville gehört zu Papua-Neuguinea.
MB

195

Weibliche Ahnenfigur

Hersteller_in: unbekannt

Ohne Jahr: Neuirland/Papua-Neuguinea, ehemals Neumecklenburg/Deutsch-Neuguinea, Kalkstein, Museum Natur und Mensch, Städtische Museen Freiburg, Inv. II/0372

Provenienz: seit 1904 Dauerleihgabe der Universität Freiburg, davor durch Kauf erworben

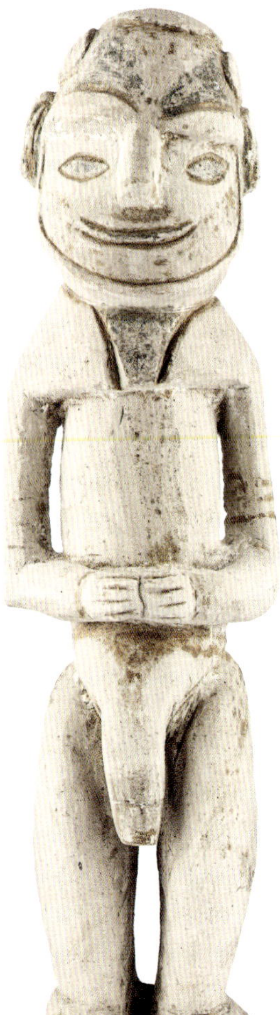

196

Männliche Ahnenfigur

Hersteller_in: unbekannt

Ohne Jahr: Neuirland/Papua-Neuguinea, ehemals Neumecklenburg/Deutsch-Neuguinea, Kalkstein, Museum Natur und Mensch, Städtische Museen Freiburg, Inv. II/0373

Provenienz: seit 1904 Dauerleihgabe der Universität Freiburg, davor durch Kauf erworben

197

Weibliche Ahnenfigur

Hersteller_in: unbekannt

Ohne Jahr: Neuirland/Papua-Neuguinea, ehemals Neumecklenburg/Deutsch-Neuguinea, Kalkstein, Museum Natur und Mensch, Städtische Museen Freiburg, Inv. II/0374

Provenienz: seit 1904 Dauerleihgabe der Universität Freiburg, davor durch Kauf erworben

Kulab-Figürchen

Die Kalksteinfigürchen aus Neuirland wurden, anders als die Malanggan-Schnitzereien aus Holz, im Inneren der Insel hergestellt und von dort an die Küste gehandelt. Sie gehören zu den Objekten, die bei Beerdigungszeremonien verwendet und anschließend zerstört oder stattdessen an europäische Abnehmer_innen verkauft wurden. Daher sind auch sie zahlreich in Museen vertreten. Die Figuren aus dem »Kolonialschrank« wurden den Städtischen Sammlungen 1904 als Teil der Universitätssammlung überlassen. Sie sind also älteren Datums. Ob sie speziell für den Verkauf hergestellt wurden, lässt sich schwer feststellen. MB

198

Steinbeil

Hersteller_in: unbekannt

Ohne Jahr: Papua-Neuguinea, ehemals Britisch-Neuguinea, Holz/Stein/Rotang, Museum Natur und Mensch, Städtische Museen Freiburg, Inv. II/0559

Provenienz: 1901 erworben von Rudolf Bangel, Kunsthändler/Frankfurt/M. Über die Erwerbungsumstände davor, insbesondere vor Ort ist nichts bekannt.

Ein Steinbeil

Wenig spektakuläre Alltagsgegenstände waren trotzdem beliebte Sammlerstücke – sie sollten in den Museen die Lebenswelt der Kolonisierten demonstrieren. Steinbeile waren in Neuguinea sowohl Prestigeobjekte als auch Handwerkzeug. Als Letztere wurden sie jedoch schon sehr früh gegen europäische Eisenäxte getauscht, mit denen Rodungs- sowie Schnitzarbeiten schneller vorangehen konnten. MB

199

Kepong: Maske

Hersteller_in: unbekannt

Ende 19. Jh.: Neuirland/Papua-Neuguinea, ehemals Neumecklenburg/Deutsch-Neuguinea, Holz, Museum Natur und Mensch, Städtische Museen Freiburg, Inv. II/0338

Provenienz: 1898 erworben von Robert Beirer, Lagerassistent/Sipplingen, → Seite 170. Über die konkreten Erwerbungsumstände vor Ort ist nichts bekannt.

200

Maske: Raupenhelmmaske

Hersteller_in: unbekannt

Ende 19. Jh.: Neuirland/Papua-Neuguinea, ehemals Neumecklenburg/Deutsch-Neuguinea, Holz/Pflanzenfaser/Muschel/Rindenbast, Museum Natur und Mensch, Städtische Museen Freiburg, Inv. II/0342

Provenienz: 1898 erworben von Otto Strasser, Kaufmann/Bühl, → Seite 221. Über die konkreten Erwerbungsumstände vor Ort ist nichts bekannt.

201

Weibliche Ahnenfigur

Hersteller_in: unbekannt

1890er Jahre: Neubritannien/Papua-Neuguinea, ehemals Neupommern/Deutsch-Neuguinea, Holz/Palmblatt, Museum Natur und Mensch, Städtische Museen Freiburg, Inv. II/0846

Provenienz: 1896 erworben von Otto Strasser, Kaufmann/Bühl, → Seite 221. Über die konkreten Erwerbungsumstände vor Ort ist nichts bekannt.

202

Weibliche Ahnenfigur

Hersteller_in: unbekannt

1890er Jahre: Neubritannien/Papua-Neuguinea, ehemals Neupommern/Deutsch-Neuguinea, Holz, Museum Natur und Mensch, Städtische Museen Freiburg, Inv. II/0847

Provenienz: 1896 erworben von Otto Strasser, Kaufmann/Bühl, **→ Seite 221.** **Über die konkreten Erwerbungsumstände vor Ort ist nichts bekannt.**

Ethnografisches »Sammeln« in Ozeanien

Das Museum Natur und Mensch besitzt heute eine recht umfangreiche Sammlung von Ethnografika aus Ozeanien. Viele dieser Gegenstände erhielt das Museum von Deutschen, darunter Robert Beirer (1866–1961) und Otto Strasser (1861–1900), die während der deutschen Kolonialzeit als Angestellte von Handelsgesellschaften auf den Inseln des Bismarck-Archipels tätig waren. Das Zusammentragen von Ethnografika scheint ihnen sowohl Zubrot als auch Zeitvertreib gewesen zu sein. Wie die Erwerbungen im Einzelnen erfolgten, ist nicht bekannt und lässt sich heute nur in den seltensten Fällen noch rekonstruieren. Sicher ist jedoch, dass die Bedingungen, unter denen die Objekte ihre Besitzer_innen wechselten, vom herrschenden kolonialen Machtgefüge geprägt waren. BHI

203

Antonie und Eugen Brandeis auf der Veranda ihres Wohnhauses in Jaluit

Fotograf_in: unbekannt

Abgebildete Personen: Antonie Th. und Eugen Brandeis

1898–1904: Jaluit/Marshallinseln, Foto, Universität Leiden, Special Collections, Or. 27.135 H

Provenienz: Fotoalbum im Nachlass von Emily Salme Ruete (1844–1924)

204

Blick in das Brandeis-Wohnzimmer mit Mata'afas Bootsmodell

Fotografin: Antonie Brandeis (1868–1945)

1898/99: Jaluit/Marshallinseln, Foto, Stadtarchiv Freiburg, C 3/241/1

Provenienz: aus einem Brief von Eugen Brandeis an den damaligen Oberbürgermeister Otto Winterer vom 6.4.1899, → Seite 265

205

Modell eines Alia: Kriegskanu

Künstler: vermutlich Mata'afa Iosefo (1832–1912)

Vor 1898: Samoa und Jaluit/Marshallinseln, Holz/Schneckenhaus/Pflanzenfaser, Museum Natur und Mensch, Städtische Museen Freiburg, Inv. II/0657

Provenienz: 1900 Geschenk Eugen Brandeis an das Museum für Natur- und Völkerkunde Freiburg, 1898 Geschenk von Mata'afa Iosefo an Eugen & Antonie Brandeis, **→ Seiten 42 & 265**

Dieses Modell eines Kriegskanus (Alia) wurde Eugen und Antonie Brandeis im September 1898 vom samoanischen Chief Mata'afa Iosefo (1832–1912) zum Geschenk gemacht; sie übergaben es 1900 als besonders prestigeträchtiges Objekt mit ihrer Schenkung dem Freiburger Museum für Natur- und Völkerkunde. Das Ehepaar traf im August 1898 auf dem Jaluit-Atoll ein, wo der südbadische Kolonialbeamte seinen Posten als Kaiserlicher Landeshauptmann der Marshallinseln aufnehmen würde. Mit seinem Dienstantritt wurde er auch verantwortlich für Mata'afa Iosefo, der seit 1893 mit einigen Gefolgsleuten als politischer Gefangener auf dem Jaluit-Atoll lebte. Er war dorthin verbannt worden, nachdem er gewaltsam gegen den vom Deutschen Reich protegierten König Tamasese Titimaea (1830–1891) rebellierte. Mata'afa Iosefo und Eugen Brandeis kannten sich aus Samoa, wo Letzterer von 1886 bis 1889 im Auftrag des deutschen Konsulats in Sydney als politischer Berater von König Tamasese wirkte. Antonie Brandeis hat in mehreren publizierten Texten und privaten Briefen über die Samoaner_innen geschrieben. Darin erweckt sie den Eindruck, dass ein von gegenseitigem Respekt geprägtes Verhältnis zwischen ihr und Mata'afa bestand und sie Anteil nahm an der Zwangslage der Gefangenen. Um dies zu beurteilen, fehlen gleichwohl die Perspektiven der Samoaner_innen. Wenige Wochen nach dem Eintreffen des Ehepaars Brandeis war eine der ersten bedeutenden Amtshandlungen des Landeshauptmanns, Chief Mata'afa nach dessen Begnadigung freizulassen und ihn zur Loyalität mit dem Deutschen Reich zu verpflichten. Nach seiner Rückkehr nach Samoa wurde Mata'afa Iosefo König – nun mit deutscher Unterstützung. Das Objekt dokumentiert die verflochtene Kolonialgeschichte zwischen Deutschland, Samoa und den Marshallinseln. GK

206

Porträt Antonie Thawka Brandeis (1868–1945)

Fotostudio: Léon Alfred Vassel (1845–1906)/Berlin, Potsdamer Str. 34

Vermutlich 1886: Berlin /Deutschland, Foto, Leihgabe: Familie von Brand/Maryland (USA)

Provenienz: Familienerbstück

Antonie Brandeis (1868–1945)

Antonie Thawka Brandeis hat während ihres mehrjährigen Aufenthalts auf den Marshallinseln eine bedeutende ethnografische Sammlung zusammengetragen. Darüber hinaus engagierte sie sich über mehrere Jahrzehnte in der kolonialen Frauenbewegung im Deutschen Reich und vor allem im Frauenbund der Deutschen Kolonialgesellschaft, dem sie 1908 beitrat und in dem sie bis mindestens 1933 in Berlin und Hamburg leitende Funktionen innehatte. 1907 veröffentlichte sie ein »Kochbuch für die Tropen«, das auf ihren Erfahrungen in Mikronesien basierte und mit insgesamt vier Auflagen sehr erfolgreich war. Als Repräsentantin des Frauenbunds der Deutschen Kolonialgesellschaft war sie 1926/27 an der Gründung der Kolonialen Frauenschule im norddeutschen Rendsburg beteiligt, in deren Aufsichtsrat sie zudem bis 1933 saß. Die Schule sah ihre Aufgabe darin, junge Frauen für ein Leben als Siedlerinnen in Südwestafrika vorzubereiten und auf diese Weise in der ehemaligen

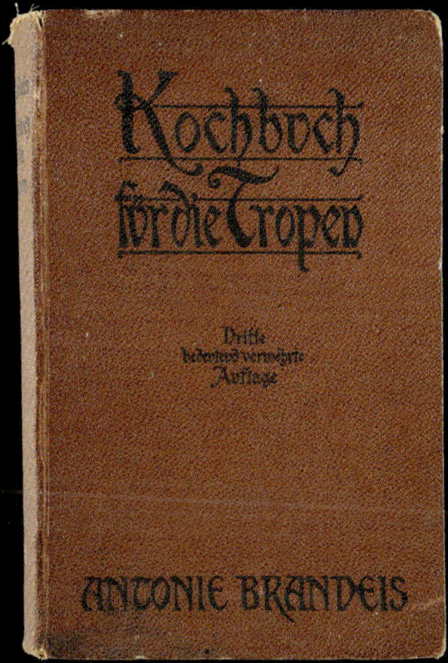

207

»Kochbuch für die Tropen«

Autorin: Antonie Th. Brandeis (1868–1945)

1930: Reimer Verlag Berlin (3. Auflage)/Deutschland, Papier/Pappe, Städtische Museen Freiburg

Provenienz: 2021 antiquarisch erworben

208

Frauenkolonialschule Rendsburg

Fotograf_in: unbekannt

Abgebildete Personen: nicht namentlich bekannt

1929/1932: Rendsburg/Deutschland, Postkarte, Städtische Museen Freiburg

Provenienz: 2021 antiquarisch erworben

209

Kamm

Hersteller_in: unbekannt

Vor 1901: Karolineninseln, Holz/Peddigrohr, Museum Natur und Mensch, Städtische Museen Freiburg, Inv. II/0808

Provenienz: 1901 erhalten von Antonie & Eugen Brandeis, → Seiten 42 & 265. Die konkreteren Erwerbungsumstände wurden 2020–2022 im Rahmen eines Provenienz-Forschungsprojekts untersucht.

210

Fächer

Hersteller_in: unbekannt

Vor 1900: Marshallinseln, Pandanus-Blätter/Bast, Museum Natur und Mensch, Städtische Museen Freiburg, Inv. II/1257

Provenienz: 1900 erhalten von Antonie & Eugen Brandeis, → Seiten 42 & 265. Die konkreteren Erwerbungsumstände wurden 2020–2022 im Rahmen eines Provenienz-Forschungsprojekts untersucht.

211

Muschelring: Opfergabe für Gott Olafat

Hersteller_in: unbekannt

Vor 1901: Karolineninseln, Muschel, Museum Natur und Mensch, Städtische Museen Freiburg, Inv. II/0818

Provenienz: 1901 Geschenk von Antonie & Eugen Brandeis, → Seiten 42 & 265, davor an einer Opferstätte ausgegraben.

212

Kinderhalsband mit roter Muschel (Spondylus)

Hersteller_in: unbekannt

Vor 1901: Marshallinseln, Muschel/Samenkapseln/Glasperlen, Museum Natur und Mensch, Städtische Museen Freiburg, Inv. II/0781

Provenienz: 1901 erhalten von Antonie & Eugen Brandeis, → Seiten 42 & 265. Die konkreteren Erwerbungsumstände wurden 2020–2022 im Rahmen eines Provenienz-Forschungsprojekts untersucht.

213

Jaki-ed (Neided): Lendenrock für Mädchen

Hersteller_in: unbekannt

Vor 1900: Marshallinseln, Palmblatt/Bast, Museum Natur und Mensch, Städtische Museen Freiburg, Inv. II/1254

Provenienz: 1900 erhalten von Antonie & Eugen Brandeis, → Seiten 42 & 265. Die konkreteren Erwerbungsumstände wurden 2020–2022 im Rahmen eines Provenienz-Forschungsprojekts untersucht.

214

Jaki-ed (Neided): Lendenrock für Mädchen

Hersteller_in: unbekannt

Vor 1900: Marshallinseln, Palmblatt/Bast, Museum Natur und Mensch, Städtische Museen Freiburg, Inv. II/1253

Provenienz: 1900 erhalten von Antonie & Eugen Brandeis, → Seiten 42 & 265. Die konkreteren Erwerbungsumstände wurden 2020–2022 im Rahmen eines Provenienz-Forschungsprojekts untersucht.

Alltags- und Ritualgegenstände von den Marshallinseln

Antonie Brandeis lebte von 1898 bis 1904 mit ihrem Ehemann Eugen Brandeis, dem Landeshauptmann der Marshallinseln, auf dem Jaluit-Atoll. Sie begann mit dem Sammeln bereits kurz nach ihrer Ankunft, nachdem eine Bitte um eine ethnografische Sammlung seitens der Stadt Freiburg ihren Ehemann erreicht hatte. Leider hat sie keine Namen derjenigen Personen überliefert, von denen sie Gegenstände erhielt. Allerdings geht aus ihren Aufzeichnungen hervor, dass ihre wichtigsten Gewährspersonen wohl vor allem die Frauen der lokalen Chiefs waren, mit denen sie tauschte und von denen sie prestigeträchtige Geschenke erhielt. Dazu gehören vermutlich die fein gearbeiteten Kleidermatten oder die aufwendig hergestellten Schmuckstücke aus einer seltenen, roten Spondylus-Muschel. Auch hat sie wiederholt Objekte durch ältere Bewohner_innen des Atolls, die hierfür über ein Spezialwissen verfügten, anfertigen lassen und diese dafür bezahlt. Ihren eigenen Angaben zufolge bemühte sie sich, angemessene Gegengaben im Tausch oder als Bezahlung zu leisten, wofür sie sich an den Wünschen ihrer Gewährspersonen orientierte. Inwiefern hierbei von fairen Handelsbedingungen gesprochen werden kann, ist angesichts der zugrunde liegenden kolonialen Machtverhältnisse schwer zu beurteilen. Allerdings war für die Marshallinseln charakteristisch, dass die Ausübung der Kolonialherrschaft in hohem Maße auf die Kooperation einheimischer Eliten angewiesen war. Mit diesen hat Antonie Brandeis, als Ehefrau des höchsten Beamten in der Kolonie, allem Anschein nach sehr gute Beziehungen geführt. Daneben erhielt sie mehrfach kleinere Konvolute ethnografischer Objekte als Gastgeschenke durch europäische Reisende, Marineoffiziere oder Missionare. Auf diese Weise kamen vermutlich auch Objekte aus Regionen in die Sammlung, die Antonie Brandeis persönlich nie besucht hat, wie zum Beispiel die Karolinen, Kiribati oder Neuguinea. In Freiburg befindet sich ihre älteste und umfangreichste Sammlung, weitere gibt es in den ethnologischen Museen von Hamburg, Berlin, Stuttgart und Cambrigde (USA). GK

215

Trockenpräparat: Schmetterlinge

Lepidoptera

Ohne Jahr: Afrika, Asien, Nord- und Südamerika, Schmetterlinge/ Holz/Glas, Museum Natur und Mensch, Städtische Museen Freiburg, Inv. IK 21-1073

Provenienz: erhalten von Hugo Ficke, Kaufmann & Museumsleiter/ Freiburg → Seite129. Über die konkreten Erwerbungsmstände vor Ort ist nichts bekannt.

Die Insektensammlung

Hugo Ficke (1840–1912) schenkte dem Museum seine umfangreiche Schmetterlingssammlung. Sie enthält nicht nur Exemplare heimischer Arten, sondern Schmetterlinge von allen Kontinenten. Ficke brachte sie von seinen Reisen mit, die ihn unter anderem nach Ägypten, Japan und China führten. Obwohl Ficke als passionierter Schmetterlingssammler bekannt war, lässt sich heute nicht mit Sicherheit bestimmen, ob und gegebenenfalls welche Exemplare er selbst gefangen und präpariert hat und welche er durch gezielte Ankäufe seiner Sammlung hinzufügte. BHI

216

Ei: Emu

Dromaius novaehollandiae

Ohne Jahr: Australien, Ei mit geätzter Oberfläche, Museum Natur und Mensch, Städtische Museen Freiburg, Inv. NM02 1396

Provenienz: 1904 erhalten von Frl. Dietrich, Lehrerin/ohne Ortsangabe. Über die konkreten Erwerbungsumstände vor Ort ist nichts bekannt.

Emuei

Dieses Emuei stammt laut Inventarbucheintrag tatsächlich aus Australien, nicht aus einem europäischen Zoo. Wie die Schenkerin dieses Ei erhielt, ob sie es selbst als Andenken mitbrachte oder die Anfertigung beauftragte und wer es künstlerisch bearbeitete, ist nicht dokumentiert. SSt

217

Ei: Afrikanischer Strauß

Struthio camelus

Ohne Jahr: Südafrika, Ei, Museum Natur und Mensch, Städtische Museen Freiburg, Inv. NM02 1443

Provenienz: 1904 erworben von Wilhelm Schlüter/Halle. Über die konkreten Erwerbungsumstände vor Ort ist nichts bekannt.

Straußenei

Dieses Ei wurde 1904 für das Museum angekauft. Eier sind relativ leicht und in großer Zahl zu beschaffen, ohne größeren Aufwand auszublasen, gut zu transportieren und dauerhaft haltbar. Sie wurden auch aus den Kolonialgebieten nach Deutschland exportiert und dort beispielsweise von Museen gekauft. SSt

218

Nasspräparate

Westafrikanischer Lungenfisch

Protopterus annectens

Ohne Jahr: Afrika, ganzes Tier/Formalin, Museum Natur und Mensch, Städtische Museen Freiburg, Inv. NM04 0197

Gefleckter Wüstenrenner

Mesalina guttulata

Ohne Jahr: Afrika, ganzes Tier/Formalin, Museum Natur und Mensch, Städtische Museen Freiburg, Inv. NM03 0032

Provenienz: 1899 erhalten von R. Huste, Kaufmann/Freiburg. Über die konkreten Erwerbungsumstände vor Ort ist nichts bekannt.

Leistenkrokodil

Crocodylus porosus

Ohne Jahr: Sumatra/Indonesien, schlüpfendes Jungtier/Formalin, Museum Natur und Mensch, Städtische Museen Freiburg, Inv. NM03 0319

Wurmschlange

Afrothyphlops sp.

Ohne Jahr: Ostafrika, ganzes Tier/Formalin, Museum Natur und Mensch, Städtische Museen Freiburg, Inv. NM03 0058

Provenienz: 1900 erhalten von (Hugo?) Koch, Zahlmeister in Bagamoyo/Tansania, ehemals Deutsch-Ostafrika. Über die konkreten Erwerbungsumstände vor Ort ist nichts bekannt.

Baumnatter

Chlorophis sp.

Ohne Jahr: Afrika, ganzes Tier/Formalin, Museum Natur und Mensch, Städtische Museen Freiburg, Inv. NM03 0054

Provenienz: 1900 erhalten von (Hugo?) Koch, Zahlmeister in Bagamoyo/Tansania, ehemals Deutsch-Ostafrika. Über die konkreten Erwerbungsumstände vor Ort ist nichts bekannt.

Europäisches Chamäleon

Chamaeleo chamaeleon

Ohne Jahr: Nordafrika, ganzes Tier/Formalin, Museum Natur und Mensch, Städtische Museen Freiburg, Inv. NM03 0026

Provenienz: 1899 erworben von H. Kreye/Hamm. Über die konkreten Erwerbungsumstände vor Ort ist nichts bekannt.

Tierwelt im Glas

In Alkohol oder Formalin bewahrte Tiere heißen Nasspräparate. In dicht schließenden Gefäßen können sie über lange Zeiten aufbewahrt, gezeigt und für wissenschaftliche Untersuchungen genutzt werden. Sie sind typische und beliebte Objekte für Schau- und Lehrsammlungen an Universitäten, Museen und Schulen und heute vor allem für wissenschaftliche Sammlungen wichtig.

Nasspräparate können auch von Laien fast überall schnell hergestellt werden und sind über weitere Strecken leicht zu transportieren. Daher ist es denkbar, dass der als Zahlmeister Koch vermerkte Sammler die Wurmschlange selbst in Formalin einbrachte. SSt/BHI

219

Neue Arten in kolonialzeitlichen Sammlungen

Varanus indicus

2010: Sta. Isabel Island/Salomonen, ganzes Tier/Ethanol, Museum Koenig, Bonn, ZFMK 90609

Provenienz: erworben vom Lebendtierhandel, davor von lokalen Tierfängern gefangen

Finschs Pazifikwaran

Varanus finschi PARATYPUS

1891: Ralum/Neubritannien/Papua-Neuguinea, ehemals Neu-mecklenburg/Deutsch-Neuguinea, ganzes Tier/Ethanol, Zoologisches Forschungsmuseum Alexander Koenig, Bonn, ZFMK 26344, Paratypus

Provenienz: 1891 von Otto Finsch gesammelt

Auf den ersten Blick ähneln sich diese zwei Warane. Beide stammen von vorgelagerten Inseln Neuguineas. Das rechte Tier (ZFMK 26344) wurde 1891 vom deutschen Zoologen Otto Finsch (1839–1917) gesammelt. Über 100 Jahre lag es unbeachtet im Museum für Naturkunde in Berlin. Erst 1994 zeigten Untersuchungen, dass es kein Pazifikwaran ist, sondern das Exemplar einer bisher unbekannten Waranart. Die wissenschaftliche Beschreibung bisher unbekannter Tierarten ist für den internationalen Artenschutz von größter Bedeutung. Historische Sammlungen, auch aus der Kolonialzeit, bilden dafür eine wertvolle Forschungsgrundlage. PG

220

Vogelbalg: Kolibri

Trochilidae

11.10.1908: ohne Ortsangabe, Federn/Haut/Knochen/Horn, Museum Natur und Mensch, Städtische Museen Freiburg, Inv. NM02-V1538

Provenienz: 1931 vermutlich von Konrad Guenther, Universitätsprofessor und Museumsleiter/Freiburg erhalten, → Seite 220. Über die konkreten Erwerbungsumstände vor Ort ist nichts bekannt.

Kolibri-Bälge

In den Kolonialgebieten wurden solche Stopfpräparate für Sammler_innen, sammelnde Institutionen, Wissenschaftler_innen oder Händler_innen oft gezielt hergestellt. Die Präparation ist recht einfach und Transport sowie Lagerung sind platzsparend. Sie dienen bis heute dem wissenschaftlichen Erkenntnisgewinn. SSt

221

Standpräparat: Grüne Meeresschildkröte

Chelonia mydas

Ohne Jahr: Atlantischer Ozean, ganzes Tier/Haut/Horn/Knochen/Holzwolle/Holz, Museum Natur und Mensch, Städtische Museen Freiburg, Inv. NM03 0172

Provenienz: 1906 erworben von Fa. Umlauff's Ethnographica- & Naturalien-Handel/Hamburg, 1906. Über die Erwerbungsumstände davor, insbesondere vor Ort ist nichts bekannt.

Meeresschildkröte der »J.F.G. Umlauff's Naturalienhandlung und Museum«

Das Schildkrötenpräparat wurde 1906 vom Hamburger Handelsunternehmen Fa. Umlauff's Ethnographica- & Naturalien-Handel für das Natur- und Völkerkundemuseum erworben. Johann Friedrich Gustaf Umlauff (1833–1889) hatte dieses Unternehmen 1868 nach dem Vorbild bereits existierender Naturalien- und Ethnografika-Handlungen gegründet. Dazu zählt etwa die Firma Godeffroy, für die er zuvor tätig war und die ab 1861 ihr Angebot im Museum Godeffroy präsentierte.

Umlauff war mit einer Schwester des Hamburger Tierhändlers, Völkerschau- und Zoobetreibers Carl Hagenbeck (1844–1913) verheiratet und profitierte von dessen Geschäftsverbindungen. Über die geschäftlichen Kontakte und Aufträge seines Schwagers erhielt er einen Teil seiner Handelsware, ein weiterer Teil stammte aus Auktionen und Ankäufen bei anderen Sammlern. Schließlich tätigte die Fa. Umlauff auch Zufallskäufe bei Seeleuten, deren Schiffe im Hamburger Hafen anlegten. Ab 1873 versuchte Umlauff, den Ankauf zu steuern, indem auslaufende Seeleute, Händler und potenzielle Sammler gezielt beauftragt wurden, bestimmte Gegenstände mitzubringen. Über die genannten Quellen erwarb Umlauff viele Naturalia und Ethnografika, die aus den deutschen Kolonialgebieten stammten, und verkaufte sie an europäische, vorzugsweise deutsche Museen weiter.
Die Erwerbungspraxis der Fa. Umlauff führte dazu, dass für deren Gegenstände kaum Angaben zur Provenienz oder den Erwerbungsumständen vorliegen.
Die Meeresschildkröte war im Freiburger Museum Bestandteil der Faunengruppe Südamerika, die um 1911 den Besuchenden präsentiert wurde. Es war eine von mehreren Faunengruppen, die Tierarten sowohl fremder als auch regionaler Lebensräume zeigten. SSt/BHI

222

Schädel: Nashorn (auch Rhinozeros)

Diceros bicornis

Ohne Jahr: Victoriasee, Viktoria-Nyassa, ehemals Deutsch-Ostafrika, Knochen/Zähne, Museum Natur und Mensch, Städtische Museen Freiburg, Inv. NM01 0456

Provenienz: 1910 erhalten von Wilhelm Winterer, Kolonialoffizier/Freiburg, → Seite 265. Über die konkreten Erwerbungsumstände vor Ort ist nichts bekannt.

Das Nashorn

Die Jagd auf Nashörner ist auch heute noch äußerst prestigeträchtig. Dieser Schädel ist eine Jagdtrophäe. Wilhelm Winterer (1879–1969), von dem das Museum den Zierschädel erhielt, war als Offizier der »Kaiserlichen Schutztruppe« in Deutsch-Ostafrika eingesetzt und möglicherweise selbst der Schütze. Eine genaue Dokumentation der Herkunft des Nashornschädels ist nicht überliefert. SSt

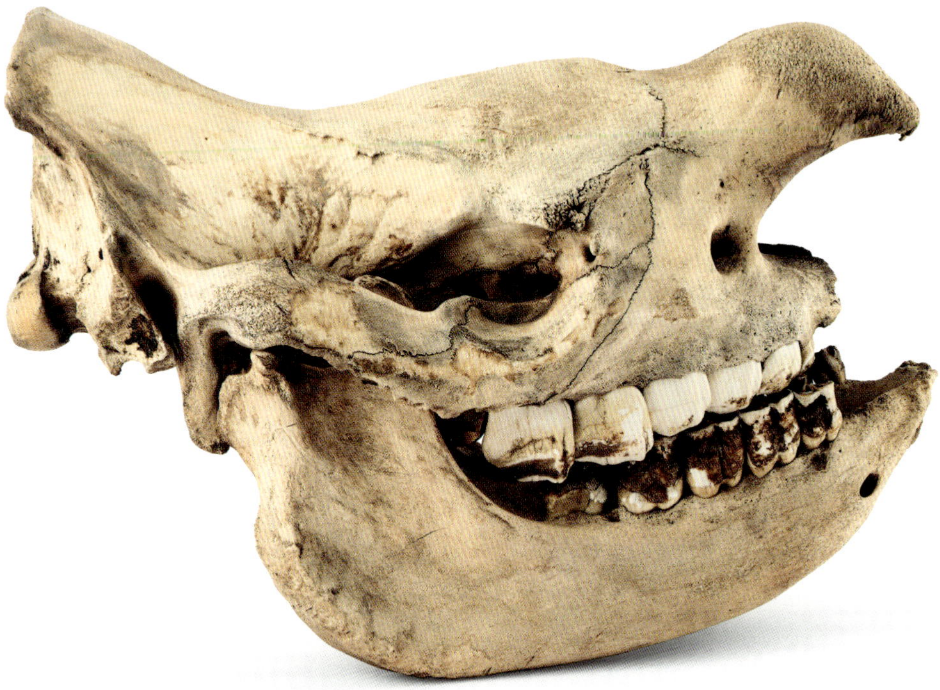

223

Otto Finsch in der Afrika-Ausstellung von 1906

Fotograf: Strümpell (?)

1906: Städtisches Museum Braunschweig/Deutschland, Foto, Stadt Braunschweig, Städtisches Museum

Koloniale Zoologie

Die Waranart *Varanus finschi* wurde 1994 in einer zoologischen Sammlung der Kolonialzeit entdeckt (ZFMK 26344). Die Benennung nach Otto Finsch (1839–1917) soll den Südsee-Forscher ehren. Doch waren seine Reisen im Auftrag der Neuguinea-Kompagnie, einer 1882 in Berlin gegründeten Handelsgesellschaft, auch Wegbereiter des deutschen Kolonialismus und der Ausbeutung lokaler Ressourcen. PG

Vom eurozentrischen Denken zum universellen Wissen

Wir alle sind *Homo sapiens sapiens* – unabhängig von Aussehen, Herkunft oder Religion. Trotzdem entwickelten europäische Wissenschaftler_innen im Zuge des Kolonialismus und im Geiste der Aufklärung die Ideologie des Rassismus. Überzeugt davon, dass sich Menschen in Gruppen unterteilen lassen, erklärten sie den *weißen* Mann zum Ideal der Menschheit. Im Sinne eines »Kulturtransfers« erforschten Natur- und Humanwissenschaftler_innen Land und Mensch in den Kolonien, brachten ihre Errungenschaften – darunter auch versklavte Menschen – als Forschungs- und Anschauungsobjekte mit nach Europa.

Bis heute ist unser Wissenschaftssystem eurozentrisch, das heißt in der Regel noch von *weißen*, männlichen, bürgerlichen Sichtweisen geprägt. Zudem werden das Wissen und die Perspektiven von SCHWARZEN sowie von People of Colour – der Mehrheit der Weltbevölkerung – bislang zu selten eingebunden. Nicht nur im Globalen Süden kämpfen Forscher_innen daher seit Mitte des 20. Jahrhunderts für eine postkoloniale Denkweise. Nur durch den stetigen Ausbau einer rassismusfreien Bildung wird es möglich sein, weltoffen und neue Perspektiven integrierend ein universelles Wissen aufzubauen. Ein Weg, den zum Beispiel Eltern bereits ihren Kindern unter anderem mit rassismussensiblen Kinderbüchern eröffnen sollten. AZ

Gemeinsam und gleichberechtigt Werte und Wissen schaffen (Foto: iStock, Junge Leute in Bibliothek)

224

»Haupttypen der menschlichen Rassen. Afrika«

Modelliert nach Anweisung von Karl Ernst von Baer (1792–1876), St. Petersburg/Russland

1862: London/Großbritannien, Papier/Pappe, Museum Natur und Mensch, Städtische Museen Freiburg

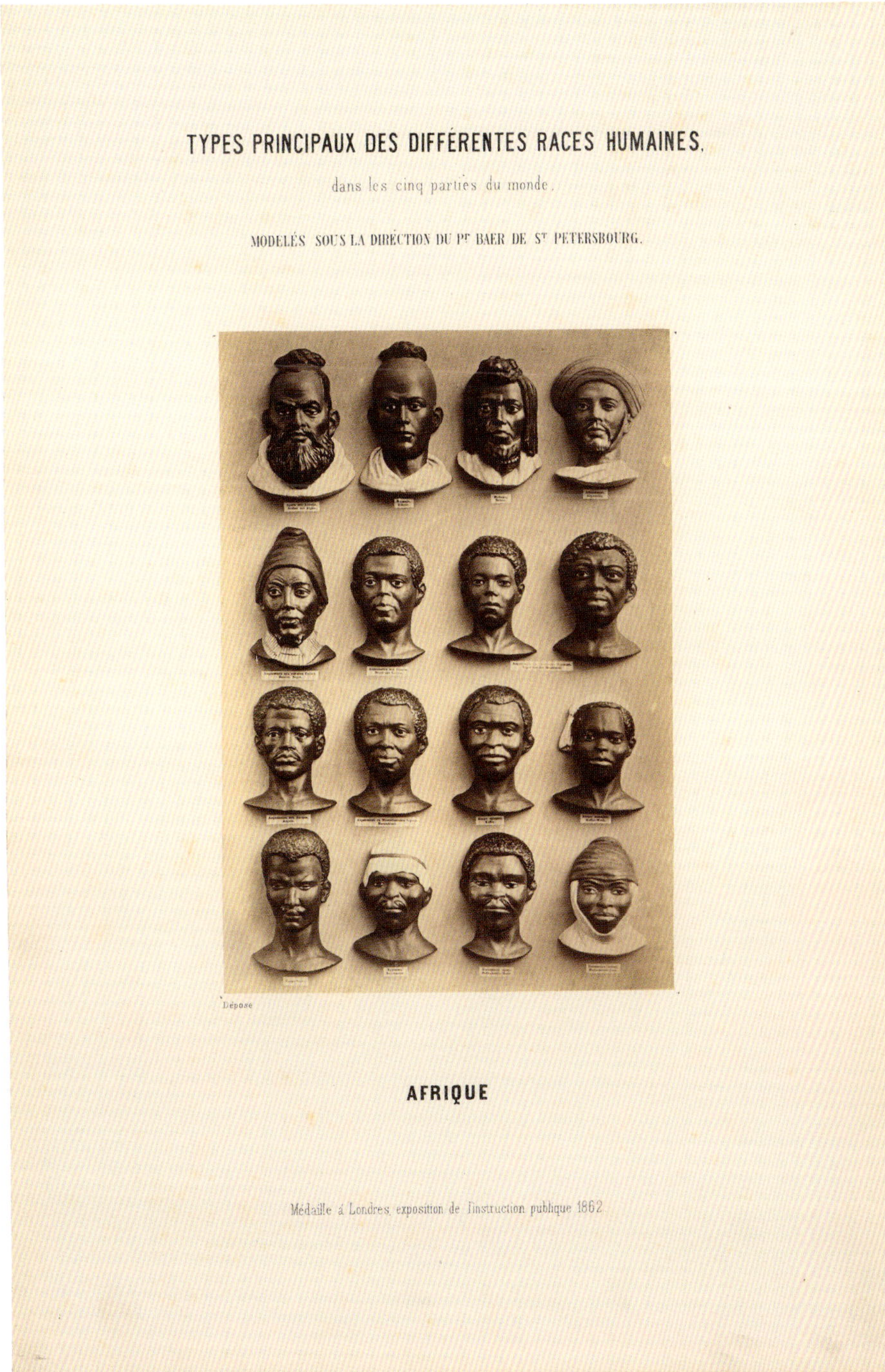

225

Karton der Lebensmittelmarke »Gusto«

Hersteller_in: unbekannt

Um 2019: ohne Ortsangabe, Pappe, Leihgabe: privat, Freiburg/ Deutschland

Provenienz: 18.4.2019 anonym im informationszentrum 3. welt e. V. (iz3w) Freiburg abgestellt

Zwei anonyme Schädel aus der Alexander-Ecker-Sammlung

Am 18. April 2019 wurden Heiko Wegmann von der Initiative freiburg-postkolonial.de anonym zwei menschliche Schädel mit Unterkiefern zugestellt. Durch Recherchen konnte festgestellt werden, dass sie von einer Person von der Insel Nauru (Pazifischer Ozean) und von einem australischen Aborigine stammen. Sie waren Teil der anthropologischen Alexander-Ecker-Sammlung der Universität Freiburg gewesen und hatten damit vermutlich auch »rassekundlichen« Zwecken gedient. Wann und unter welchen Umständen sie der Sammlung entnommen worden waren, ist ungeklärt. Nach Rücksprache unter anderem mit der australischen Botschaft wurden sie noch im gleichen Jahr dem Universitätsarchiv Freiburg zur weiteren Erforschung ihrer Provenienz übergeben. Das Ziel dieser Untersuchung ist die spätere Restitution an ihre Herkunftsländer bzw. -gesellschaften. Der Karton der Lebensmittelmarke »Gusto« wurde unbemerkt am informationszentrum 3. welt e. V. (iz3w) abgestellt. Die anonymen, computergedruckten Etiketten sind adressiert an »Freiburg Postkolonial, z. Hd. Heiko Wegmann«, als seien sie eine Rücksendung. Die menschlichen Überreste waren in das Anzeigenblatt »Zypresse« eingewickelt. HW

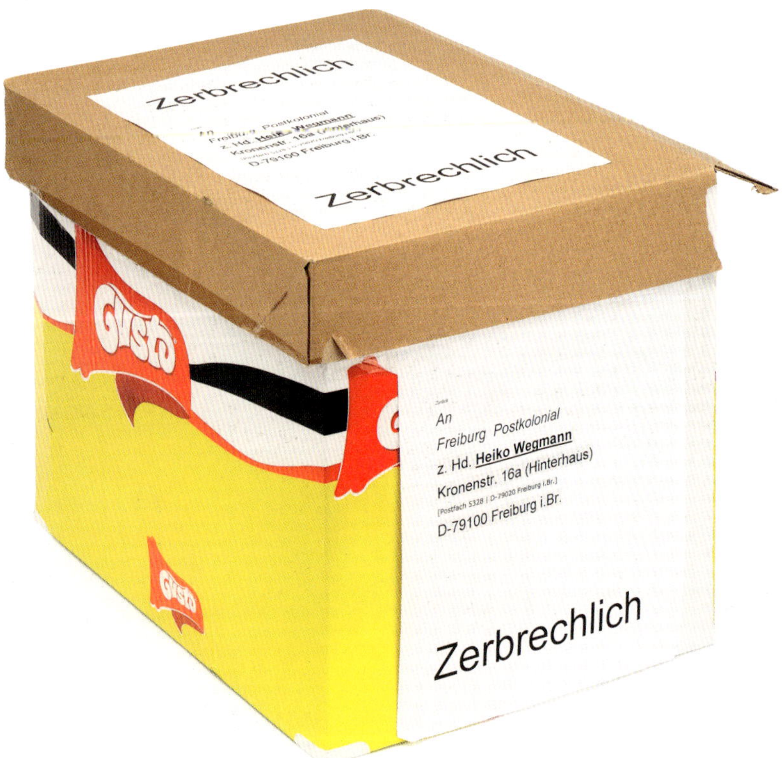

226

Anthropologische Sammlung der Universität Freiburg vor 1917

Fotograf_in: unbekannt

Vor 1917: Freiburg/Deutschland, Foto, Universitätsarchiv Freiburg, D 49/162

Anatomisch-anthropologische Sammlung der Universität Freiburg: Alexander-Ecker-Sammlung

Die Freiburger Sammlung wurde 1857 von Alexander Ecker (1816–1887) angelegt. Dazu konnte er auf ältere Präparate zurückgreifen, die von Friedhöfen stammen, von Kollegen und Schülern nach Freiburg gelangten oder von Händlern erworben wurden. 1862 kamen die Sammlung von Theodor Bilharz und 1864 Crania archäologischen Ursprungs aus sogenannten Reihengräberfeldern hinzu. 1867 wurde eine Schausammlung im neuen Institutsgebäude eingerichtet. Durch Kollegen und Schüler erhielt Ecker menschliche Überreste aus verschiedenen Kontinenten.
Als Privatdozent und Kurator der Sammlung brachte Eugen Fischer (1874–1967) der Sammlung ab 1900 ein verstärktes, rassenideologisch geprägtes Interesse entgegen. Er ergänzte die Sammlung durch Präparate aus aller Welt und ordnete sie neu. Durch den Luftangriff britischer und französischer Flugzeuge am 14. April 1917 erlitt die Sammlung großen Schaden. Zwar wurden die Lücken bald wieder aufgefüllt, aber ohne eine Dokumentation der Verluste, der Ergänzungen und Provenienzen anzulegen. Nach Fischers Weggang an das Kaiser-Wilhelm-Institut in Berlin 1927 wurde die Sammlung kaum noch genutzt. Auf Anordnung der badischen Landesregierung wurde 1935 die in Mannheim befindliche private Gabriel-von-Max-Sammlung mit über 500 Positionen angegliedert, die Dokumente zur Sammlung und einige Schädel verblieben in Mannheim, sehr oft ist die Herkunft unbekannt. Zu dieser Zeit kamen auch archäologische Funde in die Sammlung. In den 1950er Jahren wurde eine Neuaufstellung der Sammlung unter Hinzufügung der Funde der Ur- und Frühgeschichte vorgenommen. Die formal zuständigen Anatomen brachten der Sammlung jedoch kaum noch Interesse entgegen. Erst 1985 wurde die Sammlung durch studentische Hilfskräfte noch einmal handschriftlich inventarisiert. Bei der Übernahme durch das Freiburger Universitätsarchiv und das Uniseum im Jahr 2001 wurde der Verlust von etwa 200 Objekten festgestellt, der zwischen 1986 und 2001 erfolgt sein muss. Im Laufe der Bearbeitung der Sammlung und durch intensive Kontakte konnten einige Dutzend Objekte wieder aufgefunden und den Fehlstellen zugeordnet werden. Hinzu kam die anonyme Rückgabe zweier Schädel im Sommer 2019 (s. a. 225).
DS

227

Messinstrumente des Rassismus

Anthropologischer Messzirkel

Hersteller: P. Hermann

Ohne Jahr: Zürich/Schweiz, Metall, Universitätsarchiv Jena, UAJ, Bestand S Abt. XLVII, Nr. 73

Provenienz: Zoologisches Institut Leipzig/Deutschland

»Hautfarben-Messtafel in Fächerform«

Hersteller_in: unbekannt

Kunststoff, Universitätsarchiv Jena, UAJ, Bestand S Abt. XLVII, Nr. 85/3

»Hautfarbentafel 2. Aufl. nach Prof. Dr. Felix von Luschan«

Hersteller: Puhl & Wagner

Ohne Jahr: Rixdorf bei Berlin/Deutschland, Metall/Kunststoff, Universitätsarchiv Jena, UAJ, Bestand S Abt. XLVII, Nr. 83

»Haarfarbentafel nach Prof. Dr. Eugen Fischer«

Hersteller: Fa. Franz Rosset, Freiburg

Ohne Jahr: Freiburg/Deutschland, Haare/Metall, Universitätsarchiv Jena, UAJ, Bestand S Abt. XLVII, Nr. 87

»Augenfarbentafel nach Rudolf Martin und Bruno K. Schultz«

Hersteller: J. F. Lehrmanns-Verlag

Ohne Jahr: München/Deutschland, Glas/Metall, Universitätsarchiv Jena, UAJ, Bestand S Abt. XLVII, Nr. 81/1

Von der Rassenforschung zum Rassismus

Im 19. Jahrhundert führte die Idee, es gäbe verschiedene Menschenrassen, zur Festlegung einer Reihe äußerer Merkmale zu ihrer Klassifizierung (Phänotypologie). Die Merkmale, welche dieser Bestimmung zugrunde lagen, waren unter anderem die Haut-, Augen- und Haarfarbe. Zu den Parametern zählte auch die Schädelform, die durch diverse Messdaten erfasst wurde. Die Schädelvermessung, welche mit einem anthropologischen Messzirkel, auch Craniometer genannt, erfolgte, wurde auf dem ersten Anthropologenkongress standardisiert. Dieser wurde 1861 von Karl Ernst von Baer (1792–1876) an der Universität Göttingen organisiert.

Die Ideologie des Rassismus systematisierte und verknüpfte äußere Merkmale mit intellektuellen und kulturellen Eigenschaften. Dies wurde die Grundlage für eine hierarchische Einteilung von Menschen in unterschiedliche Rassen, die dazu diente, Nicht-Weiße gegenüber *weißen* Menschen abzuwerten. Schautafeln, wie die von Karl Ernst von Baer entworfenen, sollten diese rassistische Klassifizierung veranschaulichen und förderten zugleich die Herausbildung und Weitergabe von Stereotypen innerhalb eines Wertungssystems. BHI

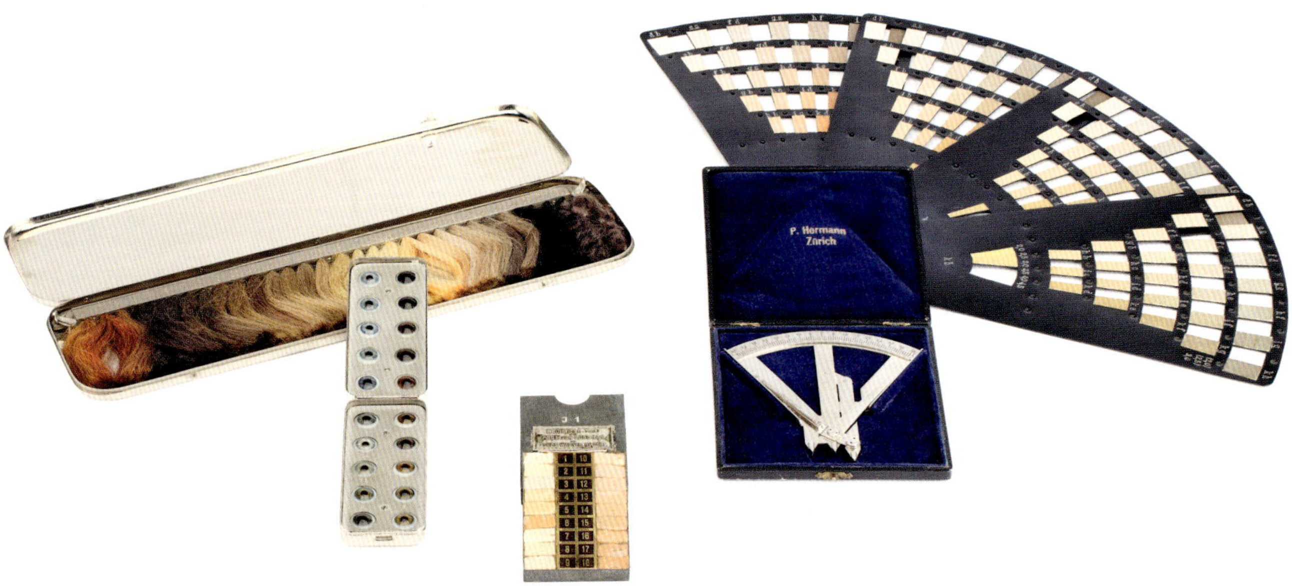

228

»Die Rehobother Bastards und das Bastardierungsproblem beim Menschen«

Autor: Eugen Fischer (1874–1967)

1961: Akademische Druck- u. Verlagsanstalt, Graz/Österreich, Papier/Pappe, Städtische Museen Freiburg

Provenienz: 2021 antiquarisch erworben

»Rassenforscher« aus Freiburg

Während der Zeit des Nationalsozialismus war Eugen Fischer (1874–1967) ein führender Rassenideologe. Die Grundlagen legte er während seines Medizinstudiums und der Habilitation in Freiburg. 1908 reiste er auf Anregung seines Freiburger Studienfreunds, Max Bartenstein, nach Südwestafrika, um am Beispiel der lokalen Bevölkerung von Rehoboth (»Baster«, Nachfahren von Nama-Frauen und Buren-Männern) seine Theorien zur Rassenreinheit zu begründen.
In Fischers Person wird eine rassenideologische Linie von der Kolonialzeit bis zum Nationalsozialismus sichtbar. Als Rektor der Berliner Universität sorgte er für die Entlassung der Gelehrten jüdischer Herkunft. BHI

Konrad Guenther (1874–1955)

wurde am 23. Mai 1874 in Riga/Lettland geboren. Er studierte Naturwissenschaften in Bonn, Leipzig und Freiburg, wo er 1900 über die Anatomie von Schmetterlingen promovierte. 1902 folgte die Habilitation ebenfalls an der Universität Freiburg, an der er dann bis 1939 tätig war. Guenther engagierte sich in vielen Vereinigungen für den Naturschutz, unter anderem im Badischen Landesverein für Naturkunde und Naturschutz sowie im Bund für Vogelschutz.

Mit dem Ziel des Tier- und Pflanzenstudiums unternahm Guenther Reisen nach Kleinasien (1907), Indien (1910–1911) und Brasilien (1923–1924). Weitere Reisen führten ihn 1929 in den Irak, die Türkei sowie nach Ägypten, Syrien und Palästina. Zusammen mit Eugen Fischer (1874–1967) und Karl Hegar (1873–1952) unterstützte er die Gründung der Freiburger Ortsgruppe der Gesellschaft für Rassenhygiene und trat 1937 der NSDAP bei.

Von 1919 bis 1934 leitete Guenther ehrenamtlich das Museum für Naturkunde- und Völkerkunde. Er strebte eine Umstrukturierung des Museums durch die Trennung der beiden Sachgebiete an, denn er wollte den naturkundlichen Bereich als »Anstalt für volkstümliche Naturkunde und Naturschutz« sowie zur »Zentralanstalt für naturkundlichen Unterricht« ausbauen. Dies führte dazu, dass die Naturkundesammlung ab 1931 im heutigen Museumsgebäude an der Gerberau (bis 1925 als Alte Adelhauser Schule genutzt) neu präsentiert wurde, während die ethnografischen Bestände aus Platzmangel im Magazin verschwanden. Im Jahr 1934 gab er die ehrenamtliche Leitung des Naturkundemuseums auf. Er starb am 26. Januar 1955 in Freiburg.

Wilhelm Lebahn (1872–1907)

wurde 1872 in Malchow/Mecklenburg geboren. 1890 trat er in den Dienst der Kaiserlichen Marine und absolvierte eine seemännische Grundausbildung. Von 1898 bis 1900 fuhr er auf der S.M.S. Kaiserin Augusta nach Ostasien. 1903 ging Lebahn als Erster Offizier auf der S.M.S. Condor in die Südsee. 1905 wurde Lebahn zum Kommandanten der S.M.S. Planet ernannt. Das Vermessungsschiff lief 1906 zu einem siebenmonatigen Auftrag der Reichsmarine aus. An Bord war auch der Marine-Oberstabsarzt und Ethnologe Augustin Krämer (1865–1941), der Lebahn vermutlich zum Sammeln von Ethnografika anregte. Über die Umstände, unter denen er die Objekte erwarb oder in seinen Besitz brachte, ist nichts bekannt. Nach Abschluss der Expedition verstarb Wilhelm Lebahn plötzlich auf der Rückfahrt am 26. Januar 1907. Noch im gleichen Jahr bot sein Schwager Rudolph Plähn (1859–1947) in Vertretung der Erb_innen dem Museum in Freiburg die Sammlung zum Kauf an.

Arthur Karl Hans Friedrich Speyer I (1858–1923)

wurde am 3. Januar 1858 in Kassel geboren. Nach seinem Militärdienst war Speyer als Landwirt tätig und ging schließlich für einige Zeit ins Ausland. Nach seiner Rückkehr nach Deutschland heiratete Speyer und studierte in Jena Zoologie. In Hamburg-Altona gründete er, wahrscheinlich im Jahr 1889, ein entomologisches und biologisches Institut als Naturalienhandel. Anfangs verkaufte Speyer hauptsächlich naturkundliche Objekte, bald kamen jedoch Ethnografika hinzu, die er zahlreichen Museen in Deutschland und der Schweiz anbot. Zu den Abnehmer_innen zählte auch das damalige Museum für Natur- und Völkerkunde in Freiburg. 1910 zog Speyer nach Straßburg, wo er die zoologische Sammlung der Universität betreute. Während des Ersten Weltkriegs leitete er ein Zoologisches Institut in Berlin – ebenfalls ein Handelsunternehmen. 1919 gründete er schließlich in Berlin sein eigenes Völkerkundliches Institut, wobei es sich um eine Art Galerie handelte: Es waren Präsentationsräume für Ethnografika, die dort gezeigt und größtenteils zum Verkauf angeboten wurden. Speyer starb 1923 in Berlin, danach übernahm sein Sohn Arthur Max Heinrich Speyer (1894–1958), in der Literatur als Speyer II bezeichnet, das sogenannte Institut und führte den Ethnografika-Handel mit deutschen und europäischen Museen als äußerst lukratives Geschäft fort.

Otto Emil Strasser (1861–1900)

wurde am 30. August 1861 in Bühl als Sohn des Kaufmanns Otto Strasser (1831–1880) geboren. Er war ab 1889 in Mioko, Papua-Neuguinea (ehemals Neulauenburg, Deutsch-Neuguinea) für die Deutsche Handels- und Plantagengesellschaft (DHPG) tätig. Auf Mioko befanden sich während der deutschen Kolonialherrschaft ab 1884 neben der Handelsstation hauptsächlich Kokosplantagen.

Strasser wurde 1891 zum stellvertretenden Gerichtsbeisitzer in Herbertshöhe berufen. In späteren Jahren war er für die deutsche Handelsgesellschaft Hernsheim & Co. als Kaufmann in Kabaira auf Neuirland, heute Papua-Neuguinea (ehemals Neumecklenburg, Deutsch-Neuguinea) tätig. Von dort stammen die meisten der heute noch im Bestand des Museums Natur und Mensch vorhandenen 50 Gegenstände, die er 1896 dem Museum für Natur- und Völkerkunde Freiburg verkaufte. Die übrigen stammen von anderen Inseln des Bismarck-Archipels und vom Sepik, Neuguinea (ehemals Kaiserin-Augusta-Fluss, Kaiser-Wilhelms-Land im Gebiet von Deutsch-Neuguinea). Es ist nicht näher bekannt, unter welchen Umständen Strasser die Gegenstände für seine Sammlung erwarb. Der Kontakt zum Museum kam vermutlich durch seine Schwester, Maria Anna Fehrenbach (1860–1917) zustande, die seit 1892 in Freiburg lebte.

Otto Strasser starb am 21. Juli 1900 auf der Station Kuragakaul in der Nähe von Simpsonhafen, auf der Gazelle-Halbinsel, New Britain (ehemals Neupommern, Deutsch-Neuguinea). Diese Handelsstation gehörte, wie auch Kabaira, der Handelsgesellschaft Hernsheim & Co., die ihr Hauptgeschäft mit dem Export von ölhaltigem Kokosfleisch (Kopra) machte.

Deutsche Kolonialgesellschaft

Deutscher Flottenverein

Deutscher Kolonialverein

Deutsches Kolonial-Jugend-Korps

Flottenbund deutscher Frauen/ Deutscher Frauenbund für vaterländische Ziele

Frauenverein vom Roten Kreuz für Deutsche über See

Geographische Gesellschaft

Kameradschaft der Kolonialkrieger & Kolonialdeutschen

Kolonialbeirat des Gauverbandes Baden des Reichskolonialbundes

Koloniale Arbeitsgemeinschaft Freiburg i. B.

Koloniale Jugendgruppe Freiburg

Koloniale Pfadfinder

Kolonialschar der Hitlerjugend

Kolonialwirtschaftliches Komitee

Marine-Verein Freiburg 1911 (Marinekameradschaft)

Reichskolonialbund

Südwestdeutscher Verein für Handelsgeographie & Förderung deutscher Interessen im Ausland

Verein ehemaliger Kolonialkrieger & Kolonialdeutscher in Freiburg/ Deutscher Kolonialkriegerbund

Vereinigung ehem. Offiziere der Kaiserlichen Schutztruppe für Deutsch-Südwestafrika

6

Propaganda und Popularisierung

7

»Eine freudige Bewegung geht durch das deutsche Volk«[1]

Die Aktivitäten kolonialistischer Vereine und Netzwerke in Freiburg

Über Jahrzehnte vor der Gründung des Deutschen Reiches im Jahr 1871 wurden Debatten über die vermeintliche Notwendigkeit einer deutschen Weltmachtrolle und den Besitz deutscher Kolonien geführt. Der Historiker Hans Fenske beschreibt diese Phase als ein kontinuierliches Wünschen und Wollen »ungeduldiger Zuschauer« (Fenske 1991: 87), wobei sich etwa deutsche Firmen durchaus schon kolonial betätigten. Manche Vertreter der liberalen Nationalbewegung strebten einen starken deutschen Nationalstaat an, weil er eine Voraussetzung für die Gewinnung von Kolonien sei. Gleichzeitig sollten ihm Kolonien Weltgeltung verschaffen.

Nach 1871 wurden diese Stimmen immer lauter. Freiburger Lokalzeitungen sahen darin 1879 in wortgleichen Beiträgen eine Zwangsläufigkeit: »Als Deutschland, militärisch-diplomatisch zusammengeschweißt durch den mächtigen Hammer Thors, wiederum eine Großmacht ward unter den Nationen der Erde, da konnte der Ruf nach Colonien nicht ausbleiben.« (Freiburger Zeitung und Breisgauer Zeitung, 12.6.1879). Sie beklagten aber, dass sich die Reichsregierung vor einer aktiven Kolonialpolitik drücke. Immerhin sei in den gerade mit Samoa abgeschlossenen Verträgen, in denen Deutschland besondere Rechte eingeräumt wurden, der »Keim« einer Kolonialpolitik zu sehen (ebd.). Sie verwiesen zur Untermauerung ihrer Forderungen auf den von Missionsinspektor Friedrich Fabri (1824–1891) verfassten Schlüsseltext »Bedarf Deutschland der Colonien?« (Fabri 1879).

Nachdem das Deutsche Reich dann 1884 formell von Kolonien Besitz ergriffen hatte, sorgte der Nationalökonom und Soziologe Max Weber (1864–1920) mit seiner Antrittsvorlesung an der Freiburger Universität für Furore. Dort verkündete er 1895: »Wir müssen begreifen, dass die Einigung Deutschlands ein Jugendstreich war, den die Nation auf ihre alten Tage beging und seiner Kostspieligkeit halber besser unterlassen hätte, wenn sie der Abschluß und nicht der Ausgangspunkt einer deutschen Weltmachtpolitik sein sollte.« (Weber 1993: 571).

Weber wirkte nur kurz in Freiburg, aber seine Haltung war hier keine Ausnahme. Den Lehrstuhl für Politische Ökonomie hatte er von Eugen Freiherr von Philippovich (1858–1917) übernommen. Der hatte sich – wie andere Freiburger Hochschullehrer auch – im Deutschen Kolonialverein betätigt. Angesichts sich verschärfender sozialer Konflikte standen Philippovich und Weber für eine nationale Integration und die Mobilisierung der Arbeiterschaft durch eine Kombination aus Sozialstaatsausbau und Kolonialpolitik, deren Lasten demnach die Kolonisierten zu tragen hatten.

Heiko Wegmann

Koloniale Vereine

Die erste Vereinigung, die sich in Freiburg während des Deutschen Kaiserreichs gezielt für den Kolonialismus engagierte, entstand 1882: der Südwestdeutsche Verein für Handelsgeographie und Förderung deutscher Interessen im Ausland. Er trat dem Deutschen Kolonialverein bei und wandelte sich 1885 sogar in dessen Oberbadischen Zweigverein um. In der Presse wurde dazu ein Aufruf geschaltet, der als Ziele Vervollständigung »unserer« Handelsniederlassungen, Gründung von Kolonien, Regelung der deutschen Auswanderung und Steigerung des eigenen Absatzes benannte. Die Reichsregierung solle bei der Verfolgung dieser Ziele durch eine rege Vereinstätigkeit »unterstützt« und das Verständnis der Notwendigkeit dazu in immer weitere Kreise hineingetragen werden. Die »oberbadischen Männer« wurden zum Eintritt aufgefordert, um dieses »vaterländische Werk« zu fördern – Frauen wurden anfangs nicht direkt angesprochen (Freiburger Zeitung, 10.2.1885; Kat. 229).

Damit wurde eine jahrzehntelange Tradition kolonialer Propaganda engagierter Bürger_innen in der Stadt begründet. Sie wollten damit den Druck auf staatliche Stellen erhöhen, eine aktivere, das heißt aggressivere Kolonialpolitik zu betreiben. Der Kolonialverein (1887 in »Deutsche Kolonialgesellschaft« umbenannt) war ein Projekt gesellschaftlich einflussreicher Kreise: Fabrikanten, Bankiers, Universitätsprofessoren, hohe Beamte und der Präsident der Handelskammer. Erst 1925 übernahm mit dem früheren Kolonialoffizier Max Knecht (1874–1954) ein »Praktiker« die Leitung (Kat. 235–237).

Nicht nur der Vorstand, sondern auch die Mitglieder der Oberbadischen Abteilung der Deutschen Kolonialgesellschaft entstammten der wirtschaftlichen, politischen, Verwaltungs- und Bildungselite. Sie wurden vorrangig im bürgerlich-liberalen und teilweise im katholischen Milieu rekrutiert, während das sozialistische Milieu fernblieb. Die Mitgliedszahlen stiegen auf über 200 bis Ende der 1880er Jahre, pendelten sich dann aber zwischen etwa 80 und 110 ein. Trotz und teils sogar wegen der erzwungenen Abtretung der deutschen Kolonien mit dem Ersten Weltkrieg und dem Versailler Vertrag erholte sich die Kolonialbewegung, es wurden aber sogar nochmals Vereine in Freiburg gegründet.

Seit 1927 bestand eine Koloniale Arbeitsgemeinschaft, zu der neben der Kolonialgesellschaft der Deutsche Frauenverein vom Roten Kreuz für Deutsche über See gehörte (1908 zunächst mit dem Zusatz »für die Kolonien« gegründet). Weiter zählte dazu der erst 1926 gegründete Freiburger Verein ehemaliger Kolonialkrieger und -deutscher. Zum engeren Kreis prokolonialer Vereine zählten außerdem der Deutsche Flottenverein, der völkisch-aggressive Alldeutsche Verband, der Marine-Verein 1911, koloniale Jugendgruppen und der hier erst 1935 in Erscheinung tretende Frauenbund der Deutschen Kolonialgesellschaft (Kat. 231 & 232).

Der Flottenverein (ab 1934 Reichsbund Deutscher Seegeltung) war darunter die einzige milieuübergreifende Massenorganisation mit bis zu zehn Millionen Mitgliedern im Reich. Auch in Freiburg überstieg die Mitgliederzahl der 1898 gegründeten Ortsgruppe mit 1300 im Jahr 1914 weit die der anderen Gruppen. Zur Jahreswende 1905/06 wurde zudem eine Ortsgruppe des Flottenbunds Deutscher Frauen (ab 1921 Deutscher Frauenbund für vaterländische Ziele) gegründet, die 1914 zusätzlich über 200 Mitglieder vereinte.

Eine deutliche soziale Verbreiterung der Kolonialvereine und der Ausbau zu einer Massenorganisation erfolgten erst ab 1936. Im Reichskolonialbund wurden mehrere Vereine zusammengefasst und »gleichgeschaltet«. Der Kreisverband Freiburg hatte Ende 1938 bereits 3 400 Mitglieder, mit steigender Tendenz. Auf Reichsebene erreichte der Verband seinen Zenit Ende 1941 mit über zwei Millionen Mitgliedern, bevor seine Tätigkeit Anfang 1943 kriegsbedingt eingestellt wurde.

Zum weiter gefassten Netzwerk der kolonialen Vereine gehörten solche, bei denen nichts von Kolonien in der Satzung stand, die solche Ziele aber unterstützten, wie etwa die Geographische Gesellschaft Freiburg. Eine Sonderstellung im kolonialen Spektrum nahmen die christlichen Missionsvereine ein. Sie waren Wegbereiter und Profiteure der Kolonisierung, übten teilweise aber auch Kritik an deren Methoden.

Nicht zu unterschätzen für die Verbreitung kolonialer Positionen waren zudem personelle Verflechtungen. So war Professor Hans Schneiderhöhn (1887–1962) sowohl Präsident des Schwarzwaldvereins als auch zweiter Vorsitzender der Abteilung der Kolonialgesellschaft. Der Experte für Erzlagerstätten in Südwestafrika hielt noch Anfang 1941 einen öffentlichen Vortrag an der Universität über »Mineralogische Bodenschätze in den deutschen Kolonien«. Dabei äußerte er die »zuversichtliche Hoffnung«, dass »die Kolonien recht bald wieder in unserem Besitz sein mögen« (Freiburger Zeitung, 15.2.1941; Kat. 230).

Aktivitäten

Eines der zentralen Mittel, kolonialistisches Denken in Freiburg gesellschaftlich zu verankern, waren derartige Veranstaltungen. Die Vortragstätigkeit war thematisch breit angelegt und behandelte neben einzelnen Kolonien Fragen der Auswanderung und Wirtschaft, später kamen die Kolonialkriege hinzu. Zu den größten Erfolgen aus Sicht der hiesigen Kolonialgesellschaft gehörten zwei Großveranstaltungen mit Generalleutnant Berthold von Deimling (1853–1944). Am 16. Januar 1911 hielt er einen Vortrag über Deutsch-Südwestafrika im überfüllten Paulussaal, dem damals zweitgrößten Veranstaltungsraum Freiburgs (Freiburger Zeitung, 17.1.1911). »Auf vielfachen Wunsch« wurde der Vortrag am 8. Februar in der städtischen Festhalle wiederholt. 4000 Besucher_innen sollen die Halle bis zum letzten Winkel ausgefüllt haben. Hunderte Interessierte hätten wieder gehen müssen, wurde berichtet. Seit acht Jahren habe es so eine Besucherzahl nicht mehr gegeben (Freiburger Zeitung, 9.2.1911). (Kat. 233)

Deimling war 1904 zum Kommandeur des 2. Feldregiments in Deutsch-Südwestafrika ernannt worden, wo er am genozidalen Krieg gegen die OvaHerero teilnahm. Er war ein wichtiger Akteur in der zentralen Schlacht am Waterberg und anschließend an der Abdrängung der OvaHerero in die fast wasserlose Omaheke-Halbwüste beteiligt. Später war er als Kommandeur der »Schutztruppe« auch verantwortlich für den Krieg gegen die Nama im Süden des Landes. Im Reichstag hatte er am 2. Dezember 1905 in einer stark rezipierten Rede verkündet: »Milde gegen die Eingeborenen ist Grausamkeit gegen die eigenen Leute« (zit. n. Zirkel 2006: 61) und wies die Kritik der SPD an durch die »Schutztruppe« begangenen Kriegsgräueln zurück. In Freiburg war Deimling drei Jahre lang Kommandeur der 29. Infanterie-Division. Hier war er Gründer der Jugendwehr, deren Uniformen an »Schutztruppen«-Uniformen erinnerten, und wurde unter anderem Beisitzer des Vorstands der Deutschen Kolonialgesellschaft. Innerhalb kurzer Zeit trug Deimling erheblich zur Verbreitung des Kolonialgedankens in Freiburg bei. Nach dem Ersten Weltkrieg wandelte er sich zum Republikaner und bildete damit eine äußerst seltene Ausnahme unter den Generälen, deren Hass er sich damit zuzog. Seine Kriegführung im heutigen Namibia rechtfertigte er allerdings weiter.

Neben dem Propagandaaspekt gab es auch praktische Ziele bei Vorträgen und Kolonialbällen, wie sie die Frauenvereine abhielten. So wurden Spendengelder für wissenschaftliche Expeditionen oder Kolonialsoldaten gesammelt. Der Erlös der Deimling-Veranstaltung sollte zugunsten eines in Kamerun zu erstellenden Genesungs- und Wöchnerinnenheims »Hildahaus« gestiftet werden. Der Name verwies auf die badische Großherzogin Hilda (1864–1952), die Ehrenvorsitzende kolonialer Frauenvereine in Baden war (Kat. 234).

Der Höhepunkt kolonialer Agitation wurde nach Jahren der Vorbereitung und über den politischen Systemwechsel von der Republik zur NS-Diktatur hinweg im Jahr 1935 erreicht. Max Knecht und seinen Mitstreiter_innen war es gelungen, die »Deutsche Kolonialtagung« vom 13. bis zum 16. Juni nach Freiburg zu holen. Es fanden mit breiter Unterstützung der Stadt, der Universität und weiterer Institutionen unter anderem die Hauptversammlungen verschiedener Verbände sowie eine Reihe öffentlicher Kundgebungen und Umzüge statt. Auf dem heutigen Platz der Universität wurde eine »Kolonialeiche« als Denkmal gepflanzt. Außerdem wurde in der Kunst- und Festhalle vom 16. Juni bis zum 7. Juli eine große koloniale Wanderausstellung gezeigt. Sie wurde unter der örtlichen Leitung des Kolonialoffiziers Wilhelm Winterer (1879–1969) durch Leihgaben von Freiburger Museen und Persönlichkeiten sowie durch Präsentationen verschiedener Institutionen, darunter der Universitätsbibliothek erweitert. Der badische NSDAP-Gauleiter und Reichsstatthalter Robert Wagner (1895–1946) übernahm die Schirmherrschaft und signalisierte damit ebenso wie Oberbürgermeister Franz Kerber (1901–1945) die Zustimmung der NS-Führung (Kat. 240).

Nach dem Zweiten Weltkrieg verlor die Forderung nach deutschen Kolonien ihre politische Basis. Koloniale Ideologie lebte aber in anderen Formen weiter. Eine war die geschichtspolitische Verklärung. So berichtete die »Badische Zeitung« in den 1960er Jahren unkritisch über Wilhelm Winterer oder den prominenten Anthropologen und »Rassen«-Forscher Eugen Fischer (1874–1967). Und die städtische Friedhofsverwaltung setzte 1992 unter anderem gemeinsam mit dem revisionistischen Traditionsverband der Schutz- und Überseetruppen das Grab von Gouverneur Leutwein auf dem Hauptfriedhof instand. Zur Einweihung und Kranzniederlegung reisten – wie zur Kolonialtagung 1935 – deutschstämmige Pfadfinder aus dem ehemaligen Deutsch-Südwestafrika an. Ein antikoloniales Denkmal fand und findet sich in Freiburg dagegen bislang nicht.

Ein Umgang bestand in der aktiven Ausblendung der deutschen Kolonialgeschichte und aller damit zusammenhängenden Verbrechen. Der nationalkonservative Freiburger Historiker Gerhard Ritter postulierte 1958, man könne den Verlust der Kolonien angesichts der neuen Weltlage nicht mehr als schwer empfinden. In einer kompletten Täter-Opfer-Umkehrung formulierte er, die westeuropäischen Nachbarn hätten unter »Unsummen von Ressentiments, ja von Haß« seitens der Kolonisierten »so schwer zu leiden«. Deutschland aber stehe ganz unbelastet da und werde überall »ohne politisches Mißtrauen« aufgenommen (Ritter 1958: 152). Dieses bequeme Geschichtsverständnis dominierte bis fast in die Gegenwart, wird seit der Jahrtausendwende aber zunehmend infrage gestellt.

Fazit

Die hier betrachteten kolonialistischen Aktivitäten in Freiburg ereigneten sich über Jahrzehnte und diverse politische Systeme hinweg und an verschiedensten Veranstaltungsorten. Die Vereine, die kolonialistisches Gedankengut vertraten, konkurrierten in einem sehr begrenzten Freiburger Umfeld mit vielen anderen Vereinen um Mitglieder und öffentliche Aufmerksamkeit. Phasen geringer Resonanz wechselten sich mit Erfolgen ab. Dies hing von einer Reihe lokaler Faktoren wie etwa zugkräftigen Funktionären, aber auch reichsweiten Konjunkturen des Themas ab. Die Lokalpresse förderte den Kolonialgedanken weitgehend. Spezifisch für Freiburg war, dass sich der Kolonialagitation keine hörbaren antikolonialen Stimmen entgegenstellten, wie dies teilweise in industrialisierten Zentren mit stärkerer Arbeiterbewegung der Fall war.

Die Tätigkeiten prägten die Vorstellungen vom kolonisierenden »Selbst« und den zu kolonisierenden »Anderen«. Diese Weltsicht und der damit einhergehende Kolonialrassismus verschwanden nach 1945 nicht einfach, sondern sie wurden transformiert und prägten weiter die Alltagskultur. Heute ist es wichtig, sich dieses schwierige Erbe bewusst zu machen.

1 Freiburger Zeitung, 10.2.1885.

Nach dem Ersten Weltkrieg endete für das Deutsche Reich der Kolonialismus. Die angeeigneten Gebiete wurden entsprechend dem Versailler Friedensvertrag (1919) von den Siegern übernommen. Viele Kolonialbefürworter_innen akzeptierten diese Übereinkunft nicht und forderten ihre Rückgabe. Laut ihrer Propaganda würden Kolonien als zusätzlicher »Lebensraum« benötigt und um den Bedarf an Rohstoffen sowie Absatzmärkten zu decken. Der Nationalsozialismus unterstützte diese Forderung und 1935 fand in Freiburg eine große Kolonialtagung statt. Sie sollte die prokoloniale Einflussnahme auf die Bevölkerung verstärken.
Nach dem Zweiten Weltkrieg hat dieser Kolonialrevisionismus ausgedient. Aber der Rassismus als ideologische Wurzel des Kolonialismus bleibt weiterhin wirksam, denn er ist bereits tief in die Sprache und das Verhalten der deutschen Gesellschaft eingedrungen. Zur kritischen Aufarbeitung der deutschen Kolonialgeschichte gehört daher auch die Wachsamkeit gegenüber rassistischem Denken, Sprechen und Handeln.

BHI

229

»Eine freudige Bewegung geht durch das deutsche Volk«. Aufruf zum Beitritt in den Kolonialverein

Verfasser_in: Vorstand des Oberbadischen Zweigvereins des deutschen Colonialvereins

10.2.1885: Freiburger Zeitung

Aufruf.

Eine freudige Bewegung geht durch das deutsche Volk. In die Reihe der Ziele, welche das Deutsche Reich in seinem sich immer umfassender gestaltenden Wirkungskreise mit besonderer Energie erstrebt, ist, vermöge des kräftigen Eingreifens des deutschen Reichskanzlers, die Vervollständigung unserer Handelsniederlassungen, die Gründung von Colonien, die Regelung der deutschen Auswanderung aufgenommen worden, und es belebt sich die Hoffnung, daß uns in anderen Welttheilen Gebiete des Absatzes für die Erzeugnisse unseres Fleißes mehr als bisher gesichert sein werden. Die Vereinsthätigkeit ist aufgerufen worden, eine, die Reichsregierung in der Verfolgung dieser Ziele unterstützende Wirksamkeit zu entfalten und das Interresse für jene großen Aufgaben überall zu beleben. Männer aller Parteien haben den Deutschen Colonial-Verein gegründet, dessen Zwecke sind:

> Das Verständniß der Nothwendigkeit, die nationale Arbeit dem Gebiete der Colonisation zuzuwenden, in immer weitere Kreise zu tragen, für die darauf gerichteten, in unserem Vaterlande bisher getrennt auftretenden Bestrebungen, einen Mittelpunct zu bilden und eine practische Lösung der Colonialfrage anzubahnen.

Diesem großen, das ganze Gebiet des deutschen Reichs umfassenden Verein sich anzuschließen, hat der bisher hier bestehende, verwandten Zwecken dienende „Südwestdeutsche Verein für Handelsgeographie und Förderung deutscher Interessen im Auslande" beschlossen, indem er sich zu einem Zweigverein des deutschen Colonialvereins constituirte.

Der unterzeichnete Vorstand fordert nunmehr die oberbadischen Männer auf, dem Verein beizutreten und zur Förderung des vaterländischen Werkes mit thätig sein zu wollen.

Freiburg i. B., im Februar 1885.

Der Vorstand des Oberbadischen Zweigvereins des deutschen Colonialvereins:

Bankier Julius Mez, Vorsitzender; Freiherr von Reitzenstein, stellvertretender Vorsitzender; von Hillern-Flinsch, Schriftführer; Kaufmann Franz Schuster, Schatzmeister; Landgerichtsrath Eisen; Weinhändler Josef Hebting; Hofbuchhändler Kiepert, Fabrikant Heinrich Kuenzer, Handelslehrer Pampe, Beisitzer.

Außerdem haben sich noch folgende Vertrauensmänner, die dem Aufrufe beitreten, bereit erklärt, Beitrittsanmeldungen entgegenzunehmen und Auskunft zu ertheilen:

in Freiburg: Hofrath Behaghel, Professor Dr. Claus, General der Infanterie z. D. von Glümer, Landgerichtsdirector Haaß, Reichstagsabgeordneter Marbe, Fabrikant Karl Mez, Fabrikant Pfeilsticker, Kaufmann L. Rau, Fabrikant Walterspiel;
in Breisach: Fabrikant Ad. Müller;
in Emmendingen: Bezirksarzt von Langsdorff, Oberamtsrichter Freiherr von Weiler;
in Endingen: Fabrikant Karl Lösch;
in Kenzingen: Kaufmann Mayer-Seramin.
in Lahr: Handelskammerpräsident Stösser-Fischer,
in Lenzkirch: Fabrikant F. J. Faller,
in Lörrach: Oberförster Flachsland,
in Müllheim: Weinhändler Herm. Blankenhorn,
in Neustadt: Fabrikdirector Haderer,
in Offenburg: Fabrikant J. Offenheimer,
in " Fabrikant W. Schell,
in Säckingen: Fabrikant Otto Bally,
in Schönau: Oberförster Freiherr v. Stetten,
in Schopfheim: Fabrikant Karl Krafft,
in Staufen: Fabrikant L. Groschupf,
in St. Blasien: Oberamtmann Dr. Groos,
in St. Georgen: Fabrikant Karl Haas,
in Triberg: Fabrikant A. Siedle,
in Villingen: Vors. des Gewerbevereins Bender,
in Waldkirch: Fabrikdirector Groos jr.,
in Waldshut: Wasser- und Straßenbau-Inspector Aicham, Oberamtmann Benzinger, Rechtsanwalt Hauger, Landgerichtsrath Roller,
in Wolfach: Buchhändler Aug. Sandfuchs, Ingenieur Schuster,
in Zell i. W.: Zivilingenieur T. Winter.

Auszug aus den Statuten:

§ 1. Sitz des Zweigvereins ist Freiburg i. B.

§ 4. Die Mitgliedschaft des Zweigvereins begründet diejenige des Hauptvereins. Der Minimalbeitrag ist M. 8, wovon M. 6 an den Hauptverein abgeführt und wogegen das Vereinsorgan: Die „Deutsche Colonialzeitung", sowie alle sonstigen Publicationen gratis geliefert werden.

230

Veranstaltungen der Deutschen Arbeitsfront und des Reichskolonialbunds im Hörsaal I der Universität während des Zweiten Weltkriegs

Verfasser_in: Deutsche Arbeitsfront und Reichskolonialbund

11./12.12.1940: Freiburger Zeitung

231

Einladung des Alldeutschen Verbands zum Ostafrika-Vortrag von Max Knecht

Verfasser_in: Vorstand Alldeutscher Verband

23.3.1909: Freiburger Zeitung

Die Deutsche Arbeitsfront
NSG. „Kraft durch Freude"
Volksbildungsstätte Freiburg i. Br.

Donnerstag, den 12. Dezember 1940, 20 Uhr
im Hörsaal I der Universität:

Unser Kamerun

Lichtbildervortrag von Gustav Moog
Direktor des Zoologischen Gartens Saarbrücken

Verbunden mit einer Ausstellung kolonialer Gegenstände (Waffen, Masken, Früchte und handgefertigte Instrumente der Eingeborenen, Präparate von seltenen Säugetieren, Vögeln, Giftschlangen und Insekten)

Eintrittspreise: RM. 1.—, —.70 für Hörer der Volksbildungsstätte oder Mitglieder der Kulturgemeinde, —.50 bei Doppelmitgliedschaft u. für Soldaten.
Vorverkauf: KdF.-Kreisdienststelle, Schwabentorstraße 2, Zimmer 11, und Zigarrenhaus Kampe, Adolf-Hitler-Straße 203.

Reichskolonialbund
Kreisverband Freiburg.
Heute
Hörsaal I der Universität, 19.30 Uhr
Kriegsmarine im kolonialen Dienst
Öffentlicher Vortrag mit Lichtbildern in natürlichen Farben
Es spricht:
Korvettenkapitän W. Baum
vom Wehrbezirkskommando Freiburg
Eintritt für Mitglieder 10 Pf., für Nichtmitglieder 30 Pf., für Wehrmachtangehörige und Studenten frei.

Alldeutscher Verband.
Zu dem Freitag den 26. d. M. im Kornhaussaal stattfindenden
Vortrag
des Herrn Oberleutnant Knecht 8150
Erinnerungen an meinen Aufenthalt am Tanganika- und Kiwusee (mit Lichtbildern)
werden unsere Mitglieder, auch Damen, von der Deutschen Kolonialgesellschaft freundlich eingeladen.
Der Vorstand.

Flottenbund Deutscher Frauen
Ortsgruppe Freiburg i. B.

Dienstag den 10. März, abends ½9 Uhr
im Paulus-Saale, Dreisamstrasse No. 3
Vortrag
von Frau Helene von Falkenhausen:
„Die gebildete Frau als Kulturträgerin in Afrika".
Eintrittpreise: Vordere Reihen im Saal und auf beiden Seiten der Galerie 1 Mk., weitere Plätze 50 Pfg.
Kassen- und Saalöffnung 8 Uhr.
Kartenvorverkauf: Hofbuchhandlung von Eichlepp, Kaiserstrasse 24. 7525

232

Koloniale Frauenarbeit: Vortrag über »Die gebildete Frau als Kulturträgerin in Afrika«

Verfasser_in: Helene von Falkenhausen

5.3.1908: Freiburger Zeitung

233

Werbung für den Deimling-Vortrag zugunsten des »Hildahauses«

Verfasser_in: Deutsche Kolonialgesellschaft, Oberbadische Abteilung Freiburg

9.1.1911: Freiburger Zeitung

Paulussaal.

Deutsche Kolonialgesellschaft

Oberbadische Abteilung Freiburg.

Montag, 16. Januar 1911, abends pünktlich $1/_2$ 9 Uhr

Vortrag

des Herrn Generalleutnant von Deimling

über:

Südwestafrika

mit Lichtbildern.

Kasseneröffnung 8 Uhr :: Anfang pünktlich 8 $1/_2$ Uhr.

Eintrittspreise: Reservierter Sitz im Saal **1** Mk., offener Platz im Saal **50** Pfg., Balkonplatz **30** Pfg.

Der Vortrag findet statt zugunsten eines in Kamerun zu erstellenden Genesungs- und Wöchnerinnenheims „Hildahaus".

Kartenverkauf (nur an Wochentagen) in **C. Troemer's Universitäts-Buchhandlung** (Ernst Harms), Bertoldstrasse 21 und 23 (Fernsprecher 439). 6845

Museums-Saal.

Sonntag, den 3. Dezember 1905, abends $7^1/_2$ Uhr:

Musikalische Aufführung

des

Freiburger Musik-Konservatoriums

zur Feier des Geburtstages seiner Protektorin, Ihrer Königl. Hoheit der Grossherzogin Luise von Baden.

zu Gunsten der kämpfenden deutschen Soldaten in Südwest-Afrika

wird Eintritt erhoben:

1 Mk. num. Platz, 50 Pfg. offener Platz und 25 Pfg. Stehplatz.

Die Eintrittskarten sind im Konservatorium bei der Schuldienerin, sowie abends an der Kasse erhältlich. 5759

234

Aufführung des Musik-Konservatoriums »zu Gunsten der kämpfenden deutschen Soldaten in Südwest-Afrika«

Verfasser_in: unbekannt

1.12.1905: Freiburger Zeitung

stammt von der Dienststelle des Kreisverbands Freiburg. Sie befand sich in der Wallstraße 3, nahe des damaligen Hindenburgplatzes (heute Holzmarktplatz). Einen zweiten Freiburger Sitz hatte der Reichskolonialbund mit dem Ortsverband Oberstadt in der Gerberau 10.
Auf dem Schild konnten die Dienststunden mit Wachskreide in ein dafür ausgespartes Feld eingetragen werden. Das Wappen des RKB ist aus verschiedenen Elementen zusammengesetzt: 1) der »Petersflagge« der Deutsch-Ostafrikanischen Gesellschaft, benannt nach Carl Peters (1856–1918), der maßgeblich zur Besitzergreifung des »Schutzgebiets« Deutsch-Ostafrika beitrug (schwarzes Kreuz auf weißem Grund) sowie 2) im (heraldisch) rechten Oberfeld auf rotem Grund fünf weiße Sterne, die das Sternbild »Kreuz des Südens« darstellen. Mittig ist ein Hakenkreuz aufgelegt. Nach 1943 wurde das Schild abmontiert, vor einigen Jahren als »Speicherfund« geborgen und dem Museum für Stadtgeschichte übergeben.
Der RKB war 1933 als Dachverband von Kolonialvereinen und -verbänden unter Führung der Deutschen Kolonialgesellschaft (DKG) gegründet worden. Im RKB sollten die Bemühungen, wieder ein deutsches Kolonialreich aufzubauen, zusammengefasst und gestärkt werden. Im Juni 1935 fand in Freiburg die Reichskolonialtagung des RKB statt (Kat. 239–243). 1936 wurden die bis dahin selbstständigen Vereine aufgelöst und im neu gegründeten RKB organisatorisch zusammengeführt. Er blieb ein rechtlich eigenständiger Verein und gehörte nicht zu den Parteiorganisationen. Zu Beginn hatte der Freiburger Kreisverband 104 Mitglieder, zwei Jahre später bereits über 3 000. Unter anderem warb der Freiburger Oberbürgermeister Franz Kerber (1901–1945) nach 1936 für die Mitgliedschaft im RKB. Der erste Leiter der Kreisstelle war Max Knecht (1874–1954), der seit 1925 Vorsitzender der Oberbadischen Abteilung der Deutschen Kolonialgesellschaft war. Ihm folgten unter anderem der (Kolonial-)Schriftsteller Hans Offe (1884–1982) sowie Bernhard Pfister (1900–1987), Universitätsprofessor und Leiter der Abteilung »Koloniale Schulung und Wissenschaft«. Bereits 1943 wurden der RKB wieder aufgelöst und das Vermögen zugunsten der NSDAP eingezogen. PK

236

Max Knecht mit Leutnant Ogg und Unteroffizier Said Achmet

Fotograf_in: unbekannt

Abgebildete Personen v. l. n. r.: Said Achmed, Max Knecht, Leutnant Ogg

1907: Kissenji/Ruanda, ehemals Deutsch-Ostafrika, Foto, Stadtarchiv Freiburg

Provenienz: Teilnachlass Max Knecht (1874–1954), danach Quambana-Privatarchiv Knecht/Karl-Heinz Koob (Silberdistel e. V.)

237

Max Knecht zu Besuch am Hof von König Msinga

Fotograf_in: unbekannt

Abgebildete Personen v. r. n. l.: Max Knecht, weitere Personen nicht namentlich bekannt

1907: Ruanda, ehemals Deutsch-Ostafrika, Foto, Stadtarchiv Freiburg

Provenienz: Teilnachlass Max Knecht (1874–1954), danach Quambana-Privatarchiv Knecht/Karl-Heinz Koob (Silberdistel e. V.)

Als Offizier der »Kaiserlichen Schutztruppe für Deutsch-Ostafrika« war Max Knecht längere Zeit im heutigen Ruanda stationiert. Dort traf er mit dem lokalen Oberhaupt, König Msinga (um 1883–1944) zusammen.
1908 kehrte Knecht nach Deutschland zurück und ließ sich in Freiburg nieder. Dort prägte er in den 1920/30er Jahren maßgeblich die Kolonialbewegung und trat als aktiver Kolonialrevisionist auf. Er war einer der wichtigsten Organisatoren der Reichskolonialtagung und der Kolonialausstellung von 1935.
BHI

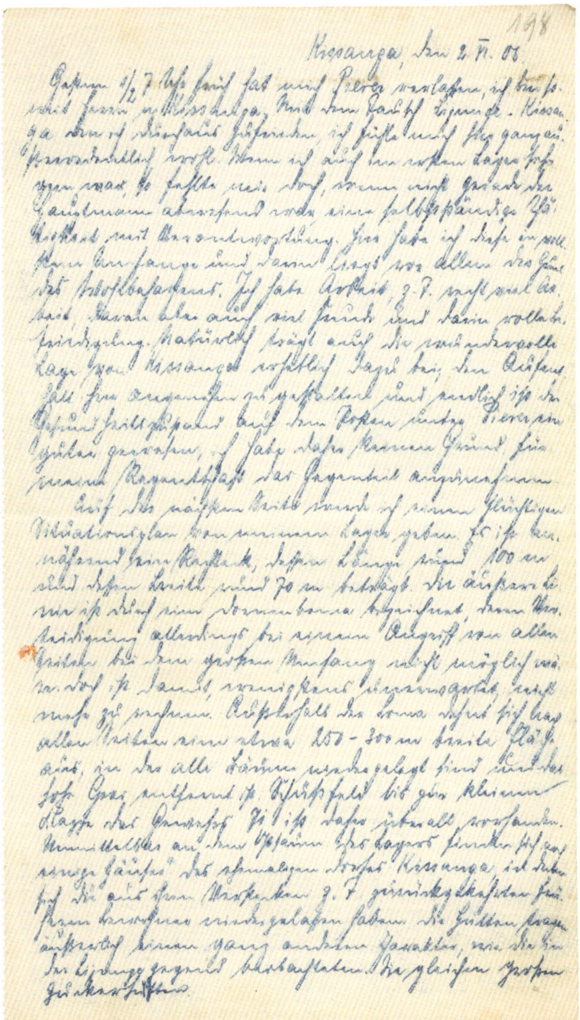

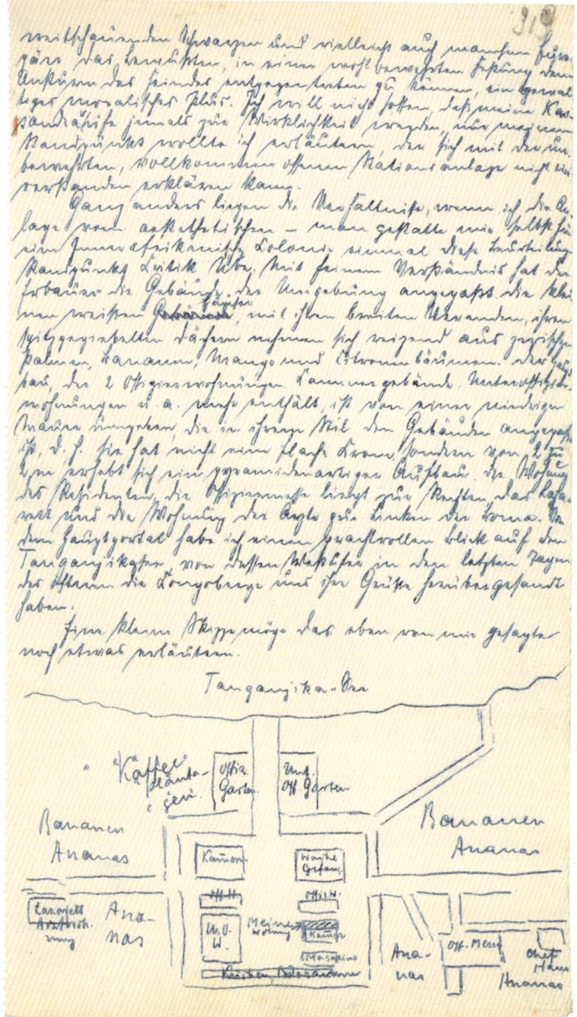

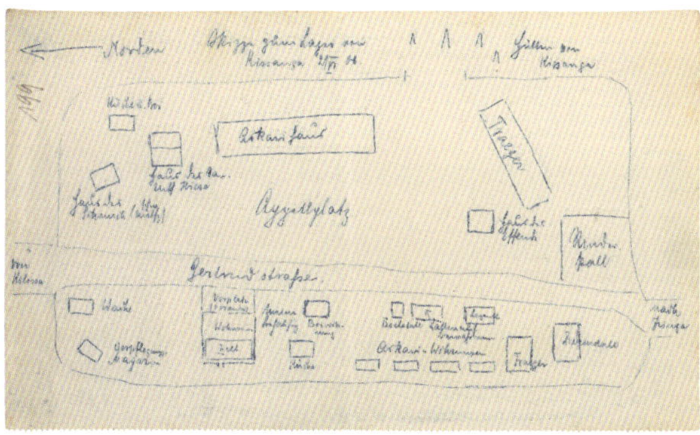

238

Tagebuch: »Deutsch Ostafrika (1905/1907)«

Verfasser: Max Knecht

1906: Kissanga/Ostafrika (S. 198, 199), 1906/07: Tanganjika/Ostafrika (S. 319), Papier, Stadtarchiv Freiburg

Provenienz: Teilnachlass Max Knecht (1874–1954), danach Quambana-Privatarchiv Knecht/Karl-Heinz Koob (Silberdistel e. V.)

Max Knecht

Max Knecht war als Offizier der »Kaiserlichen Schutztruppe« von 1905 bis 1908 in Deutsch-Ostafrika (DOA), dem heutigen Burundi, Ruanda und Festland-Tansania im Einsatz und beteiligte sich am Maji-Maji-Krieg (1904–1907) sowie an mehreren Hinrichtungen. Während seiner Zeit in DOA führte Knecht ein Tagebuch, in welchem er die Kämpfe gegen die lokale Bevölkerung detailliert beschrieb. Seinen Berichten fügte er auch Zeichnungen und topografische Skizzen bei. Die Tagebuchaufzeichnungen geben Einblick in Knechts zutiefst rassistisches Denken.
BHI

239

»Kolonialtagung Freiburg: Aufmarsch auf dem Münsterplatz am 16. Juni 1935«

Fotograf: Hermann Waag(?)

Abgebildete Personen: nicht namentlich bekannt

1935: Freiburg/Deutschland, Foto, Stadtarchiv Freiburg, M 7090/25 Nr. 89, 90

Provenienz: Nachlass Hermann Waag

Prokoloniales Freiburg

1919 wurden mit dem Versailler Vertrag die deutschen Kolonien unter internationales Mandat gestellt. Dieses Ergebnis des Ersten Weltkriegs akzeptierten Kolonialbefürworter nicht. Wie überall im Deutschen Reich traten auch in Freiburg Vereine mit zahlreichen Veranstaltungen für die Revision und Abänderung der Beschlüsse des Versailler Vertrags ein. Zu diesen Veranstaltungen zählen auch die Kolonialtagungen, deren Durchführung nach der Machtübernahme der Nationalsozialisten von diesen unterstützt wurde. 1933 organisierten Studierende im Freiburger Colombischlössle eine »Marine- und Kolonialwoche« mit zahlreichen Vorträgen. Zwei Jahre später erreichte die Kolonialpropaganda in Freiburg mit der Jahrestagung des Reichskolonialbunds ihren Höhepunkt. Die Tagung bestand aus zahlreichen Veranstaltungen, auch einem »kolonialen Werbeaufmarsch« auf dem Münsterplatz. Mit diesen Ereignissen und ihrer Propaganda unterstützten sich Befürworter_innen der menschenverachtenden Ideologien des Kolonialismus und des Nationalsozialismus gegenseitig. BHI

Einladung
zur feierlichen Eröffnung der
großen Kolonial-Ausstellung
am Sonntag, den 16. Juni 1935, vormittags 11 Uhr
in der Städtischen Festhalle
Horst-Wessel-Straße

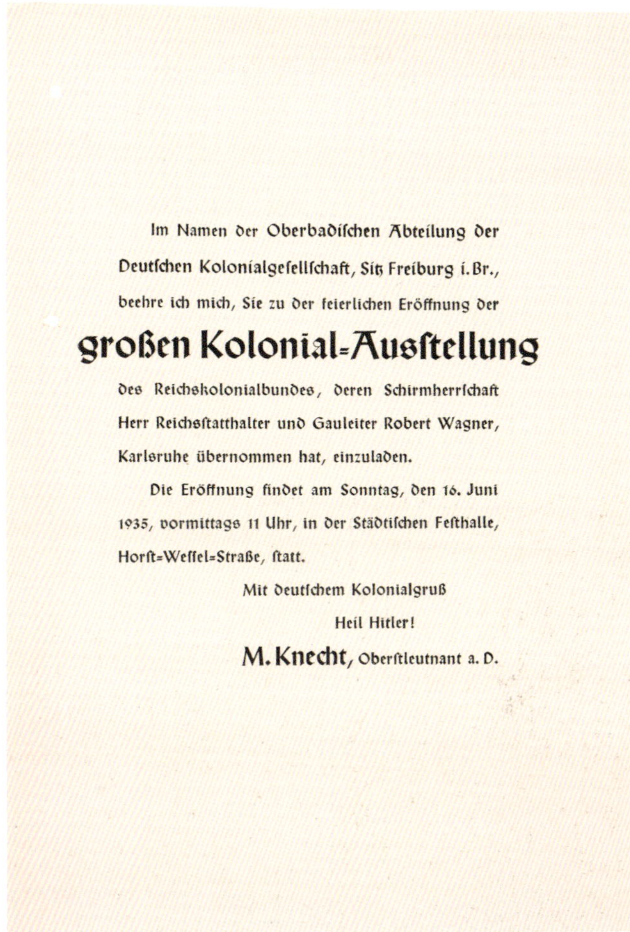
Im Namen der Oberbadischen Abteilung der Deutschen Kolonialgesellschaft, Sitz Freiburg i. Br., beehre ich mich, Sie zu der feierlichen Eröffnung der

großen Kolonial-Ausstellung

des Reichskolonialbundes, deren Schirmherrschaft Herr Reichsstatthalter und Gauleiter Robert Wagner, Karlsruhe übernommen hat, einzuladen.

Die Eröffnung findet am Sonntag, den 16. Juni 1935, vormittags 11 Uhr, in der Städtischen Festhalle, Horst-Wessel-Straße, statt.

Mit deutschem Kolonialgruß

Heil Hitler!

M. Knecht, Oberstleutnant a. D.

240

Einladungskarte zur Kolonialausstellung

Grafiker_in: unbekannt

16.6.1935: Freiburg/Deutschland, Papier, Stadtarchiv Freiburg, C 4/VIII/31/7

241

»Denkmal zum Kolonialtag in Freiburg, 1935«

Fotograf_in: unbekannt

15.6.1935: Freiburg/Deutschland, Foto, Augustinermuseum, Städtische Museen Freiburg, Inv. 2021/056

Provenienz: 2021 antiquarisch erworben

Ausgabe A

Freiverkauf 10 Pf.

Der Alemanne

KAMPFBLATT DER NATIONALSOZIALISTEN OBERBADENS

Die größte täglich zweimal erscheinende Zeitung Oberbadens

Der amtliche Verkünder für die oberbadischen Behörden

Jahrgang 1935, Folge 164 M — Freiburg im Breisgau, den 14. Juni — Freitag-Morgenausgabe

Wir grüßen die Vorkämpfer für Raum und Volk

Unser Recht

Aufruf des Reichsstatthalters!

Die Behauptung, Deutschland besitze nicht die Befähigung zu kolonisieren, weist das ganze Deutsche Volk als eine Beleidigung zurück. Deutschland hat wie jede Kulturnation berechtigten Anspruch auf Kolonien. Diesen Anspruch werden wir auch durch die Kolonial-Ausstellung in Freiburg erheben und verteidigen.

Der Reichsstatthalter in Baden

England und die deutsche Kolonisierung

242

Zeitungsbericht: »Wir grüßen die Vorkämpfer für Raum und Volk«

Verfasser_in: Dr. K.G.

14.6.1935: Freiburg/Deutschland, Papier, Stadtarchiv Freiburg, C 4/VIII/31/7

Provenienz: Der Alemanne, 1935

Ausgabe AB

Freiverkauf 10 Pf.

Der Alemanne

KAMPFBLATT DER NATIONALSOZIALISTEN OBERBADENS

Die größte täglich zweimal erscheinende Zeitung Oberbadens

Der amtliche Verkünder für die oberbadischen Behörden

Jahrgang 1935, Folge 167 — Freiburg im Breisgau, den 17. Juni — Montag-Ausgabe

„Brot und Ehre" – Deutschlands Mahnruf zur kolonialen Gleichberechtigung

Abschluß der Reichs-Kolonialtagung in Freiburg – Reichsstatthalter General von Epp weist die Kolonialschuldlüge zurück – Eröffnung der Kolonialausstellung durch Gauleiter Wagner – Aufmarsch der kolonialen Traditionsverbände

Die Eröffnung der Ausstellung

Die Kolonial-Kundgebung auf dem Münsterplatz

Oberbürgermeister Pg. Dr. Kerber

Reichsstatthalter Robert Wagner

243

Zeitungsbericht: »Brot und Ehre« Deutschlands Mahnruf zur kolonialen Gleichberechtigung«

Verfasser_in: unbekannt

17.6.1935: Freiburg/Deutschland, Papier, Stadtarchiv Freiburg, C 4/VIII/31/7

Provenienz: Der Alemanne, 1935

Kolonialpropaganda in Freiburg

Im Juni 1935 fand in Freiburg die Bundestagung des Reichskolonialbunds statt und sollte die Forderung der Rückkehr zum Kolonialismus in die breite Bevölkerung tragen. Verschiedene Veranstaltungsformen unterstützten dieses Ziel. Sie zeigten den Besucher_innen, welchen Nutzen Kolonien für das Deutsche Reich bieten würden. Ein besonders eindrückliches Beispiel war ein Reiterdenkmal, eingerahmt von importierten Rohstoffen, das ein_e Besucher_in fotografierte. Die Presse berichtete ausführlich über die Ereignisse und verstärkte damit deren Propagandawirkung. Zur Bekräftigung der kolonialrevisionistischen Forderungen wurde vor dem Universitätsgebäude (KG I) eine »Kolonialeiche« gepflanzt. BHI

244

Blick in die »Große Deutsche Kolonialausstellung« in der Städtischen Festhalle im Freiburger Stadtgarten

Fotografin_in: unbekannt

16.6.–7.7.1935: Freiburg/Deutschland, Foto, Staatsbibliothek Berlin, 4" Sa 5883-49.1935

Provenienz: Deutsche Kolonialzeitung, 1935

245

Ostafrika-Bereich der Kolonialausstellung

Fotografin_in: unbekannt

16.6.–7.7.1935: Freiburg/Deutschland, Foto, Museum Natur und Mensch, Städtische Museen Freiburg

»Große Deutsche Kolonialausstellung« des Reichskolonialbunds in Freiburg

Anlässlich der Bundestagung des Reichskolonialbunds wurde in Freiburg eine dreiwöchige Kolonialausstellung gezeigt. Der NSDAP-Gauleiter von Südbaden, Robert Wagner, propagierte in der lokalen Tagespresse, dass mit dieser Ausstellung der deutsche Anspruch auf Kolonien erhoben und verteidigt werde. Deutschland als »Kulturnation« habe einen »berechtigten Anspruch« auf Kolonien. Die Exponate der Ausstellung waren so ausgewählt, dass sie bei Besucher_innen ein Gefühl kultureller Überlegenheit gegenüber den Bevölkerungen hervorrufen, die in vormals deutschen Kolonialgebieten lebten. Die Ausstellung wurde von der Oberbadischen Abteilung der Deutschen Kolonialgesellschaft mit Unterstützung der Freiburger Stadtverwaltung vorbereitet. An der Ausstellung beteiligten sich jeweils zwei Museen, Hochschulen, Missionen und koloniale Frauenverbände, drei Kolonialschulen und fünf Firmen. BHI

246

Maske: Antilopenkopf

Hersteller_in: unbekannt

Ende 19. Jh.: Region der Ölflüsse/Südnigeria (?), Holz/Rotang, Museum Natur und Mensch, Städtische Museen Freiburg, Inv. I/0078

Provenienz: 1899 erworben von Johannes Ch. E. Heldt, Kapitän der Woermann-Linie/Hamburg, → Seite 170. Über die konkreten Erwerbungsumstände vor Ort ist nichts bekannt.

247

Keule

Hersteller_in: unbekannt

Ende 19. Jh.: Westafrika, Holz, Museum Natur und Mensch, Städtische Museen Freiburg, Inv. I/0858

Provenienz: ohne Angabe

Antilopenmaske und Holzkeule

Diese beiden Gegenstände waren 1935 auf der »Großen Deutsche Kolonialausstellung« des Reichskolonialbunds in Freiburg zu sehen. Die Maske erhielt das damalige Museum für Natur- und Völkerkunde von Johannes Ch. E. Heldt (1858–1925), der als Kapitän für die Woermann-Linie arbeitete und die Routen nach Afrika bediente. Die Woermann-Linie wurde vom Hamburger Handelshaus Woermann betrieben und war eines der großen Schifffahrtsunternehmen, das durch den deutschen Kolonialismus reich geworden war (s. a. Kat. 128).
Die Holzmaske brachte Heldt wahrscheinlich aus Biafra im Süden Nigerias mit. Sie stammt vermutlich aus der Region der sogenannten Ölflüsse. Dort bezahlt die lokale Bevölkerung auch heute noch einen hohen Preis für den Wohlstand des Globalen Nordens. Die Menschen leben in einer ölverseuchten Umwelt, verursacht durch internationale Konzerne. Diese haben die Region längst verlassen und aus verrottenden Pipelines dringt das Öl ungehindert an die Oberfläche. BHI

248

Postkarte aus Lomé/Togo

Fotograf_in: unbekannt

Abgebildete Personen: in der Mitte König George Akwete Lawson III., die übrigen Personen sind nicht namentlich bekannt

1904/05: Lomé/Togo, Postkarte, Museum Natur und Mensch Städtische Museen Freiburg, Inv. XHF/I/0187

Postkarten als Propaganda – die kolonialen Spuren auf einer Postkarte

Am Beispiel dieser Ansichtskarte aus Lomé/Togo lässt sich darlegen, wie koloniale Bildsprache für Propagandazwecke eingesetzt wurde. Die Vorderseite der Postkarte ist eine Montage aus zwei Fotografien. Ein Gruppenbild mit sieben einheimischen Personen, untertitelt mit »König Lawson von Kleinpopo (Togo)« ist als kleineres Format in die Großaufnahme einer europäisch geprägten Straßenszene gesetzt, welche die ganze Postkarte einnimmt und die Bildunterschrift »Hamburger Straße, Lome/Togo« trägt. Auf diesem Foto sind neben mehreren Häusern und Personen auch Schienen zu erkennen. Sie stehen für die wirtschaftliche Ausbeutung Togos durch die deutsche Kolonialmacht, da der Rohstofftransport von den Plantagen im Landesinneren an die Küste auf Schienen erfolgte. Es handelte sich dabei vor allem um die Erträge der Kokosnuss- und Ölpalmplantagen, weshalb die Bahnlinie auch »Kokosnussbahn« genannt wurde. Die Rohstoffe wurden in Europa vor allem für die Industrie verwendet, aber auch zur Lebensmittelproduktion. Die Bahnlinie, welche Lome (heute Lomé) mit der östlich gelegenen Küstenstadt Anecho (zuvor Kleinpopo, heute Aného) verband, wurde von der Maschinenfabrik Augsburg-Nürnberg AG (MAN) gebaut, die dafür einheimische Arbeiter zwangsweise heranzog. Infolge schlechter Arbeitsbedingungen und durch Krankheiten starben viele von ihnen.
Während die Personen auf dem ersten Foto, drei Kinder und zwei Männer, nicht näher bekannt sind und wohl eher zufällig abgelichtet wurden, zeigt das kleinere Foto einen lokalen Herrscher, König G. A. Lawson III., sowie fünf weitere Männer und einen Jungen. Der Herrscher des an der westafrikanischen Küste gelegenen Handelsreichs Kleinpopo, von dem aus sich im 16. Jahrhundert zunächst Portugiesen und später auch Niederländer am Sklavenhandel beteiligt hatten (Jones & Sebald 2005: 2), weigerte sich 1884 zunächst, einen Schutzvertrag mit der deutschen Kolonialmacht zu unterzeichnen. Die koloniale Inbesitznahme seines Reiches verhinderte er dadurch jedoch nicht und so könnte man die Platzierung seines Fotos – in eine untere Ecke der Postkarte – als Ausdruck seiner damaligen Position gegenüber der deutschen Kolonialmacht interpretieren. Auffällig an diesem Gruppenfoto ist der unterschiedliche Kleidungsstil der Männer: Vier von ihnen sind im lokalen Stil gekleidet, die anderen beiden, von denen vermutlich einer König Lawson ist, sowie der Junge tragen europäische Kleider.
Dies war eine kulturelle Herausforderung gegenüber den Europäer_innen, die den als dandyhaft geltenden Kleidungsstil exklusiv für sich beanspruchten (Zimmermann 2019: 127).
Obwohl weder die Postkarte noch die Fotografien datiert sind, lässt sich deren Entstehung in das Jahr 1904 verorten. Mit dem Bau der Bahnlinie wurde im Jahr 1904 begonnen – Kleinpopo aber wurde am 1. Januar 1905 in »Anecho« umbenannt.
LeM/LiB/PI/PB

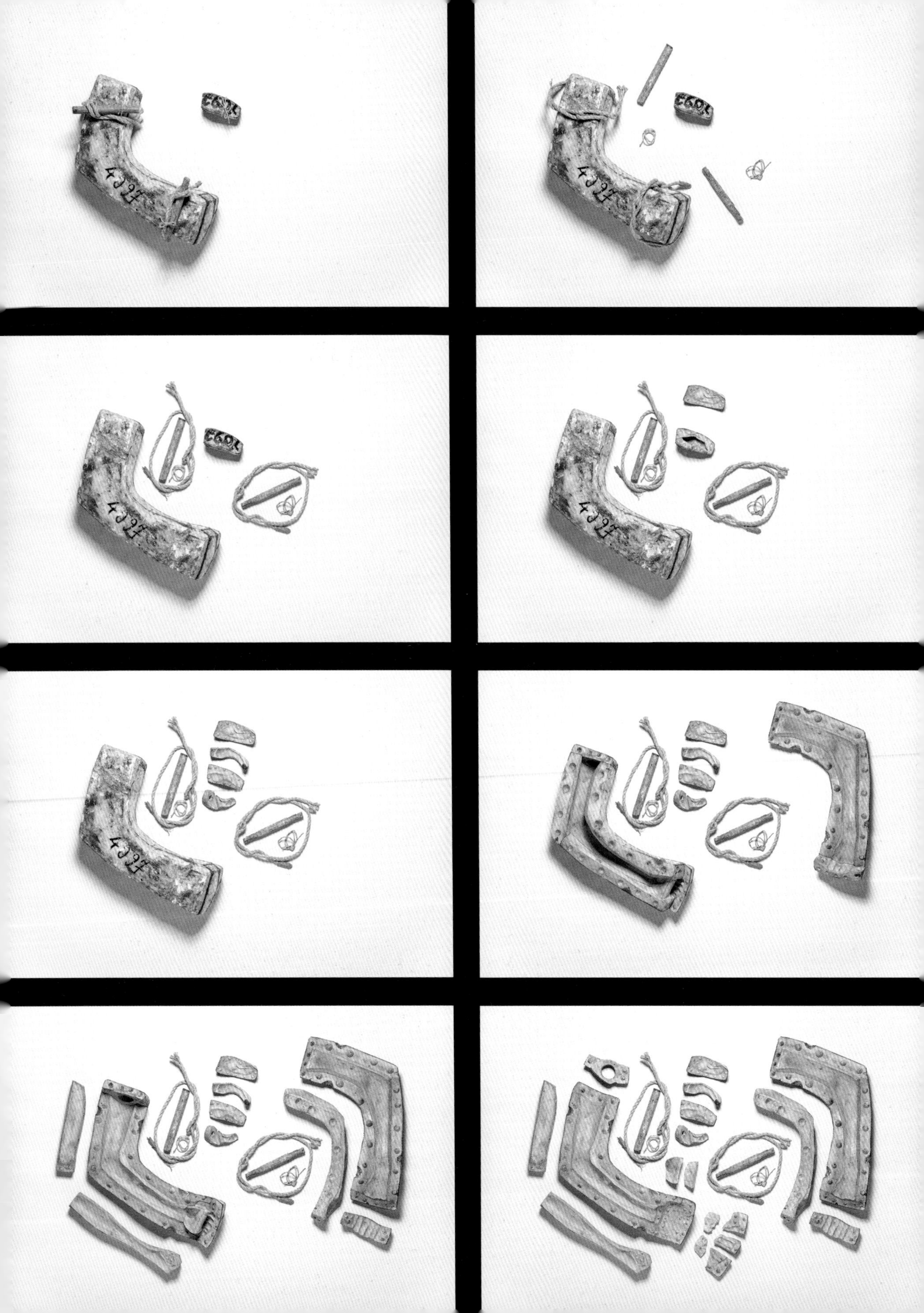

249

Historische Gipsstückform der Figur »Atiaks« (Teilform des rechten Arms)

Die Fotoserie zeigt die sukzessive Öffnung der Form.

Künstler: unbekannter Former nach Ernst Bernardien (1864–1944)

Fotograf: Philip Radowitz, 2022

1885: Berlin/Deutschland, Gips, Staatliche Museen zu Berlin – Gipsformerei, Inv. 4097

Provenienz: Auftragswerk

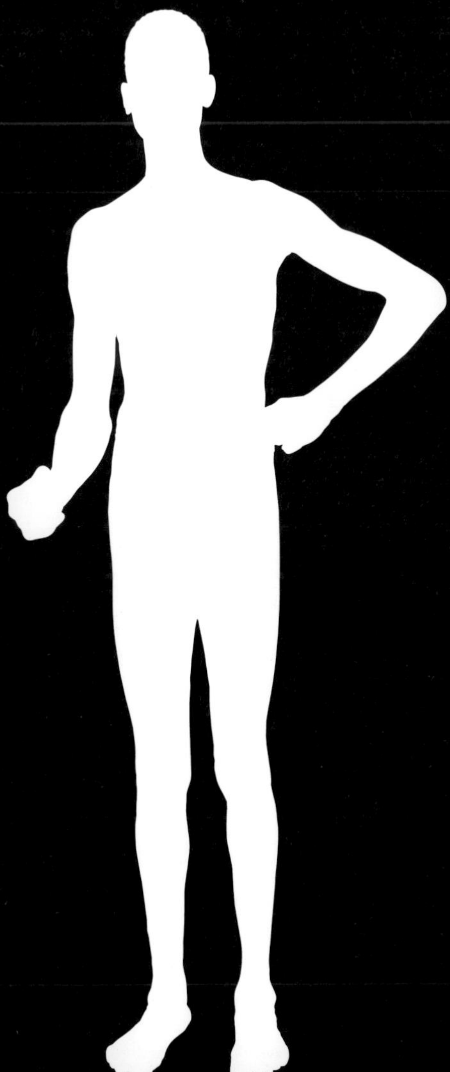

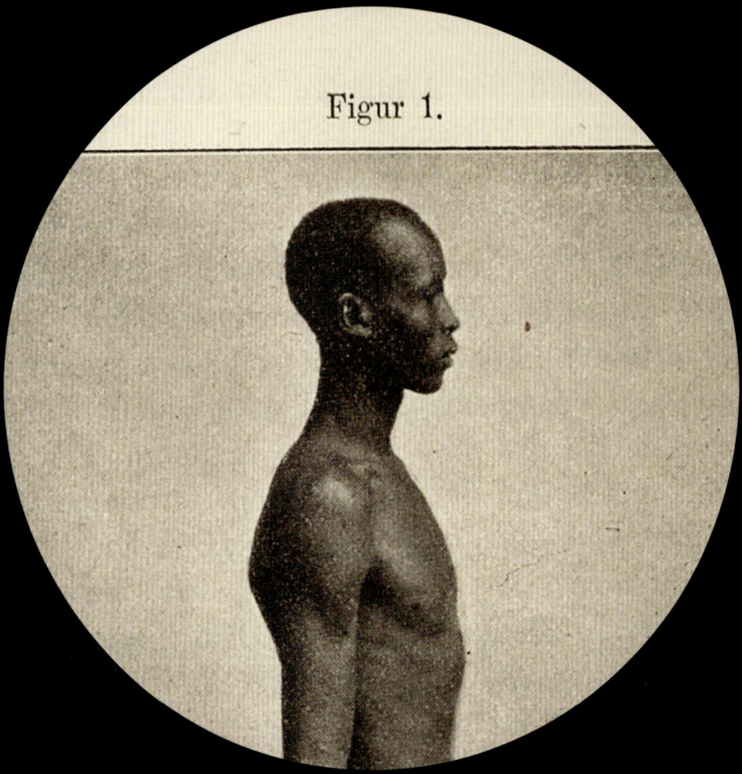

250

Anthropologische Fotografie von »Atiak« in Virchows Bericht aus dem Jahr 1895 (Detail)

Fotograf: Carl Günther (1827–1912)/Berlin

1895: Berlin/Deutschland, Foto, Universitätsbibliothek Freiburg, Frei 86 Z/D

Provenienz: Zeitschrift für Ethnologie, 1895

Ex negativo. Zum Gipsabguss der Figur »Atiaks« in der Ethnologischen Sammlung des Museums Natur und Mensch Freiburg

Am 18. Mai 1905 erwarb das Museum für Natur- und Völkerkunde in Freiburg für 200 Mark eine patinierte Gipsfigur bei der Gipsformerei der Königlichen, heute Staatlichen Museen zu Berlin. Die als »N* aus Ostafrika« inventarisierte lebensgroße Figur stellt einen aufrecht stehenden, unbekleideten Mann von hoher und schlanker Statur dar, der seine linke Faust in die Seite stemmt und den rechten Arm angewinkelt vor sich hält, sodass ihm ein auf dem Boden stehender Speer in die Hand gegeben werden kann. Bei dem Bildwerk handelt es sich um eine der ersten ethnografischen Schaufiguren, die das 1895 gegründete Museum Anfang des 20. Jahrhunderts angekauft hatte, um seine Sammlungsobjekte fortan in Dioramen und figürlichen Inszenierungen auszustellen. Es ist davon auszugehen, dass die Figur der Präsentation der umfangreichen Sammlung sudanesischer Ethnografika – darunter Kleidung, Schmuck, Musikinstrumente und Waffen – diente, die bereits Mitte der 1870er Jahre von den Freiburger Brüdern Carl Friedrich (1842–1878) und Carl Wilhelm Rosset (1851–1923) zusammengetragen worden war. Bis 1928 war die Figur Teil der Dauerausstellung des Museums. Bevor sie wie viele andere ihrer Art nach dem Zweiten Weltkrieg im Museumsdepot verschwand, kam sie ein letztes Mal auf der »Großen Deutschen Kolonialausstellung« zum Einsatz. Diese war als Wanderausstellung vom Reichskolonialbund organisiert worden und im Sommer 1935 in der Städtischen Festhalle im Freiburger Stadtgarten zu sehen. Wie eine historische Fotografie belegt, wurde die Standfigur zu diesem Anlass auf einen Sockel montiert, mit einem Lendenschurz sowie einer Fellmütze bekleidet und zusammen mit Speeren, Schilden, Masken und (präparierten) Tieren in der Ausstellungssektion »Deutsch-Ostafrika« präsentiert (Kat. 245). Mit der Ausstellung »Freiburg und Kolonialismus: Gestern? Heute!« wird die Figur nach langen Jahren nun erneut indirekt zum Exponat einer Ausstellung und zum ersten Mal auch Gegenstand einer kritischen Revision der Sammlungs- und Ausstellungsgeschichte des Museums.

Naturalistische Figuren waren im ausgehenden 19. und beginnenden 20. Jahrhundert weit verbreitete Phänomene in den seinerzeit zahlreich gegründeten Völkerkundemuseen in Europa und Nordamerika. Häufig basierten sie auf Lebendabgüssen, die in kolonialen Kontexten unter ungleichen Machtverhältnissen von Menschen insbesondere aus Afrika, Asien, Australien und Ozeanien abgenommen worden waren. In den Museen kamen die Figuren nicht nur für die scheinbar authentische Präsentation von Sammlungsobjekten, sondern auch zur Visualisierung vermeintlich unterschiedlicher »Menschenrassen« zum Einsatz. Trotz der Objektivität, die seit jeher mit dem Verfahren der Gipsabformung assoziiert wird, sind Figuren dieser Art rassifizierende, stereotypisierte und auf westlichen Vorstellungen bzw. Vorurteilen beruhende Bildwerke. Aus diesem Grund werden sie heute als »sensible« Sammlungsgegenstände begriffen, die es mit besonderem Bedacht zu behandeln und in ihrer Rolle als Akteure bei der Ausbildung von Rassismus und *weißer* Vorherrschaft zu befragen gilt.

Bei der dekolonialen Aufarbeitung entsprechender Sammlungsobjekte steht die Individualisierung vormals anonymisierter Bildnisse, sprich die Re-Lektüre von Typen- als Individualporträts, im Zentrum. Die Aufarbeitung der Geschichte der hier thematisierten Figur nahm mit der Ausstellung »Nah am Leben. 200 Jahre Gipsformerei« (2019/20 in der Berliner James-Simon-Galerie) ihren Ausgang, in der auch ein Teil der historischen Gipsstückform der Figur gezeigt wurde. Für die Frage, ob die Figur eine fiktive oder reale Person darstellt, lieferten die Künstlersignatur (»Bernardien fecit 1895«) und die Inschrift »Atiak« Ausgangspunkte weiterführender Erkenntnisse. Es konnten der dargestellte Mann identifiziert und somit auch die Entstehungsgeschichte seines Porträts rekonstruiert werden: Wie sich herausstellte, ist die Standfigur das Ganzköperporträt eines der südsudanesischen Ethnie der Dinka angehörenden Mannes, dessen Name in den unterschiedlichen Schreibungen »Atiak«, »Adjak« und »Atjak« überliefert ist. Wir wissen heute nur sehr wenig über ihn – und doch mehr als über viele andere Menschen, von denen Gipsabformungen genommen wurden. Zurückverfolgen lässt sich, dass »Atiak« Ende des 19. Jahrhunderts im Rahmen einer sogenannten Völkerschau nach Europa kam. Diese »gastierte« unter der diskriminierenden Bezeichnung »Dinka-N*-Karawane« auch im Berliner Wachsfigurenkabinett der Gebrüder Castan. Die Idee, die als »typisch« befundene Physis des Mannes in einem Figurenbildnis für das Berliner Völkerkundemuseum zu fixieren, geht auf den Mediziner und Universalgelehrten Rudolf Virchow (1821–1902) zurück, der die Dinka-Gruppe am 26. Januar 1895 in einer Sitzung der Berliner Gesellschaft für Anthropologie, Ethnologie und Urgeschichte (BGAEU) »vorführen« und in diesem Kontext auch eine anthropologische Ganzkörperfotografie »Atiaks« anfertigen ließ (Kat. 250). In der Folge saß (bzw. stand) »Atiak« in Castan's Panoptikum für den Berliner Bildhauer Ernst Bernardien (1864–1944) Modell, der die Figur Ende des Jahres vollendete. Während die Originalskulptur in den Bestand des Königlichen Museums für Völkerkunde Berlin (heute Ethnologisches Museum der Staatlichen Museen zu Berlin) überging, erstellte die Museumsformerei eine mehrteilige Gipsstückform. Damit ließ sich die Figur vervielfältigen. Bis 1919 wurden mindestens neun Gipsabgüsse der Figur an andere Institutionen verkauft, einer davon ging nach Freiburg. Entgegen der schriftlichen Unterlagen, laut denen das Figurenporträt »Atiaks« frei modelliert worden war, legt die noch heute erhaltene Gussform nahe, dass es sich bei diesem um einen mindestens anteiligen Lebendabguss handelt: Deutlich sichtbar haben sich etwa an den Händen, Knien und Füßen Hautfalten, Furchen und Poren in den Gips übertragen. Die historische Existenz des dargestellten Individuums ist damit auch physisch belegt.

Angesichts der hier manifest werdenden menschenunwürdigen Behandlung und rassistischen Diskriminierung »Atiaks«, seiner körperlichen und finanziellen Ausbeutung durch die Abformung und den Verkauf der Gipsabgüsse wie auch der ethisch problematischen Einsatzfelder letzterer ist eine neuerliche Zurschaustellung der Gipsfigur aus heutiger Sicht kritisch zu sehen.

Um die der Figur eingeschriebene Gewaltsamkeit nicht zu reproduzieren, ihre Objektbiografie aber dennoch sichtbar machen und »Atiak« als Person in Erscheinung treten lassen zu können, wird die Figur in der Ausstellung in Form einer abstrakten Umrisslinie gezeigt und ihre Entstehungsgeschichte durch die historische Gipsstückform des rechten Armes repräsentiert (Kat. 249). Das zweifache Negativ dieses Displays steht für die Lücken der hier umrissenen (Objekt-)Biografie. Es schafft eine symbolische Leerstelle und lässt Raum für das, was nicht gezeigt werden kann. VT

Sprache macht Rassismus

»Schwarz fahren«, »schwarz sehen«, »es geht zu wie bei den Hottentotten« – Redewendungen, deren rassistische Wurzeln den meisten Menschen nicht bewusst sind, prägen unsere Alltagssprache. Ihre Entstehungsgeschichte liegt in der Zeit des deutschen Kolonialismus. Um ihre brutale und ausbeuterische Vorgehensweise zu rechtfertigen, schufen die Kolonisator_innen ein ganzes Vokabular zur Beschreibung außereuropäischer Kulturen und Menschen, das immer als Kontrastfolie zur westlichen Zivilisation diente. War die eigene Welt geordnet, zivilisiert, kultiviert, war die fremde dagegen chaotisch, primitiv, barbarisch, also bedrohlich. Viele Begriffe der kolonialen Benennungspraxis sind aufgrund ihrer jahrhundertelangen Wiederholung und Verwendung immer noch Teil unseres aktiven Wortschatzes. Sie haben ihre Wirkungsmacht nicht verloren. Daher liegt es in der Verantwortung jedes *weißen* Menschen, den eigenen Sprachgebrauch achtsam zu überprüfen, um einen positiven Beitrag zu einer rassismusfreien Kommunikation zu leisten. Denn sie ist die Voraussetzung zu einem weltweit gleichberechtigten Handeln und Planen – eines der wesentlichen Ziele des Bildungsplans für nachhaltige Entwicklung. AZ

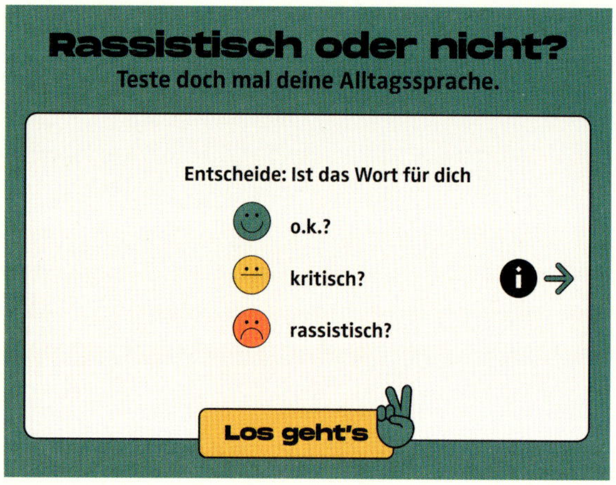

Welche Bedeutung haben diese Worte für mich? – ein interaktives Angebot zur Reflexion der Alltagssprache für Besucher_innen

251

»Die Hagenbeck'sche Singhalesen-Karawane«

Künstler: Ludwig Beckmann (1822–1902)

1884: ohne Ortsangabe, Holzschnitt, Städtische Museen Freiburg

Provenienz: Die Gartenlaube, 1884; 2021 antiquarisch erworben

Die »Die Hagenbeck'sche Singhalesen-Karawane« in Freiburg

In Freiburg fanden zwischen 1882 und 1912 mindestens zwölf sogenannte Völkerschauen statt. Hauptsächliche Veranstaltungsorte waren der damalige Messplatz, der Karlsplatz (ehemals auf dem Areal des heutigen Stadtgartens gelegen), die Gambrinus-Halle (heutiger Casino-Bau in der Belfortstraße) und der Stühlinger Kirchplatz. Sie wurden in der Tagespresse angekündigt und zuweilen mit klischeehaften und verunglimpfenden Zeichnungen illustriert (vgl. Kat. 16). Eine dieser Völkerschauen war die »Singhalesen-Karawane«, die der Hamburger Tierhändler Carl Hagenbeck (1844–1913) organisierte und zwischen 1887 und 1889 durch Europa touren ließ. Diese Tourneen waren für die verpflichteten Darsteller_innen nicht nur anstrengend, sondern oftmals auch lebensgefährlich, denn viele erkrankten und starben. Zur Frühjahrsmesse 1888 trat die »Singhalesen-Karawane« mit 22 Personen und etlichen Tieren, darunter auch Elefanten, in Freiburg auf. BHI

252

»Singhalesentruppe«

Fotograf_in und abgebildete Personen nicht namentlich bekannt

1888: Freiburg/Deutschland, Foto, Museum Natur und Mensch, Städtische Museen Freiburg, Inv. XHF/IV/0170

253

Kugeltopf

Künstler_in: unbekannt

Vor 1888: Wattagana, Dorf bei Kandy/Sri Lanka, ehemals Ceylon, Ton, Museum Natur und Mensch, Städtische Museen Freiburg, Inv. IV/0730

Provenienz: seit 1904 Dauerleihgabe der Universität Freiburg, davor erworben von »Hagenbeck's Singhalesen Karawane« durch Universität Freiburg, 1888

254

Teller

Künstler_in: unbekannt

Vor 1888: Wattagana, Dorf bei Kandy/Sri Lanka, ehemals Ceylon, Ton, Museum Natur und Mensch, Städtische Museen Freiburg, Inv. IV/0740

Provenienz: seit 1904 Dauerleihgabe der Universität Freiburg, davor erworben von »Hagenbeck's Singhalesen Karawane« durch Universität Freiburg, 1888

255

Schlangenbeschwörer-Pfeife

Hersteller_in: unbekannt

Vor 1888: Sri Lanka, ehemals Ceylon, Kokosnuss/Bambus, Museum Natur und Mensch, Städtische Museen Freiburg, Inv. IV/0597

Provenienz: seit 1904 Dauerleihgabe der Universität Freiburg, davor erworben von »Hagenbeck's Singhalesen Karawane« durch Universität Freiburg, 1888

256

Kandy-Messer

Handwerker_in: unbekannt

Vor 1888: Kandy/Sri Lanka, ehemals Ceylon, Metall/Holz, Museum Natur und Mensch, Städtische Museen Freiburg, Inv. IV/0549

Provenienz: seit 1904 Dauerleihgabe der Universität Freiburg, davor erworben von »Hagenbeck's Singhalesen Karawane« durch Universität Freiburg, 1888

Keramik, Messer und Schlangenbeschwörer-Pfeife

Diese Gegenstände wurden von Darsteller_innen der »Singhalesen-Karawane« gekauft, die 1888 in Freiburg auftrat. Die Universität Freiburg erwarb sie zusammen mit weiteren für die Studiensammlung, die im Jahr 1904 als Dauerleihgabe an das damalige Museum für Natur- und Völkerkunde gegeben wurde. Es waren Gegenstände, die zu den wichtigen Paraphernalien von Völkerschauen zählten, denn sie bedienten beim Publikum »exotische« Klischees von gefährlichen Messerkämpfen, der Bändigung geheimnisvoller Tiere oder der Ausübung fremdartiger Rituale. Keramikgefäße hingegen sollten das Alltagsleben veranschaulichen. BHI

Badische Zeitung
vom 10.09.2021

Floßfahrt mit Kolonialflair

Zwei Studenten kritisieren stereotype Darstellungen schwarzer Menschen im Europa-Park / Dort nimmt man die Vorwürfe ernst

Von Michael Saurer

RUST. Blau-weiße Häuschen im griechischen Bereich, Baguettes im französischen. Wikinger in Skandinavien und Zwiebeltürmchen in dem Abschnitt, der Russland zugeschrieben wird. Der Europa-Park möchte die Vielfalt des Kontinents abbilden und greift dabei auch auf das eine oder andere Klischee zurück. Sensibler wird die Sache bei der Darstellung schwarzer Menschen. Zwei Studenten aus Freiburg kritisieren diese, sehen eine Romantisierung der Kolonialgeschichte. Der Park zeigt sich einsichtig – und hat bereits reagiert.

Es erinnert an einen Indiana-Jones-Film, an Abenteuer und Exotik. Die sogenannte Dschungelfloßfahrt ist eine der zentralen Fahrgeschäfte im Europa-Park – und eines der ältesten. Seit 1979, kurz nach Eröffnung des Parks, kann man sich auf die fast acht Minuten lange Bootsfahrt auf dem 10 600 Quadratmeter großen See im Zentrum des Parks durch eine afrikanisch anmutende Flusslandschaft begeben. Ein Nashorn stößt dabei durchs Gebüsch, Krokodile lauern, ein Nilpferd reißt sein Maul auf. Alles pneumatisch oder elektro-

Statt einem dunkelhäutigen Menschen baumelt jetzt ein weißer unter dem Affen. FOTO: MICHAEL SAURER

»Die Kritik ist berechtigt gewesen. Natürlich gehört die Kolonialzeit zu unserer Geschichte, was jedoch nicht bedeutet, dass man sie verherrlichen darf.«

»Haben die studis nichts besseres zu tun meine güte sowas idiotisches ich bin noch mit zigeunerschnitzel mohrenköpfe aufgewachsen bin deswegen noch lange kein rassist oder ähnliches als nächstes kommen dann die berliner amerikaner pariser usw. dran. Geht's noch!!! Haben die keine anderen probleme?«

»Sind die auf der Uni nicht mehr ausgelastet? Und aus dem Schwarzwald wird Mittelgebirge mit Migrationshintergrund… es gibt größere Sorgen!«

»Sind denn noch alle bei Verstand? Wir haben ja sonst keine Probleme. Und ich werde weiterhin gerne einen Mohrenkopf oder Negerkuss genießen, auch ein Zigeuner Schnitzel ist lecker. Und das hat mit Rassismus nichts zu tun. Studieren anstatt so ‚nen Quatsch anzuleiern. Vermutlich nicht ausgelastet.«

»Studenten aus Freiburg…. was auch sonst. Diese Stadt entwickelt sich langsam zur ›Rumblärrer-Stadt‹ die ja immer alles besser machen will, weil die böse Welt um Freiburg herum ja so ungerecht ist, es ist ja jetzt auch nicht so, als würde man in dieser Bahn ungezügelten Rassismus zur Schau stellen.«

»Wenn ich die Kommentare lese – bis zu Mordaufrufen gegen die beiden Studenten – zeigt mir, wo unsere Gesellschaft steht.«

257

Rassismuskritik am Europapark in Rust und Reaktionen in den sozialen Medien

Autor_innen: Sophia Hiss, Leon Mogck, Michael Saurer

2021: Freiburg & Rust/Deutschland, Courtesy Michael Saurer und Badische Zeitung

Provenienz: Badische Zeitung, 10.9.2021 und Facebook September/Oktober 2021

Rassismuskritik am Europapark

Freizeitparks erfreuen sich gegenwärtig größter Beliebtheit, so auch der Europapark Rust in Südbaden. Was man dort neben Achterbahnen, Karussells und Zirkusshows allerdings noch findet, sind jede Menge Klischees über andere Länder und auch rassistische Überbleibsel der Kolonialzeit. Im Rahmen einer Lehrveranstaltung an der Universität Freiburg haben wir uns mit diesen kolonialen Spuren auseinandergesetzt.
Im Areal »Abenteuerland«, wo es unter anderem eine »Dschungelfloßfahrt«, eine »Colonial Food Station« und eine »Crocodile Bar« gibt, haben wir Besucher_innen zu ihrer Meinung darüber befragt. Denn fährt man mit dem Dschungelfloß über den See, werden SCHWARZE Figurinen in bunter Kleidung sichtbar, die vor hölzernen Hütten stehen. Hin und wieder sind auch *weiße* Figurinen in Safarikleidung zu sehen sowie etliche Tierfiguren, wie Elefanten, Affen, Löwen, Krokodile und Nilpferde. Ohne explizit benannt zu sein, ist doch offensichtlich, dass dieser Bereich den afrikanischen Kontinent repräsentieren soll. Somit reflektiert diese »Dschungelfloßfahrt« fortbestehende, kolonialrassistische Perspektiven einer *weißen* Dominanzgesellschaft.
Aus den Antworten der Besucher_innen und Videoaufnahmen von der »Dschungelfloßfahrt« haben wir einen Film geschnitten, für den sich die Städtischen Museen Freiburg interessierten. Er sollte in der Ausstellung »Freiburg und Kolonialismus: Gestern? Heute!« gezeigt werden.
Nach anfänglicher Zusage erteilte uns der Europapark jedoch nicht die Bildrechte dafür. Da wir nun aber auch auf das Thema an sich aufmerksam machen wollten, wandten wir uns an die »Badische Zeitung«. Der Artikel, der daraufhin im September 2021 veröffentlicht wurde, hat im Internet einige Wellen geschlagen. Er wurde in sozialen Medien, vor allem auf Facebook, vielfach kommentiert und von anderen Zeitungen und Magazinen thematisiert. Dadurch wurde uns schlagartig bewusst, dass ein großer Teil unserer Gesellschaft wohl noch nie kritisch über die Folgen des Kolonialismus und den daraus resultierenden, tief verankerten Alltagsrassismus unserer Gesellschaft nachgedacht hat und offenbar selbst in diesen Strukturen verhaftet ist. Denn wir erhielten zahlreiche Hasskommentare, die uns anfeindeten und persönlich beleidigend waren. Trotz der, auch unangenehmen, Aufregung um unser Projekt freuen wir uns, dass es in der Ausstellung »Freiburg und Kolonialismus: Gestern? Heute!« vertreten ist. Nun jedoch nicht als Kritik an der Reproduktion kolonialer Bilder im Europapark Rust, sondern als Schlaglicht auf den Umgang mit der kritischen Thematisierung von Kolonialismus und Rassismus in der Gegenwart. SH/LM

258

Hästräger und fastnächtlich Kostümierte an der Bar, darunter eine Frau als »N*«

Fotograf_in: unbekannt

Abgebildete Personen: nicht namentlich bekannt

1954/55: Freiburg/Deutschland, Foto, Leihgabe: privat, Freiburg/Deutschland

Provenienz: Familienarchiv Kalchthaler/Freiburg

»Blackfacing« als Fastnachtspraxis

Fastnachtsverkleidungen greifen gern auf Klischees und Stereotype zurück, also auf grobe Verallgemeinerungen. Die Kostümierung betont einzelne Merkmale in übertriebener Weise und wiederholt damit nicht selten rassistische Vorstellungen. Diese bleiben als vermeintlich harmlose Fastnachtstraditionen langfristig im kollektiven Denken verhaftet, wie das Beispiel der Emmendinger Kongo-N* (6.3.1.h) zeigt. Dazu gehört auch das »Blackfacing« – das Schwärzen des Gesichts zum »Spaß«. Den rassistischen Charakter dieser Praxis erkennen selbst heute viele Menschen nicht an. Das »Blackfacing« geht auf die sogenannten Minstrel-Shows zurück, in denen ab Mitte des 19. Jahrhunderts in den USA *weiße* Menschen mit schwarz gefärbten Gesichtern auftraten und sich über die afroamerikanische Bevölkerung lustig machten. BHI

259

Spieler des SC Freiburg in Fastnachtsverkleidung als Zirkustruppe mit geschwärzten Gesichtern

Fotograf_in: unbekannt

Abgebildete Personen: nicht namentlich bekannt

Um 1935: Freiburg/Deutschland, Foto, Archiv des SC Freiburg e.V.

260

Maske der Emmendinger Kongo-N*

Hersteller_in: Schwarzwälder Maskenschnitzer, Name nicht mehr bekannt

1963: Emmendingen/Deutschland, Holz/Textil, Stadtgeschichtliches Museum Emmendingen, NR 6963

Provenienz: Geschenk der Nieder-Emmendinger Brunneputzer-Zunft an das Museum Emmendingen

Emmendinger Kongo-N*

Wie andere Orte Südbadens auch, hat Emmendingen eine lebendige Fastnachtskultur. 2018 löste die »Badische Zeitung« mit einem Bericht über das Auftreten der Kongo-N* eine große Diskussion zum Thema Rassismus aus.
Bei den Kongo-N*, die seither nicht mehr aufgetreten sind, handelt es sich um den Typus einer Fastnachtsfigur, deren Wurzeln bis in das 19. Jahrhundert zurückreichen. Sie führen in das 1883 eingemeindete Dorf Nieder-Emmendingen und sind zunächst mit einer Musikkapelle verknüpft, die zur Fastnacht auftrat, wie aus dem Protokollbuch der Sängervereinigung hervorgeht: »Wie vor zwei Jahren, so wurde dieses Jahr auch wieder ein kleiner Fastnachtsumzug von unserem Verein ausgeführt und zwar am Sonntag, 12.2.1888. Es waren verschiedene Wagen/I. die schwarze Congo-Musik,/II. die hiesige Blechmusik,/III. die Riesendame,/IV. der Tierbändiger mit Krokodil und Affe. Eröffnet wurde der Zug von zwei Reitern.« (Eintrag vom 13. Februar 1888). Aus dem Jahr 1929 stammt ein Foto, auf dem eine Gruppe Mandolinenspieler zu sehen ist. Auf einem Täfelchen steht: »Kongo Jatz Kapelle 1929« (Kat. 262). Bis in die 1950er Jahre gibt es keine weiteren Hinweise auf ein fastnächtliches Erscheinen der Kongo-N*. 1963 organisierten sich die Kongo-N* als Narrenzunft mit einheitlichem Aussehen, geschnitzter Holzmaske und Zunftfahne (Kat. 263).
Bald darauf, 1974/75, kam das Ende der Kongo-N* als Narrenzunft, als sich die Emmendinger Fastnachtsvereine um die Mitgliedschaft im Verband Oberrheinischer Narrenzünfte (VON) bewarben. Hier passten die Nieder-Emmendinger Kongo-N* nicht ins Erscheinungsbild der alemannischen Fastnacht. Zudem gab es erste Rassismusvorwürfe von Umzugsbesucher_innen. Daraufhin löste sich die Kongo-N*-Zunft auf und kreierte eine neue Fastnachtsfigur, den »Nieder-Emmendinger-Brunneputzer«. Auch wenn die Mehrheit der Zunftmitglieder diesem Wandel folgte, erschienen seither bei Emmendinger Fastnachtsumzügen vereinzelte Kongo-N* und gaben sich ein neues Aussehen. Dies griff rassistische Stereotype derart dominant auf, dass sich Bürger_innen beim Kulturamt der Stadt darüber beschwerten und auch die »Badische Zeitung« aufmerksam wurde. HJJ

261

»Narrenzunft Nieder-Emmendingen-Kongo«

Fotograf_in: unbekannt

Um 1963: Emmendingen/Deutschland, Foto, Stadtgeschichtliches Museum Emmendingen

262

»Kongo Jatz Kapelle«

Fotograf_in: unbekannt

1929: Emmendingen/Deutschland, Foto, Stadtgeschichtliches Museum Emmendingen

263

Kinderteller

Hersteller_in: unbekannt

Ohne Jahr: Schramberg-Steingut/Deutschland, Augustinermuseum, Städtische Museen Freiburg, Inv. 2019/094

264

Fastnachtsaufstecker

Hersteller_in: unbekannt

2015: Freiburg/Deutschland, Papier/Pappmaché, Leihgabe: privat, Freiburg/Deutschland

Provenienz: 2015 erworben bei Freiburger Bäckerei

Wie hartnäckig und oft im Kleinen verborgen sich rassistische Klischees halten, zeigen die Aufstecker, mit denen eine Freiburger Bäckerei vor wenigen Jahren ihre Fastnachtskrapfen schmückte. BHI

265

Teedose: »Deutsche Ost-Afrika-Linie«

Hersteller_in: unbekannt

Ende 20. Jh.: ohne Ortsangabe, Metall/Blech, Leihgabe: privat, Freiburg/Deutschland

Provenienz: Familienerbstück

266

Klammerbeutel

Herstellerin: anonym

Um 1970: ohne Ortsangabe, Baumwolle/Wolle/Kunstfaser, Leihgabe: privat, Freiburg/Deutschland

Provenienz: Familienerbstück

Rassismus in der Alltagskultur

Dekorationen mit rassistischen oder prokolonialen Inhalten auf Alltagsgegenständen besitzen eine nachhaltige Wirkung. Durch ihre Verknüpfung mit der alltäglichen Normalität des Lebens werden sie verharmlost. Durch ihre permanente Präsenz im privaten oder öffentlichen Umfeld dringen sie tief in das kulturelle Gedächtnis einer Gesellschaft ein und prägen das individuelle Selbstverständnis ihrer Mitglieder. Das macht es bis heute schwer, rassistische Vorstellungen zu überwinden, und erfordert eine bewusste Entscheidung gegen diese suggestiven Prägungen. BHI

267

Reichskolonialuhr mit Weltanzeige

Hersteller: Badische Uhrenfabrik Furtwangen (AG)

Um 1905: Furtwangen/Deutschland, Holz/Metall, Deutsches Uhrenmuseum Furtwangen, Inv. 16-0818

Bei der Uhr handelt es sich wohl um eine Vorstudie zu einer verkleinerten Serienversion, die die Badische Uhrenfabrik Furtwangen 1904 auf den Markt brachte. Denn auf beiden Varianten finden sich die gleichen aussagekräftigen Spruchbänder zur deutschen Außenpolitik. Die Inschrift »Kein Sonnenuntergang in unserem Reich« verweist auf die Idee eines weltumspannenden Kolonialreichs, in dem es an jedem beliebigen Zeitpunkt irgendwo auf der Erde hell ist. Dieser imperiale Machtanspruch war ohne eine schlagkräftige Marine nicht zu halten. 1898 rechtfertigte Kaiser Wilhelm II. bei der Eröffnung des Freihafens in Stettin die massive Aufrüstung mit dem Ausspruch: »Unsere Zukunft liegt auf dem Wasser.« (Büchmann 1986: 388).
Das Bildprogramm zeigt das aggressive Wesen des Kolonialismus. Die »friedliche« Handelsflotte machte die wirtschaftliche Expansion in die Kolonialgebiete und die Ausbeutung der Rohstoffe erst möglich. Beschützt wird das Schiff »Handel« von Panzerkreuzern im Hintergrund. An den Masten flattert die Flagge des Deutschen Kaiserreichs. Über allem thront der wehrhafte Reichsadler.
Aufschlussreich ist auch die doppelte Zeitanzeige: ganz außen ein herkömmliches Zifferblatt mit den Stunden von 1 bis 12 für die Mitteleuropäische Zeit, innen auf einer neuartigen drehbaren Scheibe mit 24 Stunden die Orts- und Zonenzeiten in den Kolonialgebieten. Denn schon um 1900 genügte es nicht mehr, nur den eigenen Kirchturm im Blick zu haben, sondern die Lebenswelten hatten längst begonnen, sich zu verknüpfen. Für den Hersteller der Uhr gehörte die Globalisierung bereits zum Alltag. Die Badische Uhrenfabrik mit Firmensitz im kleinen Schwarzwaldstädtchen Furtwangen unterhielt damals Filialen in London, Mailand, Zürich und Bombay sowie eine Produktionsstätte in Hongkong. JG

268

»Werben und Sterben. Ein Traum aus Deutsch-Ostafrika«

Autor: Wilhelm Winterer (1879–1969)

1923: Afrika-Verlag, Freiburg/Deutschland, Papier/Pappe, Leihgabe: privat, Freiburg/Deutschland

Provenienz: 2021 antiquarisch erworben

Wilhelm Winterer (1879–1969)

Der Sohn des bekannten Freiburger Oberbürgermeisters Otto Winterer (1846–1915) hielt sich als Leutnant der »Kaiserlichen Schutztruppe« zwischen 1907 und 1912/13 in Deutsch-Ostafrika (heutiges Burundi, Ruanda und Festland-Tansania) auf. 1910 übergab er dem damaligen Museum für Natur- und Völkerkunde Freiburg naturkundliche und ethnografische Gegenstände aus dem östlichen Afrika. Ab 1913 lebte Wilhelm Winterer wieder in Freiburg, verbreitete prokoloniales Gedankengut und gründete einen Afrika-Verlag. Dort verlegte er sein Buch »Werben und Sterben. Ein Traum aus Deutsch-Ostafrika«. BHI

269

»Eine Reise durch die Deutschen Kolonien. III. Band Togo«

Herausgeber: illustrierte Zeitschrift »Kolonie und Heimat«

1910: Verlag Kolonialpolitischer Zeitschriften, Berlin/Deutschland, Papier/Pappe, Museum Natur und Mensch, Städtische Museen Freiburg, Bibliothek, Inv. I-S a 14

270

»Rudolf Schmidt's Badischer Schulatlas«

Autor: O. Fritz, Karlsruhe

1926: Verlag von Velhafen & Klafing, Bielefeld und Leipzig/ Deutschland, Papier/Pappe, Augustinermuseum, Städtische Museen Freiburg, Bibliothek, Inv. TB 974 K

Langzeitwirkung

Texte und Bilder erreichen über einen langen Zeitraum hinweg viele Menschen und beeinflussen das Denken ihrer Leserschaft. So verbreiteten Bücher aus der Kolonialzeit weit über ihr Ende hinaus prokoloniales und rassistisches Gedankengut. Auch darin liegt ein Grund der späten Aufarbeitung des deutschen Kolonialismus. Atlanten weisen die ehemaligen Kolonialgebiete aus und markieren damit einen Anspruch. Bildbände vermitteln eine konkrete Anschauung des vermeintlich rechtmäßigen, wenngleich verlorenen »Kolonialbesitzes«. Dies führte dazu, dass noch lange nach dem politischen Ende des deutschen Kolonialismus Teile der deutschen Gesellschaft in Bezug auf die Kolonialgebiete das Gefühl eines ungerechten »Verlusts« pflegten und propagierten. BHI

271

Puppe

Hersteller: Tebalou

2021: Berlin/Deutschland, Textil, Städtische Museen Freiburg

Provenienz: 2021 im Handel erworben

Puppe

Hersteller: Tebalou

2021: Berlin/Deutschland, Textil, Städtische Museen Freiburg

Provenienz: 2021 im Handel erworben

Memory-Spiel: »I Never Forget a Face«

Illustratorin: Lizzy Rockwell (2004)

2019: EeBoo, New York/USA, Pappe, Städtische Museen Freiburg

Provenienz: 2021 im Handel erworben

272

»Kinder unserer Welt: 12 Kinder stellen sich in ihrer Landessprache vor.«

Autorin: Miriam Schultze

2018: F. Coppenrath-Verlag Münster/Deutschland, Pappe, Städtische Museen Freiburg

Provenienz: 2021 im Handel erworben

Rassismus überwinden

Die Überwindung des Rassismus erfordert neben einem bewussten Wandel der Sprache auch die Entwicklung und Verbreitung rassismusfreier Bilder und Gegenstände in unserem Alltag. Dies fängt bereits im Kinderzimmer mit dem Einsatz von Spielzeug und Kinderbüchern an, die rassistischen Klischees entgegenwirken. BHI

Eugen Fischer (1874–1967)

wurde am 5. Juni 1874 in Karlsruhe geboren. Er studierte in Freiburg und München Medizin und Naturwissenschaften. Das Studium schloss Fischer 1898 mit der Promotion im Fach Anatomie an der Freiburger Universität ab. Bereits 1900 habilitierte er sich dort für Anatomie und Anthropologie. Bis 1912 lehrte und forschte er in Freiburg als Privatdozent und betreute die anthropologische Sammlung. Im Jahr 1908 unternahm er eine Forschungsreise in das damalige »Kaiserliche Schutzgebiet Deutsch-Südwestafrika« (DSWA, heute Namibia). Dort besucht er die Rehobother Baster, eine im Süden des Landes lebende Bevölkerungsgruppe, um Daten für die Ausarbeitung seiner Theorien zur Rassenhygiene zu erheben. Die Anregung dazu hatte er vermutlich 1907 von dem mit ihm befreundeten Freiburger Max Bartenstein erhalten. Dieser war zuvor als Offizier der sogenannten Schutztruppe in DSWA gewesen. Das Museum Natur und Mensch bewahrt heute einige ethnografische Objekte auf, die Fischer dem Museum 1910 übergab. Es ist nicht bekannt, unter welchen Umständen er sie von den Rehobother Bastern erwarb oder in deren Besitz gelangte.

Von 1918 bis 1927 war Fischer Ordinarius für Anatomie sowie Direktor des Anatomischen Instituts der Universität Freiburg. Dann wechselte er nach Berlin und übernahm mit der Leitung des Kaiser-Wilhelm-Instituts für Anthropologie, menschliche Erblehre und Eugenik auch den Lehrstuhl für Anthropologie an der Berliner Friedrich-Wilhelms-Universität. Deren Rektor war Fischer von 1933 bis 1935 und sorgte in dieser Funktion für die Entlassung jüdischer Gelehrter. In Fischers Person zeigt sich somit eine rassenideologische Kontinuität von der Kolonialzeit bis zum Nationalsozialismus. 1942 emeritierte Fischer und kehrte nach Freiburg zurück, wo er am 9. Juli 1967 starb.

Karl Heinrich Leonhard Schick (1881–1953)

wurde am 17. Januar 1881 in Bad Homburg vor der Höhe geboren. 1904 schloss Schick einen Arbeitsvertrag mit dem Bremer Handelshaus Friedrich M. Vietor Söhne ab, das seit 1856 eine Niederlassung in Togo führte. Die Faktorei des Handelshauses befand sich zunächst in Lomé, später dann in Palimé, dem heutigen Kpalimé an der Grenze zu Ghana. Schick arbeitete laut Arbeitsvertrag »3–4 Jahre« dort. In dieser Zeit sammelte er die ethnografischen Objekte, die sein Sohn Karl Heinrich Schick 1974 der Ethnologischen Sammlung des heutigen Museums Natur und Mensch übergab. Auf welche Weise Karl Schick diese Gegenstände in Togo erwarb oder in deren Besitz gelangte, ist nicht bekannt. Er starb am 10. Oktober 1953 in Freiburg.

Wilhelm Winterer (1879–1969)

wurde am 21. September 1879 in Konstanz geboren. Nach dem Abitur in Freiburg trat er in das 5. Badische Infanterie-Regiment Nr. 113 ein und wechselte 1907 zur »Kaiserlichen Schutztruppe für Deutsch-Ostafrika«. Er wurde zunächst in Lindi, Tansania (ehemals Deutsch-Ostafrika, DOA) stationiert. Bei seiner Ankunft war der Maji-Maji-Krieg nahezu beendet, weshalb er wahrscheinlich nicht mehr direkt an Kampfhandlungen beteiligt war. Später war Winterer in Kifumbiro, Tansania (ehemals DOA) am Victoriasee stationiert. Dort hatten zahlreiche im Kaffeegeschäft tätige Handelsfirmen und Farmer eine Niederlassung. 1910 hielt sich Winterer zu Besuch in Freiburg auf und brachte eine große Anzahl naturkundlicher und ethnografischer Gegenstände mit: Geweihe, Krokodil- und Straußeneier, Schlangen in Spiritus, eine Käfersammlung sowie Waffen und Alltagsgegenstände, wie sie bei der Bevölkerung in der Umgebung von Kifumbiro in Gebrauch waren. Wie er in den Besitz dieser Gegenstände gelangte, ist nicht bekannt. Im Namen seines Sohnes übergab der damalige Oberbürgermeister Otto Winterer (1856–1915) diese Sammlungen dem Museum für Natur- und Völkerkunde. Im Gegenzug wurde sein Sohn in die Stiftertafel aufgenommen, die heute im Eingangsbereich des Museums Natur und Mensch hängt.

In den Jahren zwischen dem Ersten und Zweiten Weltkrieg gehörte Wilhelm Winterer in Freiburg zu den führenden Akteuren des Kolonialrevisionismus. Er betrieb einen Verlag für einschlägige Publikationen, hielt Vorträge mit prokolonialen Inhalten und war an der Organisation der Kolonialtagung 1935 maßgeblich beteiligt. Winterer starb am 29. Juni 1969 in Freiburg.

Eugen Brandeis (1846–1930)

wurde am 23. 9. 1846 in Geisingen, Landkreis Tuttlingen geboren. Nach einem Mathematikstudium in Karlsruhe und Freiburg (1863–1866) und einer militärischen Laufbahn (1866–1877) arbeitete er in verschiedenen Funktionen in den Amerikas und Australien. Von 1886 bis 1889 wirkte er als Berater des durch die deutsche Kolonialregierung eingesetzten Königs Tupua Tamasese Titimaea (1830–1891) in Deutsch-Samoa. Es folgten weitere Posten im Kolonialdienst, so für das Kaiserliche Kommissariat des »Schutzgebiets der Marshallinseln« (1890–1892) und als Kaiserlicher Richter und Bezirksamtsmann in Herbertshöhe/Kokopo im damaligen Kolonialgebiet Deutsch-Neuguinea (1893–1894). Von 1895 bis 1898 war Eugen Brandeis in der Kolonialabteilung des Auswärtigen Amtes in Berlin tätig, bevor er 1898 zum Landeshauptmann der Marshallinseln ernannt wurde. Vermutlich führte seine autoritäre Politik gegenüber der einheimischen Bevölkerung 1906 zur Versetzung in den vorzeitigen Ruhestand.

Auf Bitte des Museums für Natur- und Völkerkunde Freiburg sandte Eugen Brandeis in den Jahren 1900/01 ethnographische Objekte von den Marshallinseln. Hierfür erhielt er einen Eintrag auf der Stiftertafel des Museums, die sich heute im Eingangsbereich des Museums Natur und Mensch befindet. Der eigentliche Verdienst um die Sammlung lag jedoch bei seiner Ehefrau Antonie Thawka Brandeis, geborene Ruete (1868–1945). Sie war für die Entstehung der Sammlung verantwortlich. Nach der Scheidung 1913 und einem kurzen Einsatz während des Ersten Weltkriegs zog Eugen Brandeis 1917 von Berlin nach Bad Säckingen/Hochrhein, wo er am 9. 12. 1930 starb.

Aktion Dritte Welt

Allerwelt-Schachtel

Anwältinnen ohne Grenzen

Arnold Bergstraesser Institut

Association des Ressortissants Sénegalais de Freiburg

Attac

Awassa

Awhani

Verein ivorischer Frauen in Freiburg

Ayuda Andina Peruhilfe

Brasilienitiative

Color Esperanza

Deutsch-Afghanische Initiative

FAIRBurg

Indienhilfe »Wasser ist Leben«

Ingenieure ohne Grenzen

Interkultureller Deutsch-Afrikanischer Verein

VEREINE IM WELTFORUM FREIBURG

kauFRausch

Kipepeo Förderverein Kenia

KoBra – Kooperation Brasilien

Menschenrechte 3000

MovingAfrica

RAPRED Girubuntu

Rüstungsinformationsbüro

Salzladen

Süd-Nord-Forum Freiburg

Südwind Freiburg

terre des hommes

Tukolere Wamu

Gemeinsam für eine Welt

Viva con Agua

7

Let's decolonize our world

/7

Partizipation als Methode postkolonialer Ausstellungspraxis

Die Einbeziehung von Expertisen museumsexterner Akteur_innen als partizipativer, das heißt von diesen Wissensträger_innen selbstständig entwickelter Beitrag ist eine zunehmend anerkannte und angewandte Methode der Museumsarbeit. Für die Erarbeitung einer Museumsausstellung, welche die Zivilgesellschaft zu einer kritischen Auseinandersetzung mit dem Kolonialismus und seinen Folgen anregen möchte, ist sie sogar unverzichtbar. Denn Museen sind durch ihre Sammlungsbestände oftmals selbst Orte kolonialer Verflechtungen. Hiervon sind die Städtischen Museen Freiburg und insbesondere Teile der Ethnologischen Sammlung des Museums Natur und Mensch nicht ausgenommen. So sind viele Objekte aus Afrika und Ozeanien durch ihre Biografien mit dem deutschen Kolonialismus verknüpft, weil sie in dieser Zeit vor Ort zusammengetragen und dem Freiburger Museum übermittelt wurden.

Museen sind aber nicht nur in Bezug auf ihre Sammlungen mit dem Kolonialismus verbunden. Als gesellschaftliche Institutionen verkörpern sie hierarchische Strukturen, welche auch dem Kolonialismus zugrunde lagen. Als Orte der Wissensproduktion und mit einem gesellschaftlichen Bildungsauftrag versehen, nehmen Museen der Gesellschaft gegenüber im Kontext des Wissenstransfers eine hierarchisch übergeordnete Position ein. Darin sehen Museumskritiker_innen Parallelen zum asymmetrischen Machtgefälle zwischen kolonisierender und kolonisierter Gesellschaft. Unter anderem deshalb fordern sie eine Dekolonisierung der Institution »Museum« und zeigen in einzelnen Projekten, dass und wie sich eine solche realisieren lässt (vgl. Greve 2019). Die wichtigste Voraussetzung dafür ist museumsseitig der Verzicht auf die alleinige Entscheidungsgewalt über zu vermittelnde Inhalte und auf die damit verknüpfte Deutungshoheit, indem museumsexterne Akteur_innen in die Auswahl und Deutung einbezogen werden. Idealerweise erfolgt dies im Rahmen partizipativer, also gleichberechtigter Zusammenarbeit zwischen Museum und museumsexternen Expert_innen, die ihre Inhalte frei definieren können, um diese beispielsweise in einer Ausstellung zu kommunizieren (vgl. Piontek 2017).

Für Museen stellt ein solcher Kontrollverzicht eine große Herausforderung dar, weil sie sich gegenüber der Gesellschaft in der Verantwortung für Inhalte sehen, die in ihren Räumen kommuniziert werden. Hier bedarf es eines gesellschaftlichen Lernprozesses, der künftig Museen als Orte divers produzierter Inhalte anerkennt. Aber auch in praktischer Hinsicht birgt die Zusammenarbeit mit museumsexternen Partner_innen für Museen und deren Mitarbeitende eine enorme Herausforderung, deren logistische Komplexität exponentiell zur Anzahl der Beteiligten steigt. Dennoch hat sich das Team der Ausstellung »Freiburg und Kolonialismus: Gestern? Heute!« dieser Aufgabe gestellt und schließlich mehrere Beteiligungsformate entwickelt, um ein möglichst breites Spektrum von Perspektiven und Stimmen sicht- und hörbar zu machen. Das Angebot zur Beteiligung an der Ausstellung richtete sich an die Freiburger Stadtgesellschaft mit ihren Diasporagemeinschaften und postkolonialen Aktivist_innen sowie an Angehörige von Gesellschaften, deren Vorfahren vom deutschen Kolonialismus betroffen waren. Da die Ethnologische Sammlung des Museums Natur und Mensch mit rund 200 Gegenständen ein beachtliches Konvolut aus dem heutigen Namibia aufbewahrt, konzentrierte sich die Zusammenarbeit hier auf Mitglieder der namibischen Gesellschaft, konkret auf Angehörige der nama-, otjiherero- oder oshivambosprachigen Bevölkerung.

Insgesamt fünf verschiedene Beteiligungsformate wurden in der Ausstellung umgesetzt: 1) die Gestaltung von »Blank Spaces«, 2) Leihgaben aus der Stadtbevölkerung, 3) die Einbeziehung von Künstler_innen, 4) Interviews mit Menschen aus Freiburg und Umgebung und aus Namibia, 5) eine Kooperation mit der Namibia University of Science and Technology. Darüber hinaus waren die verschiedenen Autor_innen der Ausstellungsbeiträge eingeladen, sich auch mit einem Textbeitrag am Katalog zu beteiligen.

Bei den Blank Spaces handelt es sich um Bereiche in der Ausstellung, die für die inhaltliche Gestaltung durch museumsexterne Personen reserviert waren. Insgesamt waren es neun Blank Spaces, die für die Ausstellung vorgesehen waren: in den ersten sechs Kapiteln jeweils einer und im siebten Kapitel drei. Davon wurden letztlich sieben realisiert, wobei das zweite und vierte Kapitel ohne einen Blank-Space-Beitrag blieben (Kat. 35, 82–103, 225, 248, 273–282). Der Umfang und die Medien dieser Blank Spaces variieren: Während es im ersten, fünften und sechsten Kapitel jeweils kleinere Bausteine, bestehend aus einem Objekt bzw. Monitor sind, umfasst der Blank Space im dritten Kapitel 20 gleich große Vitrinen, die von nama-, otjiherero- und oshivambosprachigen Namibier_innen gestaltet wurden (Kat. 82–103). Die drei Blank Spaces im Abschlusskapitel (Kat. 273–282) wurden 1) von Mitgliedern des Freiburger Vereins Color Esperanza e. V., 2) dem Freiburger Verein RAPRED Girubuntu e. V. und 3) von Schüler_innen des UWC Robert Bosch College/Freiburg gestaltet (s. u.). Die Platzierung dieser Beiträge am Ende der Ausstellung soll eine Brücke aus der Gegenwart in die Zukunft schlagen, indem Handlungsfelder der globalen Dekolonisierung vorgestellt werden. Mit einem an jede_n Besucher_in gerichteten Angebot zur Partizipation findet die Ausstellung ihren Abschluss. Vor dem Ausgang lädt eine Spiegelwand zur Reflexion über die persönlichen Möglichkeiten ein, sich für das Aufbrechen der asymmetrischen (Macht-)Beziehungen zwischen dem Globalen Süden und dem Globalen Norden einzusetzen.

Blank Spaces waren eines von zwei offenen Formaten, mit denen die Freiburger Stadtgesellschaft zur Beteiligung an der Ausstellung eingeladen wurde. Das zweite Format war ein Aufruf, sich mit persönlichen Leihgaben in die Ausstellung einzubringen. Insgesamt 20 Personen boten dem Ausstellungsprojekt persönliche Gegenstände an, von denen vier als Exponate ausgewählt wurden. Es sind Gegenstände, mit denen die Leihgeber_innen ihren persönlichen Bezug zum Thema Kolonialismus offenlegen. Sie zeigen, dass und wie Bilder und Vorstellungen, die mit dem Kolonialismus verbunden und häufig rassistisch konnotiert waren, auf Menschen wirkten. Es handelt sich dabei vor allem um Alltagsgegenstände, wie eine Teedose (Kat. 265) oder ein Klammerbeutel (Kat. 266). Sie zeigen, wie ihre Alltagsnutzung den Kolonialismus als Normalität erscheinen ließ. Bücher förderten diese Vorstellung auf einer weiteren Ebene (Kat. 268–270).

Insgesamt sechs Künstler_innen sind an der Ausstellung beteiligt. Der bildende Künstler Emeka Udemba hat nigerianische Wurzeln und lebt heute überwiegend in Kirchzarten bei Freiburg. Er nimmt an der Ausstellung mit einer Arbeit teil, die eine künstlerische Auseinandersetzung mit den sogenannten Missionsspardosen ist (Kat. 56 & 57). Die namibische Kuratorin Aino Ndiwakalunga Moongo schuf eine fotografische Erzählung über die Spuren der deutschen Kolonialzeit im heutigen Namibia. Sie hat dafür Arbeiten der namibischen Fotografinnen Nicola Brandt, Namafu Amutse, Shomwatala Shivute und Isabel Tueumuna Katjavivi ausgewählt (Kat. 64–79). Mit diesem doppelt namibischen Blick, durch die Linse der Fotografinnen und durch ihre Auswahl als Kuratorin, erzählt Moongo anhand der ambivalenten Schönheit der Fotografien von der »gewaltvollen Geschichte Namibias mit Deutschland« (vgl. Moongo S. 86 in diesem Band).

Ähnlich wie die fotografische Erzählung eine doppelt namibische Perspektive vorstellt, verkörpert ein Teil der in die Ausstellung einbezogenen Interviews einen doppelt museumsexternen Blick auf den Themenkomplex des Kolonialismus mit seinem Wirken bis in die Gegenwart. Studierende der Hochschule Offenburg haben im Rahmen der Lehrveranstaltung »Medien in der Bildungsarbeit/Medienpädagogik« unter der Leitung von Prof. Dr. Robert Gücker Menschen aus Freiburg und Umgebung nach ihren persönlichen Meinungen zum Thema Kolonialismus befragt (Kat. 34). Als einer der Interviewpartner_innen stellte sich unter anderem Jochen Peter, der Geschäftsführer der Freiburger Tee- und Kaffeehandlung Tee-Kaffee-Peter zur Verfügung. Er führt in fünfter Generation eine Tee- und Kaffeehandlung mit eigener Kaffeerösterei, die 1883 als Freiburger Kolonialwarengeschäft startete. Im Interview berichtet Peter auch vom Engagement des Unternehmens für gerechte Handelspartnerschaften mit Kaffeeproduzent_innen in Guatemala. Ein weiterer Interviewpartner war der Leiter des Universitätsarchivs in Freiburg, Prof. Dr. Dieter Speck, der unter anderem für die Aufbewahrung der anthropologischen Alexander-Ecker-Sammlung verantwortlich ist (Kat. 226). Unter mehr als 1300 Schädeln, die diese Sammlung einmal umfasste, waren auch mindestens 14 Schädel namibischer Menschen, die 2014 nach Namibia zurückgeführt wurden (Kat. 117). Über den Umgang mit diesem »sensiblen Sammlungsgut« und dessen koloniale Verflechtungen berichtet Speck in seinem Interview.

Weitere Interviews wurden von Sophia Hiss und Leon Mogck, zwei Studierenden des Instituts für Ethnologie der Universität Freiburg, geführt. In diesen Interviews befragten sie Besucher_innen des Europaparks Rust zu ihrer Meinung über das Fahrgeschäft »Dschungelfloßfahrt«, das auf der Grundlage europäischer Klischees von Menschen des afrikanischen Kontinents gestaltet ist. Ausschnitte der Interviews verarbeiteten sie zu einem Video. Diese Arbeit entstand im Rahmen der Lehrveranstaltung »Fremd- und Selbstrepräsentationen: Ethnologische Erkundungen zur Exotisierung und Dekolonisierung im gegenwärtigen Freiburg«, welche Prof. Dr. Judith Schlehe und Tina Brüderlin, damalige Leiterin der Ethnologischen Sammlung des Museums Natur und Mensch, im Wintersemester 2019/20 an der Universität Freiburg anboten. Nach Fertigstellung des Videos zog der Europapark seine anfängliche Veröffentlichungsgenehmigung für die Ausstellung zurück. Da die beiden Studierenden damit an die Presse gingen und einen dynamischen Diskurs in den sozialen Medien auslösten, ist in der Ausstellung nun nicht das Video mit den Interviewausschnitten vertreten, sondern der mediale Diskurs (Kat. 257). Er macht die Dringlichkeit einer Aufarbeitung des deutschen Kolonialismus und des in der Gesellschaft latent vorhandenen Rassismus deutlich.

Einer der drei Blank Spaces im letzten Ausstellungskapitel ist ein Video mit Interviewelementen (Kat. 273, s. a. u.). Hier berichten junge Menschen von ihren Rassismuserfahrungen in Deutschland, deren Wurzeln aus ihrer Sicht in die Zeit des Kolonialismus reichen.

Schließlich arbeitet auch der in Ausschnitten präsentierte Dokumentarfilm »Herero Genocide Survivor Narratives« (2021) mit Interviews (Kat. 114). Eine Kooperation mit der Namibia University of Science and Technology bildet die Grundlage für die Einbeziehung des Films in die Ausstellung. Im Rahmen dieser Kooperation werden auf Wunsch der namibischen Kooperationspartner_innen während der Laufzeit der Ausstellung vier Protagonist_innen des Films nach Freiburg reisen. Ziel dieser Reise ist es, den Erzähler_innen über das Genozid-Trauma der OvaHerero und dessen Fortwirken bis in die heutige Generation eine Plattform im deutschsprachigen Raum zu bieten.

Viele der Akteur_innen, die sich mit einem Beitrag an der Ausstellung beteiligten, haben auch für den Katalog einen oder mehrere Texte beigetragen. Verbunden mit einem besonderen Dank an das Engagement der Autor_innen soll hier auf das Essay »Koloniale Kontinuitäten und imperiale Lebensweise« verwiesen werden. Unter Federführung von Dagmar Grosse (EineWeltForum Freiburg) setzen sich die Autor_innen in ihrem Beitrag kritisch mit dem Thema Konsum und seinen (post-)kolonialen Verflechtungen auseinander.

Partizipative Museumsarbeit erfordert vertrauensvolle und verlässliche Beziehungen zwischen dem jeweiligen Museum und den beteiligten Akteur_innen. Oftmals, wie auch im Vorfeld der Ausstellung »Freiburg und Kolonialismus: Gestern? Heute!«, müssen diese Beziehungen erst neu aufgebaut oder zumindest wiederbelebt werden. Dabei führten nicht jeder Anlauf und jede Initiative zum Erfolg. Daher sind manche Akteur_innen, wie etwa die BIPoC-Gruppe (Black, Indigenous, People of Colour) der Universität Freiburg, trotz mehrfacher Anläufe, einen kontinuierlichen Kontakt und eine produktive Beziehung zu etablieren, nicht an der Ausstellung beteiligt. Denn auch für museumsexterne Akteur_innen ist partizipative Museumsarbeit eine Herausforderung und nicht immer stehen die dafür nötigen zeitlichen oder personellen Ressourcen zur Verfügung.

Die Herausforderungen, die mit partizipativer Museumsarbeit einhergehen, wurden durch die Corona-Pandemie, welche kurz nach Beginn des Projekts einsetzte, zusätzlich verstärkt. Anstelle von Präsenz-Workshops am Museum, bei denen das Ausstellungskonzept einem interessierten Publikum vorgestellt und diskutiert werden sollte, musste hier auf ein Online-Format ausgewichen werden. Auch wenn mit einer Ausnahme keine_r der Teilnehmer_innen einen Blank Space erarbeitete, zeigten die beiden Workshops zumindest eine multiplikatorische Wirkung und im Nachgang kamen am Ausstellungsprojekt Interessierte auf das Museum zu.

Im Hinblick auf die zu überwindende räumliche Distanz erwies sich das Online-Format für die Zusammenarbeit mit namibischen Partner_innen hingegen als Vorteil. Auch hier fanden zwei Workshops statt, die hybrid durchgeführt wurden. Bei einem ersten Workshop wurden die namibischen Partner_innen aus ihren jeweiligen Orten in das Zentrale Kunstdepot der Stadt Freiburg zugeschaltet, um gemeinsam über Objekte der Ethnologischen Sammlung zu diskutieren, die sie dafür ausgewählt hatten (Kat. 81). Ein zweiter Workshop fand in Namibia statt, bei dem sich die namibischen Teilnehmer_innen in Tsumeb trafen und ausgehend von Objekten der Ethnologischen Sammlung des Museums Natur und Mensch über Gemeinsamkeiten und Unterschiede der materiellen Kultur ihrer Vorfahren austauschten. Zu diesem Workshop war ich als Kuratorin der Ausstellung digital zugeschaltet. Solche hybriden Workshops können künftig ein wichtiges Werkzeug sein, um den zahlreichen Urhebergemeinschaften einen verlässlichen Zugang zum kulturellen Erbe ihrer Vorfahren zu verschaffen, das derzeit in Museen des Globalen Nordens aufbewahrt wird.

Die erfolgreiche Umsetzung der verschiedenen Formate, mit denen museumsexterne Akteur_innen ihre Expertisen und Perspektiven in die Ausstellung einbrachten, verdankt sich dem Engagement der Autor_innen selbst sowie der Unterstützung vieler anderer. Es ist insgesamt ein partizipatives Werk. Neben den Autor_innen, die, soweit sie damit einverstanden waren, unten namentlich aufgeführt sind, haben dazu insbesondere beigetragen: Tina Brüderlin (Ethnologisches Museum/Staatliche Museen Berlin, zuvor Museum Natur und Mensch Freiburg), Carl Deussen (Rautenstrauch-Joest-Museum Köln), Robert Gücker (Hochschule Offenburg), Golda Ha-Eiros (Independence Memorial Museum/ Windhoek, Namibia), Dag Henrichsen (Basler Afrika Bibliographien/Basel, Schweiz), Sarala Krishnamurthy (Namibia University of Science and Technology/Windhoek, Namibia), Susanne Kuß (Historisches Seminar/Universität Freiburg), Malcom MacLaren (UWC Robert Bosch College/Freiburg), Emily Mutota (Global South Studies Center/Universität Köln), Annika Roes (Universität Marburg), Judith Schlehe (Institut für Ethnologie/Universität Freiburg), Jeremy Silvester († 2021, Museums Association of Namibia) sowie die Namibia-Initiative des Ministeriums für Wissenschaft, Forschung und Kunst Baden-Württemberg, welche die Zusammenarbeit mit den nama-, otjiherero- und oshivambosprachigen Namibier_innen finanziell ermöglicht hat.

Autor_innen partizipativer Ausstellungs-beiträge:

Thelma Basil: Freiburger Verein Association des Camerounais de Freiburg et environs (ACAF e.V.)

Dennis Gründel, Jasmin Heising, Martin Jetter, Lara Nastaly, Laura Otomierczyk, Eliza Rein-Wolf, Jawin Schell, Leonie Storz, Angelina Winkler, Jenny Wybierski u.a.: Hochschule Offenburg, Masterstudiengang »Medien und Kommunikation«

Emeka Udemba: freischaffender Künstler

Aino Ndiwakalunga Moongo: freischaffende Kuratorin

Namafu Amutse, Shomwatala Shivute, Isabel Tueumuna Katjavivi, Nicola Brandt: freischaffende Fotografinnen

Lovisa Tegelela Nampala: Schulleiterin in Ondangwa/Nordnamibia

Immanuel Banda Veseevete (Mbandaa Hijangaruu): traditioneller Heiler der OvaHerero, Okakarara/ Namibia

Steven Hendrik Isaack: Gründer von »Heritage Watch«, Windhoek/Namibia

Welfriedtine Naobes: Lehrerin, Otjivarongo/ Namibia

Heiko Wegmann: informationszentrum 3. welt e.V. (iz3w)

Lisa Beck, Paulinus Burger, Paul Isselstein, Leonie Mänken: BA-Studiengang: »Liberal Arts and Sciences« der Universität Freiburg

Sophia Hiss, Leon Mogck: Institut für Ethnologie, Universität Freiburg

Ann-Kathrin Friedrich, Simon Weisser, Julius Metzdorf und Katharina Ritter: Color Esperanza e.V., mit Unterstützung weiterer Vereinsmitglieder

Déogratias Mahurukiro: RAPRED Girubuntu e.V.

Colin Antunga, Kunyu Chen, Terry Chishimba, Una Fonte, Karl Klingeberg, Cecilia Løvlund, Boas Löw, Camillo von Blomberg: UWC Robert Bosch Freiburg

Ihnen allen gilt im Namen der Städtischen Museen Freiburg mein herzlicher Dank!

Die Geschichte des Kolonialismus aufzuarbeiten, setzt die Anerkennung seiner ökonomischen, politischen sowie gesellschaftlichen Folgen voraus sowie die Bereitschaft, diese zu bekämpfen. Daher müssen Bedürfnisse, Forderungen und Kritiken der Gesellschaften ernst genommen werden, die von den Auswirkungen des Kolonialismus betroffen sind. Ziel ist es, das immer noch bestehende ungleiche Machtverhältnis zwischen dem Globalen Süden und dem Globalen Norden aufzubrechen und als gleichberechtigte Beziehung neu zu gestalten. Dafür setzen sich viele Freiburger_innen aus unterschiedlichen Weltregionen ein. Sie folgen damit ihrer Vision von einer gerechteren Welt, die allen Menschen eine lebenswerte Zukunft bietet. Stellvertretend für die zahlreichen Freiburger Initiativen kommen zum Abschluss der Ausstellung drei Gruppen zu Wort. Sie formulieren ihre Kritik an postkolonialen Strukturen und geben Einblick in ihre Vorstellungen von globaler Gerechtigkeit und in ihr Engagement dafür.

BHI

273

Filmstill aus dem Video:
»Y yo me di cuenta en ese momento, que su poder colonial todavia persiste dentro de él [...]«
(Mitglieder von Color Esperanza e.V., 2021/22)

Blank Space: Color Esperanza e.V.

»In diesem Moment habe ich festgestellt, dass die koloniale Macht immer noch in ihm wirkt [...]«

Unser Verein Color Esperanza e.V. gründete sich 2006 durch die Initiative junger Menschen, welche über die Erzdiözese Freiburg einen einjährigen Freiwilligendienst in Peru absolviert haben, und zählt mittlerweile auch darüber hinaus insgesamt weit über 100 Mitglieder. Wir möchten durch die Vereinsarbeit Chancengleichheit nicht nur in Deutschland, sondern auch global fördern sowie das Bewusstsein für die Eine Welt stärken. Dadurch leisten wir einen Beitrag zu globaler Gerechtigkeit und einem offenen Deutschland, in dem Begegnung auf Augenhöhe konkret erlebbar wird. Wir sehen uns in der gesellschaftlichen Verantwortung, einen Dialog mitzugestalten, der in der globalisierten Welt alle Menschen anspricht und einbezieht. Deswegen haben wir das Reverse-Programm »VAMOS!« ins Leben gerufen, über welches junge Menschen aus Peru und Nicaragua einen Freiwilligendienst in Deutschland machen können. Zentrales Ziel des Programms ist es, jungen Menschen aus Peru neue Einblicke in das alltägliche Leben in Deutschland zu vermitteln und somit ein Verantwortungsgefühl als Weltbürger_innen zu wecken und zu stärken. Wir verstehen das »VAMOS!«-Programm als notwendige Ergänzung zu den internationalen Freiwilligendiensten, die Jugendliche aus Deutschland in Länder des Globalen Südens entsenden. So tragen wir dazu bei, Themen der Gerechtigkeit auf verschiedenen Ebenen zu hinterfragen und zu diskutieren. Wir sind der Überzeugung, dass Vielfalt und Pluralität wichtige Werte für unsere Gesellschaft sind.

Wie sich der Beschreibung unserer Vereinsarbeit entnehmen lässt, ist uns eine Begegnung auf Augenhöhe zwischen allen Menschen weltweit ein zentrales Anliegen. Besonders in der Zusammenarbeit mit Menschen aus ehemals kolonisierten Ländern kommen wir nicht umhin, uns mit Themen rund um aktuelle ungleiche Lebensumstände, Machthierarchien sowie Menschen- und Gesellschaftsbildern zu beschäftigen, deren Ursprung auf die menschenverachtenden Eroberungspraktiken europäischer Kolonisation zurückzuführen sind. Wir sind der Meinung, dass wir mit unserem Reverse-Programm »VAMOS!« Zugang zu einem besonderen Erfahrungsschatz haben – und zwar von Menschen, welche sich durch internationale Begegnungen (in dem Fall Peru – Deutschland / Nicaragua – Deutschland) mit den neokolonialen Strukturen in ihrem (Freiburger) Alltag konfrontiert sehen. Es ist uns wichtig, dass die Menschen selbst zu Wort kommen, sodass ein Bild davon gezeichnet werden kann, wie neokoloniale Strukturen, auch nach vielen Jahrhunderten und über Grenzen hinweg, Personen in ihrem Alltag betreffen. Das Thema kann mal sichtbar, mal weniger sichtbar sein, es wird jedoch individuell erfahren und ist latent auch in Freiburg vorhanden. Daher war es uns wichtig, uns mit einem eigenen Beitrag an der Ausstellung »Freiburg und Kolonialismus: Gestern? Heute!« zu beteiligen. Denn: »Koloniale Strukturen existieren auch heute noch und beeinflussen uns indirekt oder direkt in vielerlei Hinsicht«, wie eine_r unserer Autor_innen formulierte. Darauf wollen wir mit unserem Video hinweisen. AKF/SW/JM/KR, unterstützt von weiteren Mitgliedern von Color Esperanza e.V.

RAPRED Girubuntu e.V.

(Réseau Africain pour la Paix, la Réconciliation et le Développement durable – Afrikanisches Netzwerk für Frieden, Versöhnung und nachhaltige Entwicklung)

RAPRED Girubuntu e.V. ist ein gemeinnütziger Verein mit Sitz in Freiburg, der 2014 von dem aus Burundi stammenden Pater Déogratias Maruhukiro und Freund_innen ins Leben gerufen wurde. Wie der Name bereits ausdrückt, verfolgt der Verein die Ziele, Frieden, Versöhnung und nachhaltige Entwicklung zu fördern, was durch vielfältige Projekte und Kooperationen in Ländern Ostafrikas sowie in Europa umgesetzt wird. Eine Vielzahl der Projekte wurden von der Stiftung Entwicklungszusammenarbeit (SEZ) finanziert, weitere durch die Aktion Hoffnung und durch private Spenden.

Ein Fokus der Projekte von RAPRED Girubuntu e.V. liegt in der Bildungsarbeit. Seit mehreren Jahren wird durch das Projekt »IGA – Dass Du studieren kannst« burundischen Studierenden in Burundi und Ruanda ein Studium ermöglicht. Durch »Hakuna Matata« werden in ländlichen Teilen Kenias Frauen beim Aufbau von einkommensgenerierenden Tätigkeiten unterstützt. Weiter wurden burundische Geflüchtete in Ruanda zu Multiplikator_innen in der Traumabewältigung ausgebildet und Frauen in besonders schwierigen Lebenslagen mit Mikrokrediten unterstützt.

In Deutschland wurden in Zusammenarbeit mit der Ackermanngemeinde die Freiburger Friedensgespräche initiiert, mit burundischen Politiker_innen, die in Europa im Exil leben.

Ein weiterer Schwerpunkt des Vereins liegt auf Friedensforschung. 2018 wurde gemeinsam mit der Universität Freiburg, dem Arbeitsbereich Caritaswissenschaften und Christliche Sozialarbeit die Girubuntu Peace Academy ins Leben gerufen, welche regelmäßig zum Thema Friedensförderung, mit Schwerpunkt auf Burundi publiziert. Gelehrte und politisch Engagierte leisten hierzu durch ihre Forschungen, Expertise und Erfahrungen ihre Beiträge. Ein Projekt der Girubuntu Peace Academy, das »Transboundary Network Project«, schuf ein Netzwerk zwischen Universitäten und Nichtregierungsorganisationen in Burundi, Ruanda und der Demokratischen Republik Kongo, das Lehre und Praxis der Friedensarbeit zusammenführt. Regelmäßig organisiert die Girubuntu Peace Academy Tagungen oder Konferenzen zu Frieden und Versöhnung und wirkt bei Symposien und Konferenzen mit.

Ein großes Anliegen von RAPRED Girubuntu e.V. ist die Völkerverständigung, die Förderung von Frieden zwischen Völkern. Hierbei sieht der Verein Kunst als eine Möglichkeit, um Menschen zusammenzubringen und Austausch zu fördern. In diesem Sinne wird jedes Jahr ein Friedenskonzert in Freiburg mit Chören aus der Umgebung organisiert. Im Jahr 2022 ist in diesem Rahmen ein Auftritt von Soul Family beim Katholikentag in Stuttgart geplant. Auch unterstützt der Verein junge burundische Trommelkünstler_innen, die in Ruanda und Uganda im Exil leben. So wurden bereits Friedensfestivals organisiert, durch welche bei der Darbietung der einzigartigen Trommelkunst aus Burundi junge Menschen unterschiedlicher Herkunft zusammengebracht wurden. DM

School of Hope

Certificate of Achievement

THIS ACKNOWLEDGES THAT

Benis-Joel Hazigamimana

HAS BEEN RECOGNIZED IN

2ND PLACE IN COMPUTER APPLICATIONS TECHNOLOGY

FOR ACADEMIC YEAR 2021

MR ADE OYEWO
PRINCIPAL

DATE: 08 DECEMBER, 2021

274

Zeugnis: »Certificate of Achievement«

Aussteller_in: School of Hope

2021: Republik Südafrika, Papier, Leihgabe: Benis-Joel Hazigamimana über RAPRED Girubuntu e.V.

275

Ingoma: Friedenstrommel

Hersteller_in: unbekannt

2012: Burundi, Holz/Tierhaut, Leihgabe: burundische Kulturgruppe »Akaranga«

276

Schriftenreihe der Girubuntu Peace Academy

Herausgeber: K. Baumann, R. Bendel & D. Maruhukiro

Ab 2019: LIT-Verlag/Berlin, Papier, Städtische Museen Freiburg

Provenienz: 2022 im Handel erworben

»Let's decolonize our world«: UWC Robert Bosch College

Wir sind acht junge Menschen aus Sambia, China, Uganda, Norwegen, den USA und Deutschland und studieren in Freiburg am UWC Robert Bosch College. Für diese Ausstellung haben wir uns Gedanken gemacht, was es zu ändern gilt, damit die Welt gerechter wird. UF/KK/CA/CL/KC/TC/CvB/BL

277

Autor_innen des Blank Spaces

»Let's decolonize our world« im UWC Robert Bosch College (Foto: Wiebke Ehmann, 2022)

Welcome to Agbobloshie

Your telephone is already here![1] Agbogbloshie is an e-waste dump in Accra, Ghana. Many residents have migrated from rural areas and other countries to work in the waste yard reclaiming scrap metal, to make barely more than Ghana's minimum wage. However, many workers and other Accra residents die before they are 30 years old due to air, soil, and water pollution from the landfill, and burning of the electronic waste to recover the metal. The flow of electronic waste in and out of Agbogbloshie follows routes similar to trade routes at the height of imperial colonialism. Germany and other countries in the Global North ship their waste to Ghana, illegally exported or labeled as »Development Aid«. Ghanese resources, land, and workers are then used for these countries' gain. The metal stripped from electronic waste in Agbogbloshie often ends up back in Germany in new electronics. The most proposed solution is not to close down the dump, as doing so would put many people out of work. Instead, NGOs from the Global North have been teaching workers how to safely strip the wires. This approach, however, follows the same condescending »white saviorism narrative« as sending broken electronics as »Development Aid« for African economies. Both fail to appreciate the needs of the community, such as funding for Accran social entrepreneurs and tackling e-waste, pollution, and poverty. Instead, addressing the root causes of problems at Agbogbloshie requires reparations for the resources taken during imperialist colonialism. Reparations would provide the Ghanaian authorities with the funding to set up proper waste treatment facilities with safe jobs at a livable wage for Ghanaian workers. UF/KK

278

Agbogbloshie

Fotograf: Friedrich Stark

Abgebildete Personen nicht namentlich bekannt

2013: Agbogbloshie bei Accra/Ghana, Foto, Alamy Stock Photo D3C5TF, D5RAWC

Provenienz: 2022 Lizenzkauf

Welcome to Agbobloshie

Dein Smartphone ist schon hier![2] Agbogbloshie ist eine Müllhalde für Elektronikschrott im ghanaischen Accra. Viele Einwohner_innen sind aus ländlichen Regionen und anderen Ländern hierhergezogen, um auf der Halde Metallschrott wiederzugewinnen und damit kaum mehr als den ghanaischen Mindestlohn zu verdienen. Viele der Arbeiter_innen und andere Einwohner_innen Akkras sterben allerdings wegen der Luft-, Boden- und Wasserverschmutzung durch die Deponie und die Verbrennung des Elektronikschrotts zur Metallgewinnung schon vor ihrem 30. Lebensjahr. Der Strom des Elektronikschrotts nach Agbogbloshie und von dort weg folgt Routen, die denen in der Hochphase des imperialen Kolonialismus ähneln. Deutschland und andere Länder im Globalen Norden verschiffen ihren Abfall nach Ghana, illegal exportiert oder als »Entwicklungshilfe« etikettiert. Ghanaische Ressourcen, Land und Arbeiter_innen werden dann für den Profit dieser Länder missbraucht. Das aus dem Elektronikschrott in Agbogbloshie gewonnene Metall endet oft wieder in Deutschland in neuer Elektronik. Die am häufigsten vorgeschlagene Lösung ist nicht, die Halde zu schließen, weil dadurch viele Leute arbeitslos werden würden. Stattdessen haben NGOs aus dem Globalen Norden den Arbeiter_innen beigebracht, wie sie die Drähte sicher aus dem Schrott gewinnen können. Dieser Ansatz folgt jedoch dem gleichen verächtlichen Narrativ des »*weißen* Know-hows« wie die Versendung kaputter Elektronik als »Entwicklungshilfe« für die afrikanische Wirtschaft. Beide scheitern daran, die tatsächlichen Bedürfnisse der Gemeinschaft zu erkennen, zum Beispiel die Unterstützung von Sozialunternehmen in Accra und die Bekämpfung von Elektronikschrott, Verschmutzung und Armut. Stattdessen erfordert die Bewältigung der zugrunde liegenden Probleme in Agbogbloshie Reparationen für die im imperialistischen Kolonialismus gestohlenen Ressourcen. Reparationen würden den ghanaischen Behörden die nötigen Gelder zur Verfügung stellen, um richtige Müllverwertungsanlagen mit sicheren Arbeitsplätzen zu bauen, die ghanaischen Arbeiter_innen einen auskömmlichen Lohn zahlen könnten. UF/KK

1 Adapted from the title of German documentary »Welcome to Sodom: Dein Smartphone ist schon hier« (Director: Florian Weigensamer, Christian Krönes, 2018), at www.welcome-to-sodom.de (18.4.2022).

2 Titel angelehnt an die deutsche Dokumentation »Welcome to Sodom: Dein Smartphone ist schon hier« (Regie: Florian Weigensamer, Christian Krönes, 2018), unter www.welcome-to-sodom.de (18.4.2022).

279

Produktion von Elektroschrott 2019

Grafik: pingundpong, 2022

Quelle: The Global E-Waste Monitor 2020

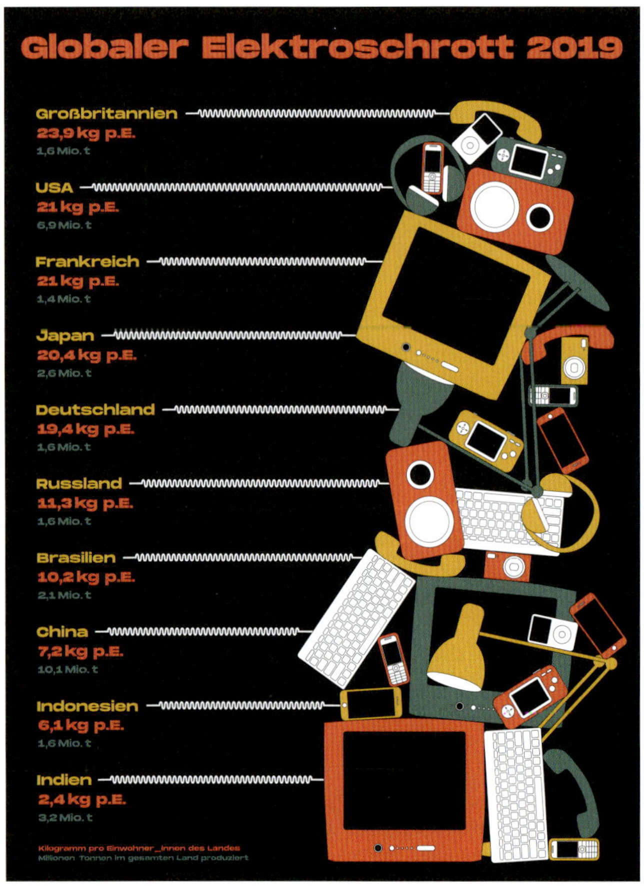

Neo-Colonialism: The last Stage of Imperialism?

During their revolutionary struggle for independence, the ideologies of many African nations shifted against their 'colonizers'. European countries have, however, desired to maintain their profitable exploitation of the newly independent states or to preserve other imperialist interests. This has led them to covertly install covertly neocolonial proxy leaders.
Indeed, most coups in modern African history, when looked at closely, show themselves to have had Global-North involvement, e.g., being led by African soldiers who served in the former colonizer's militaries or were trained by these. Likewise, the former colonizers have regularly financed pro-imperialist parties and interfered in media propaganda to gain support for favorable government policies. Accompanying is a timeline of several different coups among the hundreds of attempted, failed, and successful ones with proven neocolonial involvement over the past 60 years. Notable examples have been Patrice Lumumba of Democratic Republic Congo, whose assassination was facilitated by the Belgian government, or the Pan-Africanist champion Kwame Nkrumah of Ghana, whose CIA-backed overthrow came shortly after publication of his critique of neocolonialism. Most recently, Guinea and Mali have suffered coups with neocolonial involvement.
Decolonization in Africa still has a long way to go. CA

Neokolonialismus: das letzte Stadium des Imperialismus?

Während ihres revolutionären Kampfes für Unabhängigkeit wandten sich die Ideologien vieler afrikanischer Nationen gegen die ihrer Kolonisatoren. Die Länder Europas waren jedoch bestrebt, die profitträchtige Ausbeutung der neuerdings unabhängigen Staaten beizubehalten oder andere imperialistische Interessen zu wahren. Dies veranlasste sie, insgeheim neokoloniale Stellvertreter als Staatschefs einzusetzen. Tatsächlich fanden die meisten Staatsstreiche in der neueren afrikanischen Geschichte bei näherer Betrachtung unter Beteiligung des Globalen Nordens statt. Das heißt, sie wurden von afrikanischen Soldaten angeführt, die in den Streitkräften der ehemaligen Kolonisatoren gedient hatten oder von diesen ausgebildet worden waren. Weiterhin finanzierten die ehemaligen Kolonisatoren regelmäßig pro-imperialistische Parteien und mischten sich in die mediale Propaganda ein, um eine für sie günstige Regierungspolitik zu unterstützen. Anbei eine Zeitleiste mit Hunderten von versuchten, gescheiterten und erfolgreichen Putschen mit nachgewiesener neokolonialer Beteiligung in den letzten 60 Jahren. Besonders erwähnenswerte Beispiele sind Patrice Lumumba in der Demokratischen Republik Kongo, dessen Ermordung von der belgischen Regierung begünstigt wurde, oder der Panafrikanist Kwame Nkrumah in Ghana, der mit Unterstützung durch die CIA kurz nach der Veröffentlichung seiner Kritik am Neokolonialismus gestürzt wurde. In jüngster Zeit kam es in Guinea und Mali zu Putschen mit neokolonialer Beteiligung.
Die Dekolonisierung in Afrika hat noch einen langen Weg vor sich. CA

The performative reality of the Global North's aid work

The Global North prides itself for being kind and helpful to the less fortunate nations of the world. But the aid so highly spoken of is often exaggerated, inflated with promises that are rarely fulfilled. Never has this been more evident than with the distribution of vaccines around the world. In high-income countries, two-thirds of the population has been to date vaccinated with at least one dose of vaccine. In low-income countries, less than 5 % have. Governments of the Global North promised these countries 1.8 billion COVID vaccine donations, yet only 261 million doses – 14 % – have so far been delivered. In the words of the WHO's Director-General, »This is scandalous and unacceptable.«[3]
To add insult to injury, the Global North hoards its vaccines, resulting in roughly 250 million doses having to be thrown away. This number is almost as high as the total amount of doses that have been delivered thus far. In addition, governments of the Global North have even begun administering booster shots a »third dose« to their populations. The need for a herd immunity around the world should outweigh the individual need for extra protection in these few countries. In view of this data, the reality of Global North's aid work must be questioned: are its promises sincere or are they only empty words made to appease the conscience of populations of the Global North? CL

Die Realität der Entwicklungshilfe des Globalen Nordens

Der Globale Norden rühmt sich gern seiner Güte und Hilfsbereitschaft gegenüber weniger begünstigten Nationen der Welt. Doch die vielbeschworene Hilfe ist oft überzogen oder verspricht mehr, als sie halten kann. Nie wurde dies deutlicher als bei der Impfstoffverteilung in der Welt. In Ländern mit hohen Einkommen wurden bis Ende 2021 zwei Drittel der Bevölkerung mit mindestens einer Impfdosis geimpft. In Ländern mit niedrigen Einkommen sind es weniger als fünf Prozent. Die Regierungen des Globalen Nordens haben diesen Ländern 1,8 Milliarden Spenden von COVID-Impfstoffen versprochen, bisher wurden aber nur 261 Millionen Dosen geliefert, also 14 Prozent. Um es mit den Worten des WHO-Generaldirektors zu sagen: »Das ist ein Skandal und inakzeptabel«.[4]
Erschwerend kommt hinzu, dass der Globale Norden seine Impfstoffe gehortet hat, was dazu führte, dass etwa 250 Millionen Dosen weggeworfen werden mussten. Das ist fast genauso viel wie die Gesamtmenge der bisher gelieferten Dosen. Darüber hinaus haben die Regierungen des Globalen Nordens sogar damit begonnen, ihren Bevölkerungen Auffrischungsimpfungen als »dritte Dosis« zu verabreichen. Der Bedarf nach einer weltweiten Herdenimmunität dürfte den individuellen Bedarf an zusätzlichem Schutz in diesen wenigen Ländern deutlich übersteigen. Angesichts dieser Daten muss die Realität der Entwicklungshilfe des Globalen Nordens kritisch hinterfragt werden: Sind ihre Versprechungen aufrichtig oder nur leere Worte, die der Gewissensberuhigung der Bevölkerung im Globalen Norden dienen? CL

3 URL: www.who.int/director-general/speeches/detail/who-director-general-s-remarks-at-the-opening-session-of-the-viii-global-baku-forum-entitled-the-world-after-covid-19-4-november-2021 (18.4.2022).

4 URL: www.who.int/director-general/speeches/detail/who-director-general-s-remarks-at-the-opening-session-of-the-viii-global-baku-forum-entitled-the-world-after-covid-19-4-november-2021 (18.4.2022).

280

COVID-Impfstoff

Hersteller: Moderna, BionTech/Pfizer

2021, Glas/Metall, Leihgabe: privat, Freiburg/Deutschland

Provenienz: Spende von Arztpraxen in Freiburg und Berlin, 2022

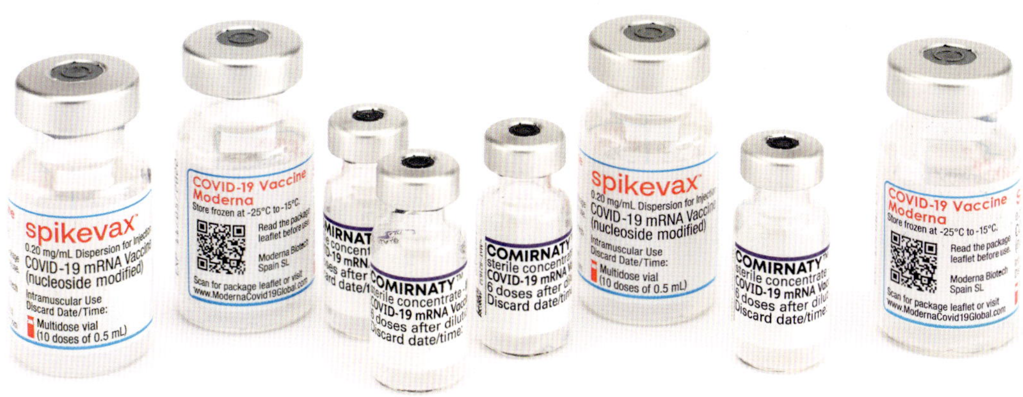

Terry Chishimba (Zambia) und Kunyu Chen (PR China) talk about Neo-Colonialism in Africa

TC: Hey man, my family in Zambia just sent me this cartoon. I think it describes the relationship between African states and China precisely. What do you think?
KC: Being Chinese, I don't like this cartoon very much. It gives the wrong idea about the Chinese relationship with Africa.
TC: It describes quite well how Chinese activities are seen by Africans. For example, many Zambians think that their country has been sold to the Chinese government. This may be inaccurate and biased, but there is some truth about Chinese monopolisation in African businesses being revealed as exploitation.
KC: That is not true. Instead, China is doing good business with the country by building infrastructure and getting paid for it by resource extraction.
TC: It is good comparing China's behaviour in Africa to other countries'. But many Zambians still see this as a neo-colonial exploitation of their country.
KC: That's wrong, it's not Neo-colonialism or Imperialism: China doesn't have any military presence and media control in Zambia.
TC: In my opinion, fair support would be to put up factories in Africa, where finished products could be manufactured from the raw resources. Right now, these are all bought from foreign countries – mainly China.
KC: I think the negative attitude from the local people shows a growing aggressive behaviour toward Chinese people.
TC: This is not a surprise. Many Zambians fear being dominated by another country after the struggle to gain independence from the British. It is sad to see this discrimination on the Chinese as most of them have been in Zambia most their lives and are actual citizens of Zambia. It will take some time for the Zambian population to get comfortable with the growing population of Chinese nationals in Zambia.
KC & TC: Oh, this situation is so much more complicated than we thought. What can we do to ensure a peaceful future?

Terry Chishimba (Zambia) und Kunyu Chen (VR China) unterhalten sich über Neokolonialismus in Afrika

TC: Hallo, meine Familie in Sambia hat mir gerade diesen Cartoon geschickt. Ich finde, er beschreibt die Beziehung zwischen den afrikanischen Staaten und China genau. Was halten Sie davon?
KC: Als Chinese gefällt mir dieser Cartoon nicht besonders. Er vermittelt die falsche Vorstellung über Chinas Beziehung zu Afrika.
TC: Er beschreibt recht gut, wie Afrikaner_innen die chinesischen Aktivitäten sehen. Zum Beispiel sind viele Sambier_innen der Ansicht, dass ihr Land an die chinesische Regierung verkauft wurde. Das mag nicht ganz richtig und vorurteilsbeladen sein, aber es steckt schon ein Körnchen Wahrheit darin, dass die chinesische Monopolstellung in der afrikanischen Geschäftswelt sich als Ausbeutung herausstellt.

281

»We are equal partners«
Künstler: Godfrey Mwampembwa
8.11.2014: ohne Ortsangabe, Cartoon, Courtesy GADO
Provenienz: Lizenzkauf 2022

KC: Das ist nicht richtig. Stattdessen pflegt China eine gute Geschäftsbeziehung mit dem Land, indem es Infrastruktur aufbaut und dafür in Form von gewonnenen Rohstoffen bezahlt wird.
TC: Es ist schon sinnvoll, Chinas Verhalten in Afrika differenziert zu dem anderer Länder zu sehen. Aber viele Sambier_innen sehen dies noch immer als neokoloniale Ausbeutung ihres Landes.
KC: Das ist falsch. Es ist kein Neokolonialismus oder Imperialismus. China hat keine Militärpräsenz oder Kontrolle über die Medien in Sambia.
TC: Meiner Meinung nach wäre es faire Unterstützung, in Afrika Fabriken aufzubauen, in denen aus den Rohstoffen fertige Produkte hergestellt werden könnten. Gerade werden diese Produkte alle aus dem Ausland gekauft, vor allem aus China.
KC: Ich finde, die negative Haltung der Einheimischen führt zu einem zunehmend aggressiven Verhalten gegenüber Chines_innen.
TC: Das ist keine Überraschung. Viele Sambier_innen haben nach dem Kampf um Unabhängigkeit von Großbritannien Angst, von einem anderen Land dominiert zu werden. Es ist aber traurig, eine Diskriminierung von Chines_innen zu beobachten, da die meisten von ihnen einen Großteil ihres Lebens in Sambia verbracht haben und sambische Staatsbürger_innen sind. Es wird einige Zeit dauern, bis sich die sambische Bevölkerung mit der wachsenden Gruppe von aus China stammenden Sambier_innen abfinden wird.
KC & TC: Diese Situation ist so viel komplizierter, als wir dachten. Was können wir tun, um für eine friedliche Zukunft zu sorgen?

282

Kinderfilm: »Aladdin«

Filmautor: Guy Ritchie

2019: Walt Disney/USA, Kunststoff/Papier,
Leihgabe: privat, Freiburg/Deutschland

Provenienz: 2021 im Handel erworben

Kolonialismus in der Kultur – Verfremdung als Mittel der Unterdrückung

Um eine dekolonisierte Welt zu gestalten, muss sich jeder des Mechanismus der Verfremdung bewusst machen und kulturelle Produkte kritisch betrachten. Gleichermaßen muss ein gesellschaftlich-kultureller Wandel stattfinden, der dafür sorgt, dass Kultur ohne Verfremdung auskommt. Der Kolonialismus basiert auf einer binären Unterscheidung zwischen etwas vermeintlich Normalem (Norm) und einem vermeintlich Fremden. Diese Unterscheidung wird von der dominierenden Kultur (d.h. von den ehemaligen Kolonialmächten, dem Westen) getroffen und dient dazu, das Fremde auszugrenzen. Die Etablierung des Eigenen als Norm führt zu einem Selbstverständnis, das andere Sichtweisen ausblendet und kulturelle Überlegenheit beansprucht. Diese binäre Unterscheidung und die daraus folgende Entfremdung von anderen Kulturen wird auf vielfältige Weise in der westlichen Kultur sichtbar, etwa in der Filmindustrie. Der von Disney produzierte Film »Aladdin« ist ein Beispiel für diese Verfremdung.

Die Disney »Aladdin«-Filmreihe, aber auch viele Blockbuster wie die »Indiana-Jones«-Reihe oder die »Mumie«-Filme zeigen fiktive Geografien des Orients. In diesen Filmen kommen die Haupthelden in der Regel aus der westlichen Welt, während die Bösewichte aus dem Orient stammen. Die Darstellung des Orients hat sich im Film fortgesetzt, obwohl sie nicht der Realität entspricht.

BL/CvB

Kolonialismus: Was hat das mit mir zu tun?

Sich und andere motivieren können, aktiv zu werden, um gemeinsam eine gerechtere und nachhaltigere Welt zu schaffen – welchen Beitrag kann eine Ausstellung zum Themenkomplex Kolonialismus zur Vermittlung dieser Ziele leisten? Der Brückenschlag zwischen musealer Objektgeschichte und Lebenswelt der Besucher_innen bietet ein außerordentliches Potenzial für eine interessensorientierte Auseinandersetzung mit aktuellen Themen der Globalisierung und des Neokolonialismus. Der Museumsbesuch soll intrinsische Motivationen – »Was hat das mit mir zu tun?« – ansprechen und Anhaltspunkte für Selbstreflexion eröffnen. Folgende Fragestellungen stehen daher für die kompetenzorientierte Kultur- und Umweltbildung im Zentrum: Welche (neo-)kolonialen Strukturen prägen unser Leben in Freiburg und unsere weltweite soziale, politische, ökologische und ökonomische Vernetzung? Welche Rolle spielt dabei – bewusst oder unbewusst – Rassismus und wie prägt er unsere Sicht auf die Welt? Was kann ich tun, um nachhaltige und zukunftsfähige Entwicklungen im eigenen Alltag zu unterstützten? PG/AZ

Miteinander Zukunft gestalten (Foto: iStock)

Hans Houben (1871–1942)

wurde am 8. November 1871 in Viersen geboren und absolvierte ab 1890 eine militärische Laufbahn. Von Januar 1902 bis November 1903 war Houben bei der »Kaiserlichen Schutztruppe für Kamerun« angestellt. In dieser Zeit führte er mehrere Expeditionen in das Inland an, darunter die Galim-Expedition und die Bafut-Expedition, und erstellte mindestens eine Karte, in der er Flüsse, Dörfer sowie deren lokale Anführer verzeichnete. Im August 1902 wurde er Stationsleiter in Ossidinge (Nordwestkamerun). Unter Houben wurde 1902 der Palast der Nso (Banso) in Kumbo (Nordwestkamerun) niedergebrannt und Elfenbein erbeutet. Houbens brutales Vorgehen gegen die lokale Bevölkerung gilt als eine der Ursachen, die 1904 zum antikolonialen Widerstand der nördlich von Ossidinge lebenden Anyang führten.

Houben kehrte bereits im November 1903 aus Kamerun zurück. Er diente daraufhin im Füsilier-Regiment Fürst Karl-Anton von Hohenzollern und war Kompaniechef in der Königin Augusta Garde. Spätestens 1925 trat Houben, in Freiburg lebend, als Handelsvertreter und Oberleutnant a. D. in Erscheinung. Als solcher unterstützte er auch kolonialrevisionistische Aktivitäten – gemeint ist das Bestreben deutscher Kolonialbefürworter_innen, die angeblich verlorenen Kolonien wieder zurückzuerlangen. Die »Kolonial-Post« von 1936 berichtete in ihrer Dezemberausgabe, dass sich Hans Houben auf einer Rundreise durch Afrika befand. Von dort sollte er aus allen ehemals deutschen Kolonialgebieten Erde mitbringen.

Das Museum Natur und Mensch bewahrt heute etwa zehn ethnografische Gegenstände auf, die es von Houben erhielt. Es handelt sich hauptsächlich um Waffen aus Kamerun, aber auch aus dem heutigen Namibia. Es ist nichts darüber bekannt, wie er an die Gegenstände gelangte. Houben starb am 21. Dezember 1942 in Freiburg.

Theodor Gotthilf Leutwein (1849–1921)

wurde am 9. Mai 1849 in Strümpfelbrunn, Neckar-Odenwald-Kreis geboren. Er studierte kurzzeitig in Freiburg Jura, trat jedoch 1868 als Fähnrich in das 5. Badische Infanterie-Regiment Nr. 113 ein.

Von 1893 bis 1905 war Leutwein im damaligen »Kaiserlichen Schutzgebiet für Deutsch-Südwestafrika« (DSWA, heutiges Namibia) tätig. Dort sollte er den Krieg beenden, den die lokale Bevölkerung gegen die deutsche Kolonialbesatzung führte. Doch führte er letztlich die »Schutztruppe« weitere zehn Jahre lang im Krieg gegen die Bevölkerung an. Leutwein wurde 1895 zum Landeshauptmann, 1897 zum Oberbefehlshaber der »Schutztruppe« und 1898 zum Gouverneur von DSWA ernannt.

Gemäß der Strategie des damaligen Museumsleiters Hugo Ficke (1840–1912), gezielt Personen im Ausland um Spenden für das Museum für Natur- und Völkerkunde zu bitten, wandte sich 1898 der damalige Oberbürgermeister Otto Winterer (1846–1915) mit einem entsprechenden Anliegen an Leutwein. Dieser ließ von einem Hauptmann Fromme eine ethnografische Sammlung im Omaruru-Gebiet (im Norden des heutigen Namibia) zusammenstellen. Über die Hintergründe, wie die Objekte vor Ort erworben wurden, ist keine Dokumentation erhalten. Die 22 Gegenstände überließ Leutwein dem Museum – selbst hat er sie wohl nie gesehen. Hierfür erhielt er einen Eintrag auf der Stiftertafel des Museums, die sich heute im Eingangsbereich des Museums Natur und Mensch befindet.

Kurz nach Beginn des OvaHerero- und Nama-Krieges 1904 musste Leutwein seine Ämter als Gouverneur von DSWA und Kommandeur der »Schutztruppe« an Lothar von Trotha (1848–1920) abtreten, weil er als zu nachsichtig im Umgang mit der lokalen Bevölkerung galt. Unter seinem Nachfolger von Trotha eskalierte der Krieg wenig später zum Völkermord an den OvaHerero und Nama.

Nach der Amtsenthebung ließ sich Leutwein pensionieren, verließ DSWA und lebte unter anderem in Freiburg. Dort verstarb er am 13. April 1921, sein Grab befindet sich noch immer auf dem Hauptfriedhof.

Anhang

Autor_innen-verzeichnis

AK André Klopp, Tokyo/Japan
Privatgelehrter
→ Kat. 9

AKF Ann-Kathrin Friedrich, Freiburg/Deutschland, Mitglied Color Esperanza e.V.
→ Kat. 273

ANM Aino Ndiwakalunga Moongo, Kuratorin & Namibia & Bayreuth/Deutschland, Iwalewahaus & Universität Bayreuth (Afrikanistische Literaturen)
→ Kat. 86

AZ Angelika Zinsmaier, Freiburg/Deutschland, Bildungsreferentin für nachhaltige Entwicklung, Städtische Museen Freiburg
→ diverse

BHI Beatrix Hoffmann-Ihde, Freiburg/Deutschland, Wissenschaftliche Mitarbeiterin, Projekt »Freiburg und Kolonialismus«, Städtische Museen Freiburg
→ diverse

BL Boas Löw, Deutschland, Schüler, UWC Robert Bosch Freiburg
→ Kat. 282

CB Carolin Beresin, Freiburg/Deutschland, Bildungsreferentin, Süd-Nord-Forum Freiburg e.V.
→ Essay 4

ČL Čecilia Løvlund, Norwegen & Freiburg/Deutschland, Schülerin, UWC Robert Bosch Freiburg
→ Kat. 280

CvB Camillo von Blomberg, Freiburg/Deutschland, Schüler, UWC Robert Bosch Freiburg
→ Kat. 282

DG Dagmar Große, Freiburg/Deutschland, ehemals Bildungsreferentin, Eine Welt Forum Freiburg e.V.
→ Essay 4

DM Déogratias Mahurukiro, Burundi & Freiburg/Deutschland, Gründer von RAPRED Girubuntu e.V. und Wissenschaftlicher Mitarbeiter., Theologische Fakultät, Universität Freiburg & RAPRED Girubuntu e.V.
→ Kat. 274–276

DS Dieter Speck, Freiburg/Deutschland, Leiter des Universitätsarchivs, Universität Freiburg
→ Kat. 117, 226

EM Emily Mutota, Namibia & Köln/Deutschland, Wissenschaftliche Mitarbeiterin, Universität Köln
→ Kat. 81

EU Emeka Udemba, Lagos/Nigeria & Kirchzarten/Deutschland, multidisziplinärer Künstler mit kunstpädagogischem Hintergrund
→ Kat. 56

GK Godwin Kornes, Freiburg/Deutschland, Wissenschaftlicher Mitarbeiter, Museum Natur und Mensch/Städtische Museen Freiburg
→ Kat. 203–214

HJJ Hans-Jörg Jenne, Freiburg & Emmendingen/Deutschland, ehemals Leiter Stadtmuseum Emmendingen, Fachbereich Familie, Kultur, Stadtmarketing der Stadt Emmendingen
→ Kat. 260–262

HW Heiko Wegmann, Freiburg/Deutschland, Wissenschaftlicher Mitarbeiter, iz3w/freiburg-postkolonial.de
→ Essay 6, Kat. 225

IBV Immanuel Banda Veseevete, Windhoek/Namibia, traditioneller Arzt
→ Kat. 95, 98

ITK Isabel Tueumuna Katjavivi, Windhoek/Namibia, Fotografin
→ Kat. 68–75

JB Jonas Bauschert, Freiburg/Deutschland, Regionalpromotor, Eine Welt Forum Freiburg e.V.
→ Essay 4

JG Johannes Graf, Furtwangen/Deutschland, stellvertretender Museumsleiter/Wissenschaftlicher Mitarbeiter, Deutsches Uhrenmuseum Furtwangen
→ Kat. 267

JM Julius Metzdorf, Freiburg/Deutschland, Mitglied Color Esperanza e.V.
→ Kat. 273

KC Kunyu Chen, Freiburg/Deutschland & VR China, Schüler, UWC Robert Bosch Freiburg
→ Kat. 281

KK Karl Klingeberg, Freiburg/Deutschland, Schüler, UWC Robert Bosch Freiburg
→ Kat. 278

KR Katharina Ritter, Freiburg/Deutschland, Mitglied Color Esperanza e.V.
→ Kat. 273

LB Lisa Beck, Freiburg/Deutschland, Studierende, Universität Freiburg (Liberal Arts)
→ Kat. 248

LeM Leonie Mänken, Freiburg/Deutschland, Studierende, Universität Freiburg (Liberal Arts)
→ Kat. 248

LiB Linus Burger, Freiburg/Deutschland, Studierender, Universität Freiburg (Liberal Arts)
→ Kat. 248

LM Leon Mogck, Freiburg/Deutschland, Studierender, Universität Freiburg (Ethnologie, Geografie)
→ Kat. 257

LTN Lovisa Tegelela Nampala, Ondangwa/Namibia, Lehrerin und Schulleiterin
→ diverse in Kap. 3

MB Margret Brüll, Freiburg/Deutschland, Wissenschaftliche Mitarbeiterin, Institut für Ethnologie
→ diverse in Kap. 5

MJ Martin Jetter, Deutschland, Studierender, Hochschule Offenburg (Medien und Kommunikation)
→ Kat. 34

NA Namafu Amutse, Windhoek/Namibia, Fotografin
→ Kat. 64 & 65

NB Nicola Brandt, Namibia & Hamburg/Deutschland, Fotografin
→ Kat. 76–79

NLB Nicole Landmann-Burghart, Freiburg/Deutschland, Leiterin der Ethnologischen Sammlung, Museum Natur und Mensch/Städtische Museen Freiburg
→ Kat. 26, 104

PG Peter Geissler, Freiburg/Deutschland, Bildungsreferent für nachhaltige Entwicklung, Städtische Museen Freiburg
→ diverse

PI Paul Isselstein, Deutschland, Studierender, Universität Freiburg (Liberal Arts)
→ Kat. 248

PK Peter Kalchthaler, Freiburg/Deutschland, Wissenschaftlicher Mitarbeiter, Museum für Stadtgeschichte/Städtische Museen Freiburg
→ Kat. 150, 235

SaK Sarala Krishnamurthy, Windhoek/Namibia, Professorin, Human Sciences, Namibia University of Science and Technology
→ Kat. 114

SH Sophia Hiss, Freiburg/Deutschland, Studierende, Universität Freiburg (Ethnologie, Islamwissenschaften)
→ Kat. 257

SHI Steven Hendrik Isaack, Windhoek/Namibia, Gründer von Heritage Watch/Regierungsmitarbeiter, Heritage Watch (Organisation für die Dokumentation und Erhaltung der Kultur und Geschichte der Nama)
→ Kat. 85, 89

SHR Sylvia Holzhäuser-Ruprecht, Freiburg/Deutschland, Eine-Welt-Regionalpromotorin, SIMAMA® – STEH AUF e.V.
→ Essay 4

ShS Showmatala Shivute, Windhoek/Namibia, Fotografin & Kuratorin, freischaffend & National Art Gallery of Namibia/Windhoek
→ Kat. 66 & 67

SK Susanne Kuß, Freiburg/Deutschland, Wissenschaftliche Mitarbeiterin, Universität Freiburg, Historisches Seminar
→ Kat. 9, 38–40, Essay 3

SSt Silke Stoll, Freiburg/Deutschland, Museumsleiterin, Museum Natur und Mensch/Städtische Museen Freiburg
→ diverse

StS Stefanie Schien, Freiburg/Deutschland, Wissenschaftliche Mitarbeiterin, Museum Natur und Mensch/Städtische Museen Freiburg
→ diverse in Kap. 2

SW Simon Weisser, Freiburg/Deutschland, Mitglied Color Esperanza e.V.
→ Kat. 273

TB Tina Brüderlin, Freiburg & Berlin/Deutschland, Leiterin des Ethnologischen Museums Berlin SMB SPK, zuvor Leiterin der Ethnologischen Sammlung des Museums Natur und Mensch/Städtische Museen Freiburg
→ Essay 5

TC Terry Chishimba, Samibia & Freiburg/Deutschland, Schüler, UWC Robert Bosch College, Freiburg
→ Kat. 281

ThB Thelma Basil, Freiburg/Deutschland & Kamerun, Sprecherin, Migrant_innenbeirat Freiburg, Mitglied der Kommission Familie & Bildung/Ausschuss für Schule und Weiterbildung
→ Kat. 35

TO'B Theresa O'Brien, Freiburg/Deutschland, Studierende, Universität Freiburg (Ethnologie)
→ Kat. 98

TvS Tilmann von Stockhausen, Freiburg/Deutschland, Leitender Direktor Städtische Museen Freiburg
→ Vorwort

UF Una Fonte, USA & Freiburg/Deutschland, Schülerin, UWC Robert Bosch Freiburg
→ Kat. 278

VT Veronika Tocha, Berlin, Wissenschaftliche Mitarbeiterin, Sammlung Gipsformerei, SMB SPK
→ Kat. 249 & 250

WN Welfriedtine Naobes, Otjiwarango/Namibia, pensionierte Lehrerin
→ Kat. 86

XPY Xu Pingyu, Taibei/Taiwan, Historikerin, ehemals Nationaluniversität Taibei
→ Kat. 9

Literaturverzeichnis

Zeichenerklärung:
[SB]: Sammlerbiografien
[1]: Allgemeine Literaturhinweise zu Kap. 1 usw.
[E1]: Essay Kap. 1 usw.
[Kat1]: Katalogtext Kap. 1 usw.

Acemoglu, Daron und James Robinson, 2015: Warum Nationen scheitern. Frankfurt/M.: Fischer. [E4]

Adomako, Abenaa und Natasha A. Kelly, 2018: Hin und zurück zu mir: Abenaa Adomako erzählt. In: Natasha A. Kelly (Hrsg.): Sisters and Souls, Hamburg/Berlin: Orlanda. Pp. 44–57. [Kat3]

Albrecht, Stephan und Albert Engel (Hrsg.), 2009: Weltagrarbericht. Synthesebericht, Hamburg: Hamburg University Press. www.weltagrarbericht.de/fileadmin/files/weltagrarbericht/IAASTDBerichte/IAASTDSyntheseDeutsch.pdf (8.2.2022). [E4]

Alzheimer, Heidrun, 2000: Edler Wilder, armer Heide, fauler Neger. In: Bayrische Blätter für Volkskunde NF 2. Pp. 36–55. [1–6]

Anonym, 1895: Hr. Rud. Virchow bespricht die zur Zeit in Castan's Panopticum befindlichen Dinka. In: Zeitschrift für Ethnologie 27. Pp. 89–170. [Kat6]

Armbruster, Manuel, 2011: »Völkerschauen« um 1900 in Freiburg. Kolonialer Exotismus um historischen Kontext. www.freiburg-postkolonial.de/pdf/Armbruster-Voelkerschauen-in-Freiburg.pdf (8.5.2022). [Kat6]

Arndt, Susan, 2019: Rassismus. In: Susan Arndt und Nadja Ofuatey-Alazard (Hrsg.): (K)Erben des Kolonialismus im Wissensarchiv deutsche Sprache. Ein kritisches Nachschlagewerk, Münster: Unrast. Pp. 37–43. [Kat3]

Arndt, Susan, 2019: Hautfarbe. In: Susan Arndt und Nadja Ofuatey-Alazard (Hrsg.): (K)Erben des Kolonialismus im Wissensarchiv deutsche Sprache. Ein kritisches Nachschlagewerk, Münster: Unrast. Pp. 332–342. [Kat3]

Arráiz Lucca, Rafael, 2013: História politica de Venezuela: 1498 a nuestros días. Bogotá D.C: Editorial Universidad del Rosario. [E1]

Ashcroft, Bill, Gareth Griffiths und Helen Tiffin, 2005: Colonialism. In: dies. (Hrsg.): Post-Colonial Studies. The Key Concepts. New York u.a.: Routledge. Pp. 45–51. [E3]

Bachter, Stephan und Claudia Preis, 2003: Der weiße Nick-Neger von Kloster Holzen. Eine Spurensuche. In: Schönere Heimat. Pp. 267. [Kat2]

Baumann, Klaus, Reiner Bendel und Déogratias Maruhukiro (Hrsg.), 2019: Frieden-Versöhnung-Zukunft: Afrika und Europa. Schriftenreihe der Girubuntu Peace Academy. Berlin: LIT. [Kat7]

Bechhaus-Gerst, Marianne und Sunna Gieseke (Hrsg.), 2006: Koloniale und postkoloniale Konstruktionen von Afrika und Menschen afrikanischer Herkunft in der deutschen Alltagskultur. Frankfurt/M. u.a.: Peter Lang. [1] [2] [6]

Berner, Herbert (Hrsg.), 1967: Sipplingen am Bodensee. Geschichte eines alten Dorfes. Im Auftrag der Gemeinde Sipplingen. Verein für Geschichte des Hegaus e.V. Hegau Bibliothek, Bd. 10. Pp. 116 f. [SB]

Berner, Margit, Anette Hoffmann und Britta Lange, 2011: Sensible Sammlungen. Aus dem anthropologischen Depot, Hamburg: Philo Fine Arts. [Kat6]

Bielefeld, Uli, 1992: Das Konzept des Fremden und die Wirklichkeit des Imaginären. In: ders. (Hrsg.): Das Eigene und das Fremde: neuer Rassismus in der Alten Welt. Hamburg: Junius. Pp. 97–128. [Kat3]

Billings, Dorothy K., 2007: New Ireland Malanggan Art: A Quest for Meaning. In: Oceania 77 (3). Pp. 257–285. [Kat5]

Binet, Laurent, 2020: Eroberung. Hamburg: Rowohlt. [E3]

Bitterli, Urs, 1986: Alte Welt – Neue Welt. Formen des europäisch-überseeischen Kulturkontakts vom 15. bis zum 18. Jahrhundert. München: C.H. Beck. [E3]

Bozsa, Isabell, 2019: Geschenkt, gekauft, erbeutet – Missionarisches Sammeln in Kamerun und Indien. Basel: Museum der Kulturen Basel. www.mkb.ch/de/museum/Fellowship.html (8.5.2022). [E2]

Brand, Ulrich und Markus Wissen, 2017: Imperiale Lebensweise. Zur Ausbeutung von Mensch und Natur im globalen Kapitalismus. München: Oekom. [E4]

Bräunlein, Peter J., 1993: Magier, Märtyrer, Markenzeichen. Tucherbräu und Mohren-Apotheken. In: Marie Lorbeer und Beate Wild (Hrsg.): Menschenfresser, Negerküsse … Das Bild vom Fremden im deutschen Alltag. Berlin: Elefanten Press. Pp. 104–115. [6]

Broll, Melanie, 2002: Karl Hirsmüller (1859–1911) – Missionar und Fotograf aus Emmendingen (Baden). Magisterarbeit im Fach Europäische Ethnologie, eingereicht an der Philipps-Universität Marburg, MS. [E2]

Brüll, Margarete, 1995: Kolonialzeitliche Sammlungen aus dem Pazifik. In: Eva Gerhards (Hrsg.): Als Freiburg die Welt entdeckte. 100 Jahre Museum für Völkerkunde. Herausgegeben für die Stadt Freiburg. Emmendingen: Hofmann-Druck. Pp. 109–145. [SB] [E2] [Kat5]

Büchmann, Georg, 1986: Geflügelte Worte. Berlin: Ullstein. [Kat6]

Bückendorf, Jutta, 1997: »Schwarz-Weiß-Rot über Ostafrika!« Deutsche Kolonialpläne und afrikanische Realität. Europa – Übersee. Historische Studien Bd. 5. Münster: LIT. [Kat4]

Buschmann, Rainer F., 1996: Franz Boluminski and The Wonderland of Carvings: Towards an Ethnography of Collection Activity. In: Baessler-Archiv, NF 44. Pp. 185–209. [Kat5]

Buschmann, Rainer F., 2009: Anthropology's Global Histories. The Ethnographic Frontier in German New Guinea, 1870–1935. Honolulu: University of Hawai'i Press. [Kat5]

Buschmann, Rainer F., 2018: Oceanic collections in German museums: collections, context and exhibits. In: Lucie Carreau u.a. (Hrsg.): Pacific Presences. Vol. 1. Leiden: Sidestone Press. Pp. 197–229. [Kat5]

Calhoun, Craig, Frederick Cooper und Kevin Moore (Hrsg.), 2006: Lessons of Empire: Imperial Histories and American Power. New York u.a.: New Press. [E3]

Castro, Inés de, 2019: N wie »Nick-N*«. In: Landesmuseum Württemberg (Hrsg.): Das Museum der Alltagskultur von A–Z. Museum der Alltagskultur. Schloss Waldenbuch. Stuttgart: Landesmuseum Württemberg. Pp. o. A. [Kat2]

Chatterjee, Partha, 1993: The Nation and Its Fragments: Colonial and Postcolonial Histories. Princeton: Princeton University Press. [E3]

Clendinnen, Inga, 1993: Aztecs. An Interpretation. Cambridge: Cambridge University Press. [E3]

Cooper, Frederick, 2012: Kolonialismus denken: Konzepte und Theorien in kritischer Perspektive. Frankfurt/M.: Campus. [E3]

Deutscher Museumsbund e.V. (Hrsg.), 2021: Leitfaden Umgang mit menschlichen Überresten in Museen und Sammlungen. www.museumsbund.de/wp-content/uploads/2021/06/dmb-leitfaden-umgang-menschl-ueberr-de-web-20210623.pdf (8.5.2022). [Kat6]

Deutscher Museumsbund e.V. (Hrsg.), 2021: Leitfaden Umgang mit Sammlungsgut aus kolonialen Kontexten. Berlin. www.museumsbund.de/wp-content/uploads/2021/03/mb-leitfanden-web-210228-02.pdf (8.5.2022). [Kat3]

Deutscher Museumsbund e.V. (Hrsg.), 2021: E-Reader zum Leitfaden Umgang mit Sammlungsgut aus kolonialen Kontexten. Berlin. www.museumsbund.de/wp-content/uploads/2021/02/e-reader-zum-leitfaden-umgang-mit-sammlungsgut-aus-kolonialen-kontexten-de.pdf (8.5.2022). [Kat3]

Dietze, Gabriele, 2010: Okzidentalismuskritik: Möglichkeiten und Grenzen einer Forschungsperspektivierung. In: dies., Claudia Brunner und Edith Wenzel (Hrsg.): Kritik des Okzidentalismus. Transdisziplinäre Beiträge zu (Neo-) Orientalismus und Geschlecht. Bielefeld: transcript. Pp. 23–55. [Kat3]

Döpker, Tobias, 1999: Die Versorgung der deutschen Industrie mit Rohstoffen aus den eigenen Kolonien – Am Beispiel der Baumwolle. www.grin.com/document/30183 (10.5.2022). [Kat4]

Douglas, Mary, 1970: Natural Symbols. New York: Routledge. [Kat3]

Downing, Jane, 2006: A cookbook for the tropics. In: Kunapipi 28 (2). Pp. 107–115. [Kat5]

Dürrenberger, Edgar, 1995: Freiburg und Afrika. In: Eva Gerhards (Hrsg.): Als Freiburg die Welt entdeckte. 100 Jahre Museum für Völkerkunde. Herausgegeben für die Stadt Freiburg. Emmendingen: Hofmann-Druck. Pp. 90–108. [E1]

!ebasa e.V. (Hrsg.), 2013: Kultur Global Lernen. Ideen und Methoden für kultursensibles Globales Lernen. Mainz: !ebasa Broschüre. www.wordpress.ebasa.org/wordpress/wp-content/uploads/2017/04/Dok_Kultur GlobalLernen_ebasa.pdf (8.2.2022). [E4]

Ebeling, Dietrich, 1988: Organisationsform des Holländerholzhandels im Schwarzwald während des 17. und 18. Jahrhunderts. In: Hans-Walter Keweloh (Hrsg.): Auf den Spuren der Flösser: Wirtschafts- und Sozialgeschichte eines Gewerbes. Im Auftrag des Deutschen Schifffahrtsmuseums Bremerhaven. Stuttgart: Theiss. Pp. 81–99. [E1] [Kat1]

Ecker, Ulrich, 2001: Das Wirtshaus zu Amerika. In: Heiko Haumann und Hand Schadek (Hrsg.): Geschichte der Stadt Freiburg. Band 2: Vom Bauernkrieg bis zum Ende der Habsburgischen Herrschaft. Stuttgart: Theiss. Pp. 234–236. [Kat1]

Eckert, Andreas, 2009: Comparing Coffee Production in Cameroon and Tanganyika, c. 1900 to 1960s: Land, Labor, and Politics. In: William Gervase Clarence-Smith und Steven Topik (Hrsg.): The Global Coffee Economy in Africa, Asia and Latin America, 1500–1989. Cambridge: Cambridge University Press. Pp. 286–311. [Kat1]

Eckert, Andreas, 2016: Wechselwirkungen. In: Stiftung Deutsches Historisches Museum (Hrsg.): Deutscher Kolonialismus. Fragmente seiner Geschichte und Gegenwart. Ausstellungskatalog. Berlin: Stiftung Deutsches Historisches Museum; Darmstadt: Theiss. Pp. 146–151. [1–6]

Eckert, Andreas, 2020: Vorwürfe und Behauptungen. In: Thomas Kästle (Hrsg.): Wie sollte Europa mit seiner kolonialen Vergangenheit in Afrika umgehen? Eine deutsch-afrikanische Expertenrunde fordert einen differenzierten, ganzheitlichen Diskurs und Entschlossenheit. Veranstaltungsbericht zum Herrenhäuser Forum »Europas koloniales Erbe in Afrika«. www.volkswagenstiftung.de/veranstaltungen/veranstaltungsberichte/unabh%C3%A4ngigkeit-ist-eine-frage-der-zusammenarbeit (8.2.2022). [E4]

Egger, Christine, 2016: Transnationale Biographien: die Missionsbenediktiner von St. Ottilien in Tanganjika 1922–1965. Köln: Böhlau. [2]

Egger, Christine und Martina Gugglberger (Hrsg.), 2013: Missionsräume. Innsbruck u. a.: StudienVerlag. [2]

Eisenhofer, Stefan, 1993: Höfische Elfenbeinschnitzerei im Reich Benin. Kontinuität oder Kontinuitätspostulat? München: Akademischer Verlag. [Kat1]

Fabri, Friedrich, 1879: Bedarf Deutschland der Colonien?: eine politisch-ökonomische Betrachtung. Gotha: Perthes. [E6]

Fanon, Frantz, 1981: Die Verdammten dieser Erde. Frankfurt/M.: Suhrkamp. [E2]

Fenske, Hans, 1991: Ungeduldige Zuschauer. Die Deutschen und die europäische Expansion 1815–1880. In: Wolfgang Reinhard (Hrsg.): Imperialistische Kontinuität und nationale Ungeduld im 19. Jahrhundert. Frankfurt/M.: Fischer. Pp. 87–123. [E6]

Flatau, Konrad, o. J. [nach 1986]: Unter dem Anspruch Gottes. Katholisches Studienhaus der Herz-Jesu-Priester. Freiburg i. Br. [E2]

Förster, Larissa, 2016: Problematische Provenienzen. In: Stiftung Deutsches Historisches Museum (Hrsg.): Deutscher Kolonialismus. Fragmente seiner Geschichte und Gegenwart. Ausstellungskatalog. Berlin: Stiftung Deutsches Historisches Museum; Darmstadt: Theiss. Pp. 154–161. [1–6]

Förster, Larissa, 2019: Der Umgang mit der Kolonialzeit: Provenienz und Rückgabe. In: Iris Edenheiser und Larissa Förster (Hrsg.): Museumsethnologie. Eine Einführung. Theorien, Debatten, Praktiken. Berlin: Reimer. Pp. 78–103. [E1]

Gerhards, Eva (Hrsg.), 1995: Als Freiburg die Welt entdeckte. 100 Jahre Museum für Völkerkunde. Herausgegeben für die Stadt Freiburg. Emmendingen: Hofmann-Druck. [E1], [E5]

Gerhards, Eva, 2003: Zerstückelte Wilde. Ethnographische Schaupuppen und Inszenierungen des Freiburger Museums für Natur- und Völkerkunde. In: Bettina E. Schmidt (Hrsg.): Wilde Denker. Unordnung und Erkenntnis auf dem Tellerrand der Ethnologie. Festschrift für Mark Münzel zum 60. Geburtstag. Marburg: Förderverein Volkskunde. Pp. 313–338. [Kat6]

glokal e.V. (Hrsg.), 2013: Mit kolonialen Grüßen – Berichte und Erzählungen von Auslandsaufenthalten rassismuskritisch betrachtet. In: glokal Broschüre. www.glokal.org/wp-content/uploads/2013/09/BroschuereMitkolonialen Gruessen2013.pdf. (8.2.2022). [E4]

Göhring, Martin, 1907: Der König von Bamum und seine Schrift. In: Der evangelische Heidenbote 80 (6). Pp. 41–43. [2]

Göltenboth, Dieter H., 1993: Nickneger und Bittende Hände. Der Exot im kirchlichen Hilfsprogramm. In: Marie Lorbeer und Beate Wild (Hrsg.): Menschenfresser, Negerküsse … Das Bild vom Fremden im deutschen Alltag. Berlin: Elefanten Press. Pp. 124–129. [Kat2]

Görtemaker, Manfred, 1996: Deutschland im 19. Jahrhundert. Entwicklungslinien. Schriftenreihe der Bundeszentrale für politische Bildung, Bd. 274. Opladen: Leske und Budrich. [Kat1]

Graichen, Gisela und Horst Gründer, 2005: Deutsche Kolonien. Traum und Trauma. Berlin: Ullstein. [E2]

Greve, Anna, 2019: Koloniales Erbe in Museen. Kritische Weißseinsforschung in der praktischen Museumsarbeit. Bielefeld: transcript. [E1] [E7]

Grewe, Bernd-Stefan, 2018: Einleitung und Konzept der Studie. In: ders. u. a.: Freiburg und der Kolonialismus. Vom Kaiserreich bis zum Nationalsozialismus. Veröffentlichungen aus dem Archiv der Stadt Freiburg i. Br., 42. Hrsg. von Andreas Jobst, Johannes Küenzlen und Hans-Peter Widmann. Freiburg: Stadtarchiv Freiburg i. Br. Pp. 11–23. [E1]

Grewe, Bernd-Stefan u. a., 2018: Freiburg und der Kolonialismus. Vom Kaiserreich bis zum Nationalsozialismus. Veröffentlichungen aus dem Archiv der Stadt Freiburg i. Br., 42. Hrsg. von Andreas Jobst, Johannes Küenzlen und Hans-Peter Widmann. Freiburg: Stadtarchiv Freiburg i. Br. [E1] [E5]

Grill, Bartholomäus, 2019: Wir Herrenmenschen: unser rassistisches Erbe: eine Reise in die deutsche Kolonialgeschichte. München: Siedler. [1] [6]

Gründer, Horst, 1982: Christliche Mission und deutscher Imperialismus 1884–1914. Paderborn: Ferdinand Schöningh. [E2]

Gründer, Horst, 1992: Welteroberung und Christentum. Ein Handbuch zur Geschichte der Neuzeit. Gütersloh: Verlagshaus Mohn. [E2]

Guaffo, Albert, 2020: Ausbeutung und Kontinuität. In: Thomas Kästle (Hrsg.): Wie sollte Europa mit seiner kolonialen Vergangenheit in Afrika umgehen? Eine deutsch-afrikanische Expertenrunde fordert einen differenzierten, ganzheitlichen Diskurs und Entschlossenheit. Veranstaltungsbericht zum Herrenhäuser Forum »Europas koloniales Erbe in Afrika«. www.volkswagenstiftung.de/veranstaltungen/veranstaltungsberichte/unabh%C3%A4ngigkeit-ist-eine-frage-der-zusammenarbeit (8.2.2022). [E4]

Habermas, Rebekka und Richard Hölzl (Hrsg.), 2013: Mission global: Eine Verflechtungsgeschichte seit dem 19. Jahrhundert. Köln u. a.: Böhlau. [E2]

Hasters, Alice, 2019: Was weisse Menschen nicht über Rassismus hören wollen, aber wissen sollten. München: Carl Hanser. [6]

Habermas, Rebekka, 2016: »Willst Du den Heidenkindern helfen?«. In: Stiftung Deutsches Historisches Museum (Hrsg.): Deutscher Kolonialismus. Fragmente seiner Geschichte und Gegenwart. Ausstellungskatalog. Berlin: Stiftung Deutsches Historisches Museum. Darmstadt: Theiss. Pp. 50–57. [2]

Heidenreich, Nanna, 2009: Von Bio- und anderen Deutschen: Aspekte der V/Erkennungsdienste des deutschen Ausländerdiskurses. In: Martina Tißberger u. a. (Hrsg.): Weiß – Weißsein – Whiteness. Kritische Studien zu Gender und Rassismus. Frankfurt/M.: Peter Lang. Pp. 203–218. [Kat3]

Hempenstall, Peter J., 1978: Pacific Islanders Under German Rule: a study in the meaning of colonial resistance. Canberra: ANU Press. [Kat5]

Herre, Roman und Philipp Mimkes, 2021: Die vermeidbare Katastrophe. In: iz3w Hefte (Hrsg.): Welternährung – eigentlich ist genug für alle da. Freiburg: iz3w Nr. 382. [E4]

Heyden, Ulrich van der, 2002: Das brandenburgische Kolonialabenteuer unter dem Großen Kurfürsten. In: ders. und Joachim Zeller (Hrsg.): Kolonialmetropole Berlin: Eine Spurensuche. Berlin: Berlin Edition. Pp. 15–18. [E1]

Hezel, S. J., Francis X., 2001: German Catholic Missions in Micronesia. http://micronesianseminar.org/article/german-catholic-missions-in-micronesia/?id=545&type=article (8.5.2022). [E2]

Hiery, Hermann Joseph, 1995: Das Deutsche Reich in der Südsee (1900–1921). Eine Annäherung an die Erfahrungen verschiedener Kulturen. Göttingen und Zürich: Vandenhoeck & Ruprecht. [Kat5]

Hiery, Hermann Joseph (Hrsg.), 2001: Die Deutsche Südsee 1884–1914. Ein Handbuch. Darmstadt: Wissenschaftliche Buchgesellschaft. [Kat5]

Himmelsbach, Markus, 2018: Das städtische Museum für Natur- und Völkerkunde. In: Bernd-Stefan Grewe u. a.: Freiburg und der Kolonialismus. Vom Kaiserreich bis zum Nationalsozialismus. Veröffentlichungen aus dem Archiv der Stadt Freiburg i. Br., 42. Hrsg. von Andreas Jobst, Johannes Küenzlen und Hans-Peter Widmann. Freiburg: Stadtarchiv Freiburg i. Br. Pp. 143–156. [E1]

Holfelder, Moritz, 2019: Unser Raubgut. Eine Streitschrift zur kolonialen Debatte. Berlin: Christoph Links. [1] [2] [6]

Hölzl, Richard, 2021: Gläubige Imperialisten. Katholische Mission in Deutschland und Ostafrika (1830–1960). Frankfurt/M. und New York: Campus. [E2]

Hoering, Uwe, 2007: Agrar-Kolonialismus in Afrika. Eine andere Landwirtschaft ist möglich. Herausgegeben vom Forum Umwelt und Entwicklung. Hamburg: VSA. [4]

Hooper, Ibrahim, 2010: CAIR Calls on Movie Reviewers to Address Racial, Religious Stereotypes Perpetuated by 'Aladdin'. CAIR. www.cair.com/press_releases/cair-calls-on-movie-reviewers-to-address-racial-religious-stereotypes-perpetuated-by-aladdin/ (8.12.2021). [Kat7]

Huber, Vitus, 2019: Die Konquistadoren. Cortés, Pizarro und die Eroberung Amerikas. München: C. H. Beck. [E3]

Huppenbauer, Hanns Walter, 2017: Warum ich Missionar werden will. Lebensläufe und Bewerbungen von »Petenten« für den Dienst in der Basler Mission. Aus den 1830er und 1840er Jahren. MS, Basler Missionsarchiv. [E2]

Huppertz, Aloys, 1992: Deutsche Herz-Jesu-Priester in Kamerun (1912–1915). Bonn: Provinzialiat der Herz-Jesu-Priester. [E2]

I.L.A. Werkstatt (Hrsg.), 2019: Das Gute Leben für alle. Wege in die solidarische Lebensweise. München: Oekom. [E4]

ILO – international labour organization (Hrsg.), 2017: World Employment and Social Outlook – Trends 2017. International Labour Office – Geneva. www.ilo.org/wcmsp5/groups/public/---dgreports/---dcomm/---publ/documents/publication/wcms_541211.pdf (8.2.2022). [E4]

Initiative Lieferkettengesetz, 2020: Die Corona-Krise im Globalen Süden: Dramatische Zustände am Anfang der Lieferketten. https://lieferkettengesetz.de/2020/04/09/die-corona-krise-im-globalen-sueden/ (8.2.2022). [E4]

Initiative Sicherheit neu denken, 2019: www.sicherheitneudenken.de (8.2.2022). [E4]

INKOTA Netzwerk (Hrsg.), 2013: Bittere Schokolade, Berlin: Dossier Nr. 14. [E4]

INKOTA Netzwerk (Hrsg.), 2018: Infoblatt Ghana, Berlin. [E4]

IPCC – Intergovernmental Panel on Climate Change, 2021: Weltklimarat Bericht vom 9. August 2021 zum Klimawandel. www.ipcc.ch/report/sixth-assessment-report-working-group-i/ (8.2.2022). [E4]

Jacobsen, Ingrid, 1992: La Colonia Tovar. Caracas: Todtmann. [Kat1]

Jansen, Jan C., 2013: Dekolonisation. Das Ende der Imperien. München: C.H.Beck. [E3]

Jones, Adam und Peter Sebald, 2005 (Hrsg.): An African Family Archive: The Lawsons of Little Popo/Aneho (Togo) 1841www.ipcc.ch/report/sixth-assessment-report-working-group-i/1938. Oxford: Oxford University Press. [Kat6]

Jureit, Ulrike, 2012: Das Ordnen von Räumen. Territorium und Lebensraum im 19. und 20. Jahrhundert. Hamburg: Hamburger Ed. [E3]

Kästle, Thomas (Hrsg.), 2020: Wie sollte Europa mit seiner kolonialen Vergangenheit in Afrika umgehen? Eine deutsch-afrikanische Expertenrunde fordert einen differenzierten, ganzheitlichen Diskurs – und Entschlossenheit. Veranstaltungsbericht zum Herrenhäuser Forum »Europas koloniales Erbe in Afrika«. www.volkswagenstiftung.de/veranstaltungen/veranstaltungsberichte/unabh%C3%A4ngigkeit-ist-eine-frage-der-zusammenarbeit (8.2.2022). [E4]

Kelly, Natasha A., 2018: Sisters and Souls. Eine Einleitung. In: Natasha A. Kelly (Hrsg.): Sisters and Souls, Hamburg und Berlin: Orlanda. Pp. 7–21. [Kat3]

Kilomba, Grada, 2020: Plantation Memories. Episodes of Everyday Racism. Münster: Unrast. [Kat3]

Klawitter, Nils, 2021: Dreieckshandel. In: Der Spiegel/Geschichte, N° 2. Der Deutsche Kolonialismus. Die verdrängten Verbrechen in Afrika, China und im Pazifik. Hamburg: Spiegel-Verlag Rudolf Augstein. Pp. 40–44. [1]

Klein, P. J., 1958: 50 Jahre Deutsche Ordensprovinz der Herz-Jesu-Priester 1908–1958. Provinzialat der Herz-Jesu-Priester (Hrsg.). Düsseldorf: Schwann. [E2]

Klein, Thoralf, 2010: Mission und Kolonialismus – Mission als Kolonialismus. Anmerkungen zu einer Wahlverwandtschaft. In: Claudia Kraft u. a. (Hrsg.): Kolonialgeschichten: regionale Perspektiven auf ein globales Phänomen. Frankfurt/M. und New York: Campus. Pp. 142–161. [E2]

Konrad, Dagmar, 2001: Missionsbräute. Pietistinnen des 19. Jahrhunderts in der Basler Mission. Münster u. a.: Waxmann. [E2]

Kornes, Godwin, 2021: Sammlerin, Ethnographin, Kolonialaktivistin. Neue Erkenntnisse zur Mikronesien-Sammlung von Antonie Brandeis. In: Paideuma 67. Pp. 7–33. [5]

Kößler, Reinhart, 2005: Im Schatten des Genozids. Erinnerungspolitik in einer extrem ungleichen Gesellschaft. In: Henning Melber (Hrsg.): Genozid und Gedenken. Namibisch-deutsche Geschichte und Gegenwart. Frankfurt/M.: Brandes & Apsel. Pp. 49–77. [3]

Kößler, Reinhart, 2015: Namibia and Germany. Negotiating the Past. Münster: Westfälisches Dampfboot. [E1]

Kößler, Reinhart, 2020: Postcolonial asymmetry. Coping with the consequences of genocide between Namibia and Germany. In: Monika Albrecht (Hrsg.): Postcolonialism Cross-Examined. Multidirectional Perspectives on Imperial and Colonial Pasts and the Neocolonial Present. London und New York: Routledge. Pp. 117–134. [3]

Kraft, Claudia, Alf Lüdtke und Jürgen Martschukat (Hrsg.), 2010: Kolonialgeschichten: regionale Perspektiven auf ein globales Phänomen. Frankfurt/M. und New York: Campus. [E2]

Kricheldorf, Hans R., 2018: Freiburger Warenwelt um 1900. Geschäftsleben und Industrie in der Gründerzeit. Freiburg u. a.: Rombach. [Kat4]

Kubisch, Doris (Hrsg.), 1999: Wehende Botschaften. Die Asafo-Fahnen der Fante. Sammlungen des Adelhausermuseum Natur- und Völkerkunde. Freiburg. [Kat1]

Küchler, Susanne, 1987: Malangan. Art and Memory in a Melanesian Society. In: Man. New Series 22. Pp. 238–255. [Kat5]

Küchler, Susanne, 1988: Malangan. Objects, Sacrifice and the Production of Memory. In: American Anthropologist 15 (4). Pp. 625–637. [Kat5]

Küchler, Susanne, 2002: Malanggan: art, memory and sacrifice. Oxford u. a.: Berg. [Kat5]

Künkler, Eva, 2022: Koloniale Gewalt und der Raub kultureller Objekte und menschlicher Überreste: Eine systematische Übersicht zu Militärgewalt und sogenannten Strafexpeditionen in deutschen Kolonialgebieten in Afrika (1884–1919). Working Paper Kultur- und Sammlungsgut aus kolonialen Kontexten. Nr. 2. https://perspectivia.net/receive/pnet_mods_00004715 (15.5.2022). [3]

Layiwola, Adepeju, 2007: Das Benin-Massaker: Erinnerungen und Erfahrungen. In: Barbara Plankensteiner (Hrsg.): Benin, Könige und Rituale: höfische Kunst aus Nigeria. Eine Ausstellung des Museums für Völkerkunde Wien – Kunsthistorisches Museum. Antwerpen: Snoek. Pp. 83–89. [1]

Laukötter, Anja, 2011: The 'Colonial Body' as Object of Knowledge in Ethnological Museums. In: Sebastian Jobs und Gesa Mackenthurn (Hrsg.): Embodiments of Cultural Encounters. Münster u. a.: Waxmann. Pp. 181–200. [5] [6]

Lemme, Sebastian, 2020: Visualität und Zugehörigkeit. Deutsche Selbst- und Fremdbilder in der Berichterstattung über Migration, Flucht und Integration. Bielefeld: transcript. [Kat3]

Lerp, Dörte, 2016: Imperiale Grenzräume. Bevölkerungspolitiken in Deutsch-Südwestafrika und den östlichen Provinzen Preußens 1884–1914. Frankfurt/M.: Campus. [E3]

Lienau, Detlef, 2015: Pflanzschule von Heidenboten – Das Basler Missionsseminar. In: Jobst Reller (Hrsg.): Ausbildung für Mission: das Missionsseminar Hermannsburg von 1849 bis 2012. Berlin: LIT. Pp. 43–81. [E2]

Lips, Julius, 1983: Der Weiße im Spiegel der Farbigen. München: Carl Hanser. [1] [4]

López de Andrade, Sótera, 2001: La Colonia Tovar: cultura, identidad y resistencia. Caracas: Universidad Central de Venezuela. [Kat1]

Lorbeer, Marie und Beate Wild (Hrsg.), 1993: Menschenfresser, Negerküsse… Das Bild vom Fremden im deutschen Alltag. Berlin: Elefanten Press. [6]

Loth, Heinrich, 1963: Die christliche Mission in Südwestafrika. Zur destruktiven Rolle der Rheinischen Missionsgesellschaft beim Prozess der Staatsbildung in Südwestafrika (1842–1893). Leipzig: Akademie-Verlag. [2] [3]

Maier, Charles, 2000: Consigning the Twentieth Century to History: Alternative Narratives for the Modern Era. In: American Historical Review 105. Pp. 807–831. [E3]

McCoy, Alfred W., 2015: Geschichte des Opiums vom 17. bis ins 21. Jahrhundert. In: Anna Schmidt (Red.): Opium. Ausstellungskatalog Museum der Kulturen Basel. Basel: Christoph Merian. Pp. 48–67. [2]

Melber, Henning (Hrsg.), 2005: Genozid und Gedenken. Namibisch-deutsche Geschichte und Gegenwart. Frankfurt/M.: Brandes & Apsel. [3]

Melber, Henning und Reinhard Kössler, 2018: Koloniale Amnesie. In: Standpunkte 9. Pp. 1–4. www.rosalux.de/fileadmin/rls_uploads/pdfs/Standpunkte/Standpunkte_9-2018.pdf (25.3.2022). [E1]

Menter, Ulrich, 2003: Ozeanien. Kult und Visionen. Verborgene Schätze aus deutschen Völkerkundemuseen. München: Prestel. [Kat5]

Menzel, Gustav, 1986: Die Bethel-Mission: Aus 100 Jahren Missionsgeschichte. Wuppertal: Verlag der Vereinigten Evangelischen Mission. [E2]

Mires, Fernando, 1991: Die Kolonisierung der Seelen: Mission und Konquista in Spanisch-Amerika. Fribourg und Luzern: Ed. Exodus. [E2]

Mückler, Hermann, 2016: Die Marshall-Inseln und Nauru in deutscher Kolonialzeit. Südsee-Insulaner, Händler und Kolonialbeamte in alten Fotografien. Berlin: Frank & Timme. [Kat5]

Museum für Völkerkunde zu Leipzig/Grassimuseum, 2002: Kunst aus Benin – Sammlung Hans Meyer. Leipzig: Klingenberg Buchkunst. [Kat1]

Nampala, Lovisa Tegelea, 2006: Aawambo kingdoms, history and cultural change: perspectives from Northern Namibia. Basel: Schlettwein. [Kat3]

Neisen, Robert, 2016: Eugen Fischer (1874–1967) – der scheinbar harmlose Professor. In: Peter Kalchthaler, Robert Neisen und Tilman von Stockhausen (Hrsg.): Nationalsozialismus in Freiburg. Petersberg: Imhof. [E1]

Nelson, Robert L. (Hrsg.), 2009: Germans, Poland, and Colonial Expansion to the East. 1850 Through the Present. New York: Palgrave Macmillan. [E3]

Nkrumah, Kwame, 1965: Neo-colonialism: the last stage of imperialism? London: Panaf Books Ltd. [Kat7]

Ofuatey-Alazard, Nadja, 2019: Die europäische Versklavung afrikanischer Menschen. In: Susan Arndt und Nadja Ofuatey-Alazard (Hrsg.): (K)Erben des Kolonialismus im Wissensarchiv deutsche Sprache. Ein kritisches Nachschlagewerk. Münster: Unrast. Pp. 103–113. [Kat3]

Osterhammel, Jürgen, 1995: Kulturelle Grenzen in der Expansion Europas. In: Saeculum 46. Pp. 101–138. [E3]

Osterhammel, Jürgen und Jan C. Jansen, 2017: Kolonialismus. Geschichte Formen, Folgen. München: C. H. Beck. [E1] [E3]

Owzar, Armin, 2007: Loyale Vasallen oder islamische Aufrührer? Moslems in Deutsch-Ostafrika. In: Ulrich van der Heyden und Joachim Zeller (Hrsg.): Kolonialismus hierzulande – Eine Spurensuche in Deutschland. Erfurt: Sutton. Pp. 234–239. [E2]

Patalong, Frank, 2021: Völkerschau. In: Der Spiegel/Geschichte N° 2. Der Deutsche Kolonialismus. Die verdrängten Verbrechen in Afrika, China und im Pazifik. Hamburg: Spiegel-Verlag Rudolf Augstein. Pp. 60–65. [6]

Penzler, Johannes (Hrsg.), 1904: Die Reden Kaiser Wilhelms II. Bd. 2: 1896–1900. Leipzig: Reclam. [Kat1]

Pfaff, Robert, 1925: Benin-Bronzen im ethnographischen Museum der Stadt Freiburg. In: Berichte aus dem Freiburger Augustiner-Museum. Freiburg: Urban. [Kat1]

Piontek, Anja, 2017: Museum und Partizipation. Theorie und Praxis kooperativer Ausstellungsprojekte und Beteiligungsangebote. Bielefeld: transcript. [E7]

Plankensteiner, Barbara (Hrsg.), 2007: Benin, Könige und Rituale: höfische Kunst aus Nigeria. Eine Ausstellung des Museums für Völkerkunde Wien – Kunsthistorisches Museum. Antwerpen: Snoek. [1]

Poser, Alexis von und Bianca Baumann, 2016: Einleitung. In: dies. (Hrsg.): Heikles Erbe: Koloniale Spuren bis in die Gegenwart. Dresden: Sandstein. Pp. 16–25. [E1]

Powdermaker, Hortense, 1931: Mortuary Rites in New Ireland (Bismarck Archipelago). In: Oceania 1(2). Pp. 26–43. [Kat5]

Raistrick, Reinhild, 2006: African Violets. In Search of the Wild Violets. A monograph on the genus Saintpaulia. [o. O.]: Raistrick. [Kat1]

Ratschiller, Linda, 2013: »Die Zauberei spielt in Kamerun eine böse Rolle«. Die ethnographischen Ausstellungen der Basler Mission. In: Rebekka Habermas und Richard Hölzl (Hrsg.): Mission global: Eine Verflechtungsgeschichte seit dem 19. Jahrhundert. Köln u. a.: Böhlau. Pp. 241–264. [E2]

Ratschiller, Linda, 2016: Kranke Körper. Mission, Medizin und Fotografie zwischen der Goldküste und Basel. 1885–1914. In: dies. und Siegfried Weichlein (Hrsg.): Der Schwarze Körper als Missionsgebiet. Medizin, Ethnologie, Theologie in Afrika und Europa 1880–1960. Köln u. a.: Böhlau. Pp. 41–72. [E2]

Ratschiller, Linda und Siegfried Weichlein (Hrsg.), 2016: Der Schwarze Körper als Missionsgebiet. Medizin, Ethnologie, Theologie in Afrika und Europa 1880–1960. Köln u. a.: Böhlau. [E2]

Reagin, Nancy, 2001: The imagined Hausfrau: national identity, domesticity, and colonialism in imperial Germany. In: Journal of Modern History 73 (1). Pp. 54–86. [Kat5]

Reder, Klaus, 2011: Sammeldosen für die Mission. In: Der bayerische Krippenfreund. Pp. 356–357. [Kat2]

Reinhard, Wolfgang, 1985: Die Neue Welt. Geschichte der europäischen Expansion. Bd. 5. Stuttgart: Kohlhammer. [E1]

Ritter, Gerhard, 1958: Geschichtliche Erfahrungen deutscher Kolonialpolitik. In: ders.: Lebendige Vergangenheit. Beiträge zur historisch-politischen Selbstbesinnung, herausgegeben von Freunden und Schülern. München: Oldenbourg. Pp. 126–152. [E6]

Salmond, Amiria, 2018: German women collectors in the Pacific: Elizabeth Krämer-Bannow and Antonie Brandeis. In: Lucie Carreau u.a. (Hrsg.): Pacific Presences. Vol. 2: Oceanic Art and European Museums. Leiden: Sidestone Press. Pp. 155–160. [Kat5]

Scheifele, Max, 1988 a: Die Murgschifferschaft: Geschichte des Floßhandels, des Waldes und der Holzindustrie im Murgtal. Stuttgart: Ministerium für Ländlichen Raum, Landwirtschaft und Forsten. [E1]

Scheifele, Max, 1988 b: Die Ordnung des gemeinen Holzgewerbes im Murgtal/Schwarzwald von 1488. – Aus der Geschichte der ältesten deutschen Holzhandelsgesellschaft. In: Hans-Walter Keweloh (Hrsg.): Auf den Spuren der Flösser: Wirtschafts- und Sozialgeschichte eines Gewerbes. Im Auftrag des Deutschen Schifffahrtsmuseums Bremerhaven. Stuttgart: Theiss. Pp. 54–80. [Kat1]

Scheifele, Max, 1995: Als die Wälder auf Reisen gingen: Wald, Holz, Flösserei in der Wirtschaftsgeschichte des Enz-Nagold-Gebiets. Stuttgart: Selbstverlag der Landesforstverwaltung Baden-Württemberg. [E1]

Schiffer, Thomas, 2013: Von Lateinamerika nach Westafrika. In: INKOTA Netzwerk (Hrsg.): Bittere Schokolade. Berlin: Dossier N° 14. P. 24. [E4]

Schilling, Alexander, 1913: Zur Erinnerung an Dr. Hugo Ficke. Ehrenmeister der Loge »Zur edlen Aussicht in Freiburg« aufgenommen 1863. Bayreuth: Buchdruckerei Emil Mühl. http://dl.ub.uni-freiburg.de/diglit/schilling1913/0001?sid=117ffd6adad838eb4d71a3d8cc5f2a48,%20%20%20%20%20%20%20%20%20%20%20t (20.2.2022). [SB]

Sharp, Joanne P., 2009: Geographies of postcolonialism: space of power and representation. Los Angeles: SAGE. [Kat7]

Sow, Noah, 2019: Fotografie. In: Susan Arndt und Nadja Ofuatey-Alazard (Hrsg.): (K)Erben des Kolonialismus im Wissensarchiv deutsche Sprache. Ein kritisches Nachschlagewerk. Münster: Unrast. P. 325. [Kat3]

Spennemann, Dirk, 1998: An officer, yes; but a gentleman …? A biographical sketch of Eugen Brandeis, Military Adviser, Imperial Judge and Administrator in the German Colonial Service in the South Pacific. Sydney: Centre for South Pacific Studies. [Kat5]

Spennemann, Dirk, 2005: Eugen Brandeis. In: Fred Ludwig Sepaintner (Hrsg.): Badische Biographien. NF 5. Stuttgart: Kohlhammer. Pp. 29–31. [Kat5]

Stiftung Deutsches Historisches Museum (Hrsg.), 2016: Deutscher Kolonialismus. Fragmente seiner Geschichte und Gegenwart. Ausstellungskatalog. Berlin: Stiftung Deutsches Historisches Museum. Darmstadt: Theiss. [1] [2] [6]

Stoler, Ann Laura und Frederick Cooper, 2010: Zwischen Metropole und Kolonie. In: Claudia Kraft, Alf Lüdtke und Jürgen Martschukat (Hrsg.): Kolonialgeschichte. Regionale Perspektiven auf ein globales Phänomen. Frankfurt/M.: Campus. Pp. 26–66. [E3]

Tanner, Jacob, 2015: Kurze Geschichte und Kritik der Drogenprohibition im 20. Jahrhundert. In: Anna Schmidt (Red.), Opium… Ausstellungskatalog Museum der Kulturen Basel. Basel: Christoph Merian. Pp. 68–85. [2]

Terkessidis, Mark, 2004: Die Banalität des Rassismus: Migranten zweiter Generation entwickeln eine neue Perspektive. Bielefeld: transcript. [Kat3]

Theisen, Johannes, 2018: Das katholische Milieu und der Kolonialismus. In: Bernd-Stefan Grewe u.a.: Freiburg und der Kolonialismus. Vom Kaiserreich bis zum Nationalsozialismus. Veröffentlichungen aus dem Archiv der Stadt Freiburg i.Br., 42. Hrsg. von Andreas Jobst, Johannes Küenzlen und Hans-Peter Widmann. Freiburg: Stadtarchiv Freiburg i.Br. Pp. 81–105. [E2]

Thode-Arora, Hilke, 2011: Exotic Humans on Display: Representations of Cultural Differences in German Ethnic Shows. In: Sebastian Jobs and Gesa Mackenthurn (Hrsg.): Embodiments of Cultural Encounters. Münster u.a.: Waxmann. Pp. 141–160. [6]

Thode-Arora, Hilke und Peter Hempenstall (Hrsg.), 2014: From Samoa with Love?: Samoa-Völkerschauen im Deutschen Kaiserreich – eine Spurensuche. München: Hirmer. [6]

Thomas, Nicholas, 1991: Entangled Objects. Exchange, Material Culture and Colonialism in the Pacific. Cambridge u.a.: Harvard University Press. [Kat5]

Tocha, Veronika, 2019: Der Ganzkörperabguss eines Mannes namens Adjak. In: Christina Haak, Miguel Helfrich und Veronika Tocha (Hrsg.): Nah am Leben. 200 Jahre Gipsformerei. Ausstellungskatalog Staatliche Museen zu Berlin. München u.a.: Prestel. Pp. 68–71. [Kat6]

Tocha, Veronika, 2022: »Adjak« in Gips. Eckdaten einer (Objekt-)Biografie. In: Kolonialismus begegnen. Dezentrale Perspektiven auf die Berliner Stadtgeschichte. http://kolonialismus-begegnen.de/geschichten/adjak-in-gips-eckdaten-einer-objekt-biografie/ (25.2.2022). [Kat6]

Trenkle, Johann Baptist, 1874: Geschichte der Schwarzwälder Industrie. Von ihrer frühesten Zeit bis auf unsere Tage. Karlsruhe: Druck und Verlag der G. Braun'schen Hofbuchhandlung. http://g-boll.de/Geschichte/Literatur/Geschichte_der_Schwarzwaldindustrie.pdf (20.2.2022). [SB]

Trotha, Trutz von, 2004: Was war Kolonialismus? Einige zusammenfassende Befunde zur Soziologie zur Geschichte des Kolonialismus und der Kolonialherrschaft. In: Saeculum 55 (1). Pp. 49–95. [E3]

Waite, Deborah, 1985: Canoe Stern Carvings From The Solomon Islands. In: The Journal of The Polynesian Society 94. Pp. 47–60. [Kat5]

Walgenbach, Katharina, 2005: »Die weiße Frau als Trägerin deutscher Kultur«: koloniale Diskurse über Geschlecht, »Rasse« und Klasse im Kaiserreich. Frankfurt/M.: Campus. [Kat5]

Weber, Max, 1993: Der Nationalstaat und die Volkswirtschaftspolitik. Akademische Antrittsrede. In: Max-Weber-Gesamtausgabe. Abt. I/Bd. 4. Tübingen:Mohr. Pp. 543–574. [E6]

Wegmann, Heiko, 2006/2017: (Post-)Koloniale Orte in Freiburg: Die »Große Deutsche Kolonialausstellung« in der städtischen Festhalle von Freiburg i.B. 1935. www.freiburg-postkolonial.de/Seiten/kolonialausstellung.htm (10.1.2022). [Kat6]

Wegmann, Heiko, 2018 a: Das bürgerlich-nationale Milieu und der Kolonialismus. In: Bernd-Stefan Grewe u.a.: Freiburg und der Kolonialismus. Vom Kaiserreich bis zum Nationalsozialismus. Veröffentlichungen aus dem Archiv der Stadt Freiburg i.Br., 42. Hrsg. von Andreas Jobst, Johannes Küenzlen und Hans-Peter Widmann. Freiburg: Stadtarchiv Freiburg i.Br. Pp. 25–80. [E1], [E2]

Wegmann, Heiko, 2018 b: Die Stadt Freiburg und der Kolonialismus. Bernd-Stefan Grewe et al.: Freiburg und der Kolonialismus. Vom Kaiserreich bis zum Nationalsozialismus. Veröffentlichungen aus dem Archiv der Stadt Freiburg i.Br., 42. Hrsg. von Andreas Jobst, Johannes Küenzlen und Hans-Peter Widmann. Freiburg: Stadtarchiv Freiburg i.Br. Pp. 127–141. [E1]

Wegmann, Heiko, 2019 a: Kokospalme mit Hakenkreuz. Die Kolonialbewegung in Freiburg während des Nationalsozialismus. In: informationszentrum 3. welt 313. Pp.12–14. [Kat6]

Wegmann, Heiko, 2019b: Vom Kolonialkrieg in Deutsch-Ostafrika zur Kolonialbewegung in Freiburg. Der Offizier und badische Veteranenführer Max Knecht (1874–1954). Freiburg: Rombach. [E1], [E2]

Wendt, Reinhard, 2016: Vom Kolonialismus zur Globalisierung. Europa und die Welt seit 1500. Paderborn: Schoningh. [E3]

Wernsing, Susanne, Christian Geulen und Klaus Vogel (Hrsg.), 2018: Rassismus: Die Erfindung von Menschenrassen. Göttingen: Wallstein. [Kat6]

Wetjen, Karolin, 2016: Der Körper des Täuflings. Konstruktionen von Körpern und die Beschneidungsdebatte der Leipziger Missionsgesellschaft 1890–1914. In: Linda Ratschiller und Siegfried Weichlein (Hrsg.): Der Schwarze Körper als Missionsgebiet. Medizin, Ethnologie, Theologie in Afrika und Europa 1880–1960. Köln u.a.: Böhlau. Pp. 73–94. [E2]

Wildenthal, Lora, 2001: German Women for Empire, 1884–1945. Durham und London: Duke University Press. [Kat5]

ZDF, 2021: Bundesverfassungsgericht – Klima-Urteil: Klatsche für den Bund. www.zdf.de/nachrichten/panorama/klimaschutz-gericht-klage-100.html (8.2.2022). [E4]

Zeller, Joachim, 2005: Genozid und Gedenken. In: Henning Melber (Hrsg.): Genozid und Gedenken. Namibisch-deutsche Geschichte und Gegenwart. Frankfurt/M.: Brandes & Apsel. Pp. 163–187. [3]

Zimmerer, Jürgen, 2004: Keine Geiseln der Geschichte. Deutsche Kolonialherrschaft ist bloß eine Episode, denken viele. Das Dritte Reich zeigt: Dauer sagt nichts über Intensität. In: taz. Die Tageszeitung, 10.1.2004. https://taz.de/Keine-Geiseln-der-Geschichte/!808947/ (25.3.2022). [E1]

Zimmerer, Jürgen, 2005: Rassenkrieg und Völkermord. In: Henning Melber (Hrsg.): Genozid und Gedenken. Namibisch-deutsche Geschichte und Gegenwart. Frankfurt/M.: Brandes & Apsel. Pp. 23–47. [3]

Zimmerman, Andrew, 2010: Alabama in Africa: Booker T. Washington, the German Empire, and the Globalization of the New South. Princeton: Princeton University Press. [Kat6]

Zimmermann, Olaf, 2020: Kolonialismus und Mission: Den Blick weiten. Auseinandersetzung mit einer Geschichte voller Ambivalenzen. www.kulturrat.de/themen/erinnerungskultur/kolonialismusdebatte/kolonialismus-und-mission-den-blick-weiten/ (2.5.2022). [E2]

Zimmermann, Olaf und Theo Geißler (Hrsg.), 2019: Kolonialismus-Debatte: Bestandsaufnahme und Konsequenzen. In: Deutscher Kulturrat e.V.: Aus Politik & Kultur 17. Berlin: Deutscher Kulturrat. [1]

Zirkel, Kirsten, 2008: Vom Militaristen zum Pazifisten. General Berthold von Deimling – eine politische Biographie, Essen: Klartext. [E6]

Zukunftsstiftung Landwirtschaft, 2013: Wege aus der Hungerkrise – Die Erkenntnisse und Folgen des Weltagrarberichts: Vorstellungen für eine Landwirtschaft von morgen. Berlin: AbL. www.weltagrarbericht.de/themen-des-weltagrarberichts/baeuerliche-und-industrielle-landwirtschaft/baeuerliche-und-industrielle-landwirtschaft-volltext.html (8.2.2022). [E4]

Internetquellen

Adressbücher der Stadt Freiburg: www.ub.uni-freiburg.de/recherche/digitale-bibliothek/freiburger-historische-bestaende/freiburger-adressbuecher

Archivführer Deutsche Kolonialgeschichte: https://archivfuehrer-kolonialzeit.de

Die Sternsinger. Kindermissionswerk: www.sternsinger.de/sternsingen

Initiativen und Vereine

Color Esperanza e.V.: https://coloresperanza.de

Eine Welt Forum Freiburg: Freiburger Netzwerk für globale Gerechtigkeit: https://ewf-freiburg.de

freiburg-postkolonial.de: https://freiburg-postkolonial.de

informationszentrum 3. welt: www.iz3w.org

RAPRED Girubuntu e.V.: www.rapred-girubuntu.org

Süd-Nord-Forum e.V.: Freiburg: https://ewf-freiburg.de/blog/2016/01/30/sued-nord-forum-e-v

zusammen leben e.V.: https://zlev.de

Statista. Empowering people with data: www.statista.com

Zeitungen und Zeitschriften

Der Alemanne: Kampfblatt der Nationalsozialisten Oberbadens: http://dl.ub.uni-freiburg.de/diglit/alemanne_1931a/0001/thumbs?sid=3bf92b6b6d982e9c36d52d99c2014db1#current_page

Breisgauer Zeitung: http://dl.ub.uni-freiburg.de/diglit/breisgauer_zeitung

Freiburger Zeitung: www.ub.uni-freiburg.de/recherche/digitale-bibliothek/freiburger-historische-bestaende/freiburger-zeitung

Katalog

»Freiburg und Kolonialismus: Gestern? Heute!«

Für die Städtischen Museen Freiburg herausgegeben von Beatrix Hoffmann-Ihde

Katalog- und Bildredaktion
Beatrix Hoffmann-Ihde

Beiträge
siehe Autor_innenverzeichnis

Wissenschaftlicher Beirat
Wiebke Ahrndt, Manuela Bauche, Anne-Maria Brandstätter, Tahir Della, Gregor Dobler, Bernd-Stefan Grewe, Susanne Kuß, Andreas Mehler, Patricia Rahemipour, Holger Stoecker, Heiko Wegmann

Lektorat und Korrektorat
Sina Volk, Sandstein Verlag

Satz und Reprografie
Gudrun Diesel, Christian Werner, Jana Neumann, Sandstein Verlag

Gestaltung
Nele Bielenberg, Sandstein Verlag

Druck und Verarbeitung
FINIDR s.r.o., Český Těšín

Schrift
Akzidenz-Grotesk Pro, Termina

Papier
Magno Volume 150 g/m^2

Leihgaben Museen und andere Institutionen
Botanischer Garten und Botanisches Museum Berlin/FU Berlin, Deutsches Uhrenmuseum Furtwangen, Hauptzollamt Frankfurt/M., Hauptzollamt Lörrach, Herbarium Haussknecht/Friedrich-Schiller-Universität Jena, Herz-Jesu-Kloster Freiburg, Mission EineWelt/Neuendettelsau, Zoologisches Forschungsmuseum Alexander Koenig/Bonn, RAPRED Girubuntu e.V., Römisch-Katholische Kirchengemeinde Freiburg-Mitte, Sammlung Gipsformerei/Staatliche Museen Berlin SPK, Stadtarchiv Freiburg, Stadtmuseum Emmendingen, Süd-Nord-Forum Freiburg e.V., Universitätsarchiv/Friedrich-Schiller-Universität Jena, Tee-Peter-Kaffee GmbH

Leihgaben privat
Silvia Bächle, Christina Behrens, Tina Brüderlin, Wendelin Graf von Kageneck, Beatrix Hoffmann-Ihde, Anke Johnson, Michael Lickert, Andreas Meckel, Gisela Nobbe, Dagmar Ottmann, Heiko Wegmann

Bereitstellung von Bildmaterial
Afrika-Zentrum für Transregionale Forschung/Universität Freiburg, alamystock, ARTCOGALLERY, Badische Zeitung, Bundesarchiv, Deutsches Historisches Museum/Berlin, freiburg-postkolonial.de, GADO, iStock, Koloniales Bildarchiv der Goethe-Universität Frankfurt/M., mapz, Mission21/Basel, mr-kartographie, pingundpong, RAPRED Girubuntu e.V., SC Freiburg e.V., Staatsbibliothek Berlin, Staatsgalerie Stuttgart, Stadtarchiv Freiburg, Stadtarchiv Rastatt, Stadtgeschichtliches Museum Emmendingen, Stadtmuseum Braunschweig, Universitätsarchiv Freiburg, Universitätsbibliothek Freiburg, Universität Leiden, zusammen leben e.V. Namafu Amutse, Heike Becker, Nicola Brandt, Familie von Brand, Wiebke Ehmann, Manfred Gallo, Beatrix Hoffmann-Ihde, JAVI, Peter Kalchthaler, Isabel Tueumuna Katjavivi, Godwin Kornes, Hans Kricheldorf, Reinhild Raistrick, Michael Sauer, Shomwatala Shivute, Benedict Sommer, Friedrich Stark, Emeka Udemba, Heiko Wegmann

Objekt- und Workshop-Fotografie
Axel Killian (Objekte), Lidong Zhao (Workshop)

Karte S. 6
Hersteller: mr-Kartographie, 2022

Die Deutsche Nationalbibliothek verzeichnet diese Publikation in der Deutschen Nationalbibliografie; detaillierte bibliografische Daten sind im Internet über http://dnb.dnb.de abrufbar.

www.sandstein-verlag.de
ISBN 978-3-95498-688-0

Ausstellung

Gesamtleitung
Tilmann von Stockhausen

Konzeption
Beatrix Hoffmann-Ihde

Ausstellungsmanagement
Mirja Straub

Bildung für nachhaltige Entwicklung
Peter Geißler, Angelika Zinsmaier, Team iz3w

Wissenschaftliche Mitarbeit
Tina Brüderlin, Peter Geißler, Heike Gerlach, Andreas Jobst, Peter Kalchthaler, Godwin Kornes, Nicole Landmann-Burghart, Stefanie Schien, Silke Stoll, Angelika Zinsmaier

Wissenschaftliche Recherche
Mona Djabbarpour, André Klopp, Susanne Kuß, Heide Lienert-Emmerlich, Xu Pingyu, Heiko Wegmann

Inhaltliche Verantwortung Blank Spaces und künstlerische Intervention

Kap. 1: Thelma Basil (Association des Camerounais de Freiburg et environs e.V. & Migrant_innenbeirat Freiburg)

Kap. 2: Emeka Udemba (freischaffender Künstler)

Kap. 3: Steven Herndik Isaak, Lovisa Tegelela Nampala, Welfriedtine Naobes, Immanuel Banda Veseevete (Vertreter_innen von Herkunftsgesellschaften in Namibia)

Kap. 5: Heiko Wegmann (freiburg-postkolonial.de)

Kap. 6: Lisa Beck, Linus Burger, Paul Isselstein, Leonie Mänken (Universität Freiburg)

Kap. 7: Ann-Kathrin Friedrich, Julius Metzdorf, Katharina Ritter, Simon Weisser (Color Esperanza e.V.); Déogratias Maharukiro (RAPRED Girubuntu e.V.); Colin Antunga, Camillo von Blomberg, Kunyu Chen, Terry Chishimba, Una Fonte, Boas Löw, Cecilia Løvlund (UWC Robert Bosch Freiburg)

Kommunikation und Vermittlung
Anna Spiegel (Leitung), Julia Habermann (Pressearbeit), Katja Hartloff (Marketing), Katharina Hoernes (Online-Kommunikation), Sophie Jones (Volontärin), Luca Schoder (FSJ), Nicole Ühlin (Buchungsservice)

Restaurierung, Digitalisierung und Dokumentation
Anja Alt (Leitung), Andreas Berger (Medientechnik), Jochen Dietel (Dokumentation und Digitalisierung), Edgar Dürrenberger (Zentrales Kunstdepot), Juliane Hofer (Restauratorin Papier), Antonia Ingelfinger (Bibliothek), Diane Lanz (Restauratorin Ethnologie), Kai Miethe (Restaurator Metall), Jacquelin Münster (Auszubildende Bibliothek), Axel Neck (Zentrales Kunstdepot), Daniela Reininghaus (Präparatorin Naturkunde)

Ausstellungsbeleuchtung
Kai Miethe

Zentrale Werkstätten
Ansgar Brandstädter (Leitung), Ines Beha (Schreinerin), Mathis Galow (Schreiner), Moritz Grass (Auszubildender Schreiner), Karl-Heinz Kelka (Malermeister), Benjamin Maier (Schreiner), Stefan Martin (Schreiner & Metallbearbeiter), Michelle Rösch (Auszubildende Malerin), Emil Schneider (Auszubildender Schreiner), Melissa Schwär (Malerin)

Sekretariat
Liane Ehret, Claudia Gehrmann, Jutta Temmen, Verena Waldschmidt

Finanzen
Andreas Schröder (Leitung), Angelika Joos-Ehret

Sicherheit
Uwe Jansen

Aufsichten
Freiburger Qualifizierungs- und Beschäftigungsgesellschaft mbH (f.q.b. gGmbH)

Kasse & Shop
Rosa Russo, Brigitte Busch, Sebastian Müller, Anastasia Stahov

Haustechnik
Patrick Kapfer (Leitung), Bernhard Brauch, Andreas Hodel, Björn Kröger, Martin Möller

Reinigung
Nadia Appugliese (Organisation), Michaela Pfirsching-Vögele, Lilli Schulz, Tatjana Timoschenko, Selveta Smakovic

Szenografie und Ausstellungsgrafik
pingundpong Dresden
Alexander Pötzsch Architekten Dresden

Grafikproduktion
Werbetechnik Baden

Übersetzungen
Julia Walter, tradu.K
Timothy Connell, verbatim übersetzungtranslation

Transporte
Art Sped Schütz

Kooperationen
Hochschule Offenburg
Namibia University of Science and Technology / Windhoek (Namibia)
UWC Robert Bosch Freiburg

Förderung
Baden-Württemberg-Stiftung
Ministerium für Wissenschaft, Forschung und Kunst Baden-Württemberg